KB214322

International
Medical
Tourism

국제 의료관광

상 보건의료관광행정 보건의료서비스 지원관리

배성윤 | 김미숙 지음

군자출판사

국제의료관광(상)

첫째판 1쇄 발행 2014년 9월 5일
첫째판 1쇄 인쇄 2014년 9월 15일

지 은 이 배성윤 · 김미숙
발 행 인 장주연
표지디자인 김민경
출 판 기 획 김수인
발 행 처 군자출판사
등록 제 4-139호(1991. 6. 24)
본사 (110-717) 서울특별시 종로구(창경궁로 117) 인의동 112-1 동원회관 B/D 6층
전화 (02) 762-9194/5 팩스 (02) 764-0209
홈페이지 | www.koonja.co.kr

※ 파본은 교환하여 드립니다.
※ 검인은 저자와의 합의 하에 생략합니다.

ISBN 978-89-6278-915-7
ISBN 978-89-6278-914-0 (세트)
정 가 27,000원

International Medical Tourism
국제의료관광

머리말

의료관광(Medical Tourism)을 종합적으로 정의하면 해외여행과 의료서비스 선택의 자유화로 인해 건강 요양, 치료 등의 의료혜택을 체험하기 위한 목적으로 세계 일부 지역을 방문하면서 환자 치료에 필요한 휴식과 기분전환이 될 수 있는 그 지역 주변의 관광, 레저, 문화 등을 동시에 체험하는 관광활동이다.

의료관광의 기원은 사실상 고대 그리스·로마 시대로까지 거슬러 올라가지만 산업으로서 주목을 받은 것은 비교적 최근의 일이다. 해외환자의 유치라는 측면에서 볼 때 초창기의 의료관광 비즈니스는 아무래도 미국에서 시작되었다고 볼 수 있다.

MD Anderson 암센터나 Mayo Clinic과 같이 수준 높은 임상기술로 무장한 미국의 대형병원들은 처음부터 해외환자를 유치할 의도가 있었던 것은 아니지만, 세계적인 수준의 높은 의료기술 덕분에 자국 내에서 질병을 치료할 수 없었던 전 세계의 환자들이 미국으로 몰려들기 시작했다. 그렇지만 미국의 해외환자유치는 대부분 개별 병원에 의해 진행되었기 때문에 국가나 관련단체에 의한 조직적 산업 활동이라고 보기는 어렵다.

반면, 이미 세계적으로 유명한 관광휴양지로서 각광을 받고 있던 남미와 동남아시아 지역의 신흥개발국들은 의료관광 비즈니스를 조직적 산업 활동으로 탈바꿈시킬만한 충분한 잠재력을 가지고 있었다. 남미와 인도, 태국, 싱가포르 등에서 의료관광이 활성화를 띠게 된 것은 결코 우연이 아니다. 자국민을 대상으로 한 보편적 의료보장은 체계화되어 있지 않지만, 덕분에 대부분 미국과 유럽 등지에서 의학교육을 받은 의료전문직이 선진의료기술을 보유하고 있고, 게다가 풍부한 관광 자원과 서비스 인프라를 가지고 있는 이들 국가로서는 의료관광이 산업으로서 새로운 국부(國富)의 창출 기회로 인식되기에 충분했던 것이다. 따라서 산업으로서의 의료관광 비즈니스 조직화는 남미와 아시아 신흥개발국가들에서 시작되었다고 볼 수 있다.

우리나라가 의료관광산업에 본격적으로 뛰어들게 된 이유도 큰 틀에서 보면 이들 의료관광 선발주자들과 크게 다르지는 않지만, 구체적인 상황은 조금 다르다. 그동안 몇몇 병원이나 의료진들의 개별적인 비즈니스로서 진행되어오던 우리나라의 해외환자유치사업이 2009년부터 메디컬 코리아(Medical Korea)라는 브랜드를 중심으로 국가적 차원에서 자원을 집중적으로 투입하고 있는 상황이 된 것은 의료기술의 발전, 한류(韓流)에 힘입은 국가브랜드의 신장과 의료서비스 내수시장의 불황 때문이라고 요약할 수 있다.

의료관광산업에서는 후발주자라고 할 수 있는 우리나라의 해외환자유치사업은 2009년부터 정부 차원에서 해외환자유치사업을 적극적으로 지원하고 있지만, 우수한 의료 기술과 인프라에 비해 국제적인 서비스의 조직화라는 측면에서 아직도 갈 길이 멀다. 국제적인 수준의 서비스를 조직화하고 제공하기 위해서는 의료서비스와 관광서비스 분야의 인프라 구축과 규제 변화가 필수불가결하고, 인적서비스에 따라 그 성과나 만족도가 크게 영향을 받기 때문에 관련분야의 전문인력 양성이 매우 중요하고도 시급한 과제가 되고 있다.

효과적으로 의료관광산업을 지원하기 위해서는 많은 전문인력들이 필요하겠지만, 그 중에서 핵심인력은 해외환자를 대상으로 한 의료상품 개발과 마케팅, 진료 관리, 통역 등을 수행하고 이러한 업무들을 종합적으로 조정할 역량을 갖춘 인재라고 할 수 있다. 바로 이러한 전문성을 갖춘 인재를 양성하기 위한 제도가 2013년부터 시행된 국제의료관광코디네이터 자격증 제도라고 할 수 있다.

국제의료관광코디네이터 자격증은 그동안 민간에서 운영하고 있었지만 전문성을 강화하고 보다 체계적으로 인력을 양성하기 위해 2013년부터 국가기술자격시험으로 시행하고 있다. 한국산업인력공단에서 주관하여 매년 9월경에 시행되고 있는 자격시험에서는 보건의료, 관광, 마케팅, 의학용어 등 관련 지식을 가지고 의료관광 상담, 진료서비스 지원관리, 리스크 관리, 관광서비스 지원관리, 의료관광 마케팅, 행정절차 관리 등 실무 업무를 수행할 수 있는 능력을 평가하고 있다.

이 책은 관련학과 학생들과 의료관광산업에 관심을 가지고 있는 분들에게 의료관광의 개념과 산업 현황을 소개하고, 의료관광분야에 종사할 예비인력들이 꼭 알아야 할 핵심 지식을 제공하고자 기획하게 되었다.

'국제의료관광' 도서는 총2권으로 구성되어 있다. 그 중 제1권은 보건의료관광행정과 보건의료서비스지원관리를 중심으로 다루고 있으며, 제2권은 보건의료관광마케팅과 관광서비스지원관리를 다룰 예정이다.

본 도서 '국제의료관광(상)'은 기존의 수험서와 달리 대학교재로서의 역할을 충분히 할 수 있도록 최신 자료를 반영하여 핵심 개념과 함께 풍부한 설명을 담아 학습효과를 높일 수 있도록 하였다.

또한 이 책의 특징은 다른 대학교재와 달리, 매 단원 학습목표와 핵심요약을 제공하고 있다는 점이다. 핵심내용을 전달하기 위해 매 단원 첫 머리에 "학습목표"를 제시하여 독자로 하여금 뚜렷한 목표와 학습방향을 이해할 수 있도록 하였고, 매 단원 마지막에는 "핵심요약"을 통해 각 단원에서 반드시 알아야 할 핵심적인 내용을 정리했으며, "알아두면 좋아요" 코너를 통해 법령이나 사례 등 추가적인 정보를 제공하였다.

이를 위해 저자들은 2013년도 하반기까지 국내에 출간된 모든 의료관광코디네이터 관련 서적과 수험서의 내용을 분석하여 핵심내용을 간추렸으며, 기타 의료관광분야의 국내외 도서와 각종 정부 발간자료, 세미나 자료집, 학술논문 등의 내용을 검토하였으며, 최신 통계자료를 포함하려고 노력하였다.

그러나 이러한 노력에도 불구하고 저자들은 아직도 이 책에 여러 가지 부족한 부분이 있음을 잘 알고 있고, 이러한 부분들에 대해서는 향후 지속적인 강의와 연구를 통해 보완해나갈 것을 독자들에게 약속드린다.

마지막으로 여러 모로 부족한 원고를 잘 다듬어 책으로 출간될 수 있도록 애써준 군자출판사 장주연 사장님 이하 직원 여러분들께 진심으로 감사의 말씀을 전한다.

2014년 9월

저자 배성윤 · 김미숙

배성윤

- 현, 인제대학교 경영학부 및 보건대학원 교수
- 서울대학교 보건학박사(보건정책전공)
- 미국 Duke University 경영대학원 MBA(의료경영전공)
- 대한경영학회/한국병원경영학회/보건의료산업학회 이사
- 보건복지부 건강보험 전문평가위원회 위원
- 보건복지부 미래의료원정대 총괄위원 및 생애맞춤건강관리 분과위원장
- 건강보험심사평가원 미래전략위원회 보건의료생태계 분과위원

주요 저서 및 연구논문

- 보건의료분야 시장개방 이슈와 대응방안 연구(한국보건사회연구원, 2012)
- 파괴적 의료혁신(번역서, 청년의사, 2010) 외 다수

E-mail_baesungyoon@gmail.com, blog_www.ilovehealth.net

김미숙

- 현, 동부산대학교 국제의료코디네이터과 및 의료서비스케어과 교수
- 인제대학교 보건학박사(병원경영전공)
- 보건의료산업학회 이사

주요 저서 및 연구논문

- 의료관광론(한올출판사, 2014)
- 종합병원 여성근로자의 조직몰입에 대한 인적자원관리와 성취욕구의 영향: 직무만족의 조절효과(대한경영학회지, 2014) 외 다수

E-mail_miso9974@hanmail.net

차례

PART 01 보건의료관광행정

Contents

PART 02 보건의료서비스 지원관리

제 01 부

보건의료관광행정

제 1 장 의료관광의 이해

- 의료관광의 개념과 다양한 정의를 이해한다.
- 의료관광의 간략한 역사를 이해한다.
- 국제협정이 의료관광의 활성화와 어떤 관련성을 가지는지 이해하고 국내외의 사례를 학습한다.
- 의료관광의 경제적 효과와 이로 인한 각종 파급효과를 이해한다.
- 의료관광코디네이터의 역할과 자질에 대해 학습한다.

1. 의료관광의 정의

1.1. 개별 학자의 정의

의료관광에 대한 개념은 학자마다 다양하게 정의되고 있다. Goodrich & Goodrich (1987)는 의료관광이란 '건강과 관련된 서비스나 시설을 의도적으로 촉진함으로써 관광객을 끌어들이는 관광시설이나 목적지'라고 했으며, Hall(1992)은 '특별한 흥미가 있는 관광(Special interest tourism) 중 하나로서 주요 동기가 건강과 관련 있는 관광'이라고 하였고, Laws(1996)는 '건강 상태를 개선시킬 목적을 가진 사람이 집을 떠나 행하는 레저 형태'라고 의료관광을 정의하였다.

Medlik(1996)은 의료관광을 '질병치료에서부터 건강과 휴양프로그램을 포함하는 폭넓은 의미의 건강치료를 위해 다른 장소를 방문하고 여행하는 것'이라고 정의하였는데, 이 개념은 의료관광, 의료여행, 건강관광 등의 개념과 동일하게 사용되었지만 현재는 의료관광으로 용어가 정리되었다.

이와 유사한 정의를 보면, 의료관광은 환자가 진료, 휴양, 관광활동을 병행하는 것 뿐 아니라 의료기술이 뛰어나고 가격경쟁력이 있는 국가에서 진료받기 위해 여행하는 것까지 포함시키고 있다. 의료관광이 최근에 와서는 선진국과 비교하여 비용이 저렴하면서 선진국 수준의 의료서비스와 휴양시설을 갖춘 아시아 지역, 특히 인도 등과 같은 개발도상국의 관광지에서 활발하게 이루어지고 있기 때문이다.

의료관광과 유사한 개념으로 사용되는 용어인 '헬스관광(Health tourism)'은 관광지 고유의 매력에 헬스케어 서비스와 관련 부대시설을 이용하여 관광객들을 유인하는 관광으로 정의된다. 헬스관광은 다양한 관광활동과 접목되고 있는데 구체적 유형에 따라 웰니스 투어리즘(Wellness tourism), 헬스 투어리즘(Health tourism), 스파 투어리즘(Spa tourism) 등으로 표현되고 있다.

한편, Connell(2006)은 의료관광과 헬스관광을 구분하여 정의하였는데, 의료관광은 헬스관광의 형태도 포함하지만 엄격한 의미로 의료적 처치가 이루어질 때 이를 의료관광으로 본다고 하였다. 의료적 처치에는 이식, 미용수술, 치과치료와 같은 수술적 시술이 포함된다. 의료관광에는 스파 관광이나 웰니스 관광이 배제되는데 최근 들어 건강과 웰빙을 목적으로 헬스관광의 중요성이 대두됨에 따라, 의료관광에 관한 논의에 건강관리를 중심으로 하는 헬스 관광도 포함하고 있다.

이와 같은 학자들의 견해를 종합해 볼 때, 의료관광의 본질적 속성은 의료서비스와 관광서비스의 결합으로 볼 수 있다.

1.2. 관련 기관의 정의

1973년 세계관광협의회는 의료관광을 '한 국가 내의 자연자원을 이용한 건강시설을 제공하는 관광'으로 정의한 것을 시작으로, '특별한 흥미가 있는 관광 중의 하나로 주요 동기가 건강과 관련 있는 관광', '건강관리 서비스 및 시설과 일반적인 관광시설이 결합된 것을 홍보함으로써 관광지를 관광시설과 목적지로 유치하기 위한 의도적인 시도'라고 정의하였다. 가장 최근에는 '개인의 정신적 · 신체적 안녕을 유지하고, 향상시키고 회복하기 위해서, 국부적인 환경을 벗어나서 조직적으로 구성한 여행'이라고 정의하였다.

한편, 국내에서는 한국관광공사와 한국보건산업진흥원 등에서 의료관광을 정의한 바 있는데, 한국관광공사(2005)에서는 의료관광을 '의료서비스와 휴양 콘텐츠, 레저, 문화활동 등 관광활동이 결합된 새로운 관광형태'라고 정의했다. 한국보건산업진흥원(2009)에서는 '의료관광은 보건 분야에서 관광자원으로 활용 가능한 부분을 발굴, 개발하고 관광을 상품화하여 서비스 또는 제품을 제공하는 사업으로서, 우수한 보건 서비스와 관광이 결합된 보건관광프로그램을 개발하여 재외 한국인을 포함하여 외국인에게 제공함으로써 관련 산업분야의 발전을 꾀하고 아울러 외국인 유치를 통한 외화 획득 등 국가경제에 이바지하고자 하는 사업'이라 정의한 바 있다.

의료관광은 크게 두 가지 유형으로 분류할 수 있는데, 첫째는 관광을 주요 목적으로 하는 여행일정에 의료, 건강관리, 미용 등의 의료서비스를 연계하는 휴양관광중심의 의료관광과, 둘째는 질병치료와 수술을 주요 목적으로 국경을 이동하는 수술처치중심의 치료여행이다.

관광을 주목적으로 하는 의료관광은 서비스 산업의 특성상 수요의 소득탄력성이 높고 노동집약적인 특징을 가지고 있다. 의료산업은 하이테크(High-tech)적 속성이 강하며 진입장벽이 높은 데 비해, 관광산업은 수요의 가격탄력성이 높으며 진입장벽이 높지 않은 편이다. 의료수요는 정확하고 합리적인 의사결정에 의해 이루어지지만, 관광수요는 자신의 문화권을 벗어나는 여행에 대한 상상력과 이국성에 의해 결정된다. 따라서 의료관광산업의 성공을 위해서는 대비되는 두 분야의 특징이 조화롭게 결합되는 것이 반드시 필요하다.

치료를 주목적으로 하는 의료관광은 미용이나 성형, 건강검진, 간단한 수술과 관광을 연계하여 체류기간이 길고, 체류비용이 큰 특징이 있다. 이러한 점에서 의료관광은 21세기 새로운 고부가가치 관광산업이라고 할 수 있다.

〈표 1-1〉 의료관광의 다양한 개념 및 정의

출처	의료관광의 개념 및 정의
Hall(1992)	보건관광은 관광활동에서 주요 관광동기가 건강증진으로 집을 떠나 체재하고 여가활동을 하는 것.
Goodrich(1993)	의료관광에서 헬스케어관광으로 다시 헬스관광으로 전개함.
Eric(1996)	건강상태를 개선시킬 목적을 가진 사람이 거주지를 떠나 행하는 레저형태.
Mueller(2001)	웰니스관광은 각종 질병을 예방하는 차원의 관광행위의 일종이며, 의료관광은 건강을 회복하는 관광이라고 하면서, 웰니스관광을 의료관광과 구분.
손대현·김정은(2000)	건강과 관련한 서비스나 시설을 의도적으로 촉진하여 발전하는 관광.
한국보건산업진흥원(2002)	일상생활권을 떠나 자유의사로 자유재량시간을 활용하는 여가활동인 기존 관광 정의 중 특히 보건자원을 통하여 보고, 듣고, 느끼고 참여하여 비영리의 풍물을 즐기는 관광으로서 특화된 관광 영역.
Henderson(2004)	의료관광은 헬스케어관광에 포함되는 개념.
정두채(2004)	건강증진, 치료목적의 관광 프로그램으로서 서비스와 시설 등에서 제공되는 다채로운 건강관련 관광.
이용균(2005)	건강증진 및 치료를 목적으로 하는 관광프로그램에서 특히 의료서비스를 중시하는 개념.
황영임(2005)	질병의 예방 차원이나 치료 혹은 육체적, 정신적 아름다움 추구를 목적으로 하여 진행하는, 특수이익집단이 선택하는 관광유형의 일종.
조구현(2006)	건강증진이나 치료를 목적으로 하는 환자들에게 관광활동과 결합하여 우수한 의료서비스를 제공하는 관광의 일종.
한국문화관광정책연구원(2006)	개인이 최적의 건강에 성공적으로 도달할 수 있도록 생활양식을 변화시키기 위한 보양, 의료, 미용 등의 건강증진과 자연휴양자원을 이용하여 적극 참여하고 체험하는 관광.
김민철·문성종·부창신(2008)	인간의 재활력, 정신적, 육체적, 감성적 건강을 위한 레저와 휴양을 함께 즐기며 웰니스와 헬스케어를 결합하는 기능을 하는 관광의 유형.

출처 : 박경호. 한국형 의료관광산업 마케팅에 관한 연구, 관광 연구. 2011, 26권 2호. p4

2. 의료관광의 역사

사실 의료관광의 개념이 일반화되고 의료산업화 형태로 발전된 것은 최근의 일이지만, 의료관광은 사실 오래전부터 행해져왔다.

의료관광의 역사를 고찰해보면, 의료관광 서비스로 기록된 첫 사례는 그리스 순례자들이 모든 지중해 지역에서부터 그리스 동남해안의 사로니코스 만(Saronic Gulf)에 있는 작은 영토, 에피다우리아(Epidauria)를 여행한 것에서 찾아볼 수 있다. 이 영토는 아스클레피오스(Asklepios)[1]라는 신을 치료하는 성역이었다. 그러므로 에피다우리아는 의료관광의 최초여행국가라고 할 수 있다.

기원전 3세기경, 고대 로마에 위치한 사이프러스와 알렉산드리아는 그리스인들이 가장 선호하는 의료관광지였다. 이 지역들은 정치적으로나 기후적으로 무척 인상적이며 좋은 의료시설로 알려져 있었다.

스파 타운과 휴양지는 의료관광의 초기 형태이다. 18세기 영국에서는 환자들이 미네랄 워터를 마시고 통풍, 간질환, 기관지염과 같은 질병을 치료하기 위해 스파를 찾았다고 한다. 비록 당시에는 의료관광이 하나의 산업으로 인식되지 않았지만 어떤 특별한 목적을 가지고 있는 특정 상류층이나 특수 이익집단은 끊임없이 그들의 욕구를 충족시킬 수 있는 여행지를 선택하여 아름다운 자연경관을 감상함과 동시에 의료서비스를 받는 의료관광 형태의 여행을 즐기곤 했던 것이다.

3. 국제협정과 의료관광

3.1. 국내 사례

1) 정부와 보험자 간 협약

우리나라 정부는 의료관광 활성화를 위한 국내 의료기관과 유수의 국제보험사와의 진료비 직접청구(Direct billing)에 대한 협정 및 계약 체결을 위해 노력하고 있다. 중국의 평

1) 고대 그리스 신화에 나오는 의학의 신(神)

안보험과 미국의 시그나(Cigna) 보험과 UHI(United Healthcare International) 보험, 아랍에미리트의 국영보험사인 다만(Daman) 국제보험사와 국내 유수의 의료기관 등이 국제보험사의 지불보증으로 진료 및 치료를 받는 외국인 환자에 대해 직접 진료비 청구를 하는 것이 그 예다.

2) 정부 간 협약

정부 대 정부 사업(G2G)으로 국제협정을 통해 자국의 환자 송출에 따른 의료서비스 제공 등의 노력도 계속되고 있다. 보건복지부는 UAE 보건부, 아부다비 · 두바이 보건청 등과 환자 송출에 대한 환자유치협약을 체결한 바 있다. 조만간 러시아와 우리나라 사이에는 양국 간 비자면제협정을 통해 급격히 증가하고 있는 러시아 의료관광객의 국내 의료기관 방문도 쉬워질 것으로 예상된다.

〈표 1-2〉 외국의 정부 및 보건의료기관과의 협력 체결 현황

<table>
<tr><th>연도</th><th>체결 내용</th></tr>
<tr><td>2009</td><td>카자흐스탄 대통령궁 의료센터와 보건의료협력관련 LOI 체결(2009.12)</td></tr>
<tr><td>2010</td><td>카자흐스탄 NMH와 한국국제의료협회 간 보건의료협력 MOU 체결(2010.10)</td></tr>
<tr><td rowspan="3">2011</td><td>UAE 보건부, 아부다비·두바이 보건청과 MOU 체결(2011.3)</td></tr>
<tr><td>몽골, 우즈베키스탄, 카자흐스탄 보건부와 국가 간 보건의료분야 협력 MOU 체결(2011.8)</td></tr>
<tr><td>한국 4개 의료기관과 아부다비 보건청의 환자송출 협약 체결(2011.11) 및 환자의뢰 개시(2011.12)</td></tr>
<tr><td rowspan="4">2012</td><td>카타르, 오만, 이라크, 쿠웨이트 등과 MOU 체결</td></tr>
<tr><td>사우디아라비아와 보건복지부 간 약정서 체결(2012.2)</td></tr>
<tr><td>두바이 Index Holding과 한국보건산업진흥원 간 암센터 건립, 제약 및 의료기기 수출 MOU 체결(2012.9)</td></tr>
<tr><td>아부다비 Military Medical Service 및 한국보건산업진흥원 간 협약체결(2012.11)</td></tr>
</table>

자료 : 보건산업백서(2012), 제1회 보건산업정책포럼 자료

3) 의료인 방문연수 프로그램(Visiting Physician Program)

병원협회와 의사협회 등 국내 의료단체는 세계 우수 의료진을 국내로 초청하여 각종 시술의 집행 및 의료진 대상 교육을 실시해 오고 있으며, 특히 아랍에미리트, 오만, 카타르, 사우디아라비아 등을 대상으로 정보를 제공하고 있다. 또한, 메디컬 코리아 아카데미(Medical Korea Academy)와 연계하여 중동국가 의료진을 위한 연수 프로그램을 운영 중인데, 대한병원협회 조사에 의하면 지난 3년간 의료인 연수프로그램에 참여한 해외 의료진 650명 중에서 중동 국가는 3명(사우디아라비아)으로 아직은 미흡한 수준이라고 할 수 있다.

4) 병원 위탁 운영 참여 및 의료기관의 해외진출

가) 아랍에미리트 병원 위탁 운영 참여

- 아부다비 무바달라 헬스케어 척추센터 : 우리들 병원
- 두바이 재활병원 위탁운영 : 보바스 기념 병원 입찰 참여
- UAE 보건부 산하 공공병원에 대한 외국병원 위탁운영 검토 중 : 한국 측과 추진과정 공유하기로 함

나) 중동국가 의료기관 진출

- 삼성의료원 두바이 메디컬 센터(2010년 4월 개원)
- 오만 장기이식센터 : 삼성의료원 검토 중
- 오만 무바달라 헬스케어 척추센터 : 우리들 병원 참여 예정
- 이라크 보건부 측 : 병원건설에 한국 측의 참여 요청(화상센터, 암센터, 이동병원 등)

5) 병원시스템 수출

가) 한국 IT 기반 건강보험시스템

- 중동 국가의 한국 IT 기반 건강보험시스템에 대한 관심 증가
- 한국 건강보험시스템 설명 및 자료 제공 : 아랍에미리트, 카타르 등

나) Global U-Health System

- 중동국가 병원들의 병원정보시스템 선진화 요구 증가
- 한국 global U-health system 설명 및 자료 제공
- 협약체결 국가와 병원 간 원격진료 추진

3.2. 외국 사례

세계 여러 나라에서의 국제협력을 통한 의료관광 활성화는 여러 부분에서 찾아 볼 수 있다.

유수의 외국 의과대학 또는 의료센터와 체결한 양해각서(MOU : Memorandum of Understanding)는 각 기관들의 상호 협력이 유지되고 있는 한 상호 간 서비스의 질이 계속 좋아질 것이라는 약속이 포함되어 있다.

인도의 워크하르트(Wockhard) 병원과 두바이의 헬스케어시티(Healthcare City)는 하버드 의과대학이 설립한 국제기구인 하버드 메디컬 인터내셔널(Harvard Medical International)과 제휴를 맺고 있다. 인도의 아폴로(Apollo) 병원과 파나마 푼타 파시피카 병원(Hospital Punta Pacifica)은 미국의 존스홉킨스 인터내셔널(Johns Hopkins International)과 협력관계를 유지하고 있다. 이러한 협력관계는 인도의 지역병원들이 최신의 의료지식이나 기술에 대한 접근권을 가지고 있다는 신호를 보내는 것이며, 이러한 국제적인 협정을 통해 외국으로부터 온 환자들에게 그들이 받는 의료서비스의 질이 제휴관계에 있어 환자 본인의 자국 의료 서비스 수준에 근접한다는 확신을 심어 주게 된다.

국제협정은 단순한 상호 간 비준뿐만 아니라 서비스의 공급과도 연관되어 있는데, 피츠버그 대학병원의 경우 팔레르보, 키프로스, 카타르, 더블린 등과 국제협력관계를 맺고 있을 뿐만 아니라 GE 헬스케어와의 합작 투자도 진행하고 있다.

국제협정을 통한 제휴는 의료인 교환프로그램 등을 통해 의료 훈련 영역까지 확대되고 있다. 코넬 의과대학(Cornell Medical School)은 카타르 의학교육에 관해 협력관계를 유지하고 있으며, 서울에도 자문센터를 운영하고 있다. 이러한 선진국의 의료기관이나 의과대학에서 훈련받은 개발도상국 의사들은 자국으로 돌아가 현지에서 치료하기 힘든 자국민을 치료가 가능한 외국으로 소개하는 역할을 담당하기도 한다.

4.의료관광의 파급효과

의료관광은 자국이나 방문국가 또는 해당 지역에 많은 긍정적 영향을 미치게 되는데, 이를 경제적 측면과 사회문화적 측면, 관광 산업적 측면 등으로 구분하여 살펴보면 그 파급효과가 무척 큰 것을 알 수 있다.

4.1.경제적 효과

의료관광의 경제적 효과는 크게 진료비 수입과 건강관련 여행수지 등 직접적인 효과와 그 밖의 간접적인 파급효과로 구분해볼 수 있다.

그동안 외국인 환자유치사업은 정부가 신 성장 동력산업으로 선정한 2009년 5월 시작한 이래 연 42.5%씩 (진료수입은 81.9%) 급성장해왔는데, 연도별로 보면 2009년 60,201명(547억 원), 2010년 81,789명(1,032억 원), 2011년 122,297명(1,809억 원)으로 늘었다. 이는 한류 등에 편승한 일시적인 현상이 아니라 지속적인 상승 기조가 확대되고 있다는 사실에 그 의미가 있다고 하겠다.

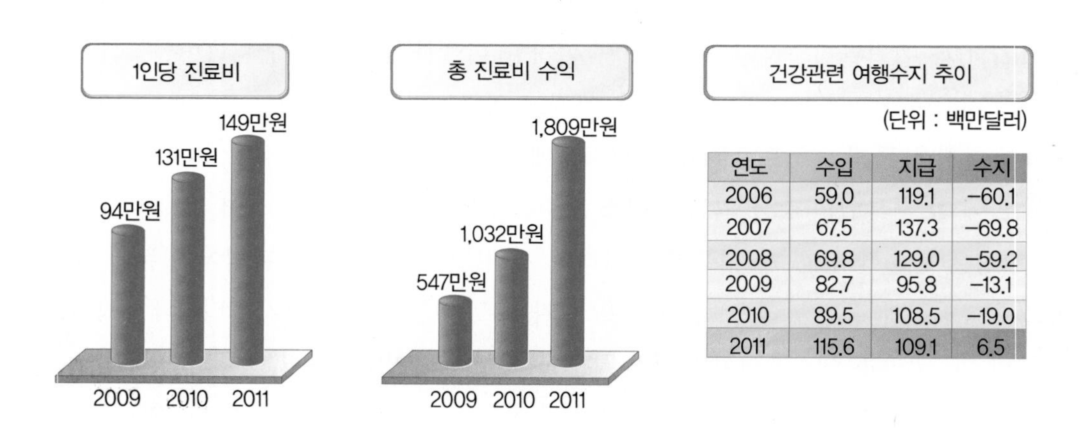

연도	수입	지급	수지
2006	59.0	119.1	−60.1
2007	67.5	137.3	−69.8
2008	69.8	129.0	−59.2
2009	82.7	95.8	−13.1
2010	89.5	108.5	−19.0
2011	115.6	109.1	6.5

〈그림 1-1〉 외국인 환자 유치사업의 경제적 효과

1) 환자유치를 통한 진료비 수익

가) 외국인 환자 수

외국인 실 환자수는 2011년 현재 정부 목표치인 11만 명을 넘어 122,297명(연 환자 기준 344,407명)으로 집계되었다. 이는 2010년 81,789명도(연 환자 기준 224,260명)보다 49.5% 증가한 실적이다. 참고로 한국관광공사에 따르면, 2011년 외래 관광객은 979.5만 명으로 전년대비 11.3% 증가하였다.

2011년 현재 전체 환자 중 외래환자는 95,810명(78.3%), 건강검진 환자는 14,542명(11.9%), 입원환자는 11,945명(9.8%)으로 집계되었으며, 입원환자와 중증상병 외래환자는 모두 14,817명으로 전체의 12.1%를 차지했다. 국내 실 환자 대비 외국인 실 환자의 비중은 0.27%로 아직까지 국민 의료접근성을 저해하지는 않는 수준인 것으로 추정되고 있다.

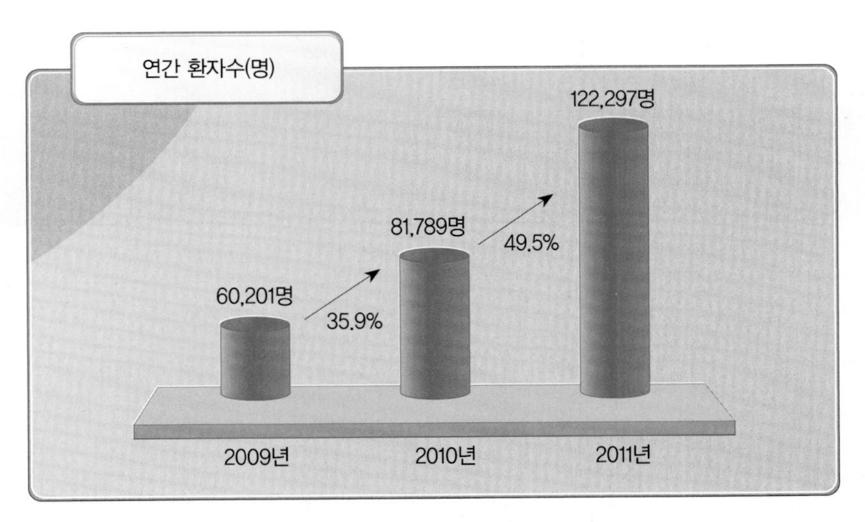

〈그림 1-2〉 외국인 환자 유치 현황

나) 진료비 수입

2011년 현재 국내 의료기관의 신고에 따른 총 진료수입은 1,809억 원으로 2010년 1,032억 원 대비 약 75.3%가 증가했다. 외국인 환자 1인의 평균 진료비는 149만 원으로 내국인의 1인당 연간 진료비(비급여 제외) 101만 원보다 높은 것으로 나타났다.

입원환자 평균 진료비는 약 662만 원으로 입원환자와 중증상병 외래환자[2)]를 합한 중증환자는 14,817명으로 전체의 12.1%이지만 진료수익은 691억 원(전년 402억 원)으로 진료비의 38.2%를 차지했다. 한편, 1억 원 이상 고액 환자는 27명(전년 21명), 1천만원 이상 진료비를 부담한 환자는 5,011명(41%)으로 2010년(1,732명) 대비 189.3% 증가했다.

2) 건강관련 여행수지

해외환자 유치를 통해 진료비 수입이 늘어남과 동시에 의료관광객에 의한 의료 외적인 수입, 즉 숙박, 관광 및 휴양, 쇼핑 등을 통한 수입이 증가한다. 한국은행에 따르면, 2011년에 건강관련 여행수지가 최초로 흑자(6.5백만 달러)를 기록했으며, 우리나라는 2015년 해외환자 32만 명(연환자 100만 명 규모) 유치를 목표로 하고 있어 앞으로 이러한 건강관련 여행수지의 흑자규모는 더욱 커질 것으로 기대된다.

〈표 1-3〉 의료관광의 경제적 파급효과 및 전망 (단위 : 명, 백만원)

구분	목표					
	2011	2012	2013	2015	2017	2020
환자수(실인원)	122,297	150,000	200,000	320,000	500,000	1,000,000
진료수익	182,827	253,383	381,778	779,988	1,556,199	4,490,868
관광수익	38,205	48,265	66,284	112,513	186,508	407,605
수익(합계)	221,032	301,658	448,062	92,501	1,742,707	4,898,473
고용효과(계)	2,572	3,487	5,147	10,136	19,592	54,369
고용효과(의료서비스)	1,938	2,686	4,047	8,268	16,496	47,603
고용효과(관광)	634	801	1,100	1,868	3,096	6,766

자료 : 한국보건산업진흥원 미발간 보고서, 2012

2) 건강보험공단의 중증진료로 분류되는 암, 심장, 뇌혈관질환 상병

3) 그 밖의 경제적 파급효과

의료관광은 진료비 수입과 진료 외적인 수입 외에도 다음과 같은 경제적 파급효과를 만들어낸다.

- 일자리 창출 효과가 있다. 10만 명의 해외환자를 유치하면 국내에 약 6,000개의 신규 일자리를 창출하는 효과가 있다고 보고되고 있다.
- 국내 의료산업의 경쟁력이 향상된다.
- 의료관광은 국가경제의 성장과 개발을 유도한다. 이는 의료관광이 외화를 획득하고 외화를 유치하는 원천이 되고, 투자 촉진과 조세수익 창출의 원천이 되기 때문이다.
- 의료관광이 창출하는 수익은 공중건강을 개선하는 데 사용할 수 있다. 이를 통해 인적자본의 수명이 연장되고 노동생산성이 높아지게 되므로 결과적으로 국가경제와 의료관광산업의 성장에 도움을 준다.

4.2. 사회문화적 효과

- 여행 및 휴가, 치료를 위해 전 세계로부터 많은 외국인이 방문하게 되므로 다양한 인적 교류, 정보 교류 및 문화교류가 이루어진다.
- 각국의 의료기술, 전통이나 관광문화에 대한 이해를 높여 국가브랜드 향상에 기여할 수 있다.
- 국제 친선을 도모하여 국민 의식 수준이 향상된다.
- 의료관광을 통해 외국인 환자와 직접적으로 교류함으로써 언어 및 국제매너 등 국제화의 수준이 향상된다.

4.3. 정치적 효과

- 의료관광이 단순한 산업적 차원에서뿐만 아니라 국가 간 정치적 교류확대를 위한 메커니즘으로 발전할 수 있다.
- 세계 보건 및 관광정책을 상호 구현하며, 국가 간 이해증진을 통한 세계 평화에 기여할 수 있는 동기 제공이 가능하다.

4.4. 관광적 효과

- 해외 의료관광객을 유치하여 양질의 서비스가 제공된다면 의료관광과 관련된 항공업, 식당업, 교통업, 통 · 번역업, 관광업 등 관련 산업이 동반 성장할 수 있다.
- 관광 관련 산업을 발전시키고, 관광전문인 양성을 촉진하는 기회를 제공한다.
- 의료관광 상품 개발을 촉진시켜 국내 관광산업 진흥의 효과가 있다.

5.의료관광코디네이터의 역할과 자질

5.1. 의료관광코디네이터의 역할

의료관광코디네이터(Medical Tour Coordinator)란 국내 병원에서 진료와 치료를 받고자 하는 외국인 환자(의료관광객)에게 유능한 의료진이나 의료기관을 연결시켜 주고 환자와 동반 가족들의 국내 체류관광을 지원하는 전문직종이다. 다시 말해 의료인과 의료기관 사이의 가교역할을 한다고 할 수 있다.

보건복지부에서는 의료관광코디네이터를 '병원에서 진료 등을 위해 입국하려는 외국인 환자 안내 및 유치 활동 보고, 진료 예약 및 통역, 고객관리 등 외국인 환자를 위한 종합적인 서비스를 제공하는 자'라고 정의하고 있다.

그동안 쇄국산업의 울타리에 갇혀있던 의료서비스 산업의 경쟁력을 키우고자 하는 논의가 활발해지면서 의료관광 산업의 '엔지니어' 역할인 의료관광코디네이터에 대한 관심이 높아졌다. 이제 정부는 의료법 개정을 통해 해외 외국인 환자의 국내 병원 유치활동을 허용하고 의료관광 유치업체와 병원에 의료관광 전문 코디네이터 고용제 도입을 검토하기도 하였다.

통상 해외환자유치 관련 인력양성에 대해 이야기 하자면 가장 먼저 떠오르는 직종이 의료관광코디네이터라는 인력이라 할 수 있다. 의료관광코디네이터의 업무란 사전 질병 상담에서부터 견적 산출, 입국비자를 위한 서류 발급업무, 그리고 입국에서부터 출국까지 환자를 위한 비용, 의료관련 상담, 개별 고충상담 외에 의료전문 상식을 기반으로 전문 통역과 다양한 문화에 대한 이해가 수반되어야 한다. 그리고 의료사고 발생 시 환자와 최일선에서 모든 처리를 해야 하는 위험성 관리가 가능한 다재다능한 인재가 양성되어야 하는 것이다. 업무 범위가 넓고 의사소통의 작은 오류에도 리스크가 큰 업무이기 때문에 좀 더 명확하고 세분화된 전문가가 필요하다.

그러나 아직까지 의료관광코디네이터의 역할이 명확하게 설정되어 있다고 보기는 어렵고, 병원과 의원 간에도 차이가 있다. 병원은 의료관광 관련 행정직 업무를 국제협력팀에 부여하고, 환자관련 서비스 업무는 국제진료팀에 주로 부여하고 있다. 그러나 의원은 대형 병원과 같이 조직이 세분화되어 있지 않고 인적자원에도 제한이 있다. 그래서 의원의 경우, 한두 명이 의료관광 관련 행정과 서비스 업무를 동시에 수행한다.

같은 대형병원 간에도 의료관광코디네이터의 역할에 차이가 있다. 의료관광 협력과 국제진료로 팀이 나뉘어져 역할을 구분하고 있는 병원들이 대부분이지만, 두 개 팀원들에게 주어지는 역할도 기관마다 차이가 있다. 외국인 환자를 직접 안내하고 서비스하는 코디네이터가 마케팅 업무를 직접 수행하기도 한다.

1) 진료서비스 관리업무

가) 예약업무

① 예약 통보 : 예약 확인서 작성 및 발송

② 준비사항 통보 : 검사나 치료 일정 및 준비사항 리스트 작성 및 발송

③ 예약 확인

④ 예약 변경 관리

나) 비자업무

- 비자발급관련 지원 : 의료목적 입증서류(병명 등이 기재된 진료예약확인증, 초청병원의 진단서) 작성 및 발송

다) 진료관련 업무

① 외국환자 맞이하기

② 진료과정 및 내용 소개(진료동의서 작성 지원 등)

③ 진료 시 통역

④ 진료 후 안내
- 처방전(Prescription) 제공
- 외국어 안내문 작성 및 제공
- 다음 예약 입력

⑤ 입 · 퇴원 업무 지원

라) 검사관련 업무

① 검사 일정 점검

② 검사 안내

③ 검사결과지 외국어 번역

④ 검사결과지 작성 및 관리(복사, 검사결과 CD로 제작 등)

⑤ 검사결과지 발송(우편, 이메일, Fax 등)

마) 보험업무

① 보험회사관리
- 국가별 보험회사 파악 및 접촉
- 보험회사별 서식 취합 관리
- 보험회사와 협력관계 구축

② 예약자에 대한 보험 확인
- 보험회사와 연락하여 환자지불계약에 대한 확답 받기
- 환자의 보험만료기간 확인
- 보험의 급여범위(Coverage) 확인

③ 보험관련 내규 작성

④ 보험서류 관리
- 청구 서류 작성
- 거부된 청구서류 점검하여 원인 파악

바) 진료비 관련 업무

① 진료비 설명

② 영문 영수증 작성 및 전달

③ 진료비 후불자 지불보증 확인

④ 진료비 미수관리

- 미수금에 대한 환자 추적
- 보험이 있는 경우, 보험회사에 독촉 업무
- 미수금 현황자료 관리

사) 진단서 관리업무

아) 환자만족도 관리업무

① 환자만족도 설문조사

- 설문지 제작
- 설문조사
- 조사자료 분석
- 보고서 작성

② 만족도 향상을 위한 맞춤 서비스

- 감사편지 발송
- 퇴원 시 이벤트 기획 실행(예 : 저녁식사, 와인파티, 선물 증정 등)

2) 관광 지원업무

가) 호텔/식당과 협약 체결 : 할인율(D.C. %) 결정, 공동 프로모션 등 협의

나)호텔 예약 : 환자의 요청 시 호텔을 예약해준다.

① 프로세스 : 가격, 위치, 유형 확인 → 객실/요금 확인 → 예약(Room type)

② 검토사항

- 등급 : 특1급, 특2급, 1급, 2급, 3급 (가격확인)
- 위치 : 도심지역(쇼핑), 도심외곽, 강남/강북 (병원간의 거리도 중요)
- 유형 : 호텔, 레지던스(장기체류)

③ 주의사항

- 예약자 이름(영어철자) : 여권 영문이름으로 입력할 것
- 룸 타입 확인(Single, double 등)
- 조식 포함/특수국가 식사 제공 여부
- 항공편명과 도착시간, 체크인/체크아웃 시간
- 변경 및 취소 규정/제도

다) 관광 상품 소개 : 관광 상품이나 주요 관광지 소개

라) 항공/비자 업무

① 항공서비스

- 예약 접수, 운항 스케줄 확인 → 예약사항 입력 → 항공권 구입시한 확인 → 예약기록의 저장

② 예약서비스

- PNR(Passenger name record) 방식 코드 확인
  - HS : 좌석이 확보되어 예약이 된 상태
  - HK : 이미 예약이 확약되어 있는 상태
  - HL : 대기자 명단에 예약이 되어 있는 상태
  - RR : 예약이 확약된 후 다시 재확인이 된 상태

③ 비자서비스

- 초청장, 공증 서약서, 사업자등록증, 납세원본 등 서류 준비/지원
- 무비자, 비자면제협정 대상 사전확인
- 법무부 출입국 외국인정책본부 (www.immigration.go.kr)

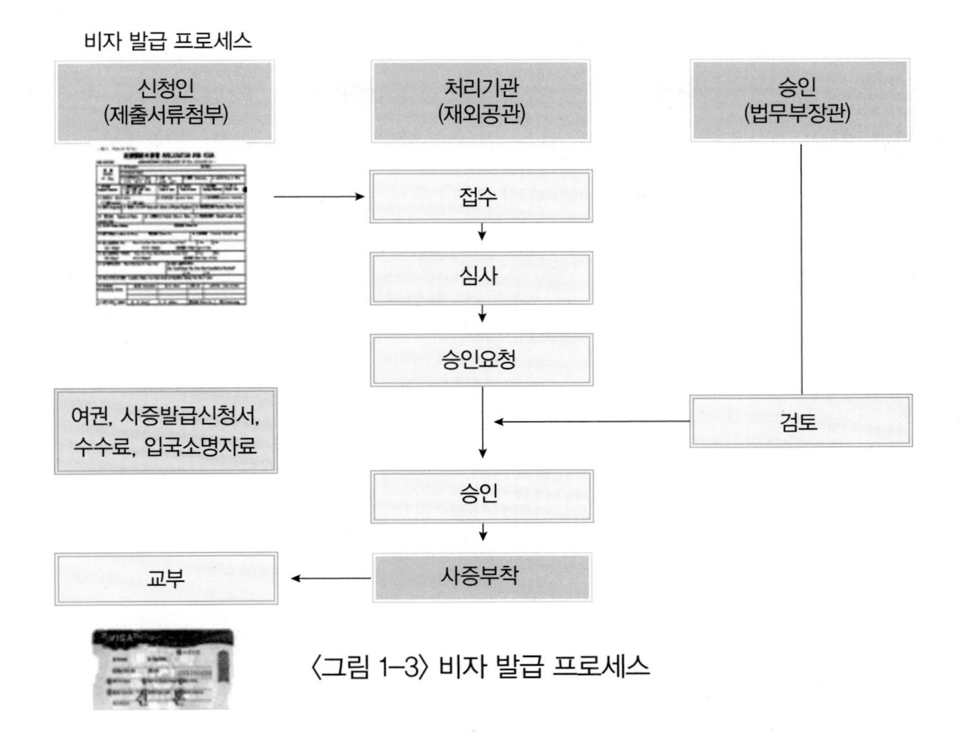

〈그림 1-3〉 비자 발급 프로세스

마) 출 · 입국 수속 서비스

① 프로세스

- 의료관광객 입국 → 공항영접(개인/단체) / 입국 수속 → 메디컬 서비스 체험(의료관광) → 출국 전 준비업무(항공권 Confirm / 발권) → 출국 수속 안내(공항 내)

② 공항 영접

- 고객의 항공 일정 파악 및 관리
- 영접대상자 신분 및 신체상태, 나이 파악 : 공항 내 픽업 계획 결정 및 보고, 장비 사용 확인
- 체류일정, 대상자 수, 가족동반 여부 : 수송차량 결정, 영접인원 및 계획 완결
- 차량준비 : 기사 연락처, 차량번호, 차종 사전 확보
- 항공일정 파악 : 해당 항공기 도착 30분 전 도착하여 대기 출구 게이트 파악
- 환영 홀 영접 시 차량기사 연락

- 주차장으로 안내, 영송
- 기타 : 응급차량의 경우 공항공사 교통운영팀에 협조, 이벤트 카운터 사용 여부(운영팀), 컨벤션 관련 경우 전용 입국심사대(법무부) 요청, 전문화된 영접 서비스 업체 이용 / 호텔 픽업 서비스

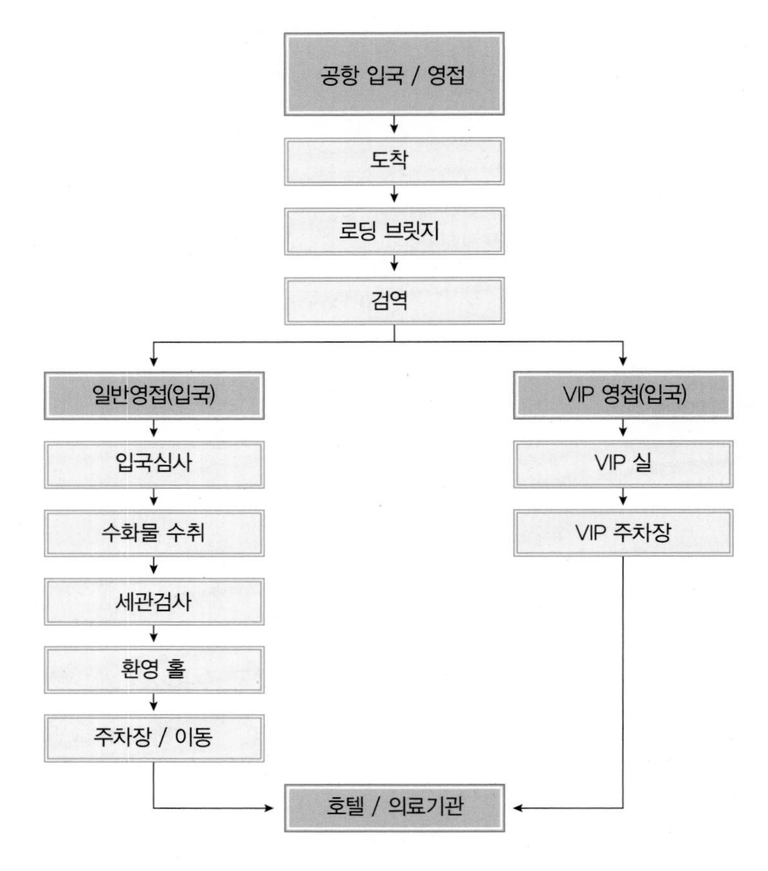

〈그림 1-4〉 입국 수속 및 이동 경로

③ 출국 수속

- 프로세스 : 탑승 카운터 사전 확인(도심 공항, 인천공항)
  → 여권, 항공권 제시 (수속 : 공항 출국장)
  → 수화물 탑송
  → 탑승권 좌석 재조정(항공권 Confirm / 발권)
  → 출국 수속 안내(공항 내)

- 주의사항
  - 수화물표(Baggage Tag)은 영문으로 작성, 기내반입 수하물 허용기준 확인
  - 도심공항터미널 이용시 : 도심 승객전용 출국 심사대 통과

바) 환송 서비스

- 차량 PICK-UP 서비스 실시 : 목적지(병원 또는 호텔) 이송서비스, 병원 의전 차량, 렌터카 리무진, 앰뷸런스, 전세버스 밴(Van), 택시, 장애인 콜택시, 리무진 버스 등
- 병원 및 호텔 내 주 · 정차 공간 사전 확보
- 출국 시 영송 서비스 : 차량수송, 출국 수속, 화물 탁송, 라운지 이용, 면세점 안내 등

3) 통역업무

외국인 환자가 의료기관을 방문하여 떠날 때까지 통역 서비스를 한다.

- 외래진료 통역
- 입원관련 사항 통역
- 환자교육 통역
- 원무업무 통역
- 통역 인력관리

4) 리스크 관리

가) 리스크 예방

① 리스크관리 프로그램 개발
- 리스크관리 내규 작성
- 리스크관리 프로토콜 만들기

② 리스크 사례분석
- 원인 규명
- 개선안 강구

나) 의료사고 및 불만 관리

① 문제 발생시, 일차로 환자와 상담

• 환자의 불만 경청

• 문제 성격, 원인 등 파악

• 설명하고 해결방안 강구

② 국제진료센터, 고객만족팀 등 관련 부서에 연락

5) 마케팅 업무

가) 마케팅 기획

① 마케팅 전체 플랜 기획

② 팸투어 기획 등

나) 상품 개발 업무

① 상품개발 : 해당 부서(예 : 건강검진센터)와 협력하여 상품개발

② 시장조사

– 국내외 의료관광 상품 내용 파악

– 국내외 의료관광 상품 가격 비교 분석

다) 광고업무

① 병원 안내물 제작

② 의료관광 상품 브로슈어 제작

③ 홈페이지 기획 및 운영 : 다국어 홈페이지

④ 해외환자유치 설명회 참석

– 발표 자료 준비

– 참석, 발표

⑤ 국내의료관광행사(엑스포, 컨퍼런스) 준비

⑥ 홍보대사 위촉

라) 네트워크 구축 기획

① 의료관광업체(의료관광 에이전시, 여행사 등)와 협약체결 및 관련 업무

② 언론매체 접촉 업무

6) 행정업무

가) 외국인 환자 유치 의료기관 등록

나) 출입국관리소와 협력관계 구축

다) 외국병원 및 외국기관과 협력관계 구축

① MOU 체결

② 상호교류(전화, 이메일 교신, 서류 교환)

라) 외국보험회사와 관계 구축

마) 외국인 환자 통계자료 관리

① 외국인 환자 현황 파악 및 자료 구축

② 외국인 환자 자료 분석

③ 외국인 환자 현황자료 분석

바) 자원봉사자 관리업무

① 자원봉사자 모집

② 자원 봉사자 업무 분담

③ 자원봉사자 스케줄 관리

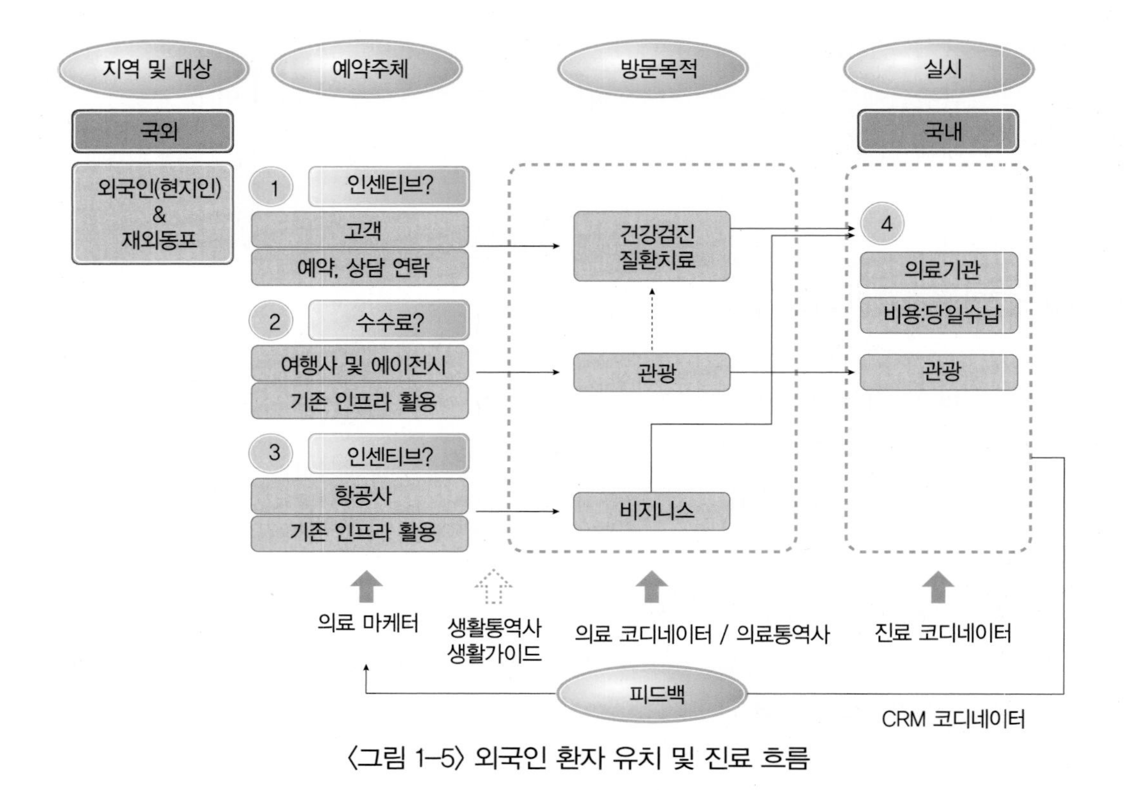

〈그림 1-5〉 외국인 환자 유치 및 진료 흐름

5.2. 의료관광코디네이터의 자질

의료관광코디네이터가 되기 위해서는 의료 및 관광 분야의 지식과 어학 실력은 물론 세련된 매너가 필수이다. 의료관광코디네이터가 갖추어야 할 자질에 대해 살펴보자.

1) 언어

가) 외국어 대화능력

외국어의 자유로운 구사능력은 모든 의료관광코디네이터가 갖추어야 할 기본 소양의 하나이다. 언어 통역자로서의 역할을 수행해야 하므로 외국어 실력을 갖추고 있어야 한다. 또한 외국인의 언어와 비언어적 표현 방식을 잘 이해하고 있어야 한다. 특히 미국, 일본, 중국, 러시아 등 주요 국가 출신의 외국인에 대해서는 비언어적 표현 방식을 잘 이해해둘 필요가 있다.

나) 외국어 Writing 스킬

외국 기관과 서신 교환을 위해서는 외국어로 된 비즈니스 서류를 작성하는 능력을 갖추어야 한다. 예를 들어, 외국의 의료관광 에이전시나 광고회사와의 업무 협의를 위해서는 외국어로 된 비즈니스 서류를 정확하게 작성해야 한다.

다) 외국어 Reading 스킬

외국어로 된 문서를 정확하게 해석할 수 있어야 한다. 예를 들어, 환자 EMR 자료나 외국 의료보험회사의 보험적용범위(coverage)의 구체적인 내용을 정확하게 읽고 이해하지 못하면 문제가 발생할 수 있다.

2) 전문용어 이해 능력

가) 의학용어(Medical Terminology)

의학용어에 대한 지식은 필수적이다. 외국인 환자에게 질병에 대한 설명을 하기 위해서는 의학용어를 정확하게 알고 있어야 한다.

나) 질병코드(ICD-10)

서류에 질병코드명을 쓰는 경우가 있는데, 이러한 경우에 대비하여 주요 질병코드명을 이해해야 한다. 전 세계적으로 ICD-9-CM이나 ICD-10 등의 질병 코드가 쓰이고 있다. 물론 의무기록실에서 서류를 작성하겠지만, 코디네이터도 어느 정도의 기본적 지식을 갖추는 것이 필요하다.

다) 처치코드(CPT-4 Procedure Code)

미국에서는 처치 항목별로 CPT-4 코드를 사용하고 있다. 상황에 따라서는 CPT-4 코드에 대한 이해가 필요할 수 있다.

3) 업무 숙지도

의료관련 기초 지식뿐만 아니라 관광관련 출입국 수속절차, 숙박업무, 관광 등에 대한 정보와 식견도 갖추어야 한다.

4) 서비스 마인드

의료관광과 관련된 서비스 가운데는 여러 가지가 있으나 그 중 인적 서비스가 가장 큰 비중을 차지한다. 의료관광 코디네이터의 업무가 외국환자의 국내 입국부터 귀국까지 가장 많은 시간을 차지하고 있기 때문에 전반적으로 의료 및 관광 상품의 질이 높다하더라도 코디네이터가 제공하는 서비스가 좋지 않으면 만족도는 낮아질 것이다.

구체적으로 다음과 같은 마음가짐이 필요하다.

- 고객을 돕고 싶다.
- 상황을 반전시키는 데서 기쁨을 얻는다.
- 긍정적인 마음을 유지한다.
- 나는 항상 예측 못한 상황에 준비되어 있다.
- 나는 진실되게 고객을 대하고 싶다.
- 나의 에너지는 넘쳐난다.
- 고객에게 절제된 반응을 보일 수 있다.

5) 커뮤니케이션 스킬

가) 서비스 대화법

고객에게 감동의 서비스를 제공하기 위해서는 책임 있는 듣기(Responsible Listening)와 책임 있는 말하기(Responsible Speaking)가 중요하다. 최근에 커뮤니케이션에서 듣기, 특히 경청의 중요성이 부각되고 있다. 고객의 말을 제대로 이해하고, 감동의 메시지를 전달할 수 있어야 한다. 외국인 환자에게는 공감하는, 즉 상대방의 입장에서 생각하는 자세가 더욱 중요하다.

나) 세일즈 대화법

외국인 환자에게 의료관광 상품을 제대로 소개하고, 동기 부여를 해서 추가적인 상품(예를 들어, 옵션 투어, 화장품, 추가적인 미용서비스) 구매를 유도하는 능력도 중요하다.

다) 리스크관리 대화법

외국인 환자는 문화가 다르기에 작은 일에도 오해를 할 수 있다. 이는 고객 불평으로 이어져 나쁜 소문이 퍼지게 할 수도 있다. 따라서 불만이나 의료사고 접수 시 즉각적으로 고객의 불만내용과 원인을 파악하여 이를 시정하고, 서비스 회복을 이끌어낼 수 있어야 한다.

6) 인성

의료관광코디네이터가 지녀야 할 인성으로는 성실함과 인내력, 자제력, 철저성, 사교성, 친절, 정중함 등이 있으며, 이러한 요소들은 의료관광코디네이터가 역할이나 업무를 수행할 때 기본적으로 요구되는 사항들이라고 볼 수 있다.

7) 문화적 역량(Cultural Competence)

가) 문화에 대한 지식

각 나라별로 질병에 대한 인식, 의료기관이나 의료인에 대한 믿음, 음식, 증상 표현 방식 등에 차이가 있다. 외국인 환자에 대한 진료나 기타 서비스가 만족스럽게 제공되기 위해서는 이들의 문화에 대한 이해가 중요하다.

나) 문화 적응력

타 문화를 이해하고, 타 문화 사람을 만나는 것에 자신감이 있고, 실제 상황에서 상호접촉을 실행에 옮기는 능력이 있어야 한다.

단·원·핵·심·요·약

▶ 의료관광의 개념은 학자나 관련된 기관에 따라 다양하게 정의되고 있으며, 유사개념으로는 헬스관광, 웰니스 투어리즘, 헬스 투어리즘, 스파 투어리즘 등이 있다. 크게 보면 의료관광은 두 종류도 구분되는데, 하나는 관광을 목적으로 한 여행일정에 건강관리나 미용, 의료서비스를 연계하는 유형이고, 다른 하나는 순수하게 질병치료와 수술을 목적으로 국경을 이동하는 치료여행이다.

▶ 의료관광이라는 용어가 널리 쓰이기 시작한 것은 비교적 최근의 일이나, 그 기원은 그리스 · 로마 시대까지 거슬러 올라가며, 의료관광의 초기형태는 스파 타운과 휴양지에서의 요양을 중심으로 하였다.

▶ 과거에는 선진국의 뛰어난 의술과 전문시설을 갖춘 개별 병원이 해외환자를 유치하는 것이 주류였으나, 최근 우리나라를 비롯해 인도, 싱가포르, 태국 등 아시아의 의료관광 신흥국가들은 정부 간 국제협정이나 정부와 보험자 간 협약, 의료기관 간 협약 등 다양한 형태를 통해 외국의 환자를 유치하려는 노력을 하고 있다. 또한, 직접적인 환자 유치 활동은 아니지만 외국의 병원 위탁운영에 참여하거나 병원시스템을 수출하는 경우, 그리고 병원이 직접 해외에 진출하는 경우 등을 통해 의료관광 활성화에 기여하고 있다.

▶ 의료관광의 파급효과로는 크게 직접적 효과와 간접적 효과가 있다. 직접적 효과로는 해외환자의 유치를 통한 진료비 수익과 관광객의 현지 여행경비 지출에 따른 관광수익 등의 경제적 효과를 들 수 있다. 간접적 효과로는 의료관광 종사자 등 일자리 창출효과, 의료산업 및 서비스산업의 경쟁력 강화 등이 있으며, 그 밖에 의료관광의 활성화를 통해 사회문화적 효과와 정치적 효과까지 기대할 수 있다.

▶ 의료관광코디네이터의 주요 역할 및 업무로는 진료서비스 관리 업무, 관광 지원 업무, 통역 업무, 리스크 관리, 마케팅 업무, 기타 행정 업무가 있다. 이러한 업무를 원활하게 수행하기 위해 의료관광코디네이터가 갖추어야할 자질로는 외국어 구사능력, 의료분야의 전문용어 이해력, 서비스 마인드, 커뮤니케이션 스킬, 훌륭한 인성과 문화적 역량 등이 있다.

알아두면 좋아요!

의료관광의 핵심은 무엇일까?

배성윤 (인제대학교 경영학부 및 보건대학원 교수)

의료관광산업이 신 성장 동력으로 떠오르고 있다. 2009년부터 우리나라가 Medical Korea라는 브랜드와 함께 본격적으로 시작한 해외환자유치사업을 통해 해를 거듭할수록 해외환자 유치실적이 늘어나고 있으며, 많은 병원들이 해외환자유치기관으로 등록하고 있다.

그런데, 이른바 국내 의료계에서 '블루오션'으로 떠오르고 있는 의료관광산업을 지켜보면서 한편으로는 우리가 헤쳐가야 할 블루오션의 지형에 대한 진지한 고민이 부족한 것 같아 걱정스럽다. 그것은 의료관광산업이 고용창출효과와 부가가치가 큰 먹거리일 수는 있겠지만, 문제는 앞으로도 우리의 지속적인 먹거리가 될 수 있을지, 나아가 그것이 과연 몸에 좋은 먹거리인지, 그리고 진정 누구를 위한 먹거리인지에 대한 고민이다.

우선 큰 그림부터 살펴보자. 의료관광이 활성화될수록 지역 간, 의료기관간 의료자원 분포에 불균형이 심화될 가능성이 크다. 게다가 정부가 공적자금을 들여 의료관광을 지원함으로써 얻게 될 수익이 그 세금을 납부한 국민 일반에게 돌아간다는 보장도 없다. 그렇다면 의료관광은 과연 우리나라 경제에 지속적인 먹거리가 될 수 있을까?

본연의 취지를 중심으로 보면 의료관광은 크게 3가지 범주로 구분해볼 수 있다. 첫째는 의료수준이 낮은 후진국의 부유층을 대상으로 고급의료서비스를 제공하는 것이고, 둘째는 보편적이고 선진화된 의료복지체제를 갖추고 있지만 대기시간이 긴 유럽의 환자를 목표로 하는 경우, 그리고 셋째는 미국과 같이 의료비가 비싸 의료보장이 제한적인 국가의 하위중산층을 대상으로 하는 경우다.

첫 번째 경우는 국가나 지방자치단체가 정책적으로 수요를 유인하는 데는 한계가 있다. 오히려 높은 치료효과와 전문 인력에 의한 경쟁력이 핵심이라고 할 수 있는데, 서울을 제외한 다른 지방의 경우 경쟁국가(도시)에 비해 우위가 있다고 보기 어렵다. 두 번째와 세 번째의 경우는 경제적 비교우위가 있어야 한다. 단순히 화폐가격의 문제를 넘어, 시간가격과 관광인프라를 포함한 포괄적 가치 측면을 모두 따져보아야 한다. 이 시장은 경쟁이 매우 치열한데, 영어권에 속한 인도나 싱가포르 같은 선발주자 외에도 관광인프라가 강한 태국, 새롭게 시장에 뛰어든 일본 등과 비교해 물가와 인건비, 관광 인프라 측면에서 우리나라가 뚜렷한 경쟁우위를 갖추고 있다고 보기는 어렵다.

태국이나 싱가포르가 의료관광 선진국이 된 것은 정부의 적극적인 지원도 주요했지만 이와 함께 환자중심의 일관된 가치를 제공하는 유기적 생태계를 잘 구축했기 때문이다.

물론 의료관광에 참여하는 개별 의료기관의 노력도 중요하다. 미국의 시골구석에 있는 메이요 클리닉에 전 세계 환자들이 몰려드는 것은 우수한 의료기술 때문만이 아니고, 싱가폴 레플즈병원이나 태국의 범룽랏병원이 잘 나가는 이유는 저렴한 가격이나 관광자원 때문만은 아니다. 지역사회에 대한 사회적 책임과 단순히 자본을 투입하는 것으로는 모방할 수 없는 시스템 차원의 우위를 창출했기 때문에 가능한 일이다.

우리나라의 의료관광산업은 앞으로도 갈 길이 멀다. 그리고 그 길에서 잊지 말아야 할 점은 의료관광의 핵심은 관광이 아니라 의료가 되어야 한다는 점이다. 또한 참여하는 의료기관은 무엇보다 환자의 필요를 최우선으로 하는 의료의 본질적 가치를 잊지 말아야 한다. 이것이 의료관광을 단순히 돈벌이 수단으로만 인식해서는 안 되는 이유이기도 하다.

〈주〉 이 글은 저자인 배성윤 교수가 부산일보 2013년 8월 9일자에 게재한 칼럼의 내용을 일부 수정 · 보완한 것임.

제 2 장 의료관광의 구조

- 의료관광의 메커니즘에 대해 학습한다. 구체적으로, 의료관광 시스템 모델, 포터의 다이아몬드 모형, 의료관광에 관한 각종 시나리오를 학습하고, 의료관광시스템의 특징과 의료관광의 이해관계자를 이해한다.
- 의료관광 비즈니스 모델로서 제시된 두 가지 시나리오 대안과 이들의 융 · 복합 비즈니스 모델을 이해하고 그 파급효과를 학습한다.
- 의료관광의 유형별 특성과 우리나라의 실태 및 문제점, 그리고 개선방안에 대해 학습한다.

1.의료관광의 메커니즘

1.1. 의료관광 시스템 모델(MTSM, Medical Tourism System Model)

관광학에는 다양한 관광시스템 모델이 존재한다. 그 중에서 대표적인 Leiper(1995)의 관광시스템은 관광객 발생지와 경유지, 그리고 관광 목적지라고 하는 공간개념과 관광객의 이동경로, 관광산업이 제공하는 서비스를 이용하여 관광현상을 설명하는 모델로서, 의료관광현상을 설명하는 데 보다 효율적이고 이해가 쉽기 때문에 많이 인용되고 있다.

Leiper는 관광객 발생지(Traveler Generating Regions) 단계는 아직 여행자가 관광서비스를 경험하기 이전의 단계이므로 "관광객(Tourist)"이라는 용어 대신 "여행객(Traveler)"이라는 용어를 사용하였다. 이외에 경유지(Transit Route Regions), 관광 목적지(Tour

Destination Regions), 관광 산업(Tourism Industries)등 5가지 구성요소로 관광현상을 설명하였다.

의료관광 현상은 Leiper의 모델을 따라 의료관광시스템을 구성하는 의료관광객(Medical Tourists), 의료관광 발생지(MTGR, Medical Tourism Generating Regions), 의료관광 목적지(MTDR, Medical Tourist Destination Regions), 의료관광산업(Medical Tourism Industries) 등 4가지 구성요소를 이용하여 설명할 수 있다. 이때 각 구성요소는 의료관광시스템을 구성하는 기본요소이며, 이 시스템의 연계구조와 그 작동 메커니즘을 이해하고 각 요소들이 시스템에 미치는 영향을 이해하기 위해 반드시 이해할 필요가 있다.

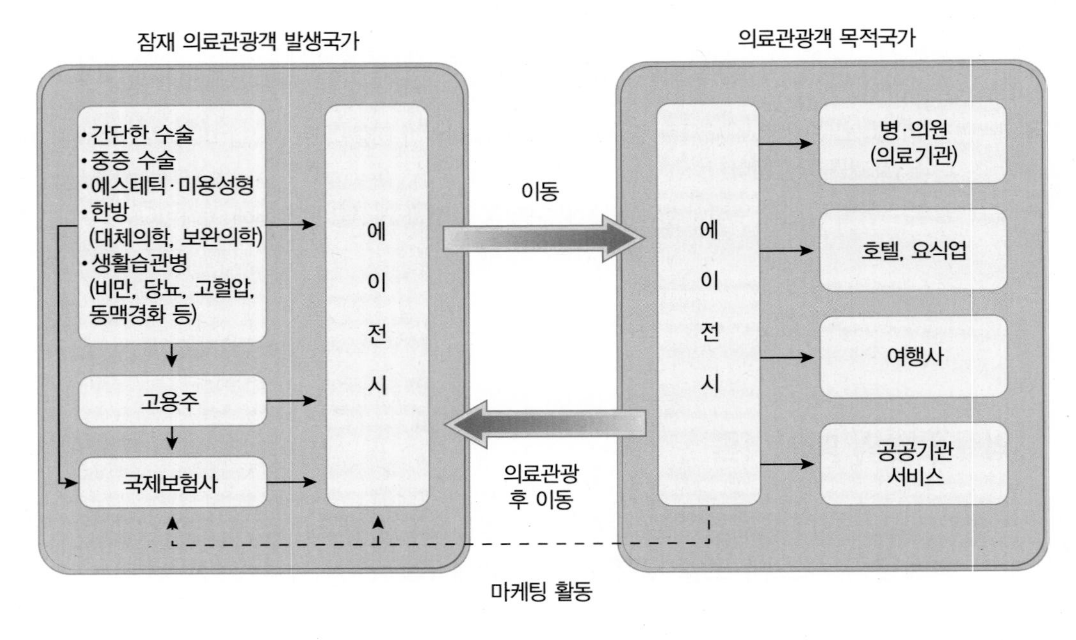

〈그림 2-1〉 의료관광시스템의 구조

1.2. 포터의 다이아몬드 모형

마이클 포터(Michael Porter)는 1990년 국가경쟁력을 결정하는 제반 환경요인을 종합적으로 고려한 거시적 모형으로 다이아몬드 모형을 제시하였다. 다이아몬드 모형에 따르면, 한 국가의 경쟁력은 4가지 요인에 의하여 결정된다.

〈국가경쟁력의 네 가지 요인〉

산업생산요소
수요요소
관련 및 지원 산업
기업의 전략, 구조 및 경쟁정도

이들 요소 각각은 서로 다른 요소에 의존적이며, 서로의 변화에 영향을 주어 각각의 요소가 다른 요소의 약점이 되거나 그 요소를 강화하기도 한다.

한 국가의 경쟁력 또는 비교우위는 전통적으로 생산요소나 노동과 자본, 기술 등으로 평가되었는데, 포터는 국가의 경쟁력은 고전경제학자들이 주장하는 천연자원, 노동력, 이자율, 해당국가의 통화가치 등의 요인에 의해 결정되는 것이 아니라 특정산업에서 특정기업의 지속적인 경쟁우위를 창출하고 유지함으로써 경쟁에서 성공한다고 주장하였다.

포터의 다이아몬드 모형을 통해 의료관광산업의 국가경쟁력을 강화시킬 수 있는 방안을 도출할 수 있을 것이다. 포터의 다이아몬드 모형을 적용하면, 국내 의료산업의 경쟁력은 네 가지 결정요인, 즉 의료산업의 산업생산요소, 의료산업의 생산수요, 의료산업의 관련산업 및 지원 산업, 의료산업의 전략, 구조, 경쟁정도에 의해 결정된다고 할 수 있다.

1) 산업생산요소(Factor Conditions)

산업생산 요소는 전통적인 경제이론에서 말하는 토지, 천연자원, 기후 등의 자연적 요소뿐만 아니라 노동, 자본, 기간시설, 기술수준 등의 인위적 요소도 모두 포함하는 개념이다. 전문화된 우수 의료 및 관광 인력, 선진의료시스템과 서비스 제공, 경쟁력 있는 의료기술과 의료서비스 가격 및 원활한 의사소통, 외국인 환자 유치를 위한 지리적 · 사회적 접근성과 의료브랜드 이미지 향상 등이 있다.

2) 수요요소(Demand Conditions)

세계의 다른 지역들을 장악하기 직전까지 국내의 대규모 시장이 발달하면, 국내시장에서의 충분한 경쟁과 경험을 축적한 기업들은 국내시장이 포화될 경우 해외시장을 찾아

나설 충분한 이유를 갖게 되는 것이다. 의료관광 수요요소와 관련해서 국내 환자들의 다양하고 까다로운 의료서비스의 질과 가격에 대한 다양한 요구, 글로벌의료시장에서 환자들을 위한 고객만족 마케팅, 환자 사후관리 및 의료기관의 인지도 향상 등이 있다.

3) 관련 산업 및 지원 산업(Related Supporting Industries)

국제적으로 경쟁력 있는 공급자 산업이나 지원 산업의 존재 여부가 경쟁우위의 창출에 중요하다. 국제적으로 경쟁력을 갖춘 국내기반 공급자는 여러 가지 방법으로 전방산업이 경쟁우위를 갖도록 해준다. 의료관광 관련 및 지원 산업의 범주에는 의약품 및 의료기기 산업의 발전, 글로벌 의료공급업체, 의료관광 지원을 위한 충분한 관광 인프라 및 숙박 · 부대시설, 정부의 의료관광 지원, 의료제도 정비, 적극적인 의료관광의 해외홍보 및 의료상품 개발 등이 포함된다.

4) 전략, 구조, 경쟁(Strategy, Structure and Rivalry)

전략 및 조직은 기업이 생성, 조직, 운영되는 과정 및 그 기업이 속한 산업의 특성으로서 각 나라마다 독특한 기업경영방식과 산업구조가 존재한다. 특정국가의 산업이 국제적 경쟁력을 갖게 되는 것은 바로 이러한 독특한 경영방식과 산업구조가 경쟁우위요소로 작용했기 때문이다.

국내 경쟁이 활발할수록 국내기업은 세계시장으로 눈을 돌리게 되고 세계시장 속에서 성공할 수 있도록 단련시킨다. 즉 국내시장에서 강력한 경쟁자들의 존재는 경쟁우위를 창출시키는 강력한 촉진 요소이다. 의료기관의 전략과 구조, 경쟁관계를 특징짓는 요인들로는 의료기관들의 치열한 경쟁과 병원수익에 민감한 구조, 적정한 투자와 지속적인 병원개선, 고부가가치 유지 및 산업 간의 융 · 복합 추진 등이 있다.

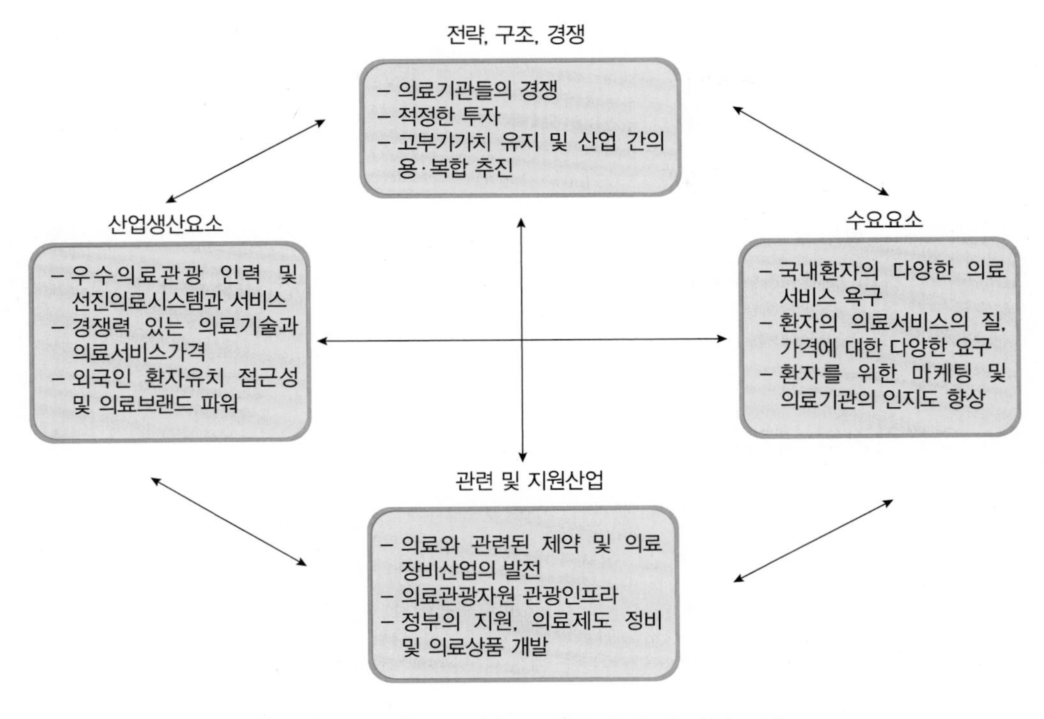

〈그림 2-2〉 국가 경쟁우위의 결정 및 하위요인

1.3. 의료관광의 신 성장 동력화 시나리오

의료관광의 신 성장 동력화 시나리오는 한국의 병원이 경쟁 국가의 병원에 비해 가격 및 서비스 경쟁력을 향상시키고 성장에 저해가 되는 정책적 요인이 해소되어, 의료관광이 신 성장 동력으로 발전하는 시나리오이다. 이 시나리오에서는 의료관광의 양상이 의료보다는 관광 중심으로 경증진료나 웰빙 분야가 먼저 발전하고, 이후 이를 지원하는 보건의료 플랫폼 및 네트워크가 발전하여 의료관광 전반이 발전하는 과정을 예측할 수 있다.

정책적 규제가 감소하면, 의료관광의 생태계는 점차 개방될 것으로 전망된다. 의료서비스 기관보다는 의료관광 상품을 마케팅하고 홍보하는 플랫폼을 중심으로 네트워크화될 것으로 전망된다. 따라서 네트워크의 대형화 및 국제화를 주도하는 병원이 산업을 주도할 것이라는 견해다.

경제가 발전하면 인간은 보다 나은 삶의 질을 원하게 되며, 이에 따라 건강에 대한 요구와 기대가 점점 높아지기 마련이다. 이에 따라 전반적 의료수요가 증가하게 되고, 의료기술과 국민 소득 증대에 따른 개인별 맞춤형 고급 의료 서비스에 대한 수요 역시 증가하는 추세이다(이은미 · 김원익 · 이계희, 2009). 고급 의료 서비스란 치료 중심이 아니라 예방 중심, 웰빙형 의료서비스를 의미하며, 이를 위해 의료기관의 경쟁력 향상뿐 아니라, 관련 서비스의 향상이 동반되어야 하며, 이는 곧 전반적인 의료관광 분야의 경쟁력 강화로 이어질 것이다.

1.4. 의료관광의 국제경쟁 가열 시나리오

의료 관광 분야에서 우리나라의 경쟁국이라고 할 수 있는 싱가포르, 태국, 일본, 대만 등이 적극적인 지원 정책으로 해외 의료 관광객 유치에 나서면서, 국제경쟁이 가열된다는 시나리오이다. 한국도 이에 대응하여 정책적 지원을 하면서 정책 차원의 성장 저해 요인은 해소되지만 치열한 경쟁으로 인해 병원의 국제 경쟁력은 하락하게 된다.

의료서비스 기관은 대형병원을 중심으로 치열한 국제 경쟁이 지속되면서, 생태계는 대형 병원을 중심으로 개방화될 것으로 전망된다. 이들 대형병원 간의 국제 경쟁이 치열해지면서, 국제적 제휴를 활발히 하는 대형병원이 산업을 주도할 것으로 전망되며, 이에 대응한 제휴 전략의 개발이 필요할 것으로 예상된다.

1.5. 한정된 분야의 의료관광 발전 시나리오

이 시나리오에서는 병원 차원의 경쟁력은 향상되지만, 정책적 규제가 지속되어 전반적 의료관광산업의 경쟁력 향상으로 이어지지 않는다는 것이다. 현재의 제도적 문제점이 지속된다면, 의료 관광의 발전은 제한적이 될 가능성이 높다.

이 경우는 관광보다는 의료 분야를 중심으로 하는 임상시험이나 암 치료 등 특수 분야의 중증 진료를 중심으로 의료관광이 제한적으로 발전하는 시나리오가 전개되어, 의료관광의 생태계는 폐쇄성을 띨 것으로 전망된다. 즉 의료 기관은 해외 환자 유치가 가능한 특정 분야에 집중하든지 아니면 의료관광 분야를 포기하고 국내 환자의 진료에 집중할 것인지에 대한 전략적 선택을 하게 된다.

한국의 경우, 의료기관의 국제 인증이 크게 증가하면서 의료서비스 분야의 국제 경쟁력은 향상되고 있다. 그러나 정책적 문제로 생태계가 개방되지 않아 이 시나리오가 현실화되면, 의료기관의 국제화 노력이 전반적인 경쟁력 향상으로 이어지지 못하는 결과를 가져오게 된다.

이 시나리오에서는 의료기관이 임상시험, 의료기기 등 일부 분야에서 경쟁력을 키워나가는 전개 과정을 제시할 수 있다.

1.6. 의료관광 후진국 전략 시나리오

이 시나리오는 의료기관의 경쟁력 향상도 이루어지지 못하고, 정책적인 규제도 지속된다면 상황이 더욱 악화되어, 의료관광 분야에서는 국제 경쟁력을 상실하게 된다는 시나리오이다. 이미 한국의 의료관광 경쟁력이 싱가포르나 태국 등의 경쟁국에 비해 높지 못한 상황에서 경쟁국의 집중적인 지원 정책 등으로 그 격차가 지속적으로 확대된다면 이 시나리오가 현실화될 가능성이 높다. 이러한 시나리오 하에서는 개별 병원이 틈새시장을 찾아서 집중을 하든지, 혹은 미국의 병원처럼 환자를 해외로 보내는 아웃바운드 활동에 집중을 하는 등의 전략적 선택을 할 수 있다.

의료관광 활성화 방안의 일환으로 정부차원의 법적 · 제도적 뒷받침을 위한 다양한 노력(의료법 개정을 통한 규제 완화와 특별법 제정을 통해 외국인 환자 유치를 위한 영리법인화 및 의료광고 허용, 의료관광비자 도입 등) 및 의료분야의 우수한 의료서비스, 저렴한 비용 홍보, 관광분야의 뛰어난 관광지와의 연계 노력 및 휴식을 위한 휴양지 개발, 교통 분야의 접근성 보완책 마련, 의료진의 언어실력 배양 등이 요구된다고 하겠다.

〈표 2-1〉 의료관광 시나리오별 내용 및 전략적 시사점

	의료관광의 신 성장 동력화	의료관광의 국제 경쟁 가열	한정분야의 의료관광 발전	의료관광 후진국 전략
의료서비스 기관 경쟁력	경쟁력 향상	경쟁력 하락	경쟁력 향상	경쟁력 하락
의료 정책적 요인	성장 저해요인 경감	성장 저해요인 경감	성장 저해요인 지속	성장 저해요인 지속
전개 양상	•관광 중심으로 발전 (경증진료, 웰빙 등) •플랫폼 중심의 발전	•경쟁국의 경쟁력 강화 •정책적 지원에도 병원 간 힘든 국제 경쟁	•의료서비스와 기술 발전 •일부 병원 중심의 경쟁력	•의료 경쟁력 상실 •니치마켓 중심 •해외로 의료 관광객 유출
생태계의 개방성	개방	개방	폐쇄	폐쇄
경쟁 및 협력 형태의 변화	네트워크 병원 중심	대형 병원 중심	중증 진료 병원 중심	개별 경쟁
핵심 역량의 변화	홍보/마케팅	국제 네트워크	임상시험 장비 개발	의료 상품

출처 : 김준호 · 홍진환(2012)

1.7. 의료관광시스템의 특징

1) 개방성(Openness)

의료관광산업은 다른 사업에 비해 매우 개방적인 산업이다. 의료관광시스템은 역동적이며 끊임없이 변화한다. 관련업계는 독창적 사업을 지속적으로 추구한다. 외부의 변화무쌍한 사업 환경은 의료관광산업의 혁신과 변화를 끊임없이 요구한다.

2) 복잡성과 다양성(Complexity and Variety)

의료관광산업에는 매우 다양한 형태의 관련업계가 존재한다. 규모가 작은 에이전시부터 국제적 채널을 가진 대규모 프랜차이즈 병원까지 다양하다. 서비스 유형이 서로 다른 업계의 상호연관성 또한 복잡하다.

3) 대응성(Responsiveness)

모든 시장은 지속적으로 변하며, 의료관광시장도 변한다. 이러한 환경변화에 적절히 대응하지 못하면 의료관광산업은 살아남지 못한다. 모든 시스템은 피드백을 반영하는 구조를 가져야 한다.

4) 경쟁성(Competitiveness)

의료관광산업은 경쟁이 심하다. 새로운 경쟁자가 시장에 쉽게 진입할 수 있다.

5) 상호의존성(Interdependency)

의료관광산업은 해외에서 치료를 받으러 방문한 의료관광객이 필요로 하는 서비스를 제공하기 위해 서로 의존적이면서 연관성이 있는 다양한 병원이나 회사로 구성되어 있다.

6) 마찰과 부조화(Friction and Disharmony)

의료관광산업 내부에는 갈등과 긴장, 스트레스를 초래하는 여러 가지 요소가 자리 잡고 있다. 완전한 시스템을 가진 산업은 존재하지 않는다. 의료관광산업에 관련된 이해당사자들은 서로 다른 이해관계 때문에 서로 분열하기도 하고 부조화를 이루기도 한다.

1.8. 의료관광의 이해관계자

1) 의료관광객

의료관광시스템에서 의료관광객은 가장 기본적인 구성요소이다. 의료관광객이 존재하지 않으면 의료관광시스템은 아무런 의미가 없다. 의료관광객은 자국을 떠나 멀리 외국으로 의료서비스 및 관광을 위해 떠나는 사람을 말한다.

2) 의료관광 에이전시

의료관광 에이전시는 외국에서 의료서비스를 이용하기를 원하는 고객을 위해 전문적인 의료서비스를 제공하는 대리인을 말한다. 의료관광 에이전시는 그 역할이 매우 다양한데, 그 역할의 성격에 따라 Medical Travel Agents, Medical Travel Planners, Medical Travel Facilitators, Medical Travel Brokers 등으로 불리기도 한다.

이러한 의료관광 에이전시는 주로 잠재 의료관광객의 출발지에 설립되어 의료서비스를 알선하는 Outbound Medical Travel Agent, 목적지에 설립되어 외국의료관광객에 의료서비스를 알선하는 Inbound Medical Travel Agent로 나눌 수 있다.

3) 의료관광코디네이터

외국 병원에서 진료와 치료를 받고자 하는 외국인 환자에게 유능하고 우수한 의료진을 연결시켜주고 환자와 동반 가족들의 국내 체류관광을 지원하는 전문직종에 종사하는 사람을 일컫는다. 의료관광코디네이터가 되기 위해서는 의료 및 관광 분야의 지식과 해당 국가의 어학실력은 물론 세련된 국제매너가 필수적이다.

4) 의료인

우리나라 의료법 제2조에 의하면 의료인이란 '보건복지부장관의 면허를 받은 의사, 치과의사, 한의사, 조산사 및 간호사를 말한다.'고 명시되어 있다.

5) 의료기관

의료인이 공중 또는 특정 다수인을 위해 의료서비스나 조산 업무를 수행하는 장소로 종합병원, 병원, 의원, 조산소, 한방병원, 한의원, 치과병원, 치과의원, 요양병원 등이 있다.

2. 비즈니스 모델

글로벌 헬스케어(의료관광) 융 · 복합 비즈니스 모델은 개발 · 적용 및 세분 · 특화 단계에 따라 다양하며, 자연증가에 따른 추세 대비 그 효과의 폭에도 차이를 나타낸다. 가장 보편적으로 논의되고 있는 의료관광 비즈니스 모델의 두 가지 시나리오를 살펴보자.

2.1. 두 가지 시나리오 대안

1) 시나리오 A

시나리오 A에서는 다음과 같은 두 단계를 거쳐 의료관광이 발전할 것으로 보고 있다.

- 〈1단계〉 환자군별 진료이동경로(Treatment Moving Route)에 적합한 표준 비즈니스 모델 개발 및 적용 단계
- 〈2단계〉 유형별로 개발된 비즈니스 모델에 관련분야의 서비스 · 상품 등을 접목한 단계
  (1) 중증질환 치료형 : 암(면역력 증진 · 과민면역반응개선 식품), 순환기질환(혈압저하 · 혈액개선 식품), 입원 · 수술 후 회복촉진 프로그램(사운드테라피) 등
  (2) 임신 · 출산 케어형 : 불임 · 난임 예방 및 치료를 위한 체질개선 프로그램(숲 치료), 산전 · 산후관리 프로그램(산모의 회복 촉진) 등
  (3) 건강검진 · 증진형 : 검진 후 수술 · 입원으로 바로 연결되지 않을 경우, 양 · 한방 협진을 통해 비만 · 체질관리 및 개선 프로그램으로 연계
  (4) 미용 · 웰빙 증진형 : 주로 피부 · 성형시술 전후로 뷰티서비스(Before & After Care, 붓기 · 멍 제거, 통증완화)와 연계하여 환자에게 안정감 부여, 피부건강식품, 한방이용 비(非)수술, 미용시술 등
- 예상효과 : 개발된 비즈니스 모델 적용으로 환자군별 진료 외 활동 비중이 적용시점(2012년)부터 연 3%p씩 증가

2) 시나리오 B

시나리오 B는 비즈니스 모델 활성화 단계로, 환자군 내 그룹별 프로그램 분화 및 모델별로 특화된 컨소시엄 · 센터 · 단지 운영단계를 말한다. 이 시나리오는 다음과 같은 두 가지 전제조건에 근거하고 있다.

- 〈전제조건 1〉 각 비즈니스 모델에 따라 전문화된 유치업자 성장
  유치업자는 국가별로 분화되어 있으나, 대부분 환자소개 · 통역 · 의료기관 보조 등 기초적 단계에 머물러 있다. 외국인환자 유치시장(inbound)을 활성화 · 양성화함과 동시에, 나아가 이들 유치업자들이 국제환자유치시장에서 경쟁력 있는 사업자(Global Patient Recruitment Agency)가 되도록 성장시키려면, 비즈니스 모델을 직접 개발 · 운영하면서 환자 컨시어지(Concierge) 서비스 역량을 키우도록 정책적 지원을 하여야 한다.

- 〈전제조건 2〉 환자군별로 특화된 컨소시엄 · 센터 · 단지 개발 및 운영
  포괄적 의료단지 · 휴양시설은 타국에서 선점하여 글로벌 경쟁력을 갖기 힘들므로, 의료기관 · 유치업자 · 지자체 · 민간컨소시엄을 모집 · 지원해 중증질환치료단지 · 임신–태교–출산센터 · 뷰티케어타운 등 장기체류형 한국의료 랜드마크(Landmark)를 조성할 필요가 있다.
- 예상효과 : 비즈니스 모델 활성화 및 그 파급효과로 외국인환자 진료 외 활동 비중이 연 5%p씩 증가

2.2. 융 · 복합 비즈니스 모델의 파급효과 분석

2013년 한국보건산업진흥원에서는 의료관광에 융 · 복합 비즈니스 모델을 적용할 경우에 기대되는 파급효과를 분석한 사례가 있는데, 직접적 효과라고 할 수 있는 경제적 효과, 특히 진료수입 추계치를 소개하면 다음과 같다.

먼저, 진료수입 추계를 위한 공식은 다음과 같다.

진료수입 = 환자군별 실환자수[1] × 환자군별 평균 재원일 수[2] × 환자군별 일평균 진료비[3]

1) 외국인환자 수 : 2012년(15.9만 명, 확정치) → 2017년(50.4만 명, 추정치)

2) 평균 재원일수 : 2012년 대비 2017년 26% 증가 가정(5년간 균등분할 증가)

3) 일평균 진료비 : 총 진료비 / (재원일수 × 환자 수)

진료수입은 연평균 42.0%씩 증가하여, 2017년에는 연 1조 5천억 원, 5년 누적 약 4조 2천억 원의 수입을 나타낼 것으로 예상되었으며, 세부 유형별로 살펴보면 다음과 같다.

(1) 미용 · 웰빙 증진형은 가장 높은 증가율(45.8%)을 나타내며, 중증질환 치료형의 진료수입 수준에 육박할 것으로 예상됨.

(2) 임신 · 출산 케어형도 높은 증가세(44.0%)를 나타내며, 단일 진료과(산부인과)로 연 600억 원 이상의 진료수입이 있을 것으로 전망됨.

(3) 중증질환 치료형과 건강검진 · 증진형은 점차 비중이 줄어들 것으로 보여(각각 38.0% → 33.2%, 9.6% → 8.0%), 상호 연계 또는 특화된 융 · 복합 비즈니스 모델 개발이 요구됨.

3) 정진수(2009)의 유형 분류

정진수(2009)는 의료관광의 유형을 크게 선택 치료형과 수술 치료형으로 구분하였다. 선택 치료형은 미용성형 수술형과 웰빙형으로, 수술 치료형은 수술 치료형과 장기 채활형으로 세분화하였다.

〈표 2-4a〉 정진수(2009)의 의료관광 유형 분류

<table>
<tr><th colspan="2">유형</th><th>육성분야</th><th>경쟁요소</th><th>국가별 대표사례</th></tr>
<tr><td rowspan="5">선택
치료형</td><td rowspan="2">미용성형
수술형</td><td rowspan="2">미용 및 성형 기본적
수술</td><td>가격경쟁력</td><td rowspan="2">동남아 국가(태국 등)</td></tr>
<tr><td>관광 및 휴양 연계</td></tr>
<tr><td rowspan="3">웰빙형</td><td rowspan="3">온천, 스파 및 테라피,
휴양프로그램, 한방</td><td>질병 방지 및 억제효과</td><td>일본 :
온천요법, 국제건강
센터</td></tr>
<tr><td rowspan="2">전통 문화의 상품화</td><td>중국 :
동인당, 북경대학 침술</td></tr>
<tr><td>태국 : 전통 타이치료
법, 명상 스파</td></tr>
<tr><td rowspan="3">수술
치료형</td><td>수술
치료형</td><td>중증 난치병 치료</td><td>최고 의료수준</td><td>미국 : MD 앤더슨</td></tr>
<tr><td rowspan="2">장기
재활형</td><td rowspan="2">요양 및 재활 프로그
램, 센터</td><td>해외 네트워크</td><td>싱가폴 : 래플즈 병원</td></tr>
<tr><td>의료세미나</td><td>태국 : 범룽랏 병원</td></tr>
</table>

출처 : 정진수(2009)

또한, 의료관광의 형태를 '관광' 중심과 '의료' 중심으로 구분하였다. '의료' 중심은 수술 치료형 의료관광, '관광' 중심은 선택치료형 의료관광과 연관 지을 수 있다.

〈표 2-4b〉 정진수(2009)의 의료관광 형태 분류

관광 중심	치료 + 관광	간단한 미용 치료(Medical Skin Care 등) + 관광
	비즈니스 + 치료	Business Trip + 관광
	환자 동행 가족	치료받는 가족 구성원 (현지 관광도 겸함)
의료 중심	순수치료 목적	특정 병원 / 의사를 찾아서 입국
	순수치료 응급환자	다른 치료 목적으로 입국했으나 응급치료를 받는 사람 (건강검진 + 수술)

출처 : 정진수(2009)

4) 우봉식(2010)의 유형 분류

우봉식(2010)은 의료관광 유형을 소비자의 의료관광 목적에 따라 질병치료, 선택적 진료, 질병예방관리, 대체의학체험 등으로 분류하였다.

〈표 2-5〉 우봉식(2010)의 의료관광 유형 분류

유형	내용	사례
질병치료	• 순수 질병만을 목적으로 하는 유형 • 관광의 요소가 배제된 의료 서비스만 제공받기 원하는 형태	암 또는 심장수술 및 기타 수술을 목적으로 타국을 방문하는 환자의 경우
선택적 진료	• 치료이지만 질병치료 개념이 아닌 선택 진료를 목적으로 하는 유형 • 간단한 미용수술이나 개인의 심리적 만족을 위해 의료서비스를 받는 형태 • 수술 및 시술 후 현지의 문화를 체험	성형수술 혹은 안과 및 치과 진료와 현지여행을 겸해 타국을 방문하는 환자의 경우
질병예방관리	• 예방의학을 목적으로 하는 유형 • 현지의 문화체험을 우선적으로 선호	건강검진, 체질감별, 식이요법 등 예방의학 차원의 의료관광
대체의학 체험	• 지역 고유의 대체의학 체험을 목적으로 하는 유형 • 순수한 문화관광 체험 위주	현지 고유의 대체의학 및 정신수련 등의 서비스

출처 : 우봉식(2010)

5) 지역에 따른 의료관광 분류

〈표 2-6〉 지역에 따른 의료관광 유형 분류

유형	내용
인-바운드(In-bound) 의료관광	다른 나라로부터 의료관광을 위해 자국을 방문하는 의료관광
아웃-바운드(Out-bound) 의료관광	치료 및 관광을 위해 자국을 떠나 다른 나라를 방문하는 의료관광
인트라-바운드(Intra-bound) 의료관광	치료 및 관광을 위해 자국 내 다른 지역으로 이동하는 의료관광

출처 : 국제의료관광코디네이터협회(2013)

6) 허향진 등(2010)의 유형 분류

허향진 등(2010)은 의료관광의 유형을 천연자원기반, 인공자원기반, 지식(전통)기반, 비용치료기반 등으로 분류하였다.

〈표 2-7〉 허향진 등(2010)의 의료관광 유형 분류

유형	분류
천연자원기반	수 치료, 삼림욕, 친환경 생태 프로그램 등을 통해 예방과 치유를 목적
인공자원기반	헬스센터, 스파, 명상, 미용, 건강요법 등을 갖추어 적용시키며 폭넓은 서비스를 제공
지식(전통)기반	한방관광
비용치료기반	건강검진, 성형수술, 불임치료, 암이나 심장수술과 같은 중증질환에 이르기까지 다양한 경우

출처 : 허향진 · 김민철 · 부창산(2010)

7) 서병로 등(2009)의 유형분류

서병로 등(2009)은 의료관광의 유형을 교육 · 연구개발유형, 중증치료형, 선택치료형, 복합형 등으로 분류하였다.

〈표 2-8〉 서병로 등(2009)의 의료관광 유형 분류

유형	육성분야	경쟁요소	사례
교육·연구 개발형	• 의료기기 • 신약	• 물리적 환경 개발 • 다국적기업 연구기관 유치 • 의료 생명공학 벤처 육성	• 고베 메디컬 센터 • IMD
중증 치료형	• 난치병 • 프리미엄 치료	• 최고 의료수준 • 해외에서 진료의료 • 해외 의사연수 • 해외 네트워크 • 의료 세미나	• Mayo Clinic • MD Anderson • PIM
선택치료형	• 성형, 미용 • 기본적 수술	• 가격 경쟁력 • 관광 및 휴양연계 • 해외 마케팅 에이전시 • 국내관광업계	• 태국, 인도 • 보건복지부
복합형	–	–	• 싱가포르 : 바이오허브, 지역 Referral Center • 상하이 : 국제의료지구 • 두바이 : Healthcare City

출처 : 서병로 · 강한승 · 김기홍(2009)

8) Smith와 Puczko(2009)의 유형 분류

Smith와 Puczko(2009)는 의료관광의 유형을 신체적 치료, 미용 치료, 휴식, 레저, 일의 균형, 심리적 · 정신적 치료 등으로 구분하였다.

〈표 2-9〉 Smith와 Puczko(2009)의 의료관광 유형 분류

신체적 치료	미용치료	이완/휴식	레저/오락	라이프/일의 균형	심리적 치료	정신적 치료
의료	성형수술	팸퍼링	스파	전신센터	전신센터	명상센터
스파/목욕	관광	스파/목욕	리조트	–	–	–
Mofetta	호텔/ 데이 스파	웰니스 호텔	스포츠/ 휘트니스 휴가	직업 웰니스 워크숍	워크숍 (호프만, 사이코 드라마)	요가센터
수술관광	해수요법 센터	–	–	–	–	성지순례
재활센터	–	–	–	–	–	–

출처 : Smith and Puczko(2009)

9) Yap(2006)의 소비자 계층에 따른 분류

싱가포르 관광청의 Yap(2006)은 의료관광을 목적과 서비스 유형에 따라 다음과 같이 분류하였다.

〈표 2-10〉 Yap(2006)의 의료관광 유형 분류

유형	내용
Rest Seeker	휴양을 겸한 의료서비스를 원하는 계층
Essential Seeker	기본적인 의료서비스를 얻고자 여행을 하는 계층
Affordable Healthcare Seeker	본국에서 이용이 가능하지만 고액의 비용 때문에 해외에서 의료서비스를 구하는 계층
Quality Healthcare Seeker	자국의 의료서비스가 낙후되어 안전하고 확실한 치료를 위해 국제적인 명성 혹은 인증을 가진 해외병원에 가는 계층
Premium Healthcare Seeker	의료비용 및 부대비용이 매우 비싼 고급 의료서비스를 원하여 해외로 가는 부유계층

출처 : Yap(2006)

10) McKinsey & Company에 의한 분류

세계적인 컨설팅회사 맥킨지(McKinsey & Company)는 의료관광을 서구적 가치를 추구하는 유형(Western value seekers), 아시아의 고품질 서비스를 추구하는 유형(Asian quality seekers), 미용성형 관광(Cosmetics), 여가 추구형(Leisure) 등 네 가지 유형으로 분류하였다.

〈표 2-11〉 McKinsey & Company(2006)의 의료관광 유형 분류

유형	구분
Western value seekers	• 미국, 영국, 캐나다 등 선진국에서 자국의 높은 의료비와 긴 대기시간으로 인해 심혈관계 질환이나 인공관절치환술 등 일부 정형외과 질환의 치료를 위해 의료관광을 떠나는 유형 • '충분한' 의료의 질이 보장되는 곳을 선호
Asian quality seekers	• 아시아 개도국을 중심으로 자국의 열악한 의료 환경을 피하여 높은 수준의 의료서비스를 찾아 심혈관계 질환이나 종양 등 중증질환의 치료를 위해 의료관광을 떠나는 유형
Cosmetics	• 성형외과와 피부과를 중심으로 아름다움의 추구를 위해 여행을 떠나는 유형 • 의료의 질에 '적정한 가격'을 면밀히 비교하여 의료관광을 떠남
Leisure	• 휴양을 겸한 건강검진의 목적 • 의료관광을 떠나는 유형으로 가격과 여행의 편의성에 관심이 높음

출처 : 국제의료관광코디네이터협회(2013)

11) 워싱턴포스트(2007)의 분류

미국의 유력 일간지 워싱턴 포스트(Washington Post)는 의료관광의 실태를 다룬 2007년 9월 9일자 기사에서 의료관광을 치료 중심의 여행과 관광 중심의 여행으로 구분한 바 있다.

〈표 2-12〉 워싱턴 포스트 지(2007)의 의료관광 유형 분류

유형	내용
Medical Travel (치료여행)	• 자국에 비해 상대적으로 치료비가 저렴한 국가를 찾아 여행하는 것 • 경제적 이유가 주된 동기가 되는 의료여행
Medical Tourism (의료관광)	• 피부 미용이나 간단한 미용성형 등의 시술이나 수술 등의 의료목적 및 상당기간의 휴양관광을 겸하는 의료관광

출처 : 워싱턴포스트, 2007.09.09

12) 핸더슨(2004)의 분류

핸더슨(John C. Henderson)은 치료목적의 의료관광을 성형수술 · 온천 및 대체요법 등과 대조되는 형태로 구분하였다. 그는 의료관광을 일반적으로 소비자의 요구에 따라 다음과 같이 3가지 유형으로 구분하여 설명하였다.

- 생명과 직결되는 수술, 즉 암수술, 심장수술, 골수이식, 장기이식 등과 같은 의료서비스 유형
- 가슴 확대술, 얼굴주름살 제거, 지방흡입술 등과 같은 의료서비스 유형
- 온천 및 대체요법, 침술, 방향요법, 한방치료, 피부관리, 운동 및 다이어트, 동종요법, 마사지, 명상, 스트레스 관리, 해수요법, 요가 등으로 치료하고 건강증진을 위한 전통의학을 체험하고 온천을 즐기는 요법

13) Muller와 Kaufmann(2001)에 의한 분류

Muller와 Kaufmann(2001)은 의료관광의 주목적에 따라 세분화하였는데, 치료를 주된 목적으로 하는 경우를 Medical Tourism, 질병 예방을 주목적으로 하는 경우를 Wellness Tourism, 건강의 회복을 주목적으로 하는 경우를 Healthcare Tourism으로 구분하였다.

〈표 2-13〉 Muller와 Kaufmann(2001)의 의료관광 유형 분류

유형	내용
Healthcare tourism	건강을 회복하는 차원의 관광
Wellness tourism	질병을 예방하는 차원의 관광
Medical tourism	치료를 주된 목적으로 하는 관광

출처 : Muller & Kaufmann(2001)

3.2. 한국의 국제진료서비스의 실태

한국의 국제진료서비스 실태는 의료관광 상품화 추진 사례(표 2-14)와 의료관광 단지 개발 추진 사례(표 2-15)로 나누어 살펴볼 수 있다.

〈표 2-14〉 의료관광 상품화 추진 사례

상품	내용
우리들병원 〈국제환자센터〉 운영	• 우리들 국제환자센터(WIPC)를 설치하여 외국인 상담 지원, 비자발급, 지원업무, 방문 지원, 통역서비스, 보험 업무 처리, 여행정보제공 등 의료관광 편의 서비스 제공
청심병원 〈일본인 대상 분만 패키지〉 운영	• 통일교 재단 병원으로 외국인 환자의 80%가 통일교 신자 • 일본 의료진을 고용하고 있으며, 일본인 대상 〈분만 패키지 프로그램〉 운영
경상북도 〈해외지역 헬스투어 한국(경주)로〉	• 2006년 3월부터 일본 오사카지역 민간단체와 주민들을 유치해 경주를 중심으로 한국 전통음식 및 온천 체험과 건강검진을 실시하는 헬스투어 프로그램 운영
㈜Medifriend 〈한국방문 미용 성형단〉	• Medifriend는 2003년 2월 북경에 중국현지법인을 설립하여 중국, 일본 등을 대상으로 국제의료관광 사업 추진 • ㈜한진관광과 제휴를 실시하여 비자수속, 운수기관, 숙박시설, 여행가이드 등 서비스 업무를 수탁하고 있음.
꽃마을경주한방병원 〈한방건강여행〉	• 2001년 1월 한국보건산업진흥원으로부터 보건건강기관으로 지정되어 헬스투어 프로그램을 개발 • 헬스투어는 2시간부터 3박4일까지 다양하며 영상물 감상, 생혈액 분석 체험, 한방 추나, 사상체질 및 기능검사 등으로 진행

울산 초락당 〈유기농식사와 황토방〉	• 치료시설로는 약재목욕치료실, 황토돔, 황토한증초고온 칠실, 팔강약침치료실, 구두침 치료실, 물리치료실, 명상치료실 등이 있으며, 헬스 투어 프로그램으로는 해독요법을 시행하고 있음
㈜ GHR의 온천병원 호텔 〈다시큐어하우스〉	• 유성온천을 기반으로 한 온천병원호텔 • 을지병원과 제휴를 통해 PET-CT 건강검진과 휴양, 호텔을 연계한 프로그램을 운영
서울 명동과 부산 서면 성형외과 타운	• 일본인 관광객이 증가함에 따라 서울 명동과 부산 서면지역에 서면메디컬센터, 메디컬 존 등 의료타운을 형성

〈표 2-15〉 의료관광 단지 개발 사례

단지	특징
우주 메디컬 〈웰빙센터〉	• 차별화된 의료요양과 생태체험, 관광레저가 결합된 선진국형 휴양지 조성을 목표로 전라북도 무주군 245만 평 부지에 의료관광 단지를 건설
인천 송도 〈NYP 병원〉	• 인천 국제도시 송도 1공구 내에 미국의 펜실베니아 대학 메디컬센터 병원이 600병상(모두 1인실) 규모로 심장과 암 등 6-7개 질병 특화 치료 센터를 개발
제주국제자유도시 〈휴양형주거단지〉	• 제주지역에 주거, 레저, 의료기능이 통합된 세계적 수준의 휴양형 주거시설을 개발
부산 암센터 〈동남권원자력의학원〉	• 부산 기장군에 치료·휴양·관광기능을 겸비한 환경 친화적, 환자 중심 병원, 동북아 의료 관광 허브로 육성하고자 설립
원주 〈양한방 의료관광 단지〉	• 원주시 호저면 일대에 첨단 의료 건강 특구 조성을 목표로 하여 클리닉 센터, 콘도, 호텔, 펜션, 실버타운, 골프장, 워터파크, 한의학 박물관 등을 건립
제주 〈우리들웰니스리조트〉	• 척추 전문 우리들 병원이 제주 서귀포시 병원, 아트센터, 골프장, 콘도미니엄 등의 토탈 헬스케어공간을 건설
제주 〈헬스케어시티 조성사업〉	• 제주국제자유도시개발센터와 서울대병원 강남센터가 공동으로 2010년 개장을 목표로 추진 • 건강검진과 증진, 휴양, 위락기능이 결합된 의료 휴양단지
제주 〈한방관광파크〉	• 서귀포시와 대한한의사협회가 공동으로 추진 • 약초재배단지, 약초가공시설, 한방체험수련원, 한방 메디컬 센터 건립
경북 상주 한방관광체험단지	• 약 3,000m² 규모로 2009년 완공 • 스파존, 헬스존, 뷰티존으로 나누어 개발

3.3. 의료관광의 문제점

의료관광에 있어서 발생할 수 있는 문제점을 의료관광객(의료소비자) 측면, 의료관광 공급자 측면, 정부 측면의 관점에서 살펴보면 다음과 같다.

1) 의료관광객(의료소비자) 측면

(1) 자국을 떠나 멀리 장거리 여행을 하는 의료관광객 중 일부 환자의 경우에는 심부정맥 색전증(Deep Vein Thrombosis), 폐색전증(Pulmonary Embolism), 혈액응고 등의 위험성이 증가할 수 있다.
(2) 의료사고가 발생했을 때, 원만한 해결까지 시간이 많이 걸린다.
(3) 의료진과 커뮤니케이션 문제로 인해 의사전달의 오류가 발생할 가능성이 있다.
(4) 의료기관의 위생 환경 및 청결의 문제로 2차 감염에 의한 질병 발생 가능성이 있다.
(5) 의료진 처방에 대한 신뢰성과 질적 수준, 전문성 수준의 차이가 각 나라마다 크다.

2) 의료공급자 측면

(1) 의료분쟁이 발생할 경우, 그 해결에 따른 재정적 부담이 크다.
(2) 외국인을 위한 식단, 종교시설, 통 · 번역을 위한 전문 인력 확보 등 수용태세 준비 및 유지에 많은 재정이 필요하다.

3) 정부 측면

(1) 의료관광을 통해 자국민의 이동이 많아질 경우 자국의 공공보험체계 등 공공보건 의료제도에 나쁜 영향을 줄 수 있다.
(2) 다른 나라로 이동하는 문제로 풍토병과 전염병 확산의 위험이 따를 수 있다.
(3) 의료 윤리적 문제를 초래할 수 있다. 예를 들어, 체외수정 시 수정란 감별법에 따른 사전 태아선택 임신에 대한 시술은 현실적으로 실행한다고 하더라도, 이를 공개적으로 알리지는 못할 것이다. 태국, 러시아 등에서는 수정란 감별임신이 가능하나 한국에서는 법으로 금지되어 있다.

4) 한국 의료관광의 문제점

최근 들어 해외환자유치실적이 급속히 증가하고는 있으나, 아직 국내 의료관광의 현주소는 다른 경쟁국가에 비해 후발주자로서 여러 가지 한계를 극복하지 못하고 있다. 한국 의료관광의 문제점을 요약해보면 다음과 같다.

(1) 관광 대상지로서의 국가 브랜드 의미 부족
(2) 환자의 치유를 위한 휴양형 관광자원의 부족
(3) 외국인 환자에 대한 문화적 이해 부족
(4) 문화적 자원과 일반관광과의 연계 미흡
(5) 불법체류 방지를 위한 의료관광객의 입국 절차 복잡, 비자 관련 문제, 이동을 위한 항공 경로, 운임의 문제
(6) 의료종사자들의 외국어 능력부족 및 전문성 부족에 따른 환자 커뮤니케이션의 애로
(7) 영리법인 설립금지에 따른 병원 부대시설 부족
(8) 국제표준과 라이센스 및 인증 병원 부족
　① 국제표준 : 의료관광 관련 기관 및 단체는 최소한의 국제표준을 맞추어야 한다. 이는 기본적으로 서비스 질, 안전과 일관성이 확보되었다는 것을 고객에게 알리는 것이다.
　② 인증(Accreditation) : 환자들은 구체적이고 측정가능한 양질의 서비스를 보장받기를 원한다. 국제적으로 병원의 안전성과 실력을 인정받는 인증을 받고자 한다.
(9) 효율적인 홍보 마케팅 수단 부족
(10) 경쟁국 대비 의료서비스 종사자 부족
(11) 아시아 경쟁국 대비 가격 경쟁력 열위
(12) 불법브로커 문제
(13) 의료분쟁 관련 법 · 제도 미흡으로 인한 의료사고 발생 시 해결방법 부족 :
의료사고가 발생했을 경우 법적으로 도움을 받기 어렵다. 특히 의료소송 분쟁이 발생하였을 경우 현지의 법에 의존해야 하기 때문에 효과적인 대응이 어렵다.
(14) 타국에서의 의료서비스에 대한 보험 혜택 제한

(15) 국제적 규칙과 규정(International Regulations) : 의료서비스와 생산품의 무역에 관련된 수많은 국제 규정과 협정들이 있다. 그 중 포괄적인 것을 살펴보면, GATS(General Agreement on Trade Service) 서비스 무역 일반협정으로 2가지 기본 조항을 가지고 있다.

① 비차별 : 서명국들은 다른 국가에서 온 서비스 제공자들에 대한 차별을 없애야 한다.

② 투명성 : 서명국들은 법적으로나 규칙적으로나 교역에 영향을 줄 수 있는 모든 교역 부분의 활동을 모두 공개해야 한다.

3.4. 의료관광 문제점의 해결 및 활성화 대책

최근 보건복지부에서는 의료관광 문제점의 해결 및 의료관광 활성화 대책을 발표하였다. 아울러, 의료분쟁 해결 방법으로 '의료사고 피해구제 및 의료분쟁 조정 등에 관한 법률'을 제정, 2012년 4월부터 시행하여 외국인 진료에 따른 분쟁 시 의료분쟁조정중재원을 통해 해결하도록 하였다.

1) 불법브로커 대책

2012년 11월 27일 보건복지부는 최근 논란이 된 불법브로커 등 중국인 의료관광 문제와 관련하여 의료관광 활성화 대책을 추진하고 있다고 밝혔다.

① 인식 : 한국의료에 대한 '신뢰'가 떨어지고 부정적 평판 형성 시 향후 의료관광 활성화에 치명적 요인이 될 것임.

② 기존대책 : 수차례 언론 보도에 따라 실태조사 및 대책 마련(2012.5.30) 추진 중

2) 의료전문 통역사 부족 및 전문성 강화 대책

① 인식 : 의료통역사 등 전문 인력이 핵심 인프라이며, 수용능력 결정

② 대책 : 의료통역사 등 'Global Healthcare Expert 1만 명 양성 Project' 추진 (2012.11, 위기관리대책회의)

3) 중장기 수급 전망을 바탕으로 분야별 전문 인력 확충대책 마련

① 2020년까지 간호직 5천 명, 의료통역사 4천 명 등 약 1.1만 명 추가 소요

② 글로벌 헬스케어 인재양성 센터 설립(고용보험기금), 의료기관 재직자 · 병원 국제 마케터 등 실무인력을 연 1만 명 교육 예정(2014년)

③ 의료코디네이터 채용 활성화를 위한 장기체류비자(E-7) 완화 추진

④ 국제의료관광코디네이터 국가기술자격화(2013년 시행), 의료통역사 자격증화 추진 및 고용의무화 검토

⑤ 주요 대학과 아랍어 · 러시아어 의료통역 전문 인력 육성 · 채용을 위한 병원-대학 간 계약학과 설치 추진

⑥ 아랍어 학과 내 '예비통역 과정' 신설(대학-의료기관-보건복지인력개발원 간 MOU 체결)

4) 전문화된 인력이 의료관광 통역 · 안내를 하는 시스템 마련

① 국제의료관광코디네이터 국가자격증 취득 후 실무능력 강화를 위해 현장실습 표준 프로그램 개발 및 시범 운영 계획

② 현장실습 프로그램 개발 및 시범운영기관 선정완료(2012.3), 시범운영(6월~9월)

5) 성형 · 피부과 편중 → 중증질환, 힐링 등으로 다변화 필요

① 인식 : 다변화를 위한 향후 대외인지도 지속 개선 필요

② 현황 및 대책 : 편중이라고 보기 어렵고 내과통합 및 중증이 늘고 있으며 정부송출 환자 및 보험사 참여로 비중확대 추진

6) 일회성 관광을 넘어 일반관광과의 연계 필요

① 인식 : 의료관광 및 연계 인프라 부족

② 현황 및 대책 : 의료관광이 일반관광으로 연계되도록 인프라 확충 필요

7) 병원서비스에 대한 인증 필요성에 대한 의식

현재까지 국제적으로 가장 권위 있는 의료기관 인증으로는 JCI(Joint Commission International, 국제 의료기관 평가)가 있으며, 미국에 소재한 가장 큰 병원 인증기관으로는 JCAHO(Joint Commission on Accreditation of Healthcare Organization, 보건의료조직신임위원회)의 국제표준인증이 있다.

1991년까지 전 세계적으로 8개에 불과했던 인증프로그램은 이후 10년 동안 25개로 3배 이상 증가했고, 2010년에는 44개로 다시 2배 가까이 늘었다. 미국에서 최초 도입된 이래 캐나다, 호주, 영국, 뉴질랜드, 네덜란드 등 전 세계로 확산되고 있는 것이다.

대표적인 인증프로그램으로 꼽히는 미국의 의료기관 인증제도 JCI는 환자가 병원을 들어서는 순간부터 퇴원할 때까지 치료의 전 과정을 11개 분야로 나눠 환자의 안전성과 양질의 의료서비스 제공에 관한 평가를 3년 단위로 수행하고 있다.

이러한 인증제도가 확산되면서 인증제도 자체를 인증하는 국제인증프로그램(IAP, International Accreditation Program)을 운영하는 국제의료질관리학회(ISQua : International Society for Quality in Healthcare)의 국제인증도 확산되고 있다.

인증제도는 환자 중심의 서비스와 적정 수준 이상의 표준화된 서비스 제공에 대한 신뢰를 심어줄 수 있어 서비스 균질화가 어려운 의료관광 시장에서 환영받고 있다. 해외환자 유치에 적극적인 병원들은 의료서비스에 대한 품질인증제도를 취득하고 병원의 시설 및 장비를 현대화하여 선진국 수준의 표준화된 의료서비스를 제공하고자 노력하고 있다.

우리나라도 대학병원과 전문병원을 중심으로 병원서비스의 인증필요성에 대한 인식이 확산되면서 현재(2013년 12월 20일 기준)까지 39개의 JCI 인증이 이루어졌다.

국내에서도 의료법에 의거 자체적인 의료기관 인증평가 제도가 2011년 1월 24일부터 실시되어 현재 시범 적용되고 있으며 2013년 12월 20일 기준으로 311개소의 의료기관이 인증을 획득하였다. 국내 의료기관 인증평가 제도 역시 ISQua의 인증을 승인받았으며, 유효기간은 4년 동안 유지된다.

또한 많은 의료기관에서 선진국에서 학위 혹은 수련을 받은 의료진을 확보하여 해외환자 및 알선기관의 신뢰를 얻고 있으며, 의료관광의 가장 중요한 요인인 언어문제도 동시에 해결하려고 노력하고 있다.

▶다양한 학자들이 의료관광의 메커니즘을 이해하기 위한 틀을 제공했다. Leiper(1995)는 의료관광 시스템 모델을 통해 의료관광객, 의료관광 발생지, 의료관광 목적지, 의료관광산업 등 네 가지 구성요소를 제시하였고, Michael Porter(1990)는 국가경쟁력을 결정하는 네 가지 요인을 중심으로 이를 의료관광에 적용한 다이아몬드 모형을 제시하였다. Porter가 제시한 네 가지 요인은 산업생산요소, 수요요소, 관련 산업 및 지원 산업, 전략/구조/경쟁이다.

▶의료관광에 관한 시나리오에는 의료관광의 신 성장 동력화 시나리오, 의료관광의 국제 경쟁 가열 시나리오, 한정분야의 의료관광 발전 시나리오, 의료관광 후진국 전략 시나리오 등이 있다.

▶의료관광시스템의 특징으로는 개방성, 복잡성과 다양성, 대응성, 경쟁성, 상호의존성, 마찰과 부조화 등이 있으며, 의료관광의 이해관계자로는 의료관광객, 의료관광 에이전시, 의료관광코디네이터, 의료인, 의료기관 등이 있다.

▶의료관광 비즈니스 모델로서 제시된 시나리오 대안에는 두 가지가 있으나, 보통은 이 들 두 가지 모델을 혼합한 융·복합 비즈니스 모델을 기반으로 의료관광을 이해하여야 할 필요가 있다. 이 모델에 따르면, 의료관광은 먼저 환자군별 진료이동경로에 적합한 표준 비즈니스 모델을 개발하고 적용하여 유형별로 이에 적합한 서비스와 상품을 접목하는 단계를 지나, 환자군 내 그룹별 프로그램의 분화 및 특화된 컨소시엄이나 센터, 비즈니스 단지 등을 구축하고 운영하는 등 비즈니스 모델을 활성화하는 단계를 거치게 된다.

▶다양한 학자와 기관들이 의료관광을 유형별로 구분하고 그 특성을 정리하였는데, 주요 기준으로는 소비자의 계층, 의료관광의 주목적, 제공받는 서비스의 종류와 제공범위, 환자의 이동경로, 서비스 제공단위 등으로 다양하다.

▶우리나라의 국제진료서비스는 크게 의료관광 상품화 추진과 의료관광단지 개발 추진으로 나누어 활발하게 추진되고 있다.

▶의료관광은 의료관광객(의료소비자)의 측면이나 의료공급자 측면, 정부 측면에서 고유한 위험성과 문제점을 내포하고 있기 때문에 의료관광의 추진에 있어 이러한 점들을 충분히 고려하고 대응하기 위한 시스템을 구축하여야 한다. 또한, 우리나라는 아시아의 다른 의료관광 경쟁국에 비해 후발주자로서 여러 가지 인프라 구축이 아직 미흡한 상황이므로, 전략적인 측면에서 장기적인 투자가 요구되고 있다.

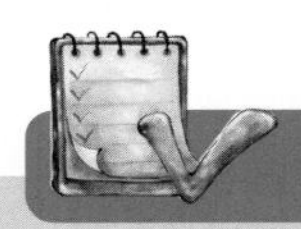

알아두면 좋아요!

<최근동향> 서부산권 대형병원 '의료관광 벨트' 구축의 의미

최근 부산대병원, 동아대병원, 고신대병원, 부산위생병원, 강동병원 등 서부산권 대형병원들이 '의료관광 벨트'를 구축하려는 움직임이 언론에 보도된 바 있다.

부산대병원은 혈액암, 동아대병원은 심뇌혈관질환, 고신대병원은 대장암, 강동병원은 척추 등 정형외과, 부산위생병원은 하지정맥류 등 일반외과로 특화시켜서 무분별한 환자유치 경쟁보다는 각자 중점 진료과목을 선정하여 외국인 환자들이 필요한 진료와 치료를 각 병원으로 분산해 받을 수 있도록 할 방침을 내놓았다는 데 의미가 있다고 하겠다.

언론 보도에 따르면, 외국인 환자 유치를 위해 이들 5개 병원을 중심으로 '서부산 의료관광 클러스터'(West Busan Medical Tour Cluster)를 구축하여, 2014년 3월 7일 출범식을 연 후 본격적인 활동에 들어갈 예정이라고 한다.

우선 정부에 의료관광특구 지정을 건의하고 인천공항 등에 환자 유치 사무소를 설치해 공동 운영할 계획이며, 러시아 등 주요 방문국 · 방문도시와 연결하는 원격진료센터도 구축할 계획이라고 한다.

의료관광은 국경을 넘는 환자간의 이동이 필수이고, 언어와 문화가 다른 해외환자에게 양질의 의료를 비롯해 여행과 관련된 전문적인 서비스를 제공해야 한다는 측면에서 아무래도 개별 병원이 독자적으로 추진하는 것은 효율적이지도 않고 효과성도 담보하기 어렵다. 따라서, 각 지역별로 특장점을 잘 살펴 클러스터를 구축하고 정부의 지원을 통해 조직적으로 접근하는 전략이 성공적인 지역 의료관광사업에 중요한 열쇠가 될 것으로 보인다.

〈참고문헌〉

- http://news.naver.com/main/read.nhn?mode=LSD&mid=sec&sid1=102&oid=001&aid=0006780582 (2014.3.2. 접속)
- http://news20.busan.com/controller/newsController.jsp?newsId=20140227000194 (2014.3.2. 접속)
- http://news20.busan.com/controller/newsController.jsp?newsId=20140227000209 (2014.3.2. 접속)

의료관광의 현황과 전망

- 의료관광산업의 국내외 환경과 국내 의료관광산업의 경쟁력 수준을 이해한다.
- 주요 외국의 의료관광 현황을 파악하고 우리에게 주는 시사점을 학습한다.
- 외국인 환자 유치 현황과 진료수입 등 국내 의료관광의 현황을 파악한다.

1. 의료관광산업의 국내외 환경

국내외 여러 국가들이 의료관광산업에 속속 진입하고 있다. 우리도 의료관광산업 발전을 위한 노력과 함께 경쟁국가와의 차별화된 전략을 통해 성장을 극대화하려는 노력이 필요한 시점이다.

외부적으로 세계의료시장이 급성장하고 있으며, 해외의 의료수요도 지속적으로 상승하고 있다. 국제적 환경의 변화에 따라 국내 의료시장도 글로벌 경쟁력과 수익모델을 확보해야 할 필요성이 대두되고 있다.

1.1. 국외 의료관광산업 동향

일찍이 의료관광산업을 국가의 새로운 신 성장 동력산업으로 육성한 싱가포르, 태국, 인도, 필리핀, 말레이시아 등의 동남아시아 국가들을 바라보며 대만, 코스타리카, 터키, 요르단, 멕시코, 헝가리, 독일, 스웨덴 등도 의료관광을 통한 해외환자 유치에 노력하고 있는 실정이다.

최근 들어서는 일본도 의료관광객을 위한 메디컬 비자를 신설하고 외국인 환자 진료환경 개선 등을 통한 의료관광산업 육성에 정부가 노력을 기울이고 있다.

1) 세계 의료시장 급성장

(1) 국부창출의 새로운 시장으로 주목 : 세계 의료시장 규모 2015년 $3.8조(연 83% 성장 전망), 의료관광시장 2012년 $1천억
(2) 싱가포르, 태국, 인도에 이어 중국 등 경쟁국 가세
(3) 중국 : 외국인 전용 대형병원 설립 등 대거 투자

2) 해외 의료수요 지속 상승

(1) 미국 등 해외 의료소비자 증가 추세
(2) 중국, 러시아 신흥 소비층 등장
(3) 중동 등 자원부국의 의료 환경 개선

3) 인력이동의 자유화 및 관광 증가 추세

(1) WTO 자유경쟁체제 하에서 상품, 서비스, 인력의 개방
(2) 관광산업의 지속적 성장 속에 의료관광의 부상
(3) 동아시아의 경제발전에 따른 고소득층 증가
(4) 의료서비스 수요자의 국제적 이동의 증가

1.2. 국내 의료관광산업 동향

우리나라는 의료관광산업을 고부가가치의 21세기 신 성장 동력으로 제시하면서 적극적인 지원정책을 펼치고 있다. 민간의료기관과 유치업체, 정부 기관들과의 협력으로 각종 해외 컨퍼런스, 한국 의료관광 설명회 참가를 지속적으로 추진하고 있으며, 한국의 의료수준을 직접 알리고자 현지 의료인, 에이전트를 대상으로 국내 팸투어(Fam Tour)도 지속적으로 실시하고 있다.

의료관광산업이 본격적으로 시작되기 이전부터 대형 병원들은 소규모 국제진료센터를 운영하면서 외국인 환자들을 위한 의료서비스를 제공하고 있었고, 한류 붐을 통하여 중국, 일본, 동남아시아 국가들로부터 한국을 방문한 외국인들을 대상으로 미용 및 성형과 관련된 의료서비스를 제공해 왔다. 한류 붐으로 한국을 방문하는 관광객을 대상으로 하는 보건의료관광서비스는 몇몇 병원과 피부과 · 성형외과들에 의해서 적극적으로 추진되고 있고 국내 유일한 의료관광 민관협의체인 '한국국제의료서비스협의회'를 중심으로 활발한 활동을 전개하고 있다.

1) 한국의료의 글로벌 경쟁력

(1) 세계 최고 효율의 의료서비스 시스템
(2) 우수인력, 선진기술, 합리적 가격
(3) IT 융합서비스 구현(Digital Hospital, U-Healthcare)

2) 내수시장을 탈피해 수익창출 모델

(1) 국내 의료시장 포화로 경쟁 심화
(2) 보험재정 한계 극복을 위한 새로운 시장 창출 필요

3)고부가가치 산업으로 외국인 외래 관광객 유치 경쟁력 강화 노력

4) 국내 병원의 외국인 환자 진료 증가

(1) 대학병원과 전문병원에 미용 · 성형 중심의 외국인 환자 증가 추세
(2) 외국인의 한국 의료기술 신뢰도 높음

5) 한국 의료서비스의 품질 경쟁력

(1) 독자 신기술 개발로 6대 암의 치료기술이 높은 수준
(2) 기초의학 분야 부실이 단점

〈표 3-1〉 국내 의료관광산업의 경쟁력 : SWOT분석

강점(Strength)	약점(Weakness)
• 의료시장의 급속한 확대와 높은 경쟁 정도로 인한 새로운 시장 창출과 혁신 견인 • 의료서비스 질에 대한 소비자의 만족 • 높은 병상 점유율 및 회전율 • 제약 산업 인력이 비교 국가군 평균 인력 수와 비슷한 수준 • 제약 분야 특허의 인용 정도가 비교적 높음 • 높은 소비자 요구도 • 세계 최고수준의 의료기술력 확보 • 기술대비 가격경쟁력 우위	• 미약한 자본투자 • 의사, 간호사, 치과의사, 약사 수의 비교국가군 평균인력 수보다 부족 • 국내 의료서비스의 낮은 대외 인지도 • 해외환자 유치관련 인프라 부족 • 언어문제(의사소통문제) • 시설 부족 • R&D 분야의 저조한 투자 • 높은 보건의료물가지수 • 소비자의 낮은 삶의 질 • 영리법인 불허로 인해 소비자 요구에 대해 탄력적 대응 부족 • 현지 정보 부족으로 사업 전략의 부재 • 현지화를 위한 전문 인력 부족 • 사업 주체의 리더십 부재
기회(Opportunities)	**위협(Threats)**
• 시장성장률로 인한 외부 산업의 유입 가능성 • 민간 의료보험시장의 확대 가능성 • 생명산업의 질적 잠재력과 급속한 노인인구 증가로 인한 실버산업의 확대 가능성 • 의료시장 개방으로 인한 고용증대 가능성 • 해외 관광객 증가 • 소득 증가에 따른 의료 수요 증가 • 고급 의료 수요 증가 • 정부의 의료환경 개선을 위한 강한 의지 • 건강 관심도 증가	• 급속한 노인 인구 증가속도에 비해 고령자를 위한 저조한 지출 • 의약품과 의료기기 분야의 낮은 시장점유율 • 열악한 사회보장 체계 • 건강, 안전 및 환경에 대해 고려하지 않는 기업문화 • 타 산업에 비해 의료 내수시장 크기의 상대적 빈약 • 의료시장 개방으로 인한 국내 병원 위협 • 의료시장 개방에 대한 대외압력 증대 • 경쟁국의 해외환자 유치 확대 • 식품 및 화장품 산업의 부진

자료 : 강성욱 등(2006), 박종익(2012)의 자료를 수정 · 보완

1.3. 우리나라의 의료관광 관련 정책

1) 정부 정책 방향

정부는 의료관광에 관한 정책 방향을 단기와 중장기로 나누어 제시하고 있다. 단기적으로는 강점분야에 대한 집중 홍보로 효과를 극대화하며, 외화가치를 상승시키고 비용을 절감하고자 한다. 주요 분야는 성형, 한방, 척추수술, 건강검진 등이다.

중장기적 방향은 고부가가치를 지닌 중증환자를 집중 유치하는 것이며, 외과계 예약수술, 암환자, 심장질환, 장기이식 등을 받고자 하는 극동 러시아, 중국 상류층, 중동 왕족, 미국 등을 대상으로 한다. 이를 위해 외국 정부, 의료기관, 보험사, 기업주까지 채널을 확대하고 있다.

2) 의료법 개정

2009년 1월 8일부터 의료관광을 제한적으로 승인하여 외국인 환자 유인 · 알선행위를 허용하기 시작했다.

3) 외국인환자 유치 활성화를 위한 Action Plan

외국인 환자 유치를 활성화하기 위하여 정부는 다음과 같은 구체적인 실천계획을 만들어 추진 중에 있다.

- 한국보건산업진흥원에 외국인 환자 유치지원센터 설치
- 정부간, 외국정부–국내의료기관 진료 협약 체결
- 외국 의료인 국내 연수, 외국체류 한인의료인 네트워크 구축
- 외국 대형 민간 보험사 공동상품 개발
- 외국 환자 알선 전문 업체 발굴 및 관리
- 네트워크 개발 주요인사 체험행사 실시
- 한국국제의료서비스협의회 발족(2007.3)
- 국제 컨퍼런스 개최(2009.4)
- 의료관광 추진 단체에 보건복지부가 국제의료서비스협의회 예산을 지원하고 있으며, 35개 병의원이 회원으로 가입되어 있음

- 한국관광공사 '의료관광안내지원센터', '의료관광 홍보센터' 설치
- 미국 환자 유치 보험 상품 개발
- 한국관공공사는 건국대병원, 경희대 동서신의학병원, 우리들 병원과 함께 2009년 4월 두바이 국제전시장에서 개최한 소비자박람회 'Women's Healthcare Show'에 참가함
- 대한치과의사협회와 대한성형외과의사회, 대한피부과의사회는 과도한 외국인 환자 유치 경쟁에 따른 의료시장의 질서를 유지하고, 체계적인 외국인 환자 유치를 위해 2009년 6월 '글로벌헬스케어의료협의회'를 구성함
- 2009년 8월 26일 인천국제공항과 한국관광공사에 '의료관광 원스톱 서비스 센터'를 설치하여 의료기관 및 유치업체에 대한 정보를 안내함

2. 외국의 의료관광 현황과 시사점

미국, 영국 등 선진국들의 보건의료제도에서 노출되고 있는 각종 문제점과 선진국 국민의 의료서비스 선호 변화가 세계 의료관광시장의 성장을 촉진시키는 원동력이 되었다. 미국과 영국, 일본 그리고 많은 유럽 국가들에서 50세 이상 중장년층의 비중이 급격하게 증가하고 있어 만성질병의 수와 종류가 증가하였고 의료 인프라 공급규모에 대한 의료수요의 초과는 진료비 인상과 대기시간 확대를 초래하였다.

이와 같은 상황들이 해외로 의료관광을 떠날 수밖에 없는 상황을 만들었다고 할 수 있다. 해외환자를 유치할 정도로 일부 개발도상국의 보건의료 인프라가 크게 개선되었고 임상기술이 선진국 수준으로 향상되었다는 점도 긍정적 요소로 작용하였다.

2.1. 태국

1) 태국의 의료관광 현황

태국의 의료자원을 살펴보면 다섯 단계의 의료공급체계를 가지고 있다. 다섯 단계의 의료공급체계는 ① 500병상 이상의 지역거점병원, ② 69개의 종합병원, ③ 10–30병상 규모로 1–3명의 의사가 진료를 하는 지역병원, ④ 간호사가 진료하는 12,500개의 1차

진료센터, ⑤ 자원봉사자로 운영되고 있는 보건소로 나뉜다. 이들을 통틀어 태국의 총 병상 수는 136,201개로, 보건부 64.4%, 군단위 지역 등이 14%, 민간이 21.6%의 비율을 차지하고 있다.

국 · 공립 공공병원의 의사 임금 수준은 민간병원의 1/10배에 불과하고 의사들의 근무 기피와 낮은 수익구조, 적은 운영비용 등으로 의료수준이 열악한 형편이다. 이에 반해 민간 병원은 128만 명, 약 9억 달러 규모의 외국인 환자의 의료소비로 인하여 의료관광이 주요한 외화획득 산업으로 성장하고 있다.

태국이 의료관광에 관심을 가지고 본격적으로 의료관광산업을 육성하기 시작한 계기는 1997년의 경제위기 이후에 범룽랏과 같은 대형 민간병원들이 국내경기의 불황으로 운영의 어려움을 겪자 외국인 환자유치에 눈을 돌리면서부터였다. 태국 정부는 민간 의료서비스산업에 대한 규제를 최소화하고 효율성을 추구하도록 적극적인 정책을 시행하였다.

태국의 의료관광산업은 탁신 전 총리가 미국 전문가로부터 태국 경제발전을 위한 잠재사업 자문을 받고 관광 및 의료관광 잠재 가능성에 주목하여 2004년 보건부에 의료관광 국가계획(Medical Tourism National Plan)을 발표하면서 발전해 나갔다. 이 계획은 방콕 소재 16개 병원의 해외 홍보를 포함한 활성화 계획을 담고 있는데, 3가지 방향에서 전략적인 산업화를 추진하고 있다.

첫째, 보건의료서비스에 있어서는 '아시아의 중심(Medical Hub)', 둘째, 건강의 증진을 목표로 하는 소비자들에게는 아시아의 수도(Wellness Capital), 셋째, 허브(Herb)와 관련된 상품에 있어서는 타이 허브(Thai Herb)를 추진한다는 것이 바로 그것이다.

또한 민간병원협회에서는 외국인에게 의료서비스를 제공하는 병원들에 대하여 적극적인 대외 홍보를 지원하고 있다. 이와 더불어 상무부의 수출 진흥국과 관광청이 함께 보건의료관광산업의 발전을 위하여 적극적인 해외 마케팅 및 홍보활동을 전개하고 있다.

태국은 저렴한 인건비와 천혜의 자연환경을 강점으로 적극적인 유치 활동을 통한 외국인 방문객 유치에 성공하였다.

특히, 범룽랏 병원(Bumrungrad International Hospital)은 해외 16개국에 사무소를 두고 미국인 병원장과 영국인 이사장 등의 경영진을 구성하고 있고, 사마티웨이병원(Samitivej Sukumvit Hospital)은 외국 VIP만을 유치하고 있으며, 파타야에 위치하고 있는 방콕병원도 적극적인 해외환자 유치마케팅 활동을 하고 있다.

이들 빅3 병원이 주도하는 태국의 글로벌 헬스케어산업은 2012년 기준으로 전체 환자 128만 명 중 43만 명 정도가 외국인 환자이며 이들 중 약 25만 명 정도는 치료를 주된 목적으로 방문한 경우였다.

태국의 주요 서비스 분야는 미용, 장기이식, 정형외과 치료, 치과치료, 심장수술이며, 스파(Spa), 신체 · 정신 치료도 하고 있다. 미국과 영국의 자격증을 가진 의사들이 많고, 병원 직원 대부분이 영어를 사용하며 다양한 언어의 통역서비스를 제공해 환자들이 언어로 인해 불편을 겪는 일은 없다.

2) 태국 의료관광의 성공요인

태국 의료관광의 성공요인으로는 차별화된 틈새시장 공략을 통한 고부가가치 창출, 공신력 있는 국제적 인증을 받은 병원, 의료 · 건강관리서비스 · 허브상품의 동반성장 등을 들 수 있다.

가) 차별화된 틈새시장 공략을 통한 고부가가치 창출

태국 민간병원협회는 선진국 고령자를 타겟으로 선정하여 다른 국가와 차별하였다. 풍부한 관광자원을 활용하여 장기 투숙 · 요양을 위한 휴양 리조트, 여가 프로그램, 일대일 간호 · 간병 서비스를 제공하고 있다. 주요 해외 의료관광객은 일본, 미국, 영국, 독일 순으로 선진국 출신이 높은 순위를 차지하고 있다.

나) 공신력 있는 의료서비스의 국제적 인증

자국 내의 병원시설과 의료진 수준에 대해 국제적 인증을 획득함으로써 대외적 신뢰를 구축하였다. 태국의 보건부는 병원품질인증원을 설립하여 병원인증제도를 도입하였다. 이 제도는 민간병원협회에 소속된 병원들의 서비스 품질과 환자의 안전기준을 관리하고 있다.

다) 의료, 건강관리서비스, 허브상품의 동반성장

태국은 의료서비스 뿐만 아니라 스파, 전통마사지, 허브상품 등이 융합된 복합의료관광 시장 기회를 창출하였고 이에 따라 의료와 관광뿐만 아니라 건강관리 서비스, 허브상품관련 수입까지 성장하고 있다.

3) 대표병원 : 범룽랏 병원(Bumrungrad International Hospital)

태국의 의료관광 대표병원이라고 할 수 있는 범룽랏 병원은 동남아시아의 최대 개인병원이다. 554병상 규모, 30개 이상의 전문센터를 갖추고, 의료관광에 집중하고 있다. 숙박시설 또한 주변 호텔과의 연계로 최상급의 만족도를 안겨준다.

(1) 해외환자 : 450,000명
(2) 전체 환자 : 1,000,000명
(3) 1980년에 200개 입원실로 개원
(4) 홈페이지에 영어, 한국어, 아랍어 등 14개 언어로 서비스 가능
(5) 연 85만 명의 환자를 받는 동남아 최대의 사립병원
(6) 약 2,000여 명의 병원 직원과 의사 1,000여 명 가운데 1/3 이상이 미국의사 자격증 취득
(7) 외래센터를 비롯하여 암센터 등 33개의 진료과로 운영
(8) 아시아에서 급성환자 치료를 위탁받는 주요 의료센터
(9) 네덜란드 등 8개 국가에 국제 지역 대표사무실 운영
(10) ISO 9001:2000을 세계 최초로 병원에서 획득
(11) 2002년 아시아 최초로 JCI 인증 획득
(12) 다양한 치료 패키지를 제공하고, 투석, 유방치료, 당뇨병, 신경학 등 다양한 분야의 특수 클리닉을 가지고 있음
(13) 통역에서부터 비자문제나 공항 수속에 이르기까지 각종 서비스 제공

2.2. 싱가포르

1) 싱가포르의 의료관광 현황

싱가포르는 다민족 국가의 특성과 지리적, 역사적 배경 그리고 정부의 고급인력을 활용한 서비스 산업의 육성을 통한 경제성장의 정책적 배경 때문에 의료서비스 시장과 의료서비스 제도가 우리에 비해 일찍부터 활성화되었고 국제화되어 있다.

높은 수준의 의료서비스, 영어공용화, 서구적인 문화 및 사회적 규범, 다수의 JCI(Joint Commission International) 인증 병원 등으로 인하여 태국이나 인도보다 의료관광 수준이 우수하다고 평가받고 있다. 또한, 지속적인 의료관광 활성화를 위하여 의료기술을 표준화하고 진료비 등 브랜드 인지도 제고를 위해 노력하고 있으며 병원별로 다양한 전략을 구사하고 있다.

싱가포르의 의료관광산업은 자국민만을 대상으로는 성장의 한계를 느낀 영리병원들이 적극적으로 해외환자 유치 마케팅활동을 한 데에서부터 시작되었다. 그 결과 그러한 영리병원들에서 외국인 환자의 비율이 전체 환자의 70%를 차지하게 되었다. 싱가포르의 해외환자를 위한 서비스는 입국을 위한 제반 서비스와 보건의료서비스를 제공하는 기간뿐만 아니라 체제하는 기간 동안의 관광, 숙박 등과 관련된 모든 서비스를 병원에서 일괄적으로 제공하는 원스톱 서비스로 유명하다. 또한 일대일 방식의 병원도우미의 서비스는 다른 국가들과 차별화될 수 있는 서비스로 의료관광 수요자들의 만족도를 높이고 있다.

우수인력에 대한 국가차원의 적극적 유치로 해외로부터 유입된 다국적 의료진은 영어뿐만 아니라 자국의 언어를 능숙하게 구사할 수 있다는 장점을 가지고 있다. 그래서 의료관광 수요자인 외국인에게 문화적, 언어적 장벽 없이 서비스를 제공할 수 있어 주로 주변 국가인 말레이시아, 인도네시아에서 많이 찾아오고 있으며, 높은 의료 수준으로 국가적 브랜드 이미지 구축에 성공하여 미국과 유럽 등지에서도 많은 환자들이 찾고 있다. 최근에는 인도차이나 반도, 남아시아, 중국 등에서 오는 환자가 두 자리 수의 증가세를 보이고 있다.

2006년 싱가포르의 의료관광객 수는 55만 5천 명으로 의료관광 전체 수입 중 관광수입이 13억 달러, 2007년은 의료관광객 57만 1천 명에 의료관광수입 중 관광수입이 17억 달러를 기록했다. 2010년에는 72만 5천명의 의료관광객이 싱가포르를 찾은 것으로 조사되었다. 싱가포르 정부와 병원들은 2013년 의료관광객 120만 명, 관련 수익 40억 달러를 목표로 적극적인 유치활동을 펼쳐 의료관광객들이 건강검진부터 눈 수술, 심장 수술, 뇌 수술, 암 치료 등 다양한 의료서비스를 이용할 수 있도록 유도하고 있다.

싱가포르를 찾는 의료관광객에 대한 별도의 의료전문 비자는 없으며, 입국할 때 입국사증허가서를 전달하면 도착비자를 발급받을 수 있다.

싱가포르는 2001년 의료관광 국가 브랜드인 'Singapore Medicine'을 개발하여 운영하고 있으며 2003년부터 본격적인 지원정책을 펴고 있다. 'Singapore Medicine'은 3개 정부기관(관광청, 경제개발위원회, 무역개발국)으로 이루어진 협의체이며, 부처 간 불필요한 경쟁에 따른 비용발생을 방지하기 위해 '협력과 경쟁의 조화' 전략을 추진하고 있다. 싱가포르 정부는 아시아의 '의료허브'와 병원산업 육성을 위해 민간부문과 공공부문을 확실하게 구분하여 기초 의료의 보장과 차등 서비스를 제공하는 것을 기본 원칙으로 하고 있다.

싱가포르는 공공과 민간의 다양한 보험이 복합적으로 운영되면서 자국민이 의료서비스를 받는 데 소외되지 않도록 노력을 기울이고 있다. 싱가포르의 의료제도는 기본적으로 의료비 지불을 개인 책임으로 하고 정부가 보조해주는 방식으로 이루어진다. 입원진료의 80%는 국 · 공립병원이 담당하고, 외래진료의 80%는 민간의료병원에서 이루어진다.

싱가포르의 의료서비스조직은 크게 민간병원과 국 · 공립병원으로 나뉘며, 우리나라와 달리 민간병원은 금융기관이나 일반투자자가 소유지분에 참여가 가능한 영리병원이다. 의료관광이 크게 활성화된 파크웨이(Parkway)나 래플즈(Raffles) 병원이 여기에 속한다. 이들 민간병원에서는 환자 가족을 위한 아파트 임대, 환자 및 가족 전용 비즈니스 센터 운영 등 호텔 수준의 서비스 제공을 비롯하여, 해외환자 유치를 위해 유럽 및 중동의 대부호와 왕족을 대상으로 틈새 마케팅(Niche Marketing)을 시행하고 있다.

정부차원에서는 경제개발원에서 전반적인 정책 수립과 제도 개선을 담당하고 있으며, 싱가포르 관광청에서 의료관광과 관련된 실무정책을 운영하고 의료관광산업의 경쟁력 강화를 위해 다양한 프로그램을 펼치고 있다. 싱가포르 관광청에서는 의료서비스 본부를 중심으로 마케팅과 홍보 프로그램을 운영하고 있으며, 4개 국어(영어, 아랍어, 인도네시아어, 베트남어)를 지원하고 주요 병원 및 건강검진 패키지 등의 상품을 안내하는 포털사이트를 운영하고 있다. 또한 의료관광 상품을 개발하고 병원들의 협력을 조정하며, 비자발급 절차와 의료광고 규제에 관한 실무, 환자와 동반가족의 만족도를 높이는 역할도 담당하고 있다.

싱가포르 관광청은 의료관광 신흥시장으로 독일, 일본, 호주, 미국 4개국을 지정하였으며 이 시장에 양질의 헬스케어 서비스를 좋은 가격으로 홍보하는 데 주력하고 있다. 싱가포르 의료산업 자문단에서는 의료관광 활성화와 경쟁력 강화를 위해 5가지 정책을 제안하고 있는데 그 내용은 다음과 같다.

① 가격투명성의 확보 : 2003년 10월부터 병원별 진료비를 보건부 홈페이지에 공개

② 가격경쟁력 강화 : 의료서비스 생산 비용의 절감을 위해 의료인력 유치 제도 개선

③ 의사인력 확보 : 외국 71개 의과대학 학위를 인정, 일정한 조건 아래 싱가포르에서 의료행위를 할 수 있으며 일정 기간이 지나면 정규의사로 전환

④ 해외환자 입국절차 간소화 : 사전 비자 발급제도와 응급환자를 위한 급행 비자 발급

⑤ 적극적 해외 마케팅 : 'Singapore Medicine' 홍보, 의료 전문 인력 싱가포르 방문 프로그램 및 국제 학술대회 개최, 선진국 의료기관 유치 등

2) 싱가포르 의료관광의 성공요인

싱가포르 의료관광의 성공요인으로는 경쟁 평가 시스템 도입을 통한 공공의료기관의 경쟁력 강화, 국제네트워크 구축을 통한 의료서비스의 고급화, 해외환자를 위한 전용 서비스센터 운영 등의 세 가지를 들 수 있다.

가) 경쟁 평가 시스템 도입을 통한 공공의료기관의 경쟁력 강화

2 · 3차 의료서비스의 80%를 담당하는 공공의료기관을 두 권역으로 나누어 경쟁을 통해 효율성을 증대시킨다. 싱가포르 전체를 NHG, 동쪽의 Singhealth로 나누어 매년 상호 평가한 후 실적에 따라 차등 지원한다.

나) 국제네트워크 구축을 통한 의료서비스 고급화

싱가포르는 '아시아의 바이오폴리스(The Biopolis of Asia)'를 기치로 세계적인 제약회사를 유치하고 R&D 공동센터를 설립하였다. 즉, Wyeth, Schering-Plough, GlaxoSmithKline 등 세계적인 제약회사를 유치하고 Pharmacia, Eli Lilly, ViaCell과 공동 R&D센터를 설립하였다. 또한 세계적인 의료기관 및 대학과의 제휴를 통해 의료서비스 질 향상을 도모하였다. 싱가포르 종합병원과 미국 지마연구소, 탄톡셍 병원과 미국 존스홉킨스 대학, 싱가포르 국립대학과 미국 듀크 대학 등이 전략적 제휴를 하였다.

다) 해외환자를 위한 전용서비스센터 운영

래플즈, 파크웨이 병원 등은 해외환자 전용서비스센터를 통해 외국인 환자에게 필요한

진료예약, 항공권 구입, 숙박 및 관광, 공항 픽업, 통역, 환전, 개인 맞춤서비스 등 제반 서비스를 제공하고 있다.

라) 기타

뛰어난 의료시설, 철저한 위생관리와 저렴한 치료비, 영어를 공용어로 사용, 깨끗한 도시 등을 장점으로 꼽을 수 있다.

3) 대표병원 : 래플즈 병원(Raffles Hospital)

(1) 한국의 샴쌍둥이 분리수술 성공으로 세계적인 인지도를 움켜쥔 래플즈 병원의 경우 네트워크 경영을 통해 60개의 1차 진료기관에서 의뢰를 받고 있다.
(2) 싱가포르 내 13개 센터 및 클리닉을 보유하고 있으며 홍콩에 4개의 클리닉을 운영하고 있다.
(3) 12개 나라에 50개 에이전트를 운영하고 영리법인으로서 병원이 주식시장에 상장되어 있고 자본을 투자 받아 운영 및 확장할 수 있다.
(4) 의사의 봉급구조는 기본급에 실적에 따른 인센티브, 소유주식 지분에 따른 배당금 등으로 차등지급한다.
(5) 활발한 국제 마케팅으로 외국인 환자 비율이 30-50%를 차지하고 있다.

2.3. 인도

1) 인도의 의료관광 현황

인도는 그 역사가 깊고 오리엔탈 문화의 중심지로 세계 관광객들로부터 집중적인 관심을 받고 있는 나라 중의 하나이다. 인도는 IT강국의 장점과 저렴한 진료비, 짧은 시술대기 시간, 선진 의료기술 등을 내세워 의료관광 활성화를 꾀하고 있다.

가) IT와 네트워크를 활용한 의료 홍보 및 고객유치

환자들은 인터넷을 통해 의료관광 패키지 신청, 비자발급, 공항 픽업, 통역서비스, 전용 컨설턴트 연결 및 스케줄 관리, 온라인 결제 등이 가능하다. 의료관광 전문회사인

Mediescapes India, Travelite India, Medical Tourism India, Medicity India 등은 병원, 여행사, 전용 컨설턴트 등의 네트워크 구축을 통해 의료관광 제반서비스를 원스톱으로 제공하고 있으며, 아폴로병원, 에스코트 심장연구소(EHIRC) 등은 외국인 환자를 위한 홈페이지를 운영하고 있다.

나) 낮은 의료서비스 가격과 짧은 시술대기시간

인도의 수술비용은 미국 등 주요 선진국 대비 1/8 정도 수준이며, 태국에 비해서도 30% 이상 저렴하다. 영국의 경우 수술을 받기 위해 6개월 이상의 대기시간이 소요되는 반면, 인도의 경우 대기시간 없이 바로 수술이 가능하다.

다) 선진의료기술을 통한 국제적 신뢰 확보

상대적으로 높은 선진 의료기술을 확보하고 있으며 국제 기준에 부합하고 있다. 가장 많이 이용되는 분야는 대체의학, 골수이식, 심장동맥수술, 눈 수술, 정형외과 수술이다.

라) 세계적 수준의 인적 자원과 네트워크

인도 의료관광의 최대 강점은 세계적 수준의 인적 자원과 네트워크에 있다. 미국에서 의사의 5%는 인도인으로 추정되고 있고, 32,000명 이상의 인도계 미국인 의사가 활동하고 있으며, 미국 의대생의 10–20%가 인도 혈통을 가지고 있다. 이들 중 다수는 인도와 미국 양국에서 훈련을 받았으며, 고국에 돌아와 의료관광의 중요한 인적 자원으로 활동하고 있다. 인도 일류병원 의사의 15% 가량은 영국, 미국 등에서 교육을 받거나 개업을 했던 선진국 의사들이다. 이러한 해외경험이 있는 의료진은 외국인 환자들의 요구를 충족시키는 데 부족함이 없다.

마) 정부의 적극적인 지원 정책

인도 정부는 의료관광 활성화를 위하여 2006년 외무, 교통, 관광, 철도, 항공사 등의 민관 의료관광 특별팀을 구성하였고 2010년 해외환자 100만 명 유치, 2,113억 원의 수입 그리고 4만개의 일자리 창출을 목표로 세우고, 병원 인증 시스템의 도입, 의료관광 비자제도의 도입, 의료분쟁과 의료보험에 대한 개선, 적절한 가격유도 등 의료관광 소비자들의 편의를 도모하고 보건의료서비스와 관련된 제도를 개선하고자 노력하고 있다.

의료관광 전문회사를 통해 병원, 여행사, 전문 컨설턴트 등의 네트워크와 입국에서 출국까지 원스톱 서비스 시스템을 구축하였다.

또한 인도 정부는 의학치료를 목적으로 인도에 입국하는 외국인에게는 치료 목적의 의료 비자를 발급하고 있다. 환자 및 동반자에게 의료비자(Medical Visa)를 발급함으로써 의료관광의 편의성을 제공하고 있다. 의료관광을 목적으로 방문하는 환자는 1년 만기의 비자를 받을 수 있으며 1회 연장이 가능하다. 또한 가족 동반자의 경우도 대사관의 승인 후 2명까지 의료비자 혜택이 가능하다.

인도 정부는 2005년과 2006년에 영국 런던에서 'Global Healthcare'와 'Universal Wellbeing'을 슬로건으로 의료관광 엑스포를 개최하여 일반인과 현지 언론의 관심을 끌었다. 인도 정부는 민간 주도의 의료관광 육성 방안 이외에 의료서비스에 5%의 서비스세를 면제해주는 등 의료관광 우대정책을 펼치고 있으며 병원인증, 의료비자 발급, 적정한 가격 산정, 의료분쟁과 의료보험에 대한 가이드라인을 설정해놓고 있다.

그러나 단점으로는 아직도 복구 중인 문화유적들의 방문이 불가능하고, 소화불량을 일으킬 수 있는 박테리아에 노출될 가능성이 있으며, 여름에는 덥고 몬순기후에는 수인성 질병이 발생할 가능성이 있다는 것이다.

2) 대표병원 : 아폴로 병원(Apollo Hospitals)

(1) 아폴로 병원은 아시아에서 최대의 헬스케어 공급기관으로, 병원 44개, 병상 8,000개 이상으로 인도에서 JCI 인증을 받은 최초의 병원이다.

(2) John Hopkins Medical International, 메이요 클리닉과 업무 제휴 협정을 체결하고 원격의료 구축, 미국병원업무의 아웃소싱, 그리고 심장 분야와 우수한 정형외과 수술기법 등으로 이미 세계적인 병원으로 알려져 있다.

(3) 55개국 이상으로부터 총 환자 중 10%가 넘는 외국 환자를 유치하고 있다.

2.4. 일본

일본은 기본적으로 지방자치단체가 지역경제진흥의 일환으로 의료관광을 추진하고 있으며, 의료서비스의 질이나 구성 항목에서도 아시아 국가들 중에서 가장 높은 만족도를 보여 왔다. 세계에서 몇 대 없는 중성자 치료기를 3대나 보유하고 있는 등 암 치료에서 경쟁력이 있으며 세계적인 의료기기업체도 보유하고 있다. 지역 진흥을 위하여 Medical Tourism의 이름으로 시민병원을 재건축하고 명의를 초빙하기도 한다.

최근 동남아시아의 여러 국가가 고부가가치 창출과 국가 이미지 제고를 위하여 의료관광을 신 성장 동력 산업으로 삼고 활발한 활동을 전개하는 흐름을 타고 일본도 정부를 중심으로 외국인 환자 유치를 위한 준비에 적극 나서고 있다. 또한 히타치와 같은 민간기업 연구소 등에서도 의료관광산업 활성화에 대해 관심을 갖고 연구를 계속하고 있다.

해외환자 유치 확대를 위해 2011년 정부와 병원, 여행사 등이 공동으로 투자하는 의료관광 지원사를 신설할 방침이라는 일본 경제 산업성의 발표도 이어졌다. 이 의료관광 지원회사는 2012년부터 중국과 러시아, 중동 등지의 의료기관들과 제휴해 일본의 의료 기술과 의료관광 시장을 홍보하는 역할을 할 것으로 알려졌다. 주요 타깃은 우리나라와 인도를 찾는 외국인 부유층이며, 이들이 일본으로 향할 수 있도록 서비스를 구축하여 연간 50만 명 유치와 1조 엔대 시장 창출을 목표로 내걸었다.

또한 2011년 초부터는 의료 비자를 발급해 의료관광객이 최대 6개월간 일본에 머물 수 있게 하고 있다. 단, 체재기간이 90일 이내인 경우에만 복수비자 발급이 가능하고 90일 이상의 체재는 입원 치료를 조건으로 한다. 이 경우, 의료관광객은 본인이 입원할 의료기관 직원을 통해 일본 법무성 입국관리국으로부터 체류자격 인정 증명서를 발급받아야 한다.

2.5. 미국

미국의 장점으로는 최고의 선진의료기술과 의사들의 정교한 기술을 들 수 있다. 대부분의 의료관광객들은 심장혈관, 신경치료, 종양치료를 받기 위해 미국을 찾았으며, 미국 의료시설을 찾는 이유는 자국의 의사들이 미국에서 수련을 받고 있거나 또는 현재 일하고 있거나 친구나 가족을 따라온 것으로 나타났다. 또한 의료기술의 명성 때문에 미국을 찾고 있었다. 많은 미국의 병원들도 외국인 의료관광객을 유치하기 위해 활발한 마케팅 활동을 하고 있다.

1) 세계의 일류병원, 존스 홉킨스 병원

존스 홉킨스 병원(Johns Hopkins Hospital)은 세계적인 권위를 자랑하는 병원 중 하나로 〈US News and World Report〉지에 10여년 연속 미국 내의 가장 우수한 병원에 선정되었다. 존스 홉킨스 병원은 의학연구와 장래성 있는 의사를 배출하기 위한 교육 및 임상분야에서 선도적이며 치료의 질도 우수하다.

이 병원은 심장학, 이식, 정신병, 유전질환 등의 분야에서 우수성을 인정받은 병원이다. 전문적인 국제 코디네이터가 여행 예약에서부터 숙박, 진료 예약, 입원에 이르는 전 과정을 처리해준다. 40명의 전일제 통역사와 45명의 전화통역사가 근무하고 있다.

존스 홉킨스 병원은 Johns Hopkins가 1873년 크리스마스 이브날 세상을 떠나면서 기부한 700만 불을 기반으로 하여 1876년에 의과대학이 시작되었다. 병원을 처음 지을 때 외과 의사인 Dr. Johns Shaw Billings가 주도적인 역할을 했는데 그는 미국 최초로 중앙난방식 시설을 도입함으로써 난방, 환기뿐만 아니라 위생 면에서 병원구조 개혁의 선구자적 역할을 했다.

그리고 존스 홉킨스 의과대학이 세워지면서 의과대학교육이 개혁되었다. 우선 물리, 화학, 생물 등 기초 과학 대학교육을 받은 학생 중에서 엄격한 입학시험을 거쳐 우수한 인재들만 선발하였고, 의과대학 교육과정을 과학적으로 바꾸었으며, 실습과 연계를 중요시하고 환자치료에 직접 참여하는 교육, 그리고 의학연구를 강화시킨 새로운 훌륭한 교과과정을 개발하게 된다.

환자치료와 의학연구의 병행을 강조하는 의과대학 교육 과정을 통해 최고의 임상가-과학자(Clinician-Scientist)를 배출하는 존스 홉킨스의 전통과 명예가 시작되었다. 그리고 홉킨스가 처음 시도한 의과대학 졸업 후 인턴과 레지던트 교육제도도 아직까지 전 세계적으로 의학과 전문의 양성 교육의 모델이 되고 있다.

존스 홉킨스를 최고의 병원으로 위상을 지켜가게 한 요인으로는 병원경영면에서의 혁신을 들 수 있다. 존스 홉킨스는 산업체의 독립채산제도를 병원에 도입하여 경영개혁을 성공시켰다. 독립채산제도가 도입되면서 존스 홉킨스는 임상 각 과를 각 단위 병원으로 나누어 예산편성의 권한과 책임을 위임하였다. 의사들에게 보다 많은 재무와 관리에 대한 정보를 제공하며, 병원경영의 의사결정에 임상 의사를 참여시켰다. 그렇다고 각 단위

병원이 전적으로 자율적으로 경영되는 것이 아니라, 전체 병원의 목표와 정책 등에 부합되는 선에서 할당된 예산대로 운영되는 것이다. 각기 단위병원들은 그들 나름의 경험을 축적하면서 각각의 진료형태나 의료서비스, 적합한 일들을 개발하게 되었고 이러한 일들이 새로운 의료서비스의 분석이나 기획을 가능하게 하였다.

독립채산제가 성공한 것은 각각의 단위병원들이 독립된 단위로서 재정을 착실하게 운영하고 있는지를 판단할 수 있는 관리와 경영정보시스템을 성공적으로 개발하였기 때문이다. 이러한 정보시스템을 개발하는 데는 막대한 시간과 경비가 지출되기 때문에 중앙행정부서의 결정에 의해 착실히 진행되었고, 중앙행정부서와 단위병원 간, 중앙행정부서 내, 각 단위병원 내의 효과적인 의사전달체계를 개발하는 등 성공적인 경영혁신이 지금의 존스 홉킨스를 있게 한 큰 이유 중의 하나라고 할 수 있다.

2) UCLA 메디컬 센터

로스앤젤레스 캘리포니아 주립대학(이하 UCLA) 메디컬 센터는 캘리포니아주 전역에 40여 곳의 지역 진료소를 운영하고 있다. 일종의 병원 출장소격인 진료소에서는 본원과 동등한 수준의 진료를 받을 수 있다.

UCLA 메디컬 센터가 1995년 시작한 '지역 암 공동관리 프로그램'도 '환자 곁으로 전략'의 일환이다. 이것은 캘리포니아-네바다 주 42개 병원 300여 명의 암 전문의와 암연구-임상정보를 공유하는 시스템이다. UCLA는 최신 암 치료법을 지역 병원에 전수하며, 지역 병원은 환자에 대한 임상정보를 UCLA에 제공하고 있는데, 이와 같은 의료체계는 UCLA 의술 발전의 탄탄한 원동력으로 작용하고 있다.

1955년 설립된 UCLA 메디컬 센터는 상대적으로 짧은 역사에도 불구하고 의학사에 이정표가 될 만한 연구 성과, 가령 '신경이식술 개발'(1962년), '어깨근육 전체 재건'(1976년), '세계 최초 유전자치료 성공'(1981년), '유방 절제 직후 엉덩이 근육을 이용한 유방재건술'(1989년), '뇌종양 제거 백신 동물 실험'(1996년) 등의 성과를 잇달아 내놓으면서 미국 최고병원의 하나로 성장했다.

미국 내 부동의 1위인 노인의학은 알츠하이머병센터가 연구와 진료의 핵심이다. 뇌졸중 · 치매 분야에서 전 세계 의료계를 선도하고 있으며, 듀몬트 장기이식센터는 간 이식으로 유명하다. 1984년부터 생후 1개월짜리 아기부터 74세 노인까지 2,000여 건을 시술

했으며, 간 분할 이식 등 첨단 의술을 자랑한다.

존스 암센터는 부설 레블론 유방센터와 함께 특히 유방암 분야에 업적이 많다. 지난 2004년 10월 암세포가 다른 장기로 전이된 유방암 환자 치료에 탁월한 효과를 보이는 항체인 허셉틴(Herceptin)을 규명해냈다. 줄스스타인 눈 연구소도 1998년 'US 뉴스앤드 월드리포트지' 선정 미국 안과병원 5위를 차지할 만큼 명성이 높다.

국제진료부에서는 한국인 통역이 가능하고 외국인 환자만을 위한 시설은 아니지만, 병원 근처에 환자 보호자를 위해 티버톤하우스라는 숙박시설도 마련되어 있다. UCLA 메디컬 센터의 듀몬트 장기이식센터는 1984년 이래로 총 2,000건이 넘는 간 이식 실적을 보이고 있다. 간 이식 성공률은 환자의 생존율로 따지며 연간 환자의 생존율은 90% 정도이며 5년 생존율은 75-80% 선으로 알려져 있다.

듀몬트 센터에 뇌사자의 간을 조각내어 성인과 어린이에게 동시에 이식하는 분할 간 이식을 미국에서 가장 활발히 시행하고 있으며, 이식용 장기부족 문제를 해결하는 데 큰 역할을 하고 있다. 더불어 소장과 췌장, 심장, 신장 등의 다른 여러 장기 이식 분야에서도 매우 우수한 실적을 보이고 있다.

3) 메이요 클리닉(Mayo Clinic)

메이요 클리닉은 1883년 외과의사였던 찰스 메이요와 윌리엄 메이요가 세운 뒤 20세기 초까지 외과 중심으로 발전해왔다. 설립당시부터 연구보다는 진료 중심이었으나, 환자의 진료 성과의 개선을 위해 임상연구를 지속적으로 강화해왔다. 초창기에는 의과대학이 없었으나 1983년에 의과대학도 보유하게 되었다. 현재 미네소타주 외에도 애리조나주 스코츠데일과 플로리다주 잭슨빌에 각각 분원을 두고 있으며, 환자들이 찾는 최후의 보루로서 그 임상성과가 알려지기 시작하면서 전세계에서 환자들이 몰려들고 있으며, 현재 약 35개국 언어로 통역서비스가 가능할 정도로 국제화되었다.

이 병원은 외국인 환자가 몰려들자 자연스럽게 다른 병원보다 앞서 외국인들을 위한 시설과 진료체계를 갖추게 됐고 그 때문에 외국인 환자들이 가장 많이 찾는 병원이 되었다. 메이요 클리닉은 멕시코와 아르헨티나, 칠레 등 중남미 여러 나라에 오래전부터 사무실을 운영해 오고 있다. 또 지난 1월 아랍에미리트에 중동지역 사무실을, 지난 2월에는 말레이시아에 아시아-태평양지역 사무실을 개설했다. 매년 미국 병원 순위를 발표하는 'US News

& World Report'지는 존스 홉킨스 병원에 이어 메이요 클리닉을 줄곧 2위로 꼽고 있다.

메이요 클리닉은 '원스톱 진료'가 가능한 곳이다. 다른 곳에서는 며칠 혹은 몇 주씩 기다려야하는 정밀검사가 메이요 클리닉에서는 하루 만에 가능하다. 재진 날짜는 보통 2–3일 이내로 잡힌다. 수술도 일사천리로 진행된다. 수술 일정을 잡고 불필요한 검사를 하느라 시간을 끄는 일이 없이 이곳에서는 기본적인 검사마저 생략하는 경우가 다반사다. 위험해 보이는 환자는 철저하게 검사하지만, 의사가 문제없을 것으로 판단하면 곧바로 수술에 들어간다.

메이요 클리닉의 진단 능력은 특히 뛰어나다. 다른 병원에서 '병명을 모르겠다.'고 진단받은 환자들이 특히 많이 찾는다. 여러 분야의 의사들이 함께 참여해 분석하고 진단하기 때문에 메이요 클리닉의 진단에는 오류가 없다. 이 때문에 '메이요 체크업'이라 불리는 건강검진도 덩달아 유명해졌다.

응급수송체계는 메이요 클리닉의 또 다른 경쟁력이다. '골드 크로스(자동차)'와 '메이요원(헬리콥터)'이라고 불리는 앰뷸런스 수송단이 미네소타와 아이오와, 위스콘신, 일리노이 등 일대를 거미줄처럼 엮고 있다. 반경 150km 밖의 응급환자가 요청하면 '메드에어'로 불리는 앰뷸런스 제트기가 즉시 출동한다. 연 10만 명 정도 비상출동하며, 1만 명 정도가 메이요의 수송과 치료로 생명을 건진다고 한다.

〈표 3-2〉 미국병원들의 해외 파트너십 현황

의료기관명	병원현황	집중 분야	파트너십 현황
하버드 대학병원	• 직원 : 10,458명, 3,000병상 이상 • 환자 : 보스턴지역에 200만명 이상 진료	모든 전문분야, 트레이닝, 의료상담 체제 기획	• 5대륙 30국가 50개 이상의 프로그램 • 두바이 헬스케어시티 (400병상) 종합 교육병원 개설
Memorial Sloan Kettering 암센터	• 직원 : 9,000명 • 환자 : 연간 21,000명 입원, 43,000명 외래	광범위 암환자 상담	홍콩, 바르셀로나, 제네바, 아테네, 상파울루, 서울, 이스탄불, 싱가포르, 필리핀 등과 협약
코넬 대학병원	• 직원 : 정규직원 240명, 파트타임 265명, 연결직원 775명 • 환자 : 연간 200만 명 (응급실 : 230,000명)	모든 의료분야 진료, 연구, 교육	• 카타르에 의과대학 개설, 서울에 연구 및 고문협회 • Memorial Sloan Cancer Center와 협력, 특수 수술 센터
존스홉킨스 병원	• 직원 : 25,000명 • 환자(연간) 입원 : 6만명 이상, 외래 50만명 이상	협력연구, 교육, 의료진의 교육, 의료진료, 정책기획 (보험증권)	일본, 싱가포르, 인도, 캐나다, 레바논, 터키, 포르투갈, 아일랜드, 칠레, 파나마 시티
Duke Medicine	• 직원 : 8,648명 • 환자수 : 외래 140만명	교육, 트레이닝, 생물의학 연구	Duke-NUS Hospital
클리브랜드 클리닉	• 직원 : 1,400명 의료진 • 환자 : 연간 외래 300만명 이상 • 수술 : 연간 68,000건	모든 전문분야, 클리닉, 예방 의료와 웰빙	2010년 UAE 정부 협력하는 CC 아부다비 클리닉 개설, 캐나다에 위성캠퍼스 설립

2.6. 기타 국가

1) 말레이시아

말레이시아가 의료관광에 성공을 거두고 있는 요인으로는 가격경쟁력이 있고, 다양한 의료서비스와 헬스케어 프로그램을 보유하고 있으며, 말레이시아 정부 인증과 국제적 인증을 받은 의료시설이 있고, 의료진과 환자 간 의사소통이 원활하다는 점을 들 수 있다. 최고의 시설과 수준 높은 의료로 인해 많은 관광객들이 말레이시아를 찾고 있으며, 정부에서도 말레이시아를 메디컬 허브로 만들기 위해 노력하고 있다. 특히, 심장수술도 유명하고, 다른 분야의 수술도 가능하다.

그러나 단점으로는 테러가 발생한 적이 있고, 특히 사바지역은 위험지역으로 유괴가 번번이 발생한다. 사바해안에서 다이빙을 하고 싶은 경우에는 리조트 내에서 할 것을 권장할 정도로 치안이 취약하다.

2) 중국

중국은 심장학, 신경학, 정형외과 등의 전문 치료를 받고자 하는 의료관광객들을 불러 모으고 있으며, 공립 · 사립병원에는 국제 부서를 갖추고 있다. 병원들은 중국 전통의학과 서양의학 기술을 접목하여 치료하고 있으며, 중국은 줄기세포 연구와 치료의 선두국가로서, 자국에서 줄기세포치료가 허용되지 않는 서양인들이 많이 방문하고 있다.

3) 필리핀

필리핀은 의료관광지로서 성장하고 있으며, 많은 의사와 치과의사들이 미국에서 교육을 받았기 때문에 환자들은 미국이나 유럽에서와 같은 서비스를 받을 수 있다.

4) 뉴질랜드

뉴질랜드의 많은 사립병원들은 국제적 인증을 받았으며, 의사들은 뉴질랜드와 외국에서 교육을 받았고, 북아메리카나 서유럽에서 수련을 받았다. 영어로 의사소통이 가능하고 우수한 의료진과 저렴한 비용 때문에 북아메리카 지역 환자들이 많이 찾고 있다. 수술비용은 미국의 10–20% 수준이며, 자연경관이 뛰어나고 조용하고 안전하다는 장점이 있다.

5) 남아프리카공화국

남아프리카공화국은 독특한 의료관광 상품인 '성형수술과 사파리(Surgery & Safari) 투어'를 개발, 성형수술과 사파리 투어를 묶어 패키지상품을 인터넷 사이트를 통해 판매하고 있다. 유럽과 미주 등지에서 온 관광객들로부터 좋은 반응을 얻고 있다.

남아프리카는 최초로 심장이식수술을 성공한 이래 국제진료의 선두주자가 되었으며, 공립과 사립 병원이 국제적으로 공인된 의료진을 양성하기 위해 노력하고 있다. 능력 있는 의료진, 훌륭한 사립병원, 합리적인 가격으로 인해 독일, 이태리, 영국의 유럽인들이 성형수술을 받기 위해 방문하고 있다. 주로 가슴확대 및 축소, 얼굴 주름 제거, 지방흡입술, 눈과 코 성형수술을 받기 위해 방문하고 있으며, 이외에도 치과치료, 임플란트, 눈 성형수술, 레이저 치료, 불임수술 등을 하고 있다. 또한, 일 년 내내 비치는 햇살과 이색적인 풍경, 다양한 야생동물 등의 볼거리로 외국인들을 불러 모으고 있다. 남아프리카의 의료비는 미국에 비해 1/2에서 2/3 정도 저렴하다.

6) 레바논

레바논은 중동 의료관광의 허브로 급부상하고 있는 곳이다. 미국이 테러와의 전쟁 선포 이후 중동국 사람들의 미주여행이 까다로워지자 레바논을 찾는 관광객이 늘고 있다. 중동 부유국인 걸프국 사람들은 레바논을 의료관광 대상지역으로 선호하고 있다. 레바논은 의료관광 개발에 적합한 조건을 지니고 있다. 영어, 불어, 아랍어 등 3개 국어를 구사하는 의료진과 발달된 의료기술, 풍부한 의료시설을 갖추고 있다. 또한 산과 바다가 어우러진 천혜의 자연경관을 갖추고 있다.

레바논의 162개 종합병원과 7개 대학병원 대부분이 국제적으로 인정받은 의료기관이며, 이들 병원이 보유한 병상을 모두 합하면 1만 개 이상이다. 레바논에는 1만 명의 전문의가 있으며, 이 중 절반 정도가 유럽과 미국에서 학위를 받았다. 레바논 정부는 환자와 보호자를 위해 50개의 고급 병실이 있는 베이루트 시립대학병원을 짓고 미국 존스 홉킨스병원과 제휴한 105개 병상 규모의 클레멘소 메디컬센터를 개원, 외국 의료관광객을 유치하고 있다.

1876년에 설립된 '아메리칸 유니버시티'의 메디컬 센터는 레바논에서 가장 명성 있는 병원이다. 이 병원에는 매주 평균 400명 정도가 진료를 받고 있는데, 이 가운데 30-40명이 외국인(주로 시리아인)이다. 여름에는 입원하는 외국인이 2배로 증가한다. 주로 사우디 등 걸프지역에서 온 관광객이다. 2004년에는 최고경영자들을 위한 여행센터(EHTC)를 설립, 중동지역에서 온 경영자와 그 가족을 위해 특별히 고안된 의료패키지를 제공하고 있다. 건강검진과 질병 예방을 위한 생활습관 평가를 제공하고 환자와 가족은 일반 종합병동과 분리된 병동 안에 있는 호텔과 같은 쾌적한 병실에서 진료를 받는다. 이 프로그램은 비행기표 구입과 호텔 예약 및 레저 프로그램까지 망라한 서비스를 제공한다.

7) 브라질

브라질은 미용수술로 잘 알려져 있는 국가로서, 상파울루에 있는 Albert Einstein Jewish 병원은 최초로 JCI 인증을 받았으며, 12개 이상의 병원이 유사한 인증을 받았다.

8) 캐나다

캐나다는 미국에 비해 40-60%의 진료비를 절감할 수 있으며, WHO는 캐나다의 의료 수준이 미국에 결코 뒤지지 않는다고 하였다.

9) 쿠바

쿠바는 40년 이상 의료관광의 주요국이었다. 주로 라틴아메리카, 유럽지역의 외국인들이 이용하였다. 의료관광 서비스는 주로 관절 이식, 암 치료, 눈 수술, 미용성형, 재활치료 등이며, 치료비는 미국에 비해 60-80% 저렴하다.

10) 멕시코

멕시코는 치과, 성형수술이 특화된 분야이며, 지리상 근접해 있는 미국인들이 많이 방문한다. 치과치료의 경우 비용은 미국의 1/5에서 1/4 수준이며, 다른 분야는 1/3 수준이다.

11) 파나마

파나마는 국제관광 허브로서의 지리적 위치, 미국 달러 사용이 가능한 점 등의 장점으로 인해 의료관광지역으로 성장하고 있다. 의사들은 이중 언어 사용이 가능하며, 미국과 유럽지역의 자격증을 가지고 있고 우수한 의학 장비와 기술을 사용한다. 미국과 유럽에 비해 50% 이상 의료비를 절감할 수 있다. 현재 국제 인증을 받은 병원은 없다.

2.7. 아시아 지역 의료관광 활성화의 원인

1) 우수한 의료 인프라

아시아 의료관광산업의 최대 강점 중 하나는 국가 경제규모에 비해 크게 개선된 의료

인프라로 태국의 범룽랏, 인도의 아폴로, 싱가포르의 래플즈, 파크웨이 등은 미국 상위 병원과 동일하거나 좀 더 우수한 수준으로 발전한 것으로 평가받고 있다.

2) 저렴한 진료비용 및 짧은 대기시간

아시아 지역의 진료비용에 대한 가격경쟁력은 의료관광시장을 활성화시킨 주된 요인이다. 아시아 병원의 진료비 수준은 선진국 대비 20-80%로 진료비용으로 고민하고 있는 선진국 국민들에게는 매력적일 수밖에 없다. 가령, 심장 수술비용의 경우 미국에서는 3만 달러 수준이나 인도 아폴로병원은 4천 달러에 불과하다. 또 하나의 요인은 영국, 캐나다는 완벽한 국가보건체계를 갖추고 있으나 수술대기시간이 상당히 길어짐에 따라 즉시 입원, 검사, 수술이 원스톱으로 이뤄지는 우수한 해외병원으로 떠나게 되는 것이다.

3) IT 및 인터넷 시스템의 발달

대량의 정보를 빠르고 효율적으로 전달할 수 있는 매스미디어 시스템과 정보통신기술은 효과적인 홍보수단으로서 의료관광산업의 성장에 상당한 공헌을 하고 있다. 인터넷은 환자 및 보험회사로 하여금 전 세계의 의료서비스와 비용에 관한 정보를 쉽게 파악하여 해당 병원으로 직접 문의, 예약하는 데 핵심 역할을 수행하고 있다.

4) 국제적 품질인증의 획득

의료관광객을 유치하는 병원들이 국제병원인증(Joint Commission International, JCI) 및 ISO 등과 같은 국제인증을 획득하는 사례가 증가하고 있다. 이와 같은 국제 인증은 의료보험회사와 외국인 환자들에 대해 병원의 임상 수준 및 시설에 대한 신뢰성을 제공하는 역할을 하고 있다.

태국 범룽랏 병원, 인도 아폴로 병원그룹, 싱가포르 파크웨이 그룹 등 외국인 환자를 유치하고 있는 아시아 병원의 대부분은 JCI 및 ISO 인증을 취득하고 있다. 싱가포르는 아시아 지역에서 JCI 인증 병원이 가장 많은 국가로 주목할 필요가 있다. 싱가포르의 병원들은 오래 전부터 보건의료서비스의 수준을 향상시키고 또 향상된 서비스의 품질을 소비자들에게 홍보하기 위하여 미국의 의료기관 인증시스템인 JCI 인증제도를 이용해왔다. 이것은 의료기관의 서비스 수준에 대한 인식을 높이는 데 가장 좋은 방법이다. 또한 인증을 받기 위해서는 의료기관의 시설과 의료진 그리고 운영시스템을 포함한 전반적인 제도를 개선해야 하므로 실제적인 의료서비스 수준을 높일 수 있는 계기가 된다.

3. 국내 의료관광의 현황

우리나라를 찾는 일반 외래 관광객 수는 꾸준한 상승세를 보이고 있다. 우리나라는 의료기술 수준이 의료 선진국에 근접하고, 모든 의료서비스 제공이 가능함에도 불구하고 낮은 대외적 이미지로 인하여 싱가포르나 태국에 비하여 의료관광객 유치 실적이 아직 미흡한 실정이다. 이에 정부는 의료관광을 신 성장 동력 산업으로 선정하고 공공의 선제적 재정투입과 민간투자 활성화로 성장기반 구축에 나서고 있다.

3.1. 외국인 환자 유치 의료기관 등록 추이

우리나라 의료관광 국가브랜드 '메디컬 코리아'의 집계에 의하면, 외국인 환자 유치 의료기관으로 등록된 수는 2009년 첫해에 1,453개소에서 2013년 5월 현재 2,663개소로 늘어났으며, 상급종합병원은 거의 모든 병원이 유치 의료기관으로 등록하였으며, 종합병원급 이상의 의료기관 중 56% 정도가 등록했다(그림 3-1).

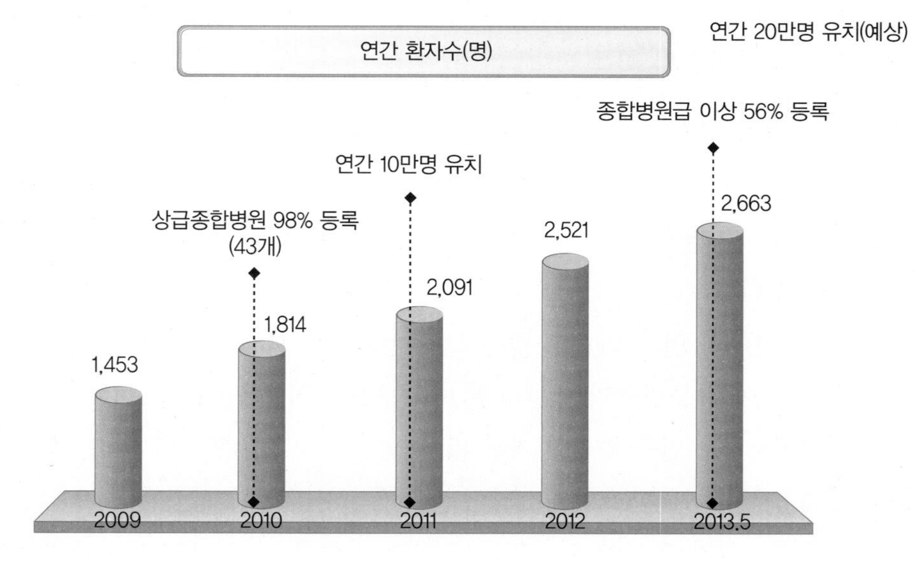

〈그림 3-1〉 외국인 환자 유치 의료기관 등록 추이

3.2. JCI 인증의료기관 수 증가

JCI 인증을 받은 국내 의료기관은 2007년 1개소에 불과하던 것이, 외국인 환자 유치사업을 본격적으로 시행한 후부터 급격히 늘어 2013년 4월 현재는 39개소가 인증을 받은 상태이다. 인증 의료기관의 현황을 종별 진료과별로 살펴보면 2009년까지는 상급종합병원만 인증을 받았지만, 종합병원과 병원급 의료기관으로 차차 확대되어 최근에는 의원과 지방의 의료기관들도 인증을 받는 사례가 늘고 있다(그림 3-2).

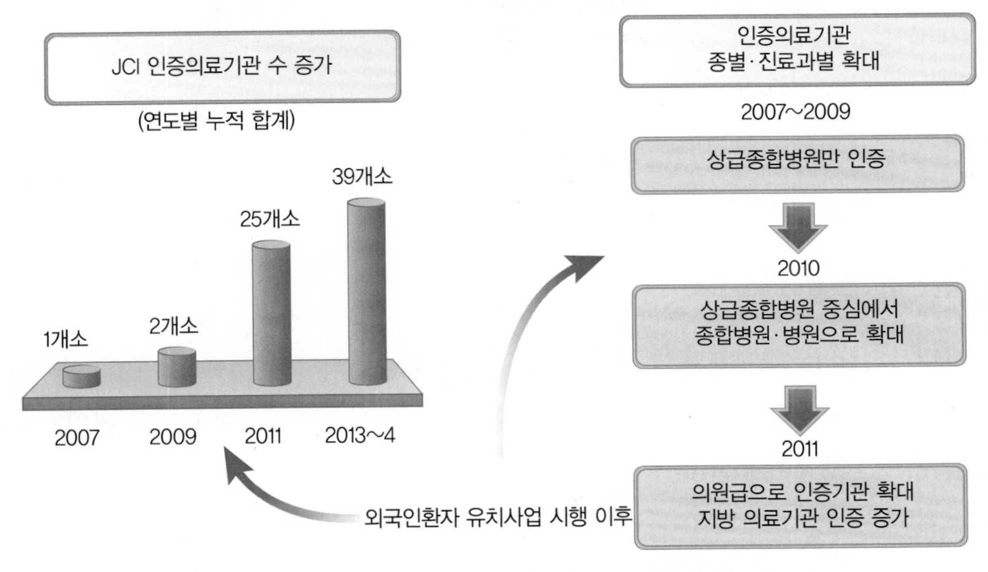

〈그림 3-2〉 국내 의료기관의 JCI 인증 추이

3.3. 외국인 환자 유치 현황

1) 외국인 환자 유치 실적 개요

외국인 환자는 2009년에 약 6만 명 수준이던 것이 해마다 꾸준히 유치실적이 증가해 2012년에 이르러서는 실 환자 수가 155,672명에 이를 것으로 잠정 집계되어, 정책목표인 15만 명을 초과하여 유치하였다. 2012년도 유치 실적은 전년과 대비하여 27.2%가 증가한 것이다.

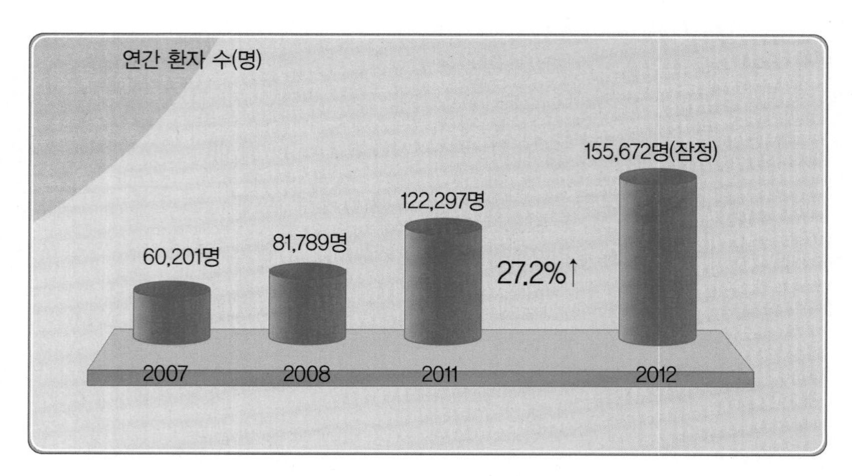

〈그림 3-3〉 외국인 환자 유치실적

2) 외국인 실 환자 수

2011년 기준으로 국내에서 치료를 받은 외국인 환자 수는 122,297명으로, 이는 내국인 포함 전체 진료인원 중 0.27%에 해당하며, 이 비율은 2010년의 0.18%에 비해 0.09% 포인트 증가한 수치이다(표 3-3).

〈표 3-3〉 외국인 실 환자 현황(2011년) (단위 : 명, %)

구분	국내환자기준*	외국인환자기준	2011년 비중	2010년 비중
실환자수	45,630,849	122,297	0.27%	0.18%

*자료 : 국민건강보험공단('11년 건강보험 주요 통계), 진료 실인원 기준

한편, 외국인 연환자수는 2012년 현재 475,865명으로, 2011년의 344,407명 대비 38.2% 증가한 것으로 나타났으며, 평균 재원일수도 2011년 2.8일에서 2012년 3.1일로 늘어났다.

〈표 3-4〉 외국인 연 환자 현황(2011년) (단위 : 명, %)

구분	국내환자기준*	외국인환자기준	2011년 비중	2010년 비중
외래연환자	801,388,008	251,649	0.03	0.02
입원연환자	108,486,849	92,758	0.09	0.05
계	909,874,857	344,407	0.04	0.02

*자료 : 국민건강보험공단('11년 건강보험 주요 통계)

3) 진료유형별 외국인 환자 현황

진료유형별로 외국인 환자 현황을 살펴보면, 2011년 현재 전체 외국인 실 환자 수 122,297명 중 78.3%(95,810명)가 외래진료를 받았으며, 그 다음이 건강검진 11.9%(14,542명), 입원 9.8%(11,945명)이었다. 이러한 패턴은 전년도와 비교했을 때도 크게 차이가 없는 것으로, 현재 국내 의료관광이 외래진료에 크게 의존하고 있음을 나타내는 것이다.

〈표 3-5〉 진료유형별 외국인 환자 현황(2011년) (단위 : 명, %)

<table>
<tr><th>진료유형*</th><th>2011년 실환자수</th><th>비중</th><th>2010년</th><th>2009년</th></tr>
<tr><td>건강검진</td><td>14,542</td><td>11.9</td><td>9,911 (12.1)</td><td rowspan="2">56,286 (93.5)</td></tr>
<tr><td>외래</td><td>95,810</td><td>78.3</td><td>63,891 (78.1)</td></tr>
<tr><td>입원</td><td>11,945</td><td>9.8</td><td>7,987 (9.8)</td><td>3,915 (6.5)</td></tr>
<tr><td>계</td><td>122,297</td><td>100</td><td>81,789 (100)</td><td>60,201 (100)</td></tr>
</table>

*입원을 1회 이상 한 환자는 입원환자로, 건강검진만 받은 환자는 건강검진환자로 분류

4) 국적별 현황

2012년 현재 외국인 환자의 국적별 현황을 살펴보면, 중국이 24.0%로 가장 많고, 그 다음이 미국 23.0%, 일본 14.1%, 러시아 12.4%, 몽골 6.4% 순이다. 해외 환자 유치 사업을 본격적으로 실시한 2009년부터 국적별 환자 비중 변화를 보면 미국의 비중이 2009

년 32.6%에서 2012년 23.0%로 지속적으로 감소 추세에 있으며, 일본 또한 감소 추세에 있다(표 3-6). 반면 중국과 러시아, 몽골 환자의 비중은 해마다 크게 증가하고 있다. 신흥시장의 약진으로 미 · 중 · 일 편중현상은 점차 완화되는 추세에 있는 것이다.

최근 4년간 미 · 중 · 일 비중은 2009년 73.9%에서, 2010년 68.6%, 2011년 68.0%, 2012년 61.1%로 지속적으로 감소하고 있다. 이러한 미 · 중 · 일 편중(상대적 비중)의 완화는 그간 전략국가 중심의 국가 간 MOU, 환자송출계약 체결, 외국의료인력 국내 연수, 나눔 의료, 해외현지 마케팅 등 다각적인 홍보의 결과로 평가할 수 있다. 이를 반증하는 수치로는 연간 100명 이상 유치 국가 수가 지속 증가한 것을 들 수 있는데, 2009년 28개국에서 유치하던 것이 2012년에는 49개국으로부터 환자를 유치하였다.

〈표 3-6〉 최근 4년간 상위 6개국 순위 (단위 : 명, %)

순위	국 적	2012년	2011년		2010년		2009년	
		비중	유치실적	비중	유치실적	비중	유치실적	비중
1	미국	23.0	27,506	27.0	21,338	32.4	13,976	32.6
2	일본	14.1	22,491	22.1	11,035	16.8	12,997	30.3
3	중국	24.0	19,222	18.9	12,789	19.4	4,725	11.0
4	러시아	12.4	9,650	9.5	5,098	7.7	1,758	4.1
5	몽골	6.4	3,266	3.2	1,860	2.8	850	2.0
6	캐나다	기타에 포함	2,051	2.0	1,714	2.6	984	2.3

* 국적 결측치 20,569명 제외함

특히, 중동, 중앙아시아, 동남아 등 신흥 목표시장의 환자 수가 크게 증가하고 있는 추세에 있다. 사우디아라비아의 경우 2009년 218명이었던 유치 환자 수가 1천명을 돌파하여 2012년에는 1,081명을 유치하였다. 아랍에미리트로부터는 정부 간 환자송출 협약을 통해 환자가 급증하고 있는데, 2010년 54명에서 2012년 341명으로 늘었다. 카자흐스탄으로부터는 2012년부터 환자가 유입되어 현재 외국인 환자 수를 기준으로 상위 10위권(9위)에 진입했다.

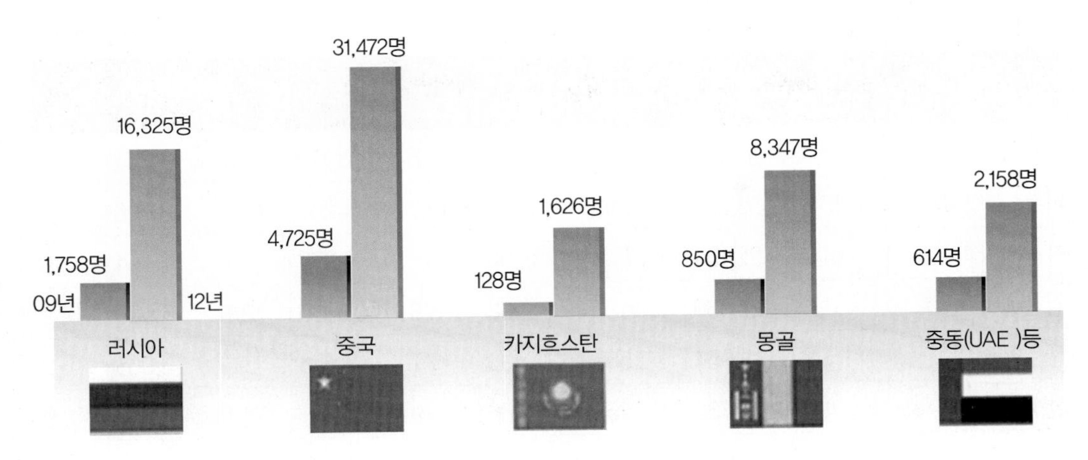

〈그림 3-4〉 아시아 신흥 목표시장의 외국인 환자 수 추이

5) 진료과별 현황

진료과별 외국인 환자 현황을 살펴보면, 연도별로 조금씩 차이는 있지만 가장 최근에 집계된 2012년 현재를 기준으로 내과통합분야가 22.3%로 가장 많았고, 그 다음이 피부 · 성형외과(15.5%), 검진센터(11.6%), 산부인과(5.3%), 가정의학과(4.6%), 한방과(4.6%)의 순으로 나타났다(표 3-7).

진료과별 현황에서 알 수 있는 시사점으로는 내과통합, 피부 · 성형외과, 검진센터, 가정의학과, 산부인과 등 5개 주요 진료과에 외국인 환자 유치가 편중되어 있다는 것이다. 이들 5개 진료과의 비중은 2009년 62.3%, 2010년 56.0%, 2011년 52.7%, 2012년 59.3%를 차지하고 있다. 초기에 비중이 높았던 건강검진, 피부과의 비중은 감소 추세에 있으며, 내과, 성형외과가 증가 추세에 있다. 반면, 일본인 환자의 감소로 한방과의 증가 추세는 주춤한 상황이다. 특이할 점은 산부인과 환자들 중 30%는 불임관련 진료로 미국, 러시아, 중국, 몽골의 환자들이 상위권을 형성하고 있다는 것이다.

〈표 3-7〉 진료과별 외국인 환자 현황 (단위 : 명, %)

구분	비중 2012	외래 2011년	입원 2011	계 2011	비중 2011	2010년		2009년	
내과통합	22.3	38,182	2,428	40,610	15.3	13,710	13.5	13,244	20.5
피부·성형외과	15.5	32,537	1,399	33,936	12.7	14,287	14.0	8,866	13.7
가정의학과	4.6	22,154	936	23,090	8.7	9,922	9.8	5,154	8.0
검진센터	11.6	21,860	138	21,998	8.3	13,286	13.1	8,980	13.9
산부인과	5.3	18,954	1,550	20,504	7.7	5,656	5.6	3,965	6.2
한방과	4.6	15,733	53	15,786	5.9	4,191	4.1	1,897	2.9
정형외과	40.7	12,054	1,133	13,187	5.0	4,975	4.9	3,196	5.0
그 외 진료과		90,175	6,899	97,074	36.4	35,565	35.0	19,162	29.8
계	100.0	251,649	14,536	266,185	100.0	101,592	100.0	64,464	100.0

*1인의 환자가 복수의 진료과를 방문한 경우, 방문한 모든 진료과를 표기함

6) 의료기관 종별 외국인 환자 현황

2009년부터 최근까지 의료기관 종별 외국인 환자 유치 현황을 살펴보면, 상급종합병원의 비중이 완화되고 있고, 의원급의 비중이 지속적으로 증가 추세에 있다(표 3-8). 예를 들어, 상급종합병원의 비중은 2009년 45.9%에서, 2010년 43.3%, 2011년 39.0%, 2012년 40.1%로 완화된 반면, 의원급의 비중은 2009년 15.4%이던 것이 2010년 19.3%, 2011년 19.9%, 2012년 20.6%로 지속적으로 증가하고 있다.

〈표 3-8〉 의료기관 종별 외국인환자 현황 (단위 : 명, %)

구분	실환자수 2011년	비중(%) 2011년	2010년		2009년	
상급병원	47,676	39.0	35,382	43.3%	27,657	45.9%
종합병원	25,819	21.1	16,787	20.5%	11,537	19.2%
병원	11,016	9.0	6,927	8.5%	8,407	14.0%
치과병원	2,219	1.8	1,285	1.6%	467	0.8%
치과의원	1,299	1.1	1,432	1.8%	716	1.2%
한방병원	4,822	3.9	2,216	2.7%	1,217	2.0%
한의원	5,067	4.1	1,952	2.4%	926	1.5%
의원	24,370	19.9	15,798	19.3%	9,274	15.4%
기타	9	0.0	10	0.0%	0	0.1%
계	122,297	100.0	81,789	100.0%	60,201	100.0%

한편, 의료기관의 해외 환자 유치 실적의 집중도 측면에서 살펴보면, 연간 100명 이상의 외국인 환자를 유치한 의료기관의 수도 지속적으로 증가하고 있는데, 2009년에는 65개소에 불과하던 것이 2012년에는 193개소로 늘었다(그림 3-5).

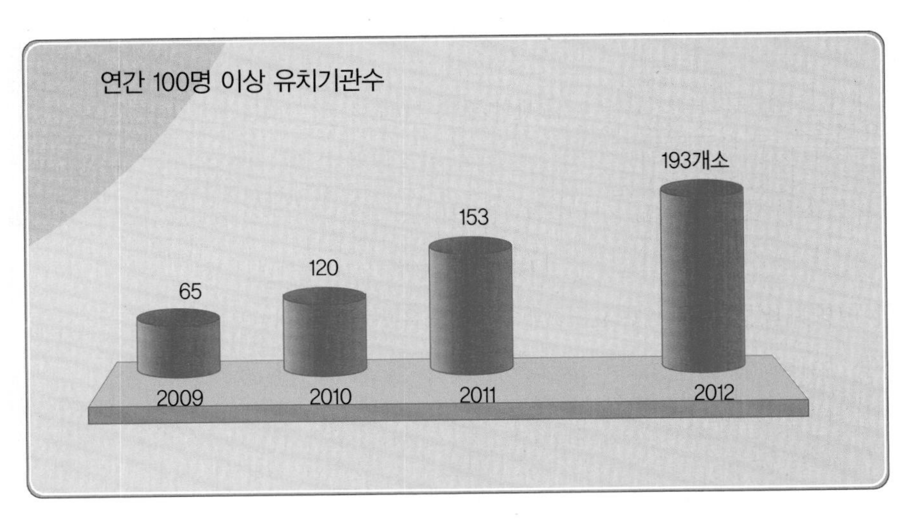

〈그림 3-5〉 연간 100명 이상 해외환자 유치 의료기관 수

7) 지역별 현황

2011년 현재 지역별 외국인 환자 현황을 살펴보면, 서울, 경기, 부산, 대구, 인천 순으로 많았는데, 서울지역의 비중은 완만한 증가세를 기록하다가 주춤하고 있다(표 3-9). 즉 2009년 61.3%이던 서울지역의 외국인 환자 비중이 2010년에는 61.7%, 2011년 63.7%, 2012년 62.1%를 기록하고 있다. 반면, 수도권의 비율은 2011년 81.0%, 2012년 78.5%로 높은 편이지만 완만하게 감소 추세에 있는데 이는 다른 지역의 외국인 환자 유치실적의 증가와 맞물려 나타난 현상이다. 가령, 〈표 3-9〉에는 2011년 실적까지만 집계되어 있지만, 2011년 대비 2012년 유치 실적을 보면, 전남의 경우 263명에서 723명으로 증가하였고, 대전은 1,963명에서 5,294명, 제주는 740명에서 1,700명으로 각각 크게 증가하였다. 이는 지역의 강점과 의료기술 및 관광 자원을 잘 연계한 효과로 보인다.

〈표 3-9〉 지역별 외국인환자 현황(2011년) (단위 : 명, %)

구분	건강검진	외래	입원	계	비중	2010년		2009년	
서울	7,367	64,027	6,464	77,858	63.7	50,490	61.7	36,896	61.3
부산	806	5,303	595	6,704	5.5	4,106	5.0	2,419	4.0
대구	544	4,322	628	5,494	4.5	4,493	5.5	2,816	4.7
인천	433	3,317	254	4,004	3.3	2,898	3.5	4,400	7.3
광주	77	858	183	1,118	0.9	989	1.2	274	0.5
대전	557	1,305	101	1,963	1.6	1,693	2.1	169	0.3
울산	20	762	0	782	0.6	614	0.8	43	0.1
경기	4,252	10,130	2,710	17,092	14.0	10,913	13.3	11,563	19.2
강원	246	1,032	71	1,349	1.1	567	0.7	279	0.5
충북	86	281	19	386	0.3	303	0.4	95	0.2
충남	0	1,103	264	1,367	1.1	997	1.2	5	0.1
전북	58	1,605	441	2,104	1.7	1,909	2.3	695	1.2
전남	20	197	46	263	0.2	336	0.4	76	0.1
경북	67	416	34	517	0.4	407	0.5	126	0.2
경남	9	443	104	556	0.5	354	0.4	122	0.2
제주	0	709	31	740	0.6	720	0.9	223	0.4
계	14,542	95,810	11,945	122,297	100.0	81,789	100.0	60,201	100.0

8) 성별 · 연령별 현황

외국인 환자의 성별을 기준으로 하면 점차 여성의 비율이 높아지고 있으며, 2011년에는 여성이 58.0%로 남성 42.0%에 비해 조금 더 많았다(표 3-10).

〈표 3-10〉 성별 외국인 환자 현황(2011년 기준) (단위 : 명, %)

성별	건강검진	외래	입원	계	비중	2010년	2009년
남성	7,452	38,342	5,522	51,316	42.0	42.8	43.4
여성	7,090	57,468	6,423	70,981	58.0	57.2	56.6
계	14,542	95,810	11,945	122,297	100.0	100.0	100.0

연령별로는 2011년에 처음으로 30대(21.3%)가 20대(20.5%)를 추월하여 가장 많은 비중을 차지하였고, 60대 이상의 비중(15.2%)이 급격히 증가하고 있다(표 3-11).

〈표 3-11〉 연령별 외국인 환자 현황(2011년 기준) (단위 : 명, %)

연령대	건강검진	외래	입원	계	비중	2010년	2009년
20대 미만	837	7,541	1,846	10,224	8.4	9.6	11.8
20대	1,967	20,787	2,297	25,051	20.5	22.7	22.2
30대	2,470	21,384	2,160	26,014	21.3	22.0	20.8
40대	3,225	18,045	2,033	23,303	19.1	19.2	19.5
50대	3,456	13,854	1,802	19,112	15.6	16.0	16.3
60대 이상	2,587	14,199	1,807	18,593	15.2	10.4	9.3
계	14,542	95,810	11,945	122,297	100.0	100.0	100.0

9) 중증환자 현황

2011년 기준으로 전체 외국인 환자 122,297명 중 중증환자는 입원환자 11,945명과 중증상병 외래환자 2,872명을 합한 14,817명으로 전체의 12.1%를 차지하는 것으로 나타났다(표 3-12). 중증상병 외래환자라 함은 건강보험 기준 중증질환인 암, 심장질환, 뇌혈관질환에 해당한다.

〈표 3-12〉 외국인 중증환자 현황(2011년 기준) (단위 : 명, %)

연도	입원환자	중증상병 외래환자	계	비중
2011년	11,945	2,872	14,817	12.1
2010년	7,987	2,006	9,993	12.2

10) 주요 질환별 현황

2011년 현재 외국인 환자의 진단상병을 분석한 결과, 소화계통 질환이 8.7%로 가장 많았고, 그 다음이 근골격계 질환 8.1%, 비뇨생식계통 질환 6.9%, 호흡계통 질환 6.8%, 암질환 6.1% 등의 순이었다(표 3-13).

〈표 3-13〉 주요 질환별 외국인환자 현황 (단위 : 건, %)

질환 분류명	2011년		2010년	
	진단건수	비중	진단건수	비중
소화계통의 질환 (K00-K93)	21,283	8.7	15,252	8.9
근골격계통 및 결합조직의 질환 (M00-M99)	19,871	8.1	14,237	8.3
비뇨생식계통의 질환 (N00-N99)	16,988	6.9	13,585	8.0
호흡계통의 질환 (J00-J99)	16,588	6.8	15,567	9.1
암(신생물) (C00-D48)	14,985	6.1	10,812	6.3
피부 및 피하조직의 질환 (L00-L99)	12,139	5.0	11,087	6.5
순환계통의 질환 (I00-I99)	9,509	3.9	7,253	4.3
내분비, 영양 및 대사 질환 (E00-E90)	8,154	3.3	5,943	3.5
눈 및 눈 부속기의 질환 (H00-H59)	8,033	3.3	7,924	4.6
신경계통의 질환 (G00-G99)	4,644	1.9	3,431	2.0
임신, 출산 및 산후기 (O00-O99)	1,788	0.7	1,965	1.2
그 외 질환 분류	110,544	45.3	63,536	37.3
계	244,526	100.0	170,592	100.0

* 상병코드가 있는 진료건 내의 비중임

3.4. 외국인 환자 진료비 현황

2012년 현재 외국인 환자의 총 진료수입은 2,391억 원으로, 연평균 63.5% 수준으로 증가하고 있는 것으로 분석되었다(그림 3-6). 2012년 외국인 환자 1인당 평균 진료비는 162만 원(그림 3-7), 2012년 외국인 입원환자의 평균 진료비는 910만 원이었다. 주요 국적별로는 아랍에미리트 환자가 1인당 1,237만 원을 지출했고, 러시아는 356만 원, 카자흐스탄은 351만 원을 지출했다.

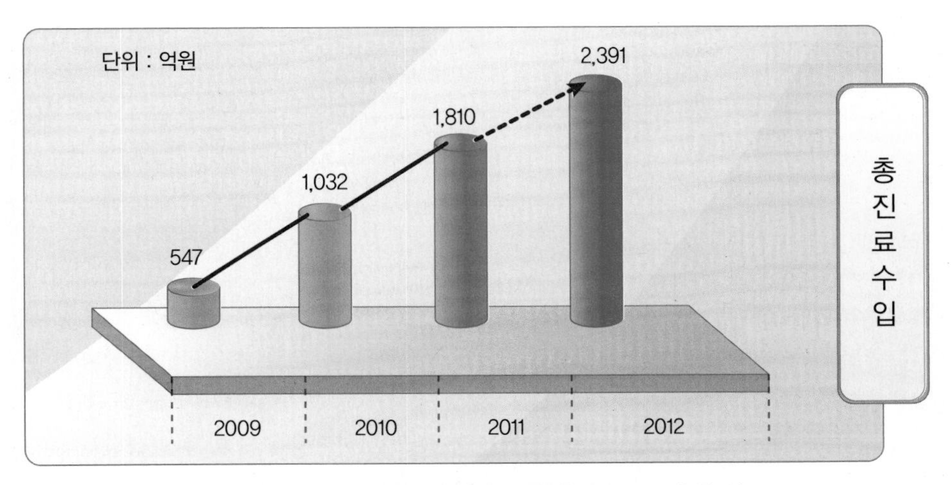

〈그림 3-6〉 연도별 외국인 환자 총 진료수입 추이

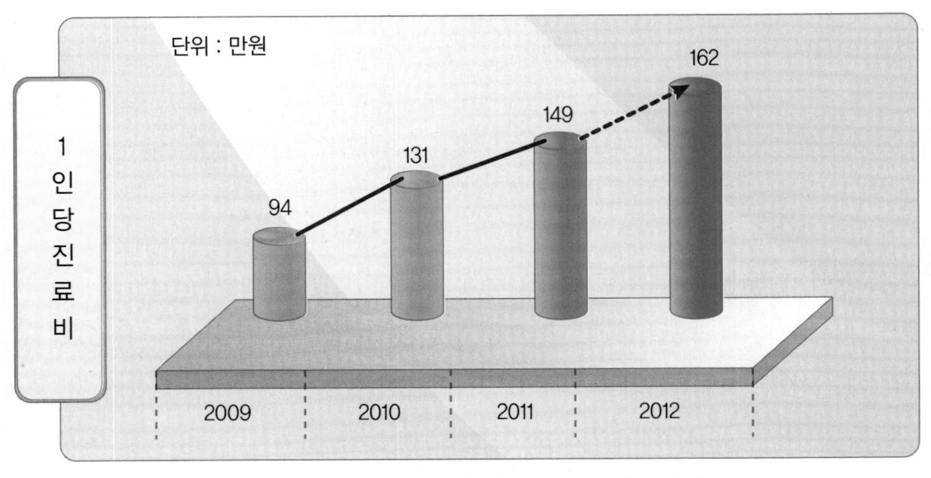

〈그림 3-7〉 연도별 외국인 환자 1인당 진료비 추이

단·원·핵·심·요·약

▶의료관광산업은 국부창출의 새로운 시장으로 주목받고 있으며, 2012년 현재 의료관광시장은 1천억 달러에 달한다. 선진국의 해외 의료수요와 신흥경제국가의 부유층 증가와 함께 인력이동의 자유화, 관광 증가 추세에 힘입어 세계 각국은 해외 환자 유치에 힘쓰고 있다.

▶우리나라는 2009년부터 의료관광을 제한적으로 승인하여 외국인 환자 유인 및 알선행위를 허용하기 시작하면서 국가 차원에서 본격적으로 해외환자 유치에 나섰으며, 의료관광객의 수는 매년 증가 추세에 있다. 국내 의료관광산업의 경쟁력 수준은 높은 소비자 요구도와 세계 최고수준의 의료기술력을 확보하고 있으며 기술대비 우수한 가격경쟁력을 갖추고 있지만, 인력과 자본투자, 인프라가 여전히 부족하며 의료서비스에 대한 대외 인지도가 낮다는 점에서 향후 장기적인 측면에서 지속적이고 전략적인 투자가 이루어져야 한다.

▶직접적으로 우리의 경쟁상대라고 할 수 있으며 성공적으로 의료관광산업을 육성하고 있는 아시아지역의 국가들로는 태국과 싱가포르, 인도 등을 들 수 있다. 태국의 성공요인으로는 풍부한 관광자원, 차별화된 틈새시장 공략을 통한 고부가가치 창출, 공신력 있는 의료서비스의 국제적 인증, 의료, 건강관리서비스, 허브상품 등의 동반성장을 들 수 있다. 싱가포르의 성공요인으로는 병원 간 경쟁 평가 시스템의 도입을 통한 공공의료기관의 경쟁력 강화, 국제 네트워크 구축을 통한 의료서비스 고급화, 해외환자를 위한 전용서비스센터 운영 등을 들 수 있다. 인도의 경우는 영어권 국가로서 IT강국의 장점과 저렴한 진료비, 짧은 시술대기시간, 선진 의료기술과 세계적 수준의 인적 자원과 네트워크와 함께 정부의 적극적인 지원 정책에 힘입어 의료관광 활성화를 꾀하고 있다. 이렇듯 아시아 지역 국가들에서 특히 의료관광이 활성화된 이유를 정리해보면, 우수한 의료 인프라, 저렴한 진료비용과 짧은 대기시간, IT 및 인터넷 시스템의 발달, 국제적 품질인증의 획득 등의 공통요인을 찾아볼 수 있다.

▶2009년 해외 환자 유치를 본격적으로 시작한 이래, 우리나라를 찾은 외국인 환자는 꾸준히 증가하고 있으며, 2012년에 15만 명을 넘어섰다. 외국인 환자 유치 등록기관의 수는 2012년 현재 2,663개소에 달하며, 국제품질인증인 JCI인증을 받은 의료기관의 수도 매년 증가하여 2012년 현재 39개소에 달한다. 국적별로는 중국이 24.0%로 가장 많고, 그

과가 가장 높은 비율을 차지하고 있으며, 종별로는 상급종합병원이 약 40%로 가장 높지만 그 비중은 점차 줄어들고 대신 의원의 비중이 지속적으로 증가 추세에 있다. 국내 지역별로는 서울이 전체의 약 60%, 서울을 포함한 수도권이 전체의 78.5%를 차지하고 있어 지역별로 편중이 심하다는 것을 알 수 있다. 진료유형별로는 78.3%가 외래에 집중되어 있고, 높은 수입을 기대할 수 있는 중증환자 비율은 12.1%에 불과해 입원 및 중증환자 치료에 특화된 유치전략 마련이 필요하다.

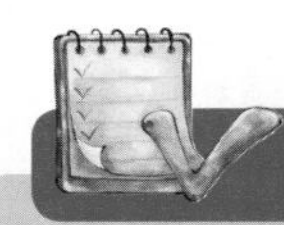

알아두면 좋아요!

호텔 내 의료기관 입주 현황

지역	호텔명	병 · 의원명
서울	서울신라호텔	노화예방클리닉
		프라이빗 웰리스 센터
	서울 롯데월드호텔	석플란트 치과
		김기준 한의원 '봄'
		김상태 성형외과
	임페리얼 펠리스호텔	임페리얼 팰리스 피부과
		임패리얼 팰리스 치과
	그랜드 인터콘티넨탈 호텔	인터케어 검진센터
		코엑스 예치과
		그랜드미여성의원
	롯데시티호텔	서울라헬 여성의원
	잠실 롯데월드 웰빙센터(호텔입점아님)	자생한방병원
	서울리츠칼튼호텔	메이클리닉(성형외과, 피부과, 모발, 노화방지 등)
	동서울관광호텔	J성형외과
부산	부산롯데호텔	한국의학연구소(KMI) 부산 검진 센터
	부산메디컬리조트	E&E 치과
		브니엘 산부인과
		연세메디컬
	이비스 엠배서더부산시티센터	스마트병원(국제진료센터, 내과, 성형외과, 피부과, 치과, 한방과 등)
대구	노보텔(대구시티센터)	경북대모발이식센터, KMI 종합검진센터 및 안과 등
제주	제주메이리조트(메이더호텔)	비포성형외과
본 현황은 2013년 5월 기준임		

출처 : 한국의료관광총람, 2013

원무 관리의 이해

- 원무 관리의 개념과 목적, 필요성을 이해한다.
- 외래 진료 업무의 흐름과 그 내용을 파악하고, 진료 예약 및 처리 방법을 숙지한다.
- 입원 및 퇴원 관리의 일반적인 원칙과 입 · 퇴원 처리절차를 이해하고, 외국인 입원환자 관리 시 고려사항에 대해 숙지한다.
- 진료비 관리를 위한 수가 기준과 산정체계를 이해하고, 각종 미수금 관리 요령을 익힌다.

1. 원무 관리의 개념

원무 관리라는 용어에 대한 이해를 위해 먼저 원무와 관리, 사무 등에 관한 개념부터 명확히 이해할 필요가 있다.

먼저, '관리'란 조직의 유지 · 발전을 위해 목표를 설정하고 이러한 목표 설정을 위한 인적, 물적 자원의 조달과 이의 활용을 통해 보다 효율적으로 성과의 향상을 수행하려는 노력을 말한다. '원무'란 병원 사무를 줄여서 사용하는 용어이며, 유사한 개념으로 일본에서는 "의료에 관한 사무"라 하여 의사(醫事)업무라는 용어를 사용하기도 한다. 여기서 '사무'는 조직(병원) 내외의 업무와 관련하여 발생되는 다양한 제반 내용을 기록, 계산, 분류 및 정리하는 것 등을 그 수단으로 하여 정보원에서 발생한 사실들 중에서 병원활동에 필요한 자료를 수집 · 처리 · 분석 또는 전달하는 정보처리 활동이라 할 수 있다.

따라서, '원무 관리'란 병원 사무 관리 또는 병원 행정 사무를 말하며, 병원의 사무 중에서 서무, 인사, 교육, 후생복리, 홍보, 재무, 구매, 물류, 시설관리 사무를 제외한 부분으로 환자와 관련된 진료 및 진료비에 관한 병원만의 고유한 사무를 말한다. 넓은 의미의 원무 관리는 병원 내의 모든 기능부분을 정보전달을 통해 결합함으로써 종합적인 기능이 발휘되도록 연결기능을 수행하는 한편, 각 기능의 업무가 합리적으로 수행되어 사무 능률이 향상되도록 계획하고 통제하는 모든 활동이 포함된다. 그러나, 좁은 의미 즉 통상의 원무 관리란 병원의 사무활동 중 환자들이 진료를 보다 신속하고 편리하게 받을 수 있도록 제반 수속절차를 위한 진료체계와 진료와 관련된 진료비 관리 및 의료진의 진료 지원업무를 관리하는 활동을 의미하는 것이다.

구체적으로 원무 관리 업무에는 외래진료 접수, 외래진료비 계산, 수납, 진료예약, 입 · 퇴원 수속, 입원진료비 계산, 본인부담진료비 청구 · 수납 · 정리, 입원환자의 병실이동과 진료과의 전환 정리, 기관부담 진료비의 청구, 입금에 따른 정리절차 등 병원이용자들이 내원하여 진료를 마치고 귀가할 때까지의 제반 행정적인 업무가 포함된다.

2. 원무 관리의 필요성

2.1. 원무 관리의 목적

우리나라에서 원무 관리의 중요성이 부각되기 시작한 것은 의료보험제도가 도입되어 본격적으로 확산되기 시작한 1980년대 이후라고 할 수 있다. 원무 관리의 발전은 사회보장제도의 적용 확대, 병원 규모의 대형화, 의료기술의 발전 등으로 인하여 병원조직의 업무가 양적으로나 질적으로 변화되는 과정에서 필연적으로 나타나게 된 현상이라고 할 수 있다.

원무 관리 분야가 병원 경영에 있어 필수적인 전문분야로 인식되는 원무 관리자의 역량과 역할에 크게 의존할 수밖에 없는 상황에서 병원조직이 양질의 의료서비스를 창출하고 조직을 유지 및 발전시키기 위해서는 조직의 내부 운영체제를 합리적으로 정비하여서 외부환경의 변화에 대처할 수 있도록 해야 한다.

병원경영에 있어서 이처럼 중요한 원무 관리의 구체적인 목적은 다음과 같이 3가지로 요약될 수 있다.

① 병원이용자인 환자들이 최대한 시간과 노력을 절약하고 쉽고 편안하게 양질의 진료를 받을 수 있도록 인적 · 물적 · 시스템 요인의 결합을 통한 제반 수속이나 절차 등의 편의를 제공하고 적정한 진료비를 지불할 수 있도록 한다.
② 의료진이 환자의 진료업무를 원활하게 수행할 수 있도록 인적 서비스 제공은 물론 진료절차 등의 시스템을 효율적으로 제공하여 환자진료에 불편함이 없도록 지원한다. 병원의 내 · 외부 이해당사자 사이에는 복잡한 이해관계가 발생되기 마련이다. 이용자는 저렴한 진료비를 부담하는 대신 최고의 의료서비스와 충분한 진료를 편리하게 이용할 수 있기를 요구한다. 또한 보험이 적용되지 않는 비급여 등을 포함하여 의료서비스의 질과 양에 더 많은 것을 요구하게 됨으로써 여러 가지 갈등이 발생하게 된다. 원무 관리는 이들 당사자들의 이해관계를 항상 염두에 두고 공정한 입장에서 업무를 수행하고 병원의 이해관계자 모두가 만족할 수 있는 방안을 모색해 나가는 데 중점을 두어야 한다.
③ 병원의 설립자가 적정이윤의 확보를 통하여 조직의 유지 · 발전을 위한 적정한 수가관리와 진료비 산정을 할 수 있도록 한다. 의료기관의 운영이 비록 비영리라고는 하지만 병원의 유지 · 존속에 필요한 적정이윤의 확보는 필수적이며, 지속적인 의료서비스 제공을 위해 병원의 존재가치를 높일 수 있어야 한다.

즉, 원무 관리는 환자, 의료기관 설립자 및 의료진 간에 병원의 주 업무인 진료업무가 신속하고 원활하게 수행될 수 있도록 조정 · 지원하는 역할을 담당한다. 이와 같이 원무 관리의 목적을 달성하기 위하여 병원의 원무과는 이해관계가 서로 상반될 수 있는 환자, 의료진 및 의료기관 설립자 간의 공통 이익을 항상 염두에 두고 원무 관리 업무를 조정하면서 수행되어야 업무 목표를 효과적으로 달성할 수 있는 것이다.

2.2. 원무 관리의 발전요인

1) 병원규모의 대형화

외래 위주의 진료기능에서 점차 진료기능의 발전에 따른 전문적인 입원 진료 기능이 추가로 확대됨에 따라 환자 수용시설이 대형화 되었고 이에 따라 환자 수 또한 증가하게 되었다. 병원규모의 확장과 환자 수의 증가는 전반적인 업무량의 증가를 초래했으며, 이러한 업무량의 증가는 직원 수가 늘어나는 직접적인 요인으로 작용함과 더불어 분업화와 전문화를 요구하게 되었고 업무 수행상의 통제기능을 필요로 하게 되었다. 이에 따라 환자진료와 진료비에 관한 업무가 일반 관리업무에 분리되어 별도의 진료비 관리 및 청구에 따른 원무부서의 필요성과 효율적인 관리가 요구되기에 이르렀다.

2) 의료기술의 발전

의료기술의 종적 분화로 진료 수준이 점차 고도화되고 진료과목이 인체조직 부위별, 진료대상별로 점차 세분화 · 전문화되었으며 이로 인해 병원 업무 또한 전문화가 요구되었다. 이에 따라 간호 및 진료 지원 부분에서 병원사무가 분리 · 독립 되었다. 질병의 진단이나 치료에 적용되는 새로운 의료장비나 의술이 나날이 발전하고 그 내용의 전파 속도 역시 상상할 수 없을 정도로 단축되고 있다. 새로운 의술이나 의료장비의 개발에 따라 의료현장에서의 적용은 필연적으로 원무 관리의 전문화를 요구하고 있다.

3) 각종 사회보장제도의 확대

건강보험, 의료급여, 산업재해보상보험 및 자동차 보험 등 다양한 사회보장제도 실시에 따라 제반 소속이나 적용범위가 복잡해지고 전문적인 지식이 요구되고 있다. 다양한 의료보장제도는 고객의 병원 방문과 동시에 수진 자격관리에서 진료비 계산과 청구방법인 보장기관에 따라 서로 다르고, 진료수가 적용방식이나 산정방법도 상이하다. 나아가 진료비 지불방법이나 여러 가지 증명서의 작성 · 보관 · 보고 등이 늘어나고, 소비자들의 욕구증대에 따른 신속한 대응이 요구되는 등 업무가 점차 복잡하고 어려워지고 있다. 이에 따라 업무량이 증대하여 의료에 관한 사무의 확대 및 별도의 전문적 관리체계의 필요성이 증대되었다.

4) 의료서비스의 글로벌화

자국을 떠나 다른 나라로 치료를 받기 위해 떠나는 의료관광객이 늘고, 국가 간 경제협력이 증대됨에 따라 외국인의 국내 의료기관에서의 치료 기회가 점차 증가함에 따라, 외국인 환자 업무를 원활히 처리할 수 있는 원무 관리자가 필요하게 되었다.

5) 병원경영의 효율화

의료수가의 인상보다 제반 관리비용의 증가폭이 커지고, 직원들의 기대수준도 높아지게 됨에 따라 조직에 대한 충성심 및 공동체 의식도 점차 약해지게 되었다. 또한 자본 투자 및 인건비 등의 상승, 의료과오 및 분쟁의 증가로 인해 병원경영이 날로 악화됨에 따라 병원을 보다 효율적으로 경영할 수 있는 전략마련이 절실하게 되었다.

6) 고객욕구의 증대

전반적인 소득 수준의 향상에 따른 의료에 대한 높은 기대와 고급화 성향, 그리고 의료지식의 보편화와 소비자 권리의식의 향상에 따른 의료이용자들의 능동적 태도변화는 병원에 있어서도 고객의 욕구에 부합하는 원무 서비스를 제공해야 할 필요성을 인식하게 만들었다.

7) 첨단 의료정보체계 구축

정보통신기술의 발달로 많은 병원에서 처방정보전달시스템(OCS), 의료영상저장전송시스템(PACS), 전자의무기록(EMR) 등 첨단 의료정보체계가 구축되어 과거 수작업으로 이루어지던 체계에서 벗어나 신속하고 정확한 관리 체계로 업무효율성을 확보할 수 있게 되었다.

8) 경쟁력 강화

의료 인력의 증가와 더불어 의료기관의 수적 증가, 대형병원의 지속적 설립으로 인한 의료공급의 과잉현상은 환자들로 하여금 양질의 의료서비스를 제공하는 의료기관을 선택하게 하고 더구나 의료서비스분야에 대한 시장개방으로 외국 의료산업의 진입은 의료서비스 경쟁력 강화의 한 축으로서 원무 서비스의 질적 관리시스템 확립을 필요로 하게 되었다.

3. 외래 관리 및 예약 관리

3.1. 외래 진료의 개념

외래 진료는 병원에 입원하지 않은 상태에서 병원 내의 각종 시설을 이용하여 의료에 관한 서비스를 이용하는 것을 말한다. 외래 진료는 상대적으로 질병이나 부상의 상태가 경증인 상태를 의미한다.

3.2. 외래 환자의 관리

외래 환자의 관리는 병원이용 환자의 수진형태에 있어서 의료시설에 수용되어 진료를 받는 입원 환자의 관리와 다르다. 외래 환자의 관리에 있어서 핵심이 되는 사항은 창구 업무이며, 이것은 원무 관리의 가장 기본이 되는 부분이다. 이 창구업무는 창구 대응 업무와 창구의 지원업무로 구분된다.

창구 업무는 환자와의 첫 만남의 장소이며, 병원의 이미지와 신뢰도는 물론 환자나 그의 가족들로부터 병원에 대한 평가를 받게 되므로 담당자들의 서비스맨십이 절실히 요구된다.

3.3. 외국인 환자의 외래 관리 개요

외국인 환자의 외래 관리란 국내 체류 외국인 또는 의료관광을 위해 입국한 해외 거주 외국인 환자가 입원하지 않은 상태에서 의사나 전문의의 의학적 진단이나 지식에 의거하여 병원의 진료시설과 의료장비를 이용하여 외국인 환자에 친화적인 의료 환경에서 신속하고 정확한 의료서비스를 제공받는 과정에 관련한 제반 수속 절차 · 과정 및 기타 수납업무에 관한 일을 말한다. 국내인과 달리 외국인 외래 관리에 있어서는 차별화된 외래 업무환경을 만드는 데 특별한 노력과 투자를 요한다. 이러한 '외국인 환자 중심'의 외래 업무 환경과 관련한 사항으로는 다음과 같은 것들이 포함된다.

① 쾌적한 시설과 공간을 확보한다.

② 창구는 외국인 전용 공간을 별도로 확보하여 내국인 접수창구와 따로 설치하고 운영한다.

③ 정확한 업무처리를 위해 해당국 외국어로 된 안내 서류 및 참고자료를 준비한다.

④ 진료절차 및 시설 안내표지판, 방향안내선, 대기 순서 발행기 등은 영어를 포함한 다국어로 개발하여 설치한다.

⑤ 거동이 불편한 외국인 환자를 위한 휠체어나 이동카트 등을 눈에 잘 띄는 장소에 비치하도록 한다.

3.4. 외래 진료 업무

1) 외래진료 접수

가) 진료신청서 작성(선택 진료 포함)

진료를 받고자 하는 경우에는 진료신청서를 작성하여 접수창구에 제시하며, 진료신청서는 해당 진료과, 의사, 선택 진료 여부 등을 포함하여 인적사항, 의료보장관계를 기록하여야 한다. 접수는 병원의 전산화 정도와 병원의 규모에 따라 달라질 수 있다.

진료신청서 양식도 전산화 정도에 따라 다르나 건강보험사항에 대한 전산관리가 충분히 이루어지고 있다면, 최초 등록 이후 인적사항 및 건강보험(의료급여) 자격이 변경될 경우에만 변경사항을 수정하게 한다. 진료신청서에는 환자명, 주소, 전화번호 등 인적사항과 진료과가 필수적인 기재사항이고 선택 진료 여부와 의사명, 신청인 서명 및 의료보장사항은 변경 등 필요시에만 수정 입력할 수 있도록 조치한다.

나) 진료 신청 접수

(1) 1단계 진료 시

1단계 진료란 상급종합병원을 제외한 전국의 모든 병 · 의원에서 진료를 받는 것을 말하며, 이 때 진료신청서를 작성하여 접수 신청한다. 다만, 의료급여의 경우 1단계 진료는 의원이나 보건소 등이며, 의료급여법에 정해진 진료 절차에 따른다.

(예외) 응급환자 진료(분만 포함), 가정의학과 진료, 등록 장애인 및 전문재활치료 및 작업치료를 요하는 경우의 재활의학과 진료, 치과진료, 상급종합병원 종사자가 당해 병원에서 진료 받는 경우, 혈우병 환자의 혈우병 등록기관

(2) 2단계 진료 시

2단계 진료란 1단계 진료 후 보다 수준 높은 진료를 위하여 상급종합병원에서 진료를 받는 경우를 말하며, 2단계 진료를 받고자 할 때에는 1단계 진료 시 제출하는 진료신청서 및 건강보험증 이외에 '요양급여의뢰서'를 추가로 제출하여야 한다. 다만, 의료급여의 2단계 진료는 병원급 이상 의료기관이 담당한다.

2) 자격관리

자격관리란 의료보장제도와 관련하여 소속된 보장제도 범위 내에서 적절한 진료를 받을 수 있도록 수진 자격 여부를 확인하는 과정이다. 의료보장제도에 따라 의료수가 및 보험자와 진료범위가 서로 다르므로 자격관리가 미흡한 경우에는 진료수익에 직접적인 영향을 미친다. 또 진료 중 자격변경 시에는 업무가 더욱 복잡해지고 진료비 청구 및 회수에도 어려움이 발생한다. 따라서 외래접수 시 어떠한 수가유형의 환자인지를 구분하여 적정한 급여혜택이 주어지도록 하는 것이 중요하다.

병원을 이용하는 환자의 유형은 병원의 특수성에 따라 다르나 전체 환자의 90% 정도는 건강보험 대상이며, 의료급여, 자동차보험, 산재보험 및 일반 환자가 나머지 10% 정도를 차지하고 있다. 정형외과나 신경외과 전문병원의 경우에는 자동차보험 환자나 산재환자가 많으나, 소아청소년과나 내과계는 대부분 건강보험환자가 주를 이루고 있다.

〈표 4-1〉 보험에 의한 환자의 분류

구분	내용
건강보험	• 국내에 거주하는 모든 국민으로서 국민건강보험공단 가입자 또는 피부양자로 등록된 환자이다. • 건강보험증을 제시하거나, 그렇지 아니할 경우 신분증으로 국민건강보험공단에 접속하여 확인 가능하다. • 개인적인 질병이나 부상, 재활치료, 분만 등을 목적으로 내원한 자를 건강보험으로 등록한다.
의료급여 (1,2종)	• 국민기초생활보장법에 의한 수급자 1종, 2종 : 소득 평가액 등 선정기준에 충족하는 자로 사회복지요원의 조사를 거쳐 선정 • 기타 수급자 1종 : 행려환자, 이재민, 의사상자*, 입양아동, 국가(독립)유공자, 무형문화재보유자, 북한이탈주민, 5.18 민주화 운동 관련자 등 *의사상자란 직무 외의 행위로서 타인의 생명, 신체 또는 재산의 급박한 위해를 구제하다가 사망하거나 신체의 부상을 입은 사람을 말한다.
산재보험	• 업무상 발생한 질병이나 부상을 당한 자로서 근로복지공단으로부터 승인을 받은 자
공무상요양	• 공무원이 업무와 관련하여 질병이나 부상을 당하였을 때 산재 환자와 동일한 방법으로 처리하며 이때 보험자는 공무원연금공단이 된다.
자동차보험	• 교통사고와 관련된 환자로서 보험자로부터 진료비 지불 보증서를 서면으로 받아 처리한다.

자료 : 박종선 등(2012), 국제의료관광코디네이터협회(2013)

3) 의료보장 확인

건강보험자격 여부를 확인하기 위해서는 내원한 동기를 파악해야 한다. 질병의 경우에는 대부분 건강보험급여가 가능하나 외상에 의한 상병인 경우에는 다른 법령에 의한 보험혜택을 받는 경우가 많고, 건강보험대상이라도 급여제한에 해당하는 경우가 있기 때문이다.

4) 접수 등록 및 취소

수진자격 확인 및 접수절차가 완료되면 의무기록지가 진료과로 전달되어 진료를 받게 된다. 전자의무기록(EMR) 시스템이 구축되어 있는 병원은 최근까지 진료한 내용이 기재되어 있어 진료기록부가 자동 조회되어 진료가 이루어지게 된다. 전산에 등록시키는 과정은 전산체계에 따라 다르다.

(1) 등록번호 부여 : 당해 병원에 처음 내원하는 환자에게 부여한다. 과거 이용경험이 있는 환자 방문 시 등록은 기존 등록번호가 자동 체크되고 등록번호가 접수 화면에 자동으로 표시될 수 있게 하며, 한 사람에게 두 개의 등록번호 부여를 예방한다.

(2) 인적사항 등록 : 성명, 주민등록번호, 주소, 전화번호 등

(3) 수가유형 입력 : 건강보험, 의료급여, 산재보험, 자동차보험 등

(4) 보험사항 확인 : 건강보험증 번호 입력, 가입자 성명 및 관계, 산재보험 및 자동차보험

- 산재보험의 경우에는 보험가입자 번호, 사업장명을 입력시킨다.
- 자동차보험의 경우에는 보험회사명, 가해차량번호 등을 입력하고 후에 진료비 지급 보증이 될 경우 사고처리 번호 등을 등록한다.

(5) 유형보조 : 산정특례(중증 암 등록 및 희귀 · 난치성 중증 등록환자, 진찰료 무료 등) 확인

- 건강보험 수진자 확인이 되었다 하더라도 모든 외래환자가 정상급여를 받는 것이 아니다. 환자의 진료형태에 따라 본인부담률이 다양하게 바뀌므로 유형보조 기능을 등록하여 이를 구분하도록 한다.

(6) 장애인 여부

(7) 진료과 : 환자의 질환과 증상에 맞는 해당진료과목을 등록한다.

(8) 의약 분업 예외사항 입력

- 등록 장애인 1, 2급에 해당하는 경우 및 국가유공자 1-3급 해당자나 응급진료인 경우 등 접수 시 예외사항 환자유형을 등록해야 한다.
- 다만, 희귀난치성 질병이나 의약품에 따른 예외사항은 접수 시 확인할 수 없으므로 진료 중 진료의사가 입력하도록 한다.
- 등록된 예외환자의 경우에는 진료 시 OCS를 이용하여 입력하거나 계산 부서에서 별도의 예외코드를 입력하지 않아도 원내처방전이 발급될 수 있도록 조치한다.

(9) 선택 진료 여부 및 의사
- 선택 진료 의사는 병원급 이상 의료기관에서 전문의 취득 10년 혹은 의사면허 취득 15년이 경과한 의사 중에서 이용자들이 지정한 선택 진료를 하였을 경우에는 그에 따른 선택 진료비를 산정하고 선택 진료비는 환자가 부담한다.

(10) 요양급여의뢰서 확인 : 상급종합병원을 방문하는 환자의 요양급여의뢰서의 제출 시 제출일자 및 의뢰 진료과, 의뢰서 유효기간 여부를 파악하고 등록한다.

5) 의무기록지 및 진료카드 발급

(1) 진료카드(진찰권) 발급 : 신환(신규환자)
(2) 의무기록지 발급 : 신환
- 처음 내원한 환자는 '진료신청서'와 '건강보험증'으로 인적사항 및 보험자격 내용을 전산에 등록시키고 진료에 필요한 의무기록지를 자동으로 출력하게 된다.

(3) 진료카드 재발급(분실 등 사유발생시)

6) 재진 접수 : 접수증 발행

7) 외래 진료

(1) 해당 진료과 접수
(2) 진료
(3) 처방전 입력 혹은 발행

진료 중 진단 및 치료를 위해서는 관련되는 검사, 촬영, 투약 등의 처방을 하게 되며 OCS를 이용할 경우에는 병명과 처방을 함께 전산에 직접 입력시키도록 한다. 처방전 발행 시에는 병명까지 기록하여 수납할 수 있도록 하고 비급여 항목에 해당되는 처방이 필요한 경우에는 진료의사가 환자에게 충분히 설명하고, OCS 화면을 이용해 비급여 표시를 하거나 처방전에 표시하여 진료비를 계산할 수 있도록 한다.

확대된 희귀 · 난치성 질병 및 암 상병의 경우 진료 당일 발생되는 모든 진료비는 중증

등록한 경우와 그렇지 않은 경우가 본인부담률에 차이가 많이 나므로 처방에 유의해야 한다.

원내 처방 대상자는 병원 약국을 통하여 투약 받을 수 있도록 한다. 원외 처방 대상자는 직접 처방전을 발급해주거나 원외처방전 발행기로 약제 처방전 2부를 발급 후 원외 약국에서 투약하도록 안내한다.

8) 진료비 계산 및 예약

(1) 진료비 계산 및 수납 : 유형변경이 필요한 경우, 즉 접수 시 '요양급여의뢰서'를 지참하지 않아 진료비를 전액본인부담금으로 처리하였으나, 계산 시 관련 자료를 제출할 경우에는 관련사항을 확인하여 유형변경을 하게 되고 보조코드까지 등록하여 진료비 계산이 다시 이루어지게 한다.
(2) 진료비 감면 : 자체감면규정에 의해 진료비가 감면되고, 구체적인 것은 병원에 따라 상이하다.
(3) 영수증 발급
(4) 다음 진료 예약

9) 진료비 환불

(1) 환불 사유 : 사후자격관리에 따른 환불, 진찰료 환불, 기타 환불
(2) 환불 절차 : 환불 시에는 이미 계산된 진료비영수증과 사유발생부서의 확인을 받아 환불하도록 하되 반드시 '환불영수증'을 받아 두어 나중에 관련사항을 요구받거나 내부결재 시 발생될 수 있는 문제를 예방한다.

10) 외래 업무 마감

(1) 개인별 접수 및 수납내역 조회
(2) 담당자별 수납현황 집계
(3) 현금 및 영수증 인수인계
(4) 진료미수금 관리 : 병원의 진료비는 발생주의 원칙에 따라 진료행위의 시작과 동시

에 병원의 수입으로 인식되고 병원은 환자의 진료비를 수납하여야 한다. 이때에 병원에 수납이 되지 않은 환자의 진료비는 병원의 수입에서 진료미수금으로 처리한다. 병원의 환자 진료미수금의 관리체계는 원칙적으로 의료기관의 규모와 미수금 관리 담당직원의 인원 수에 따라 차이가 있으나 병원의 미수금 관리책임자는 항상 진료미수금의 현황을 파악하여 미수금 담당인력을 배정하고 미수금 장부를 세분화하여 진료미수금의 발생금액, 회수금액, 미수금 잔액을 정기적으로 파악한다.

병원의 환자 진료미수금의 관리는 병원관리의 중요한 부분이므로 환자 진료미수금을 관리하는 원무부서와 병원의 회계 관리를 담당하는 경리부서는 월별로 미수금의 내력을 정기적으로 대조하는 등 항상 긴밀한 협조가 이루어져야 한다.

11) 기타 부대 업무

(1) 환자 검색 및 안내
(2) 환자 인적사항 수정
(3) 건강보험 변경사항 관리
(4) 요양급여의뢰서 입력관리
(5) 진료등록사항 조회
(6) 원외처방전 발급
(7) 병원 내 진료 및 편의시설 안내
(8) 환자의 고충 상담 및 불편민원 접수 처리
(9) 건강 및 진료 상담
(10) 진단서 등 제증명서 발급
(11) 의사와 관련된 주요 업무 : 의사별 진료일정 등록 및 수정, 진료 휴진 및 일정관리, 의사별 환자 수 관리업무 등

3.5. 진료예약제도

1) 진료예약제도의 의의

의료수요의 증가 및 진료체계의 불완전성 때문에 환자들이 집중되는 것은 피할 수 없는 현상이며, 결국 환자가 장시간 대기하는 문제의 해결은 의료기관의 과제가 되고 있다. 환자의 대기시간을 줄이는 일은 환자의 개인적인 생활을 보호해 줄 뿐 아니라, 결국 시간을 절약하는 것이기 때문에 사회경제적으로도 매우 중요한 일이라고 할 수 있다. 또한 일시적으로 병원 공간에 체류인원이 증가함에 따라 의료인력, 의료장비, 공간 및 각종 후생시설의 효율성이 떨어져 관리비용도 그만큼 소요된다고 보아야 한다.

따라서 병원의 입장에서는 방문하는 이용자에게 양질의 의료서비스를 제공하기 위해 진료능력을 고려하여 방문환자 수를 조정할 필요가 있고 고객의 욕구를 충족시키기 위해서는 진료예약제의 시행이 필요하다.

2) 예약제도 실시의 효과

(1) 예약제도 시행은 환자의 대기시간을 단축시켜 주고, 이용자들의 불만요인을 감소시켜 준다.

(2) 환자 수 분산(일별, 시간대별), 사전 진료준비, 진료시간 조정 등의 적정진료로 의료 서비스의 향상을 도모할 수 있다.

(3) 진료대기시간이 단축되면 환자가 만족하게 되고 환자수의 증가로 이어져 병원경영 개선에도 도움이 된다.

(4) 대기시간 단축은 이용자의 병원 내 체류기간을 단축시킬 수 있다. 이들이 기다리는 시간을 단축하면 각종 시설물의 관리비가 감소된다. 또한 환자수용능력(의료인력, 공간, 시설장비)의 적정 활용으로 업무능률이 향상되고 혼잡이 완화되어 안정적인 분위기를 유지할 수 있다.

(5) 환자의 수와 환자의 질을 제고할 수 있다.

(6) 진료를 담당하는 의사나 진료실의 간호사 및 의무기록부서의 직원들은 특정시간에 집중되는 업무를 고르게 분산시킬 수 있으므로 예측 가능한 업무를 수행할 수 있고 인력관리를 효율적으로 할 수 있다.

3) 예약 방법

가) 전화예약

환자 또는 보호자가 원무과 예약전용 전화번호로 예약 신청을 하고, 직원은 신청환자의 인적사항(주소, 주민등록번호, 전화번호 등) 및 진료사항(진료과, 진료의, 예약일시 등)을 확인하고 예약등록화면에 정보를 입력한다. 예약환자의 보험자격사항은 예약 당일 등록 창구에서 보험카드 확인 후 입력한다.

담당직원은 예약일 하루 전 예약자 명단을 보고, 환자 측에 전화하여 예약 확인을 받고 예약이 확정된 재진환자에 한하여 외래차트를 해당 외래진료과로 미리 송부한다.

나) FAX 예약

환자 또는 보호자가 진료일정표를 참고하여 외래 안내센터 및 창구에 비치된 FAX 진료예약 신청서를 작성하여 원무과 예약 전용 FAX로 예약신청을 한다. 직원은 FAX 진료예약 신청서 수령 후, 내용을 확인하고 예약화면에 예약 등록한다. 이후 절차는 전화예약과 동일하다.

다) 인터넷 예약

환자 또는 보호자가 병원 홈페이지에 개설된 진료일정표를 참고하여 온라인상에 개발된 진료신청서에 입력한 후 전송함으로써 예약신청을 한다.

라) 창구 예약

진료를 받기 위해 직접 병원을 방문하였으나 선택할 수 있는 의사가 당일진료가 아닐 때 그 의사의 진료 일정에 맞게 미리 예약하거나 진료 후 다음 진료일이 결정되면 진료비 계산과 동시에 예약을 한다.

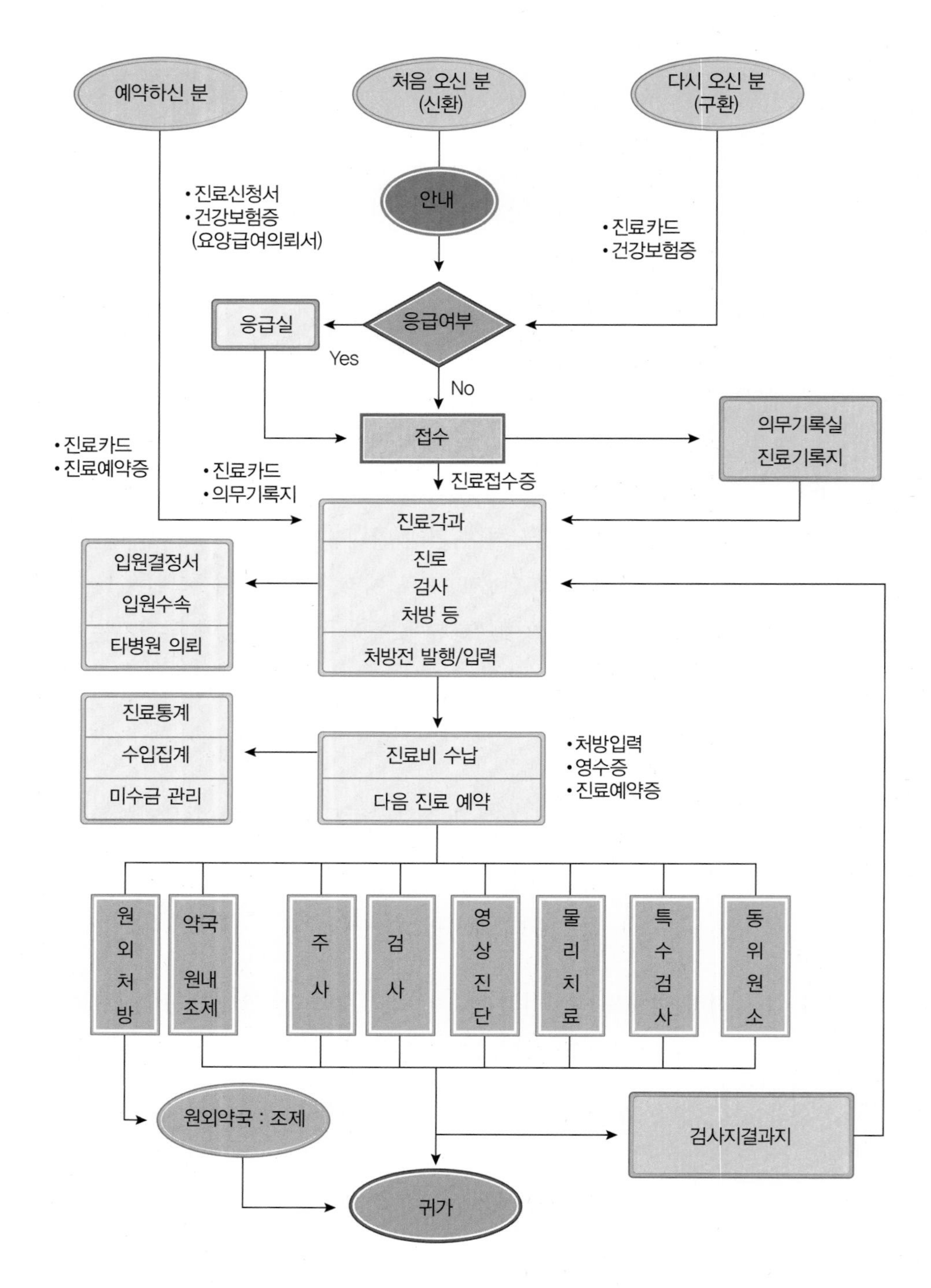

〈그림 4-1〉 외래환자 업무 흐름도

4. 입원 관리

4.1. 입원 원무 관리의 개요

입원 진료는 환자가 의사의 소견에 따라 소정의 절차를 거쳐 24시간 계속 요양기관에 수용되어 진료를 받는 것을 말한다. 입원 관리는 입원 진료를 받는 환자에게 신속하고 원활하게 진료가 수행될 수 있도록 조정, 지원하고 적정한 진료수익을 확보하는 활동이라고 할 수 있다.

입원은 의사가 판단하여 진료 상 반드시 필요하다고 인정되는 경우와 만성질환 중 수술을 요하거나 그 증상이 특히 위중한 경우이며, 그 외에는 재가 요양 또는 통원 진료를 원칙으로 한다. 단순한 피로회복이나 방문치료의 불편 등으로 입원을 희망하는 경우에는 급여혜택을 받을 수 없다. 환자 편의 및 불필요한 입원 진료는 진료비 심사 과정에서 엄격히 적용되고 있으며, 상급종합병원의 개선안(2009.01.01 시행)에 따라 입원환자의 질병 중증도에 따라 총 진료환자의 12% 이상이 전문 질병(A군) 이상이면서 단순 질병군이 21% 이하여야 하므로 상대적으로 진료가 어려운 중환자군의 진료를 담당하도록 평가하고 있다.

입원환자는 방문 동기나 진료 행태에 따라 응급 입원 및 외래 입원으로 나누어지며, 진료의사의 판단에 따라 입원 진료가 필요한 환자에게 입원결정서를 발급한다. 담당의사의 입원이 필요하다는 입원결정서로 입원수속창구에서 의료보장 자격확인 및 진료비 지불보증, 선택 진료여부를 확인하는 과정을 거친 후, 환자의 상태, 성별, 진료과, 감염성 질환, 상급병실 희망여부에 따라 병실을 배정하여 입원수속이 완료된다.

환자 간호 단위인 병동에서는 환자와 관련된 검사나 투약, 처방, 치료, 급식, 수술, 마취 등에 대한 처방이 이루어지며, 처방은 OCS(처방정보전달시스템)을 이용하여 입력하거나 처방전을 발급한다. 입원중이라도 원무부서에서는 진료비 계산, 전실 · 전과 및 외출, 진료비 관리, 자격관리 등을 수행하고 퇴원할 경우에는 진료비 계산과 수납 및 귀가하는 데까지의 업무를 수행한다.

4.2. 입원 관리의 일반적 원칙

(1) 안전하고 임상적 표준을 근거로 한 양질의 환자중심 간호를 정해진 시간에, 정해진 장소에서 정확한 환자에게 제공하여야 한다.

(2) 치료나 간호에 대한 모든 결정 시에는 반드시 환자와 보호자가 적극적으로 참여하도록 격려한다.
(3) 최신의 근거중심의료 및 간호를 제공한다.
(4) 환자의 치료나 간호의 좋은 결과를 얻기 위해 의료기관 또는 의료서비스를 제공하는 기관 및 각 의료진들 사이에 보다 협력적인 네트워크를 구축하도록 한다.
(5) 의료기관은 환자에게 제공되는 의료행위의 질 향상과 의료인의 지식과 기술 향상을 위해 지속적으로 노력한다.
(6) 환자 보호자의 안전을 도모하기 위해 리스크 관리 등의 질 향상 활동을 지속적으로 수행한다.
(7) 의료인들에게 이러한 원칙에 대한 교육을 정기적으로 제공한다.

4.3. 입원 관리의 목적

(1) 환자 및 보호자의 심리적 요구를 이해하고 요구를 충족시킴으로써 입원으로 인한 불안감을 감소시키고 보다 안정감을 가질 수 있도록 직 · 간접적으로 지원한다.
(2) 입원생활 안내를 포함한 주의사항 및 병원생활에 필요한 정보를 제공함으로써 환자의 병원생활 적응을 돕는다.
(3) 환자의 신체적, 정신적, 사회적 상태를 체계적 과정을 통해 평가한다.
(4) 환자나 보호자로부터 건강 관련 정보 및 효율적 간호제공을 위한 정확한 정보를 획득하고 이러한 정보를 의료인 간에 필요에 따라 충분하게 공유하도록 한다.
(5) 평가를 통해 얻어진 자료를 근거로 입원 목적에 맞는 진단 · 간호 및 치료계획을 수립한다.
(6) 제공된 간호 · 치료의 결과를 최대화하기 위해 간호 · 치료계획에 따라 최신의 근거중심의 효율적이고 체계적인 간호와 치료를 제공한다.
(7) 입원환자의 개별적 요구를 파악하고 입원목적(검사, 치료, 수술 등)에 따른 진행과정을 잘 설명하여 환자 및 보호자의 알 권리를 보장하고 적극적인 참여를 유도한다.

4.4. 입원 절차

1) 입원 결정

환자가 외래나 응급실로 방문하여 진료를 받고 담당의사가 입원진료가 필요하다고 판단되면 의사는 입원결정서를 발급하게 된다. 입원결정서에는 입원수속 및 진료에 참고할 수 있는 기본적인 모든 내용들을 표시하며, 등록(진찰권)번호, 성명, 추정진단명, 진료과, 담당의사명, 방문경위, 환자상태 등을 기록하게 된다.

입원결정서의 필수 기록사항은 등록번호, 환자명, 상병명, 입원지시일, 입원경로, 진료과, 격리여부(법정 감염병 등) 및 담당의사 등이다. 부수적으로 환자의 수가유형이나 질병상태, 입원일시, 병실번호, DRG여부, 응급 및 수술예정여부, 전실 · 전과 사항 등을 기록한다. 또 입원결정서는 퇴원할 때까지 계속 사용할 수 있도록 퇴원일과 퇴원수속 등을 동시에 사용할 수 있다.

2) 입원 신청 접수

의사의 입원결정에 따라 환자 및 보호자가 입원수속창구에 입원결정서를 제출하여 입원을 요청하면 입원수속담당자는 입원결정서에 기재된 내용에 따라 입원수속절차를 수행하게 된다. 즉 상병명에 따라 환자의 수가유형을 파악하고, 입원일정 조정 및 병실 배정, 진료 시 예상 등에 따라 입원수속을 수행한다. 입원수속을 할 때 수가구분에 따라 환자의 유형을 파악하는 것은 매우 중요하다.

질병의 경우는 대부분 건강보험급여가 가능하나 외상에 따른 상병명인 경우에는 급여제한여부를 파악하여 의료보장기관에 관련사항을 조회할 필요가 있으며, DRG제도를 시행하는 병원은 DRG상병 여부를 확인한다.

건강보험 환자가 외상에 의한 상병명인 경우 건강보험공단지사에 "급여제한여부조회서"를 통보하도록 하고 자동차사고나 산업재해사고의 경우에는 적절한 급여가 이루어지도록 입원단계에서 안내 및 조치한다.

입원수속 담당자는 입원대상자에게 병실 배정뿐만 아니라 급여, 자격 등과 관련된 충분한 설명을 해야 하고, 해당 보험종별에 따라 급여할 수 없는 사항이거나 비급여 상병을 진료하는 경우에는 해당 진료비 전액을 환자가 부담해야 됨을 설명하여야 한다. 사고경위가 복잡하고 유형구분이 어려울 경우에는 보다 자세한 대화를 통하여 충분한 정보

습득과 기록 유지 등으로 적절한 조치가 이루어지도록 해야 한다.

3) 입원 우선순위 결정

입원병상이 여유가 있는 경우라면 병실 배정에 문제가 발생하지 않는다. 그러나 계절적 요인이나 임시적으로 병상이 부족한 경우에는 충분한 상담을 통하여 입원수속에 우선순위를 두어야 한다. 입원환자의 우선순위는 먼저 방문한 사람이 먼저 입원하는 것이 원칙이지만, 병원의 입장에서는 환자의 상태나 증상, 성별, 진료과, 전염성질환 여부 등에 따라 입원순서가 달라질 수 있다.

입원 우선순위 결정은 공정성이 확보되어야 입원 대기자의 불만이 줄어들게 된다. 대부분의 병원에서는 일반적으로 응급수술이나 중환자의 입원을 우선으로 시행하고 있으며, 일반적으로 수행하는 병원의 입원 우선순위를 살펴보면 다음과 같다.

(1) 응급수술을 요하는 환자
(2) 수술 예약환자
(3) 응급실에 대기 중인 중환자
(4) 응급실 대기 환자
(5) 외래 환자 중 중증환자
(6) 접수순서에 의한 환자(직원본인, 직계가족, 대외관계)

4) 입원서약서 작성

환자의 의료수가 유형이 파악되면 보호자로 하여금 입원서약서를 작성하도록 한다. 입원서약서는 의료제공에 대한 대가인 진료비 납부는 물론, 병원의 제규정과 진료절차를 이행할 것을 약속하는 쌍방 계약의 과정이다.

입원 환자와 의사 및 의료기관 사이에 발생할 수 있는 환자의 재무적 책임 및 연대보증, 의료 분쟁 시 해결방법, 환자 본인의 인적사항 및 보험에 관한 사항, 선택 진료의사의 지정, 상급병실 신청, 기타 주의 준수사항 등에 대한 내용으로 구성되어 있다.

고액진료비나 문제 환자로 예상되는 경우에는 입원수속을 할 때 확실한 보증인을 확보하도록 한다. 입원수속을 할 때 보증인을 확보하지 않으면 입원 후에는 보증인을 확보하는 데 많은 어려움이 따르므로 중환자 등 불가피한 경우를 제외하고는 가능한 입원하기 전에 보증을 받도록 하고, 불가피한 경우에는 입원 초기에 보증인을 확보해야 한다.

진료의 특성상 연대지불보증이 없다고 하여 진료를 거부할 수 없기 때문에 진료 상 긴급 입원이 필요하면 우선 입원조치 후 재원 중에 연대지불보증을 보완해야 한다.

특히 상해사고나 자해사고 등의 경우에는 국민건강보험공단으로 '급여제한여부조회서'를 통보하여야 하며, 급여제한이 될 경우 고액진료비가 발생되므로 이에 대한 대비책도 가지고 있어야 한다.

5) 병실의 배정

입원서약서가 작성되면 환자상태, 진료과, 성별(소아는 예외), 감염성 질환여부, 희망병실을 파악하고, 병원의 병실사정을 고려하여 배정한다. 상급병실을 희망할 경우에는 '상급병실사용신청서'를 별도로 작성하여 서명하도록 하고, 선택 진료가 이루어지는 병원에서 환자가 선택 진료를 희망할 경우, '선택진료신청서'를 반드시 작성하도록 해야 한다.

병상에 여유가 있을 때에는 즉시 입원수속을 완료하고 병상이 부족하여 여유가 없을 때에는 예약 후 귀가시키거나 상태가 위독한 경우에는 응급실을 이용하도록 한다. 병상이 마련되면 환자에게 연락하여 입원하도록 하되 가능한 입원예정일을 안내하고 수시로 연락이 가능하도록 유지한다.

병실배정이 완료되면 인적사항 및 병명을 해당 병동에 통보하여 병상을 준비하도록 하고, 입원결정서에 선택 진료여부 및 병실을 기록하여 교부한다. 병원에 따라 외래진료부서나 응급실에서 병실까지 안내하는 곳도 있고 입원수속에서 병동으로 곧바로 안내하는 곳도 있다. 입원수속이 이루어진 후에도 퇴원 후 입실로 병실이 비어있지 않은 경우에는 외래에서 입원에 필요한 검사를 미리 시행하거나, 안정을 취할 수 있는 입원대기실을 준비하여 두는 것이 좋다.

6) 입원 등록

입원 등록은 병실 배정 후 입원수속을 완료했음을 표시하는 것으로 입원등록이 이루어져야만 입원진료와 관련된 부서에서 병실 파악과 진료비 계산, 각종 처방 입력, 급식제공 등이 시행될 수 있다. 전산이 충분히 개발되지 않은 병원에서는 입원 진료비 계산 대장을 별도로 작성하여 처방전을 개인별로 보관하거나 매일 기록하여 계산해야 한다. 환자가 작성한 입원서약서와 요양대장 및 건강보험증, 상급병실사용신청서, 선택진료신청서를 중심으로 전산에 입력한다.

7) 병실환자 관리

입원중인 환자를 중심으로 의료보장 자격관리, 진료비 계산, 병실 이동이나 진료과의 변경, 외출 · 외박, 문제환자 관리 등 행정적인 지원업무는 계속하여 제공해야 한다. 양질의 의료서비스 제공을 위해 예상되는 상황을 조기에 파악하여 제공함으로써 환자와의 신뢰관계를 형성하고 나아가 관련보험자 단체와 유기적인 협조체계를 유지할 수 있게 한다.

병원의 행정관리자는 병상의 관리에 있어서 진료과목의 수, 입원환자의 수, 병실규모, 병상가동률 등을 고려하여 병상운영의 방법을 결정하여야 한다. 병상운영의 방법에는 전체를 통합하는 방법과 진료과별로 분리하여 운영하는 방법이 있다.

가) 병상 통합운영 방법

병상의 통합운영 방법은 진료과목이나 병상의 종류에 관계없이 병원의 모든 병상에 대하여 어떠한 환자라도 입원이 가능하도록 운영하는 방법이다. 이 방법의 장점으로는 병원의 모든 병상을 최대한으로 이용하여 병상가동률을 높일 수 있는 점이고, 반면에 단점으로는 의사가 환자를 진료하는 데 있어서 동선이 길어질 수 있으며 또한 간호사의 전문적인 서비스가 어렵다는 것이다.

나) 병상 분리운영 방법

병상의 진료과별 분리운영 방법은 총 병상 수 중에서 진료과별 환자수의 분포, 외래환자의 수, 진료수익, 병상가동률과 같은 각종의 통계분석을 통하여 진료과별로 병상의 수를 정하고 입원 환자의 진료과별 병실을 되도록 같은 층에 배정하는 방법이다. 이 방법의 장점으로는 의사가 회진하는 등 환자의 진료에 효율을 높이고 전문적인 간호나 특수한 시설을 갖출 수 있는 전문적인 의료서비스를 제공할 수 있는 점이고, 반면에 단점으로는 입원을 대기하고 있는 환자 수가 진료과별로 균형을 이루지 못하는 경우에는 병원 전체의 병상가동률이 저하될 수 있다는 점이다. 이러한 경우에는 잔여 병상에 대하여 별도의 병원 내규를 규정하여 다른 진료과의 환자를 입원시킬 수 있는 원무 부서의 병상관리 운영체제를 갖추어야 한다.

4.5. 재원일수 관리

1) 목적

재원일수는 한 환자가 입원하여 퇴원까지의 전체 입원기간을 말한다. 입원환자의 진료비는 질병의 특성, 재원기간, 병원의 특성, 환자의 개인적 특성 등 여러 가지 요인에 의하여 영향을 받으며 이 중에서 동일상병의 경우 재원기간에 의해 많은 영향을 받는다.

재원기간은 환자의 건강상태와 질병 특성, 병원의 특성, 진료형태, 서비스 정도 등에 영향을 받고, 진료비는 재원일자에 따라서 다른 양상을 나타낸다. 입원 초기에 대부분의 진료서비스가 집중적으로 이루어짐에 따라 진료수익이 진료비용을 초과하지만, 재원기간이 길어지면 반대로 진료비용이 진료수익을 초과하게 된다.

의료서비스 이용자들의 욕구는 점차 증가하고 의료사고 및 분쟁에 대한 문제가 점차 확대되고 있는 입장에서 이용자에게 충분한 의료서비스를 제공하면서 병원이 유지 · 존속하기 위한 수익은 유지시켜야 하는 모순을 가지고 있다.

2) 재원일수 단축의 효과

(1) 병원회전율을 높여 병원의 진료수익이 증대된다.
(2) 기존 의료자원의 효율적 이용이 가능하다.
(3) 이용고객의 본인부담은 물론 사회간접비용을 감소시켜 준다.
(4) 장기간 입원대기로 인한 이용자의 불만을 해소한다.
(5) 환자를 고통으로부터 조기에 호전될 수 있도록 해준다.

4.6. 외국인 입원환자 관리 시 고려되어야 할 사항

1) 환자 도착과 대기

의료기관은 외국인 환자의 불편함을 최소화하기 위해 외국인 환자 전용 대기실 및 전용

창구를 별도로 마련하여 외국인 환자가 접수 전 대기 시 의사소통 장벽으로 인한 불편함 등이 발생하지 않도록 한다. 현재 국내 의료기관에서는 이러한 점을 고려하여 국제병원, 국제진료소, 외국인진료소 등을 개설하여 국내인과 따로 진료하고 있다. 대기 장소에는 외국 여러 국가의 주요 TV 채널 시청이 가능하도록 함은 물론 영자 신문, 영문 잡지 및 다국어 병원소개 잡지 등을 준비하여 국내 의료기관을 방문한 외국인 환자들에게 최대한 친숙한 진료환경이 되도록 준비한다. 외국어가 능통한 외국인 전담 의사, 간호사, 코디네이터 등을 배치하여 의사소통장벽이 발생하지 않도록 사전에 충분히 준비한다.

2) 입원 수속과 접수(원무과)

입원이 결정된 외국인 환자의 경우 국제진료 코디네이터는 환자 및 보호자를 원무과로 안내하고 해당 언어로 준비된 입원약정서를 작성하도록 지원한다. 이때 입원 절차 및 입원에 따른 준수사항 등을 자세히 설명한다. 외국인 환자 전용병실이 있는 경우에는 전용병실, 그렇지 않은 경우에는 병실의 형태(특실, 1인실, 기타 다인실 등)에 대해 설명한 후 본인이 직접 선택하도록 안내하며, 이를 입원약정서상의 병실란에 기록하도록 한다.

원무과의 입원 담당부서 직원은 다국어 입원결정서를 받아 해당 병동의 입원가능성을 확인한 후 입원이 가능하면 즉시 입원수속을 진행한다. 입원 담당 직원은 해당 환자의 보호자가 환자의 정확한 본인 국적의 현지 주소, 국내 거주 주소, 직장, 국제보험 가입 여부, 기타 필요한 정보를 입원약정서 기록양식에 작성하도록 도와주고 확인한다.

미리 입원이 결정되어 다른 의료기관에서 의뢰된 환자일 경우에는 미리 준비된 병실 확인 후 바로 병실로 안내한다.

3) 입원 시

외국인 환자의 경우 자국을 떠나 의료 환경이 전혀 다른 곳에서 진료를 받는 만큼 문화적 차이로 인한 불안감 및 혼란을 느낄 수 있다. 이러한 새로운 환경에 잘 적응하도록 돕고 입원생활에 불편함 없이 편안하게 느낄 수 있도록 지원한다.

5. 퇴원 관리

5.1. 퇴원 관리의 정의

퇴원 관리란 환자의 입원기간을 줄이고 계획된 퇴원일정에 맞춰 환자가 원하는 의료기관이나 집으로의 복귀과정이 원활하고 안전하게 진행되도록 돕는 것이다. 퇴원간호에는 일반적으로 퇴원계획, 퇴원 시 약 처방받기, 퇴원교육 및 정보제공, 관련부서 및 기관과의 효율적 의사소통과 협력, 퇴원 시 환자상태 사정, 환자의 안전한 이송 및 퇴원절차, 퇴원기록 완료 그리고 입원 전(全) 과정에 대한 환자만족도 평가 등을 포함한다.

5.2. 퇴원 관리의 일반적 원칙

(1) 퇴원계획은 입원 시점부터 시작한다.

(2) 환자와 보호자의 요구와 기대하는 요소들은 퇴원과정에 모두 포함시킨다.

(3) 환자와 보호자가 퇴원의 전 과정에 모든 측면에서 적극적으로 참여하도록 한다.

(4) 환자의 퇴원, 전동, 전원 과정이 원활하고 효과적이며 안전하게 이루어지기 위해 의료진 간, 병동 간, 그리고 병원 간 정확하고 적절한 의사소통과 정보공유가 이루어지도록 한다.

(5) 퇴원 시 만약 환자가 입원 전 상태로 완전히 회복되지 않아 일상생활 형태의 변화가 필요한 경우에는 결정을 내리기 전 충분한 사정을 수행하도록 하고 이러한 과정에는 환자와 보호자뿐만 아니라 관련부서의 협력적인 접근이 필요하다.

(6) 퇴원과정에 참여하는 의료진에게 이러한 원칙에 대한 교육을 제공한다.

(7) 환자와 보호자의 퇴원경험을 조사 · 분석하여 퇴원간호 질 향상을 위해 노력한다.

5.3. 퇴원 관리의 목적

(1) 환자와 보호자의 심리적 간호요구를 이해하고 이러한 요구를 충족시킴으로써 퇴원으로 인한 환자와 보호자의 불안이나 공포심을 완화시켜 확신과 희망을 갖고 퇴원할 수 있도록 돕는다.

(2) 퇴원 기록지를 포함하여 퇴원 시 주의사항 및 환자의 회복과 건강상태의 최적화를 위해 필요한 정보를 제공함으로써 환자가 퇴원 후 일상생활 및 사회에 재적응할 수 있도록 도와준다.
(3) 환자와 보호자에게 퇴원목적에 따른 진행과정을 설명하여 환자와 보호자의 알 권리를 보장하고 적극적인 참여를 유도한다.
(4) 모든 관련부서, 병동, 그리고 의료기관 간에 정확하고 효율적인 의사소통을 유지함으로써 안전한 퇴원 진행 및 지속적인 간호 제공이 보장되도록 지원한다.
(5) 퇴원환자의 개별적 요구를 파악하고, 이러한 요구를 해결하기 위해 지역사회와 연계하여 지속적 간호연계망을 구성할 수 있도록 도와준다.

5.4. 퇴원 절차

1) 검사결과 통보

각 진료과의 담당 의사들이 조기에 퇴원을 결정하기 위해서는 오후 회진 시에 검사결과를 보고 다음날 퇴원여부를 결정하여야 한다.

2) 퇴원 결정 및 통보

퇴원 결정은 환자상병이 치유되었거나 외래통원진료로 전환해도 될 때, 다른 의료기관으로 전원 또는 사망하였을 때 진료담당의사가 결정한다. 담당의사는 퇴원예정 환자를 오후 회진 이후인 20:00까지 결정하여 간호사 및 환자에게 알리고, 해당 병동 간호사실에서는 원무과 및 진료 지원 부서에 그 결과를 02:00까지 서면 통보하도록 한다.

3) 처방 발급(익일 퇴원자의 처방 포함) 및 접수

통상적인 입원환자의 정규처방은 담당의사가 24:00까지 발급하여 간호사실에서 02:00까지 원무과에 접수한다. 부득이한 추가처방 및 취소처방은 퇴원당일 08:30까지 추가 접수하고, 지원부서(수술실 등)에서 발급되는 처방전은 08:00까지 진료비 계산 부서에 접수하도록 한다.

4) 가계산 퇴원제 도입

공휴일이나 야간에 소수의 당직근무자가 근무할 때, 또는 환자상태의 변화나 환자의 요구에 따라 갑자기 퇴원을 결정할 때가 있다. 이러한 경우 퇴원수속은 비정상퇴원(가퇴원)의 절차를 밟아야 한다. 가퇴원은 발생한 처방이 실시간 입력되지 않았거나 입력된 처방이 실행확인이 되지 않아서 최종진료비를 확정할 수 없는 상태이므로, 이 때 퇴원진료비는 이미 발생한 진료비와 그 이후 발생한 진료비를 추정하여 집계한 것을 합산하여 계산한다. 가퇴원 진료비를 수납할 때는 환자 측에 충분한 설명과 양해를 구해야 하고 퇴원한 다음날에 실제 진료비의 과부족금액을 정산하도록 안내한다.

5) 처방 입력

모든 병동 및 진료지원부서의 처방은 환자별, 항목별로 분류하여 매일 09:00까지 입력을 완료한다. 병동 간호사실 및 지원 부서에서 처방전을 접수하기 쉽도록 하고 입력하는 직원을 3교대 근무하도록 하며, 접수 즉시 처방전을 분류하고 입력할 수 있도록 한다.

6) 진료비 계산 및 통보

퇴원이 결정되면 병동에서 각종 처방의 입력누락이나 실행확인이 되었는지 점검하여 처방을 마감하고 보험심사부서에서 자체 진료비 심사를 거친 후 원무부서에서 진료비 계산을 하게 되고, 환자의 진료비 계산서는 병동 및 환자에게 통보되도록 한다.

7) 퇴원 약 조제

당일 퇴원환자의 투약처방전은 약제과에 03:00까지 접수되도록 하며 약제과 야간당직자는 퇴원환자를 우선으로 조제하여 09:00까지는 퇴원환자의 퇴원 약이 해당 병동에 도착되도록 한다.

8) 퇴원 수속 및 입원 수속

당일 퇴원환자는 09:00부터 순서대로 진료비를 수납하여 퇴원하고, 입원일이 예약되어 있는 환자는 입원당일 09:30부터 입원수속을 하여 오전 중(12:00 이전)에 90% 이상 입·퇴원 수속이 완료되도록 한다.

5.5. 퇴원예고제

퇴원예고제란 퇴원환자의 퇴원시간을 조정하여 퇴원대기시간을 단축시킴으로써 평균재원일수를 단축하고 소요인력의 증원을 억제하고자 하는 방법이다. 개선효과로는 입·퇴원 환자들의 대기시간 단축으로 서비스 개선, 진료계획의 원활한 수행, 평균재원일수 단축과 수익증대, 인력의 효율적 관리 등이 있다.

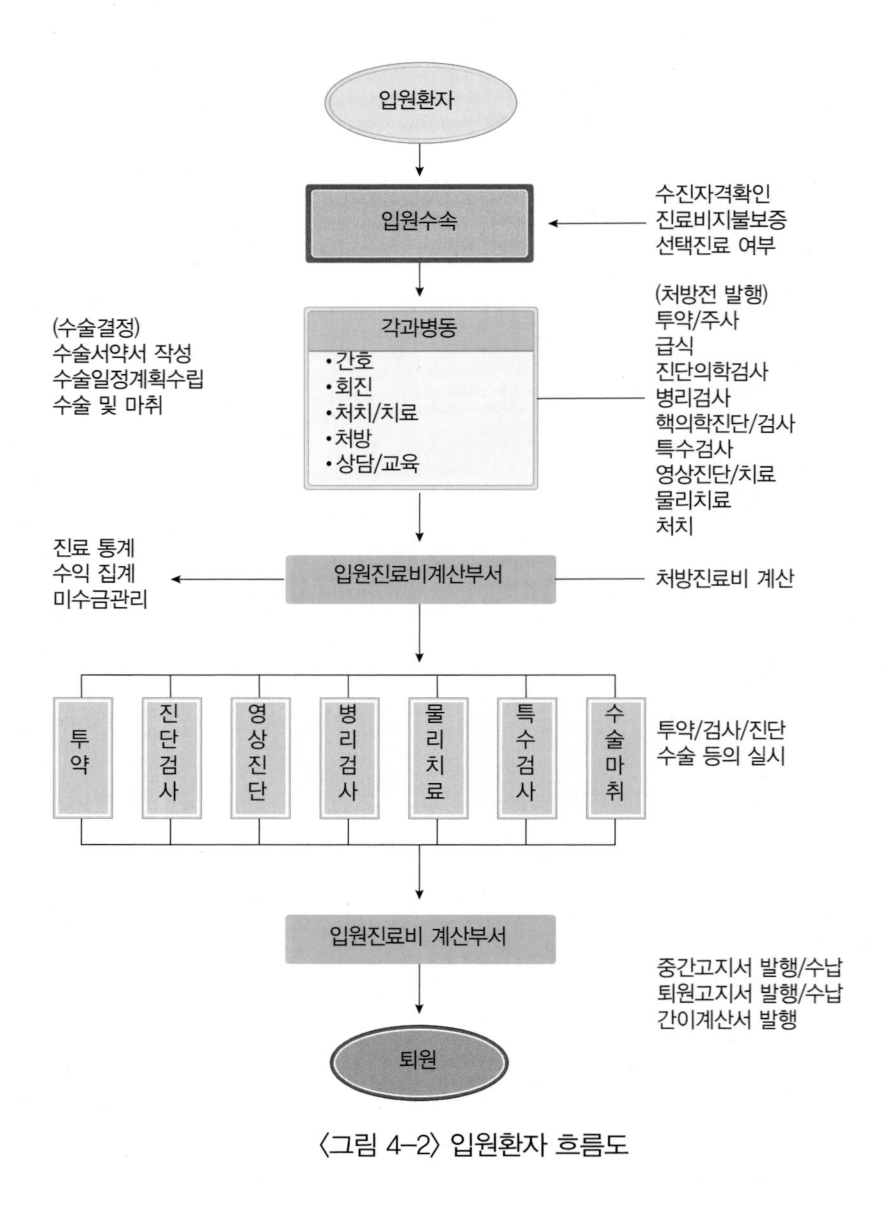

〈그림 4-2〉 입원환자 흐름도

6. 진료비 관리

진료비 관리라고 하면 통상 진료비에 대한 산정과 수납뿐만 아니라 그 금액이 결정되기 위한 기준이 필요하고, 환자에 대한 진료행위 또는 물자의 제공 시점부터 전체 금액의 수납까지 지속적으로 연계 수행되어야 한다. 진료비 관리는 수가기준의 인식과 계산, 산정, 본인부담, 보험자단체 청구 및 수납과 미수금관리의 단계로 구분할 수 있다.

6.1. 수가 기준의 인식과 계산

1) 수가 기준의 인식

진료비 관련 기준은 병원이 환자에게 특정행위 또는 물자를 제공할 경우 특정제도의 적용여부 및 적용 시 진료비는 얼마가 되는가에 대한 원칙 내지는 근간이다. 현 의료보장제도 하에서는 건강보험요양급여비용이 진료비 산정의 주 내용이나 진료비를 산정하기 위해서는 많은 인식기준과 범위가 광범위하여 매우 복잡하다.

2) 수가 산정체계

입원환자의 진료비는 행위별 수가제 하에서 진료수가기준에 의해 행위별로 산정하고 있으며 부분적으로 상병별 포괄수가를 적용하고 있다. 병원 자체에서 수가를 결정하여 적용할 수 있는 일반 환자를 제외하면 정부가 고시한 건강보험요양급여비용의 수가에 요양기관의 규모나 특성에 따라 일정률을 가산할 수 있는 가산률을 적용하고 있다.

포괄수가제는 2013년 7월부터 전국 모든 의료기관(의원, 병원, 종합병원, 상급종합병원)에서 4개 진료과의 7개 질병군을 대상으로 시행되고 있다.

포괄수가제 대상 질환

(1) 안과 : 백내장 수술(수정체 수술)
(2) 이비인후과 : 편도 수술 및 아데노이드 수술
(3) 외과 : 항문 수술(치질 등), 탈장 수술(서혜 및 대퇴부), 맹장 수술(충수절제술)
(4) 산부인과 : 제왕절개분만, 자궁 및 자궁 부속기(난소, 난관 등) 수술(악성종양 제외)

＊ 수정체 수술(백내장 수술), 서혜 및 대퇴부 탈장 수술(장관절제 미 동반), 치열 수술 등 간단한 항문 수술의 경우에는 6시간 미만 관찰 후 당일 귀가 또는 이송 시에도 포괄수가제(DRG)가 적용되어 본인부담금은 입원부담률인 20%로 적용받게 된다. 다만, 7개 질병군에 해당되는 수술을 받았어도 의료급여 대상자 및 혈우병 환자와 HIV감염자는 포괄수가제(DRG) 적용에서 제외된다.

3) 수가 기준

진료수가는 크게 진료행위료와 재료대로 구분되어 있으며, 진료행위료는 검사료, 촬영 · 판독료, 수술료, 마취료, 이학요법료 등과 같이 일정한 자격과 기술을 갖춘 의료진이 진료한 대가로 의료기관별 가산률을 산정할 수 있는 항목이다. 재료대는 진료행위 가산을 할 수 없는 항목으로 진찰료, 입원료, 수혈료, 약제 및 치료재료가 포함된다.

환자의 진료를 위하여 사용된 약품이나 치료재료는 의료기관 실구입가에 따라 산정하고 청구하도록 되어 있다. 그러나 약품이나 치료재료의 종류가 수 만여 가지나 되고 의료기관의 규모, 지역, 지불조건, 구입방법 등의 조건에 따라 가격이 서로 다르기 때문에 재료대 산정원칙을 기준으로 상한 가격을 고시하고 상한가 범위 안에서 병원의 실구입가를 기준으로 청구해야 한다.

6.2. 재원미수금 관리

1) 중간 진료비 청구

중간 진료비 계산서는 재원 중인 환자에게 1주일 간격으로 정기적으로 발급하되 환자 종별, 진단명, 기타 사정 등을 감안하여 발급간격을 조정할 수 있다. 중간진료비 계산서의 환자본인부담금은 전액 또는 분할하여 납부할 수 있으나 특별한 사유 없이 체납하지 않도록 독려하여야 한다.

중간 진료비 회수는 운영자금을 확보하자는 목적뿐만 아니라 많은 진료비가 체납되지 않도록 하여 진료비 문제로 퇴원이 지연되는 일이 없도록 하자는 목적도 있으므로 적극적인 회수 노력이 필요하며 특히 장기재원환자는 재원진료미수금이 누적되지 않도록 중간진료비 납부를 독려해야 한다.

2) 체납자 관리

재원 중인 환자의 본인부담 진료비를 2회 이상 청구하였으나 진료비를 미납하거나 미수금이 일정금액을 초과한 환자는 체납환자로 간주하고 별도의 관리를 하도록 한다. 진료비가 체납되는 원인은 진료내용에 대한 불만이나 경제적 능력부족인 경우가 대부분으로 적절한 대책이 필요하다. 다만, 입원기간 중의 중간입금실적을 감안하거나 납부능력이 있다고 인정되는 환자는 담당자의 재량에 따라 처리하도록 한다. 담당자들은 지속적으로 환자와 상담하여 진료비 연체자를 집중 관리할 필요가 있으며, 상담 관리 내용을 작성하고 비치하는 것이 좋다.

6.3. 악성미수금 관리

진료비 장기체납 환자나 경제적으로 어려운 환자는 입원기간 중 병동의 간호사와 협조하여 진료중인 체납 예상 환자의 동태를 파악하고 도주가 예상되거나 미수발생이 우려되는 환자는 집중 관리해야 한다. 악성미수발생이 예상되거나 진료비 문제로 인하여 도주가 예상되는 경우에는 연대 지불 보증인의 진료비 지불 능력을 판단하기 위해 자세한 가정환경을 분석하고, 납부능력이 있으면서도 납부하지 않을 경우에는 관할경찰서에 고소하는 방법도 고려한다. 환자가 도주하였을 때에는 진료비회수 및 채권확보를 위하여 최선의 조치를 취하고 환자 및 연대지불보증인에 대한 진료비 납부 독촉장 및 주소지의 가정방문을 실시하여 납부를 독촉한다.

단·원·핵·심·요·약

▶원무 관리 업무에는 외래진료 접수, 외래진료비 계산, 수납, 진료예약, 입 · 퇴원 수속, 입원진료비 계산, 본인부담진료비 청구 · 수납 · 정리, 입원환자의 병실이동과 진료과의 전환 정리, 기관부담 진료비의 청구, 입금에 따른 정리절차 등 병원이용자들이 내원하여 진료를 마치고 귀가할 때까지의 제반 행정업무가 포함된다.

▶원무 관리는 환자, 의료기관 설립자 및 의료진 간에 병원의 주 업무인 진료업무가 신속하고 원활하게 수행될 수 있도록 조정 · 지원하는 역할을 담당하며, 원무 관리가 발전하게 된 요인으로는 병원규모의 대형화, 의료기술의 발전, 각종 사회보장제도의 확대, 의료서비스의 글로벌화, 병원경영의 효율화 및 고객욕구의 증대, 첨단 의료정보체계의 구축 등을 들 수 있다.

▶외래 진료 업무에는 외래 환자의 진료 흐름을 따라 외래진료 접수, 자격관리, 의료보장 확인, 접수 등록 및 취소, 의무기록지 및 진료카드 발급, 재진 접수, 외래진료, 진료비 계산 및 예약, 진료비 환불, 외래 업무 마감, 기타 부대 업무로 구성되며, 전화예약, FAX 예약, 인터넷 예약, 창구 예약 등에 따라 예약 관리 및 처리방법이 달라진다.

▶입원 및 퇴원 관리는 환자의 입 · 퇴원 절차에 따라 일반적인 원칙을 준수하여야 한다. 입원의 경우, 입원 절차에 따라 입원 결정, 입원 신청 접수, 입원 우선순위 결정, 입원서약서 작성, 병실의 배정, 입원 등록, 병실환자 관리와 함께 재원일수 관리 업무를 수행하여야 하며, 퇴원의 경우에는 퇴원 절차에 따라 검사결과 통보, 퇴원 결정 및 통보, 처방 발급 및 접수, 처방 입력, 진료비 계산 및 통보, 퇴원 약 조제, 퇴원 수속 및 후속환자 입원 수속에 관련된 행정적 지원 업무를 수행하여야 한다. 외국인 환자의 경우에는 환자의 도착과 대기, 입원 수속과 접수 등에 있어 내국인 환자보다 각별한 주의와 세심한 배려가 요구된다.

▶효율적이고 정확한 진료비 관리를 위해 수가 기준과 행위별 수가제와 포괄수가제 등 수가 산정체계를 정확히 파악하고 있어야 하고, 미수금이 발생하지 않도록 중간 진료비 청구, 체납자 관리에 유의하고, 악성미수금 관리에도 철저를 기해야 한다.

알아두면 좋아요!

주요 국가별 종합 건강검진 가격 비교 예시

병원명	국내K병원		싱가포르R병원[1]		태국B병원		일본T병원	
상품명	Premium (M)	Premium (F)	Premium (M)	Premium (F)	R3 (M)	R3 (M)	T2	T3[3] (호텔 1박)
검진항목개수	129	140	102	107	39	40	97	96
검진가격	460	490	696.8	790.9	78.2	85	99.99	202.7
(단위 : 만원)					(할인[2] 49.4)	(할인 59.1)		

1) 싱가포르는 각 연령에 맞추어 가장 적합한 건강검진 상품을 판매하고 있다.

2) 태국의 경우 병원별로 검진 가격에 대한 가격흥정이 가능하여 가격 변동 폭이 큰 편이다.

3) 숙박 검진 프로그램은 호텔 객실을 이용하기 때문에 고객이 어떤 방을 선택하느냐에 따라 검진비가 달라진다.

출처 : 의료관광 실무 매뉴얼, 2010, 한국관광공사.

건강보험관리

- 우리나라 건강보험제도의 목적과 주요 특징, 그 기능과 역할을 이해한다.
- 우리나라 건강보험체계의 전체적인 구성과 의사결정구조, 보험적용대상, 재원조달방법, 보험급여의 형태와 본인부담방식에 대해 학습한다.
- 우리나라 건강보험 요양급여의 절차와 급여비 청구 및 지급 절차, 비급여 항목을 숙지한다.
- 국제의료보험의 개념과 종류, 진료비 청구 절차와 방법 등에 대해 학습한다.

1. 건강보험에 대한 이해

1.1. 건강보험제도의 의의

우리나라에서 말하는 건강보험이란 일상생활에서 발생하는 우연한 질병이나 부상으로 인하여 일시에 고액의 진료비가 소요되어 가계가 파탄되는 것을 방지하기 위하여, 보험원리에 의거 국민들이 평소에 보험료를 낸 것을 보험자인 국민건강보험공단이 관리 · 운영하다가 국민들이 의료를 이용할 경우 보험급여를 제공함으로써 국민 상호간에 위험을 분담하고 의료서비스를 제공하는 사회보장제도이다.

1.2. 건강보험의 개념

건강보험은 질병과 부상의 발생을 보험사고로 하는 보험제도로서, 산재보험 및 의료급여(의료보호)와 더불어 의료보장제도의 주축을 이룬다.

의료보장이란 국민의 건강권을 보호하기 위하여 국가나 지방자치단체가 보건의료서비스를 국민에게 제공하는 것을 말한다.

건강보험에서 질병과 부상으로부터 발생하는 경제적 손실은 질병과 부상을 치료하는 데에 드는 의료비용과 질병과 부상 때문에 일을 하지 못하여 생긴 상실소득으로 나눌 수 있다. 산재보험이 직업과 직접적인 관련이 있는 사고나 질병과 관련된 의료비용과 상실소득을 보상하는 데에 비해, 건강보험은 질병과 부상의 원인을 불문하고 의료비용은 보상하나 상실소득은 보상하지 않는다.

사회보험(Social Insurance)으로서 건강보험은 국민 누구에게나 필요할 때에 필요한 보건의료서비스를 보장하면서도 재원조달을 원활히 하는 제도이다. 국민건강보험법은 치료비 보상을 위주로 건강보험에서 건강증진, 질병예방, 재활을 모두 포괄하는 보험으로의 변화를 추구한다.

1.3. 건강보험의 목적

건강보험은 국민의 질병과 부상에 대한 예방 · 진단 · 치료 · 재활과 출산 · 사망 및 건강증진에 대하여 보험급여를 실시함으로써 국민보건을 향상시키고 사회보장을 증진하는 것을 그 목적으로 한다. 과거 의료보험법의 목적이 질병치료에 있었다면 현재의 국민건강보험법의 목적은 치료목적에 건강증진기능을 부가하여 의료보험의 성격을 확대 · 개편하는 데 있다.

1.4. 건강보험의 특징

1) 법률에 기인한 강제성

사보험인 민간의료보험(민간보험)은 보험가입에 대한 가입자의 자유의사에 따른 임의보험인 데 반해, 건강보험은 사회보험으로 강제보험의 성격을 지니고 있다. 본인의 자유의사와는 상관없이 당연히 적용되는 성질을 갖는 것이다.

보험가입을 기피할 경우 국민상호간 위험부담을 통하여 의료비를 공동으로 해결하고자 하는 건강보험제도의 목적 실현이 어렵다. 이러한 강제성은 임의 적용을 할 경우 질병에 걸릴 위험이 높은 사람들만이 가입하게 됨으로써 보험 재정이 파탄을 맞는 등 지속적이고 안정적인 건강보험의 운영이 불가능하게 될 가능성이 존재하기 때문에 이를 미리 방지하기 위함이다. 또한, 그 가입 대상자가 전 국민이 됨으로써 국민 상호 간 위험분산을 통해 균등한 의료서비스 제공이 가능해진다.

2) 보험료 부담의 형평성

건강보험에서는 보험료를 부담함에 있어서 가입자의 소득 및 부담 능력에 따라 차등부담을 원칙으로 한다. 사보험에서는 급여의 내용이나 위험의 발생 가능성, 계약의 내용 등에 따라 보험료를 다르게 부담하게 되지만, 사회보험방식인 건강보험에서는 사회적인 연대를 기초로 의료비 문제를 해결하려는 것이 목적이므로 급여의 내용에 전혀 관계없이 소득수준 등 보험료 부담능력에 따라 각각 보험료를 부담한다.

3) 보험급여의 균등성

민간보험은 보험료 부과 수준, 계약기간 및 내용에 따라 차등 급여를 받지만, 사회보험은 개인 각각의 보험료 부담이 많고 적음과 전혀 관계없이 필요에 따라 보험급여를 균등하게 받는다는 것이다. 보험료는 소득에 따른 부담능력에 따라 차등적으로 부담하는 반면에 필요 시 적용받는 보험급여는 보험재정에 기여한 보험료에 관계없이 균등하게 받게 된다. 건강보험의 소득 정률제 실시로 자본주의의 모순인 소득 편재를 지양하고 상부상조나 가난한 사람을 돕는 인본주의를 구현하여 소득 재분배의 효과를 구현하고자 한다.

4) 수익자 부담 원칙

사회보험은 보험재정의 조달을 위해 반드시 보험대상자의 일정한 기여를 전제로 한다. 건강보험도 사회보험이므로 가입자인 피보험자가 보험료를 직접 부담하여야 한다. 예외적으로 오늘날 직장 근로자와 공무원, 사립학교 교직원 피보험자 등의 경우 그 사용자(고용주) 또는 국가가 일정 부분 부담하는 것은 사용자가 피고용자인 근로자와 직 · 간접적인 이해관계가 있는 데에서 기인한 것으로 일방적인 보조로만 보아서는 안 된다.

5) 보험료 징수의 강제성

건강보험제도의 실제적 실효성을 확보하기 위한 방법으로 보험료의 징수는 강제성을 띤다. 만일, 보험료를 법정기일까지 납부하지 않은 경우에는 국세체납처분의 기준에 따른 강제 징수를 하게 된다.

6) 단기보험

보험기간을 중심으로 보면 연금보험은 장기보험에 속하나, 사회보험 중 건강보험과 고용보험은 단기보험에 속한다. 사실상 건강보험은 가입자인 피보험자의 질병, 부상, 분만 등을 보험 사고로 취급하기 때문에 1년 단위의 회계연도를 기준으로 하여 수입과 지출을 예정하여 보험료를 계산하며 지급조건과 지급액도 보험료 납입기간과는 상관이 없고 지급기간이 단기이다.

7) 보험급여 우선의 원칙

건강보험에 있어서의 보험급여는 인간의 생명과 고통에 직결되므로 중대한 자기의 귀책사유가 있어도 피보험자에게 적시에 적정한 보험급여를 시행하고 사후에 그 책임을 가리게 된다.

8) 적정한 보험급여의 원칙

인간의 생명과 직결이 되는 의료에 있어서는 가장 필요하고 적정한 보험급여가 제공되어야 하고, 건강보험의 원칙에 따라 개인의 존엄성을 유지, 발전시킬 수 있도록 최적의 보험급여가 되어야 한다.

1.5. 우리나라 건강보험의 법적 근거

1) 헌법

「헌법 제34조」는 '모든 국민은 인간다운 생활을 할 권리를 가지며, 국가는 사회보장 · 사회복지의 증진에 노력할 의무를 진다.'라고 규정하고 있고, 「헌법 제36조」는 '모든 국민은 보건에 관하여 국가의 보호를 받는다.'라고 규정하고 있다. 사회복지 관점에서 보면 이는 인간다운 생활 또는 생존을 위하여 필요한 여러 조건의 확보를 요구할 수 있는 권리를 말한다.

한편, 사회보장에 관한 기본법인 「사회보장기본법」에서는 "사회보장이라 함은 사회적 위험으로부터 모든 국민을 보호하고 빈곤을 해소하며 국민생활의 질을 향상시키기 위하여 제공되는 사회보험, 공적부조, 사회복지서비스를 말한다."라고 규정되어 있다.

2) 법률

우리나라 국민건강보험법 제1조에 따르면, "국민의 질병 · 부상에 대한 예방 · 진단 · 치료 · 재활 및 출산 · 사망 및 건강증진에 대하여 보험급여를 실시함으로써 국민보건을 향상시키고 사회보장을 증진함을 목적으로 '국민건강보험법'을 제정하여 생활유지 능력이 있는 국민을 대상으로 '건강보험제도'를 운영하고, '의료급여법'을 제정하여 생활유지 능력이 없거나 어려운 국민을 대상으로 '의료급여제도'를 실시한다." 라고 명시되어 있다.

건강보험법은 성문법이며 사회법(사회보장법)으로 행정법의 일부를 지녔다는 면에서 공법의 성격을 가미하고 있으며, 법체계상 시행령-시행규칙-고시, 예규 등으로 하위체계를 이루고 있다.

3) 명령

우리나라 국민건강보험법에서는 대통령령으로 '국민건강보험법 시행령' 및 보건복지부령으로 '국민건강보험법 시행규칙', '국민건강보험요양급여기준에 관한 규칙' 및 '요양급여비용 중 약제비 지급규칙' 등을 규정하고 있다.

4) 기타

행정규칙으로 '피부양자 인증기준', '보험료 경감 고시(도서, 벽지지역 고시)', '장기체류 외국인 및 재외국민에 대한 지역가입자 적용기준' 등의 규정을 두고 있다.

1.6. 건강보험제도의 기능과 역할

1) 건강보험의 사회연대성

건강보험은 국민의 의료비문제를 해결해 줌으로써 국민의 건강과 가계를 보호하는 제도로서, 전 국민을 당연적용 대상자로 하는 사회보험 방식을 채택하고 있다. 따라서 국가 또는 개인의 책임이 아닌 사회공동의 연대책임을 활용하여 소득재분배 기능과 위험분산의 효과를 거두고, 이를 통하여 사회적 연대를 강화하여 사회통합을 이루는 것이다.

2) 소득재분배 기능의 수행

질병은 개인의 경제생활에 지장을 주어 소득을 떨어뜨리고 다시 건강을 악화시키는 악순환을 초래한다. 따라서 건강보험은 각 개인의 경제적 능력에 따른 일정한 부담으로 재원을 조성하고 개별부담과 관계없이 필요에 따라 균등한 급여를 받음으로써 질병 발생시 가계에 지워지는 경제적 부담을 경감시켜주는 소득재분배 기능을 수행한다.

3) 비용과 보험급여의 적정성

비용(보험료) 부담은 형편에 따라 공평하게 부담하는 것으로 주로 소득이나 능력에 비례하여 부담하게 되며, 집단구성원 상호간의 사회적 연대성에 의하여 그 기능이 발휘된다. 또한 보험급여 측면에서는 피보험대상자 모두에게 필요한 기본적 의료를 적정한 수준까지 보장함으로써 그들의 의료문제를 해결하고 누구에게나 균등하게 적정수준의 급여를 제공한다.

4) 위험분산 기능의 수행

많은 인원을 집단화하여 위험을 분산함으로써 개개인의 부담을 경감하는 기능과 미리 적은 돈을 갹출하여 둠으로써 위험을 시간적으로 분산하는 기능도 겸하여 수행하고 있다.

1.7. 건강보험제도의 역사

- 2011. 01 사회보험 징수통합(건강보험, 국민연금, 고용보험, 산재보험)

- 2008. 07 노인장기요양보험 실시
- 2007. 04 노인장기요양보험법 제정(법률 제8403호)
- 2005. 07 노인장기요양보험 시범사업 실시
- 2003. 07 직장재정과 지역재정 통합(실질적인 건강보험 통합)
- 2002. 01 국민건강보험재정건전화특별법 제정
- 2001. 07 5인 미만 사업장 근로자 직장가입자 편입
- 2000. 07 국민의료보험관리공단과 직장의료보험조합(139개) 통합
  - 국민건강보험공단 출범(의료보험 조직통합)
- 1999. 02 국민건강보험법 제정
- 1998. 10 지역의료보험조합(227개)과 공 · 교 의료보험관리공단 통합
  - 국민의료보험관리공단 출범
- 1997. 12 의료보험법 중 지역가입자 관련규정과 공무원 및 사립학교 교직원 의료보험법을 통합한 국민의료보험법 제정
- 1989. 10 약국의료보험 전면 시행
- 1989. 07 도시지역의료보험 실시로 전 국민 의료보험 실현
- 1988. 07 5인 이상 사업장 의료보험적용 확대
- 1988. 01 농어촌 지역의료보험 확대 실시
- 1981. 01 100인 이상 사업장 의료보험 적용 확대
- 1980. 01 공무원 및 사립학교교직원 의료보험에 군인이 포함
- 1979. 07 300인 이상 사업장 근로자 의료보험 적용 확대
- 1979. 01 공무원 및 사립학교교직원 의료보험 실시
- 1977. 07 500인 이상 사업장 근로자 의료보험 실시(486개 조합 설립)
- 1963. 12 의료보험법 제정

1.8. 외국인 및 재외국민 국내 건강보험 적용 현황

외국인 및 재외국민의 경우 직장가입자 적용사업장에 근무하는 외국인 및 재외국민 근로자는 2006.1.1부터 건강보험 직장가입자로 당연적용(비전문취업(E-9) 외국인 근로자는 2004.8.17부터 당연적용) 대상자가 되었다.

2. 건강보험체계

2.1. 건강보험체계의 구성

우리나라 건강보험체계는 가입자(국민)와 요양기관, 보험자(정부)로 구성되어 있다. 가입자는 평소에 보험자(정부)에게 보험료를 납부하고 의료이용 시 요양기관에 본인부담금을 지불하고, 요양기관은 나머지 의료비를 보험자(정부)에 청구한다. 보험자(정부)는 가입자에게 제공할 보험급여의 내용과 범위를 결정하고 요양기관에 지급할 의료비의 지급기준과 방법을 통제한다(그림 5-1).

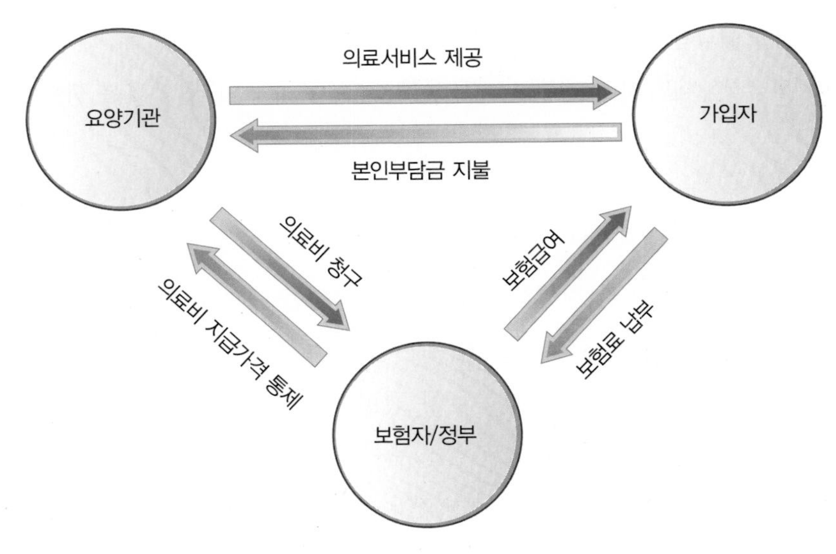

〈그림 5-1〉 건강보험의 3자 관계

2.2. 건강보험제도의 의사결정구조

1) 보건복지부

(1) 건강보험 제도 관련 전반적인 정책을 결정한다.

(2) 보험료율 및 보험료 부과기준, 요양급여의 범위 등을 결정하며 관리운영주체인 건강보험공단의 예산 및 규정 등을 승인한다.

(3) 세부적으로 급여결정 영역에 있어 신의료기술평가, 급여의 기준(방법, 절차, 범위, 상한 등)과 약제 및 치료재료의 상한금액 결정 및 급여의 상대가치를 결정하고 고시한다.

2) 국민건강보험공단

(1) 건강보험 보험자인 국민건강보험공단은 건강보험 가입자의 자격을 관리하고, 보험료를 부과하고 징수하는 역할을 담당한다.
(2) 요양기관에는 비용을 지급한다.
(3) 요양기관에서 건강보험심사평가원에 급여비용을 청구하면 건강보험심사평가원에서 이를 심사하여 국민건강보험공단에 결과를 통보하고 국민건강보험공단은 심사를 통해 조정된 비용을 요양기관에 지급한다.
(4) 국민건강보험공단의 급여 관련 업무는 제약회사와 협상을 통해 약가결정, 보험급여비용 지급, 상대가치의 점수 당 단가(환산지수) 계약 체결 업무를 담당한다.

3) 건강보험심사평가원

(1) 건강보험심사평가원은 요양급여비용 심사와 요양급여의 적정성을 평가하고, 급여와 관련된 복지부 업무를 지원하는 급여업무 전반을 수행하고 있다.
(2) 건강보험심사평가원의 급여 관련 업무는 상대가치점수 산정, 약가 상환금액 산정 등 상대가치점수 및 치료재료 상한금액 결정 등에서 중요하고 실질적인 역할을 담당하며 진료비 지불방식 및 수가 결정을 위한 자료를 제공한다.
(3) 신의료기술 급여의 범위를 결정하는 신의료기술평가위원회를 운영하고 관리하는 역할을 담당한다.

4) 건강보험정책심의위원회

(1) 국민건강보험법 제4조에 명시된 보건복지부 장관 소속의 위원회 조직이다.
(2) 요양급여의 기준, 요양급여비용, 가입자의 보험료 수준 등 건강보험에 관한 주요사항을 심의 의결한다.
(3) 총 25인으로 구성되며 위원장은 보건복지부 차관이 되고 가입자 단체 8인, 공급자 단체 8인, 공공기관 4인 및 관련 전문가 4인으로 구성된다.

2.3. 건강보험 적용대상

한국의 건강보장은 공적부조인 의료급여와 사회보험인 건강보험으로 구분할 수 있으며, 국내에 거주하는 전 국민을 포괄하고 있다. 우리나라의 건강보험은 직장가입자와 지역가입자로 적용 대상자를 구분하고 있으며, 직장가입자는 사업자의 근로자 및 사용자와 공무원 및 교직원, 그리고 그 피부양자로 구성되고, 지역가입자는 직장가입자와 그 피부양자를 제외한 자를 대상으로 한다.

건강보험 대상자 중 피부양자는 직장가입자에 의하여 주로 생계를 유지하는 자로서 보수 또는 소득이 없는 자를 의미하며, 직장가입자의 배우자, 직계존속(배우자의 직계존속 포함), 직계비속(배우자의 직계비속 포함) 및 그 배우자, 형제 · 자매를 포함한다. 피부양자로 인정받기 위해서는 부양요건(외국인 포함)과 소득요건(19세 미만의 미성년자는 소득이 없는 것으로 본다)을 동시에 충족하여야 한다.

건강보험 적용 제외기준

(1) 의료급여법에 의한 의료급여 대상자
(2) 국가유공자예우등에 관한 법률에 의하여 의료급여를 받는 자는 본인이 원하면 건강보험의 적용을 받지 아니할 수 있다. 다만, 본인이 건강보험을 받고자 하여 보험자에게 신청하거나 건강보험의 적용을 받는 자가 유공자 등 의료급여로 된 경우로는 건강보험적용 배제를 신청하지 아니한 자는 제외

〈표 5-1〉 건강보험 적용인구 현황(2013년 11월 기준)

분류		적용인구	비율
총계		51,430	100.0
건강보험	계	49,970	97.2
	직장	35,188	68.4
	지역	14,782	28.8
의료급여		1,461	2.8

2.4. 보험료의 조달

1) 직장가입자 보수월액보험료

가) 개요

보수월액보험료는 가입자의 보수월액에 보험료율을 곱하여 보험료를 산정한 후, 경감률 등을 적용하여 가입자 단위로 부과한다.

나) 보험료 산정방법

- 건강보험료 = 보수월액 × 건강보험료율
- 장기요양보험료 = 건강보험료 × 장기요양보험료율

※보수월액은 동일사업장에서 당해 연도에 지급받은 보수총액을 근무월수로 나눈 금액을 의미

※국외근무자는 건강보험료율의 100분의 50을 적용함

다) 보험료율

- 건강보험료율 5.99%, 장기요양보험료율 6.55% (2014년 1월 기준)

※ 장기요양보험료는 2008년 7월부터 부과

〈표 5–2〉 보험료 부담비율

구분	계	가입자부담	사용자부담	국가부담
근로자	5.99% (100%)	2.995% (50%)	2.995% (50%)	–
공무원	5.99% (100%)	2.995% (50%)	–	2.995% (50%)
사립학교교원	5.99% (100%)	2.995% (50%)	1.797% (30%)	1.198% (20%)

라) 건강보험료 경감 종류 및 경감률

- 섬 · 벽지 경감 : 50%
- 군인 경감 : 20%
- 휴직자 경감 : 최대 50% (다만, 육아휴직자는 60%)

- 임의계속가입자 경감 : 50%
- 경감 종류가 중복될 경우 최대 경감률은 50%

마) 건강보험료 면제 사유

국외 체류(여행 · 업무 등으로 1월 이상 체류하고 국내 거주 피부양자가 없는 경우), 현역병 등으로 군 복무, 교도소 기타 이에 준하는 시설에 수용된 경우

바) 장기요양보험료 경감 사유 및 경감률

등록장애인(1~2급), 희귀난치성질환자(6종)의 경우 장기요양보험료 30% 경감

2) 직장가입자 소득월액보험료

가) 개요

보수월액에 포함된 보수를 제외한 소득(보수 외 소득)이 연 7,200만 원이 초과하는 직장가입자에게 보수 외 소득을 12개월로 나눈 소득월액에 보험료율의 50%를 곱하여 소득월액보험료 부과

나) 보험료 산정방법

- 건강보험료 = {소득월액 × 보험료율(5.99%)} × 50%
- 장기요양보험료 = 소득월액보험료 × 장기요양보험료율

※소득월액 : 보수월액에 포함된 보수를 제외한 직장가입자의 소득으로 이자, 배당, 사업, 근로, 연금, 기타 소득을 12로 나눈 금액(근로소득, 연금소득 : 20% 적용)

다) 보험료율

- 건강보험료율 5.99%, 장기요양보험료율 6.55% – 2012년 9월부터 부과 (2014년 1월 기준)

라) 건강보험료 경감 종류 및 경감률

- 섬 · 벽지 경감 : 50%
- 군인 경감 : 20%

- 사업장 화재 등 경감 : 30%
- 경감 종류가 중복될 경우 최대 경감률은 50%

마) 건강보험료 면제 사유

국외 체류(여행 · 업무 등으로 1월 이상 체류하고 국내 거주 피부양자가 없는 경우), 현역병 등으로 군 복무, 교도소 기타 이에 준하는 시설에 수용된 경우

바) 장기요양보험료 경감 사유 및 경감률

등록 장애인(1~2급), 희귀난치성질환자(6종)의 경우 30% 경감

3) 지역가입자

가) 개요

지역가입자의 건강보험료는 가입자의 소득, 재산(전월세 포함), 자동차, 생활수준 및 경제활동참가율을 참작하여 정한 부과요소별 점수를 합산한 보험료 부과점수에 점수 당 금액을 곱하여 보험료를 산정한 후, 경감률 등을 적용하여 세대 단위로 부과한다.

나) 보험료 산정방법

- 건강보험료 = 보험료 부과점수 × 점수 당 금액
- 장기요양보험료 = 건강보험료 × 장기요양보험료율

다) 보험료 부과점수의 기준

- 소득 점수(75등급) : 이자소득, 배당소득, 사업소득, 근로소득, 연금소득, 기타소득
- 재산 점수(50등급) : 주택, 건물, 토지, 선박, 항공기, 전월세
- 자동차 점수(7등급, 28구간)
- 생활수준 및 경제활동참가율 점수(30등급)
- 연 소득 500만 원 이하 세대 : 생활수준 및 경제활동참가율 점수 + 재산 점수 + 자동차 점수
- 연 소득 500만원 초과 세대 : 소득 점수 + 재산 점수 + 자동차 점수

라) 건강보험료 부과 점수 당 금액 및 장기요양보험료율

• 건강보험료 175.6원, 장기요양보험료6.55% – 장기요양보험료는 2008년 7월부터 부과 (2014년 1월 기준)

마) 건강보험료 경감 종류 및 경감률

• 섬 · 벽지 경감 : 50%
• 농어촌 경감 : 22%
  ※ 농어업인 경감 : 28%(농림축산식품부에서 국고지원)
• 세대 경감 : 10~30%(노인, 장애인, 한 부모 가족 세대 등)
  ※ 세대경감 사유가 중복될 경우 유리한 경감률 하나만 적용
• 재해 경감 : 30~50%
• 경감 종류가 중복될 경우 최대 경감률은 50%임
• 섬 · 벽지 경감 , 농어촌경감(농어업인 경감), 세대경감 순으로 적용

바) 건강보험료 면제 사유

국외 체류(여행 · 업무 등으로 1월 이상 체류), 현역병 등으로 군 복무, 교도소 기타 이에 준하는 시설에 수용된 경우

사) 장기요양보험료 경감 사유 및 경감률

등록장애인(1~2급), 희귀난치성질환자(6종)의 경우 30% 경감

2.5. 보험료 재정

국민건강보험제도 운영에 소요되는 재원은 보험료와 정부지원으로 구성되며, 「국민건강보험법」상에서 다음과 같이 규정한다.

1) 보험료(국민건강보험법 제69조 보험료)

보험자는 건강보험사업에 소요되는 비용에 충당하기 위하여 보험료의 납부의무자로부

터 보험료를 징수한다.

(1) 직장가입자와 지역가입자로 이원화된 부과체계 운영
(2) 직장 : 근로소득의 5.99%(2014년 1월 기준), 사용자와 근로자가 50% 부담
(3) 지역 : 소득, 재산, 자동차 등을 점수화

2) 정부지원(국민건강보험법 제108조 보험재정에 대한 정부지원)

(1) 보험료 수입의 20%에 상당하는 금액을 지원 : 정부지원(14%) + 담배부담금(6%)
(2) 국가는 매년 예산의 범위 안에서 당해 연도 보험료 예상수입액의 100분의 14에 상당하는 금액을 국고에서 공단에 지원한다.
(3) 「국민건강증진법」이 정하는 바에 따라 국민건강증진기금에서 자금을 지원받을 수 있다.

2.6. 보험급여의 형태

보험급여란 가입자 및 피부양자의 질병 · 부상에 대한 예방 · 진단 · 치료 · 재활과 출산 · 사망 및 건강증진에 대하여 법령이 정하는 바에 따라 공단이 현물 또는 현금 형태로 제공하는 서비스를 말한다.

1) 현물급여

현물급여는 가입자 및 피부양자에게 요양기관을 통하여 직접 의료서비스를 제공하는 것으로 요양급여와 건강검진시의 급여가 있다.

요양급여는 가입자 또는 피부양자의 질병 · 부상 · 출산 등에 대한 급여로서 급여의 내용으로는 진찰, 약제 또는 치료재료의 지급, 처치, 수술, 기타의 치료, 입원에 따른 비용 등에 지급된다.

건강검진은 가입자 · 피부양자에 대한 질병의 조기 발견을 위한 건강검진과 그에 따른 요양급여를 말한다.

2) 현금급여

현금급여는 가입자 및 피부양자의 신청에 의하여 공단에서 현금으로 지급하는 것이다. 요양비는 가입자 또는 피부양자가 긴급 · 기타 부득이한 사유로 인하여 요양기관과 유사한 기능을 수행하는 기관에서 질병 · 부상 · 출산 등에 대하여 요양을 받은 경우, 그 요양급여에 상당하는 금액을 지급한다. 그 외에는 장제비, 본인부담액보상금, 장애인 보장구 급여비 등이 있다.

〈표 5-3〉 보험급여의 종류

급여종류		수급권자
현물급여	요양급여 건강검진	가입자 및 피부양자
현금급여	요양비	가입자 및 피부양자
	본인부담액보상금	가입자 및 피부양자
	장애인보장구급여비	장애인복지법에 의해 등록한 장애인인 가입자 및 피부양자

2.7. 본인부담금

1) 입원

입원진료의 경우 본인부담금은 총 진료비의 20%

2) 외래

(1) 상급종합병원 : 진찰료 총액 + 나머지 진료비의 60%
(2) 종합병원 : 요양급여비용총액의 45%(읍 · 면지역), 50%(동지역)
(3) 병원 : 요양급여 비용총액의 35%(읍 · 면지역), 40%(동지역)
(4) 의원 : 요양급여비용 총액의 30%
(단, 65세 이상 요양급여비용 총액이 15,000원 이하이면 1,500원)

(5) 보건소, 보건지소, 보건진료소 : 요양급여비용이 12,000원 초과 시 총액의 30%, 요양급여비용이 12,000원 이하 시 정액제 적용

(6) 약국 본인부담금 : 요양급여비용 총액의 30%
(단, 65세 이상 요양급여비용 총액이 10,000원 이하이면 1,200원)

※ 경증질환(52개)으로 대형병원 외래 진료 시 본인 부담률 차등 적용(2011.10.1.부터)
- 감기 등 경증질환(52개)으로 외래진료 후 약국 요양급여비용 본인부담률은 상급종합병원 30% → 50%, 종합병원 30% → 40%로 인상
- 차등적용 질병은 상급종합병원 또는 종합병원 외래진료 시 발급된 원외처방에 의한 약국 조제 시에만 적용하며, 입원환자나 의약분업예외환자에 대해서는 적용하지 않는다.

3) 6세 미만 아동의 경우

(1) 외래 : 성인 본인부담률의 70% 적용
(2) 입원 : 요양급여비용의 10%(2008.1.1.부터)
※ 단, 보건소 · 보건지소 · 보건진료소 정액제 및 약국 직접조제는 경감 대상 아님

4) 암 등 중증질환자의 경우 총 진료비의 5%(2009.12.1.부터)

(1) 암, 희귀난치질환 등록자(2009.7.1) : 입원, 외래, 약국 불문하고 등록일로부터 5년간
(2) 입원 및 만성신부전증환자 : 총 진료비의 10%
(3) 심장 · 뇌혈관질환 : 입원기간 최대30일 (단, 반드시 수술을 해야 함)
(4) 중증화상 본인부담률 경감(입원, 외래5%) : 2010.7.1.부터

5) 외래 진료 시 산정특례 대상자에 대한 본인부담 적용률

(1) 미등록 암환자 : 20%
(2) 미등록 희귀난치성질환자 : 30~60%

3. 보험청구 업무

3.1. 요양급여 절차

요양급여 절차는 1단계 요양급여와 2단계 요양급여로 구분하며, 보험가입자 또는 피부양자는 1단계 진료를 받은 후 2단계 진료를 받도록 하고 있다.

요양급여 절차는 의료자원의 효율적 이용과 지역 및 요양기관의 균형적인 발전을 도모하고 상급종합병원에 환자가 집중되는 현상을 방지한다. 또한 의료기관을 이용할 때 이용 편의를 도모하며, 절차에 의하지 아니하고 요양기관을 이용할 경우에는 요양급여비용 전액을 본인이 부담해야 한다.

1) 1단계 요양급여

2단계 진료인 상급종합병원을 제외한 곳에서 요양급여를 받는 것을 말한다.

2) 2단계 요양급여

1단계 요양급여에도 불구하고 보다 전문적인 진료의 필요성이 있을 때, 1단계 요양기관에서 전문적인 요양급여가 필요하다는 의사의 소견이 기재된 '요양급여의뢰서' 또는 '건강진단 · 건강검진결과서'를 지참하여 상급종합병원에서 요양급여를 받는 것을 말한다.

3) 요양급여 절차의 예외

보험가입자가 다음에 해당하는 경우에는 위에서 정한 2단계 요양급여 절차에도 불구하고 상급종합병원에서 1단계 요양급여를 받을 수 있다.

(1) 응급의료에 관한 법률 제2조 1호에 해당하는 응급환자의 경우
(2) 분만급여의 경우
(3) 치과에서 요양급여를 받는 경우
(4) 장애인복지법에 의한 등록 장애인 또는 단순 물리치료가 아닌 작업치료 · 운동치료 등의 재활치료가 필요하다고 인정되는 자가 재활의학과 요양급여를 받는 경우

(5) 가정의학과 요양급여를 받는 경우
(6) 당해 요양기관에서 근무하는 가입자가 요양급여를 받는 경우
(7) 혈우병 환자가 요양급여를 받는 경우

3.2. 요양급여비 청구 및 지급 절차

요양기관에서 환자에게 진료를 하는 경우 총 진료비 중 일부를 환자가 부담하고 요양기관은 나머지를 건강보험심사평가원에 청구한다. 요양기관에서 건강보험심사평가원에 요양급여에 대한 비용을 청구하면 건강보험심사평가원은 요양급여에 대한 정당한 심사를 거쳐 그 결과를 국민건강보험공단에 통보하고, 통보받은 공단은 청구한 요양기관에 요양급여비용을 지급하는 과정을 거치게 된다.

1) 요양급여비용 청구

요양급여비용 청구는 건강보험법 제47조 제1항 및 제2항에 의거 요양기관의 요양급여비용 지급청구는 국민건강보험공단에 하고, 심사청구는 건강보험심사평가원에 한다. 다만, 요양기관의 비용청구 절차를 간소하게 하기 위하여 요양기관은 요양급여비용 청구서에 급여를 받은 자에 대한 요양급여비용 명세서를 첨부하여 건강보험심사평가원에 제출한다.

검체검사 위탁검사비용의 청구 시 요양기관이 인체에서 채취한 가검물에 대한 검사(검체검사)를 다른 요양기관 또는 검사기관으로 의뢰하는 경우에는 요양기관은 수탁기관의 요양기관 기호 및 검사내역을 요양급여비 명세서에 기재하여 청구하고, 수탁기관은 검체검사 공급 내역통보서를 수진자별로 작성하여 위탁기관별로 분철한 EDI방식으로 해당 위탁기관 관할 건강보험심사평가원에 통보한다.

2) 요양급여비용의 심사

요양기관으로부터 청구받은 요양급여비용의 심사는 건강보험심사평가원에서 이루어지며 심사를 거쳐 급여비 지급액이 확정된다. 건강보험심사평가원은 요양급여비용 심사결과를 국민건강보험공단 및 해당 요양기관에 각각 통보한다. 이때 요양급여비용 심사는

요양급여의 기준 건강보험법 제41조 요양급여비용의 내역(건강보험법 제45조의 규정)에 적합한지를 심사하게 한다.

※ 요양급여비용 심사의 의의

요양급여비용 심사는 관계법령에서 정한 기준과 원칙에 근거하여 의학적으로 보편타당하고 경제적으로는 비용효과적인 방법으로 요양급여가 행하여졌는지 여부를 공정하고 객관적이며 타당하게 심사함으로써 의료보장 취지에 합당한 적정 진료를 보장하여 요양급여에 대한 사회적 책임과 국민에 대한 의학적 보호기능을 실제화하는 데 그 의의가 있다.

3) 요양급여비용의 지급

건강보험심사평가원으로부터 요양급여비용의 심사 내용을 통보받은 국민건강보험공단은 지체 없이 그 내용에 따라 요양급여비용을 요양기관에게 지급한다.

즉, 국민건강보험공단은 건강보험심사평가원으로부터 청구서 접수내역 및 심사내역파일, 청구명세서, 요양급여비용 심사결과를 통보받아 지급 전 사전 점검 후 요양급여비용 지급통보서에 의거해 요양기관 또는 공급자에게 해당 요양급여비용을 지급한다. 다만, 아래와 같은 공제내역은 차감(요양급여비용 지급통보서에 기재)하여 지급한다.

㉠ 소득세 및 주민세
㉡ 요양기관에 대한 미환수금, 심사조정으로 발생한 본인부담금환급금 등 공단 정산분
㉢ 가지급 정산 금액
㉣ 요양기관의 위탁검사비용
㉤ 채권압류금

이때 요양급여비용의 송금은 펌뱅킹시스템(공단과 거래은행 간에 상호 연결된 전송망)을 통하여 요양급여비용 등 지급관련 내역을 송·수신하여 입금예정일에 지급금액을 통보된 계좌에 입금한다.

3.3. 급여비용의 부담

가입자의 부상 또는 질병으로 요양기관에서 요양을 받을 때는 요양급여비 본인부담률에 따라 진료비의 일부를 본인이 부담하여야 한다. 그러나 다음에 해당하는 경우에는 본인부담률에 대한 일률적인 기준이 아닌 별도의 요양급여기준에 따라 전액 또는 일부를 본인이 부담하도록 하고 있다. 다만, 요양기관이 연구목적으로 선정한 환자(학구용 환자)에 대한 진료비는 요양기관이 부담하도록 하고 있다.

1) 전액본인부담(100%)

(1) 가입자가 요양급여의 기준에 관한 규칙에서 정한 요양급여의 절차에 의하지 않고 요양기관을 이용한 경우
(2) 교도소 및 기타 이에 준하는 시설에 수용되어 있는 가입자 · 피부양자가 요양기관을 이용한 경우
(3) 요양기관의 구급차를 이용하여 이송되었을 경우의 이송 처치료
(4) 기타 요양급여대상으로서 당해 요양급여 비용을 보험재정의 형편상 부담이 곤란하여 보건복지부장관이 별도로 인정한 경우
(5) 선택진료 규정에 의한 선택진료 비용

2) 입원진료비 부담률에 의한 본인부담(20%)

만성질환으로 계속 진료가 필요한 경우 경제적 부담을 경감시키기 위하여 외래에서 진료를 받더라도 입원진료비 부담률에 의거 20%만을 부담하도록 한 제도이다. 외래에서 산정특례대상(중증등록 제외) 및 장루 · 요루 장애인 치료재료대 사용 시에도 입원 본인부담률에 의한다.

3) 외래진료비 부담률에 의한 본인부담(30~60%)

입원 중 전산화단층촬영(CT) 및 자기공명영상촬영(MRI), 2006년 6월 1일부터 시행된 양전자단층촬영(PET)을 시행한 경우에도 그 비용의 본인일부부담금은 외래진료비 부담률에 따라 본인이 부담한다.

4) 본인부담의 면제

자연분만의 경우와 신생아 집중치료실 환자(생후 27일까지), 조산아(제태기간 37주 미만에 출생), 저체중아(2.5kg 이하)의 경우는 본인부담 면제 대상이다. 2008년 4월 1일부터 의료급여 수급권자이던 차상위 희귀 · 난치성 질환자의 경우 건강보험으로 자격이 변경되었으나, 본인부담률은 입원 및 외래 모두 면제대상이다.

〈표 5-4〉 입원 진료 시 본인부담액

<table>
<tr><th rowspan="2">구분</th><th colspan="3">본인부담액</th><th rowspan="2">끝수
계산</th></tr>
<tr><th>요양급여비용 총액</th><th>고가특수의료장비총액
(CT, MRI, PET)</th><th>식대
총액</th></tr>
<tr><td>일반환자</td><td>20%</td><td>외래 본인부담률</td><td rowspan="4">50%</td><td rowspan="4">10원 미만 절사</td></tr>
<tr><td>6세 미만
(신생아 제외)</td><td colspan="2">10%</td></tr>
<tr><td>신생아
(28일 이내)</td><td colspan="2">면제</td></tr>
<tr><td>자연분만</td><td colspan="2">면제</td></tr>
</table>

〈표 5-5〉 상급종합병원 외래 진료 시 본인부담액

<table>
<tr><th>소재지</th><th>환자구분</th><th>본인부담액</th><th>끝수계산</th></tr>
<tr><td rowspan="2">모든 지역</td><td>일반환자</td><td>[진찰료총액 + (요양급여비용총액 - 진찰료총액)]×60/100</td><td rowspan="2">100원 미만 절사
(2009.6.30. 이전
10원 미만 절사)</td></tr>
<tr><td>의약분업
예외환자</td><td>[진찰료총액 + (요양급여비용총액 − 약가총액 - 진찰료총액)]×60/100 + (약가총액×30/100)</td></tr>
</table>

〈표 5-6〉 종합병원 외래 진료 시 본인부담액

<table>
<tr><th>소재지</th><th>환자구분</th><th>본인부담액</th><th>끝수계산</th></tr>
<tr><td rowspan="2">동지역</td><td>일반환자</td><td>요양급여비용총액×50/100</td><td rowspan="4">100원 미만 절사
(2009.6.30. 이전
10원 미만 절사)</td></tr>
<tr><td>의약분업
예외환자</td><td>[(요양급여비용총액 − 약가총액)×
50/100] + (약가총액×30/100)</td></tr>
<tr><td rowspan="2">읍/면 지역</td><td>일반환자</td><td>요양급여비용총액×45/100</td></tr>
<tr><td>의약분업
예외환자</td><td>[(요양급여비용총액 − 약가총액)×
45/100] + (약가총액×30/100)</td></tr>
</table>

〈표 5-7〉 병원급(병원, 치과병원, 한방병원 및 요양병원) 외래 진료 시 본인부담액

<table>
<tr><th>소재지</th><th>환자구분</th><th>본인부담액</th><th>끝수계산</th></tr>
<tr><td rowspan="2">동지역</td><td>일반환자</td><td>요양급여비용총액×40/100</td><td rowspan="4">100원 미만 절사
(2009.6.30. 이전
10원 미만 절사)</td></tr>
<tr><td>의약분업
예외환자</td><td>[(요양급여비용총액 − 약가총액)×
40/100] + (약가총액× 30/100)</td></tr>
<tr><td rowspan="2">읍/면 지역</td><td>일반환자</td><td>요양급여비용총액×35/100</td></tr>
<tr><td>의약분업
예외환자</td><td>[(요양급여비용총액 − 약가총액)×
35/100] + (약가총액×30/100)</td></tr>
</table>

5) 비급여 대상

가) 업무 또는 일상생활에 지장이 없는 경우

- 단순한 피로 또는 권태
- 주근깨, 다모, 무모, 백모증, 딸기코(주사비), 점(모반), 사마귀, 여드름, 노화현상으로 인한 탈모 등 피부 질환
- 발기부전, 불감증 또는 생식기 선천성 기형 등의 비뇨생식기 질환
- 단순 코골음
- 질병을 동반하지 아니한 단순 포경
- 검열반 등 안과 질환

나) 신체의 필수 기능 개선 목적이 아닌 경우

- 쌍꺼풀 수술(이중검 수술), 코성형 수술(융비술), 유방확대 및 축소술, 지방흡인술, 주름살 제거술 등 미용목적의 성형수술과 그로 인한 후유증 치료
- 사시교정, 안와격리증의 교정 등 시각계 수술로서 시력개선의 목적이 아닌 외모 개선 목적의 수술
- 저작 또는 발음기능 개선의 목적이 아닌 외모 개선 목적의 악안면 교정술 및 교정치료
- 관절운동 제한이 없는 반흔구축성형술 등 외모 개선 목적의 반흔제거술
- 안경, 콘택트렌즈 등을 대체하기 위한 시력교정술

다) 예방진료로서 질병 및 부상의 진료를 직접 목적으로 하지 아니하는 경우

- 본인의 희망에 의한 건강검진
  (법 제47조의 규정에 의하여 공단이 가입자 등에게 실시하는 건강검진 제외)
- 예방접종(파상풍 혈청주사 등 치료목적으로 사용하는 예방주사 제외)
- 불소국소도포 등 치아우식증 예방을 위한 치료
- 멀미 예방, 금연 등을 위한 진료
- 유전성질환 등 태아의 이상 유무를 진단하기 위한 세포유전학적 검사

라) 요양급여로 인정하기 어려운 경우 및 보험급여원리에 부합하지 않는 경우

① 상급병실료 차액 : 기본입원료만을 산정하는 병상(일반병상)을 50% 이상 확보하여 운영하거나 10병상 이하인 경우에는 요양기관에서 1개의 입원실에 5인 이하가 입원할 수 있는 병상(상급병상)을 이용함에 따라 기본 입원료 외에 추가로 부담하는 입원실 이용 비용

② 장애인에게 보험급여를 실시하는 보장구를 제외한 보조기 · 보청기 · 안경 또는 콘텍트렌즈 등 보장구

③ 보조생식술(체내 · 체외인공수정 포함)시 소요된 비용

④ 친자 확인을 위한 진단

⑤ 치과의 보철(보철재료 및 기공료 등 포함)

⑥ 보건복지부장관이 고시한 약제에 관한 급여목록표에서 정한 일반의약품으로서 약사법 제21조의 규정에 의한 조제에 의하지 아니하고 지급하는 약제
⑦ 선택진료를 받는 경우에 선택진료에 관한 규칙에 따라 추가되는 비용
⑧ 장기이식 등에 관한 법률에 의한 장기이식을 위하여 다른 의료기관에서 채취한 골수 등 장기의 운반에 소요되는 비용
⑨ 마약류 중독자의 치료보호에 소요되는 비용
⑩ 요양급여 대상 또는 비급여 대상으로 결정 · 고시되기 전까지의 신의료기술 등

4. 국제의료보험 실무

4.1. 국제(민간)의료보험의 개념

국제민간의료보험은 원래 국제보험사들에 의해 자국을 떠나 외국에서 생활하는 국외 근로자를 대상으로 이들이 외국에서 겪게 되는 예상치 못한 질병이나 사고로 인하여 발생될 의료 리스크를 줄여주거나 제거함으로써 본인의 경제적 손실을 최소화하기 위한 목적으로 개발되었다. 그러나 세계화의 영향으로 자국을 떠나 외국으로 여행이나 유학 등으로 국가 간 인력이동이 크게 증가함에 따라, 타국에서 생활하는 동안 발생된 질환의 진료비의 보상이나 각종 사고로 인한 보상이 보험을 통해 이루어지고 있다. 국제의료보험 실무는 이처럼 국가 간 이동 요인에 의해 발생된 문제를 해결하는 보험을 취급하게 된다.

4.2. 국제민간의료보험의 종류

1) 국제의료보험(International Health Insurance)

국제의료보험의 경우는 통상 1년 이상의 일정으로 자국을 떠나 외국에서 일하게 되는 해외 종사자를 대상으로 질병 및 사고에 대비하여 가입하는 국제보험의 일종이다. 의료 관련 국제보험 중 자국을 떠나 외국에서 일하는 외국 주재원, 기업체 임직원 등이 일하는 동안 발생되는 질병이나 사고로 인한 진료 시 이를 보상해 주기 위한 보험과 진료비 절감을 위해 자국을 떠나 외국에서 치료 시 보상해 주는 의료관광 관련 의료보험 상품 등이 여기에 속한다.

2) 여행자 의료 보험(Travel Health Insurance)

해외여행 중 예상치 않은 질병이나 사고를 대비하여 여행 전 출발지에서 가입하는 형태의 보험을 말하며 일반적으로 짧은 여행(5일 내외) 및 최장 1년 정도의 보험기간을 정하여 가입하는 것을 말한다. 보험가입자가 해외여행 중에 당할 수 있는 응급상황이나 사고에 대해서 경증부터 중증에 이르기까지 보장한다.

3) 국제학생보험(International Student Insurance)

국제학생보험(유학생 보험)은 외국에서 공부하는 동안 발생되는 각종 질병 및 사고에 대비하여 학생들을 대상으로 하는 국제보험이다.

미국에서는 유학하는 학교에서 가입해야 하거나 각 주에서 무료로 가입시켜 주는 경우가 일반적이나, 이러한 특별한 경우를 제외하면 유학생의 경우 반드시 국제학생보험에 의무적으로 가입해야 한다. 가입 후 입학하기 전 해당 학교에 보험가입증서를 제출해야 한다. 물론 해당 학교에서도 입학 시 국제학생보험에 가입해야 한다는 안내문을 발송한다.

보험금 청구는 작은 사고나 약 값 등은 영수증 및 의사의 진단서를 첨부하여 귀국 후 보험 청구서를 작성하여 청구할 수 있으며, 큰 질병의 치료나 큰 사고의 경우에는 현지에서 국제보험사를 통하여 보험처리를 할 수도 있다.

4) 국제단체보험(International Group Insurance)

대개 5명 이상의 학생이나 직장 또는 여행단체 등 그룹으로 가입하는 보험이다. 개인으로 가입할 때보다 보험료를 다소 할인받을 수 있다.

5) 여행 취소 · 중단 보험(Trip Cancellation & Interruption Insurance)

여행 취소 · 중단 보험은 여행보험 중에서 가장 흔한 것으로 주로 여행경비에 대한 안전을 걱정하는 사람들이 찾는다. 여행 취소, 응급후송, 보조원 서비스 등을 포함해 의료보장의 범위에 따라 보험료가 지급된다.

6) 의료관광보험(Medical Tourism Insurance)

의료관광보험은 치료를 목적으로 하는 의료관광객들의 독특한 요구에 맞추어 만들어진 보험으로, 주로 보장하는 내용은 다음과 같다.

(1) 출국부터 귀국까지의 기간 중에 발생한 의료적인 합병증
(2) 보험가입자 및 보험가입자의 일행에 대한 국외에서의 급성 질환 및 손상
(3) 여행 취소 : 환자와 그 동행인의 숙박, 선금, 의료시설에 대한 비금전적인 지불 등을 보상
(4) 치료를 목적으로 하는 후송

4.3. 국제보험 청구 실무

1) 국제의료보험 직접청구(Direct Billing) 개요

직접청구(Direct Billing)란 의료서비스 공급자인 의사 또는 의료지원회사 등과 양자 상호 간의 계약을 통해 보험 가입자를 대신하여 환자가 보험사와 계약된 계약병원에 의뢰되어 응급, 외래, 입원 진료를 받았을 때 발생되는 진료비를 환자에게 직접 받지 않고 병원이 직접 국제보험사에 진료비를 청구하는 과정 및 행위를 말한다. 이러한 직접청구는 향후 의료관광 활성화에 크게 기여할 것으로 보인다.

2) 진료비 직접청구의 목적

외국인 환자 또는 의료관광객 본인의 일시적 경제적 부담을 줄여줌으로써 의료서비스의 경제적 접근성을 향상시킬 수 있다. 의료관광을 통한 외국인 환자의 경우, 의뢰한 외국 의료기관으로부터의 진료 설계에 따른 본인의 진료비에 대하여 본인이 이를 직접 준비해야 하는 데에 따른 경제적 부담이 클 수 있으나, 병원이 국제보험사의 지불보증을 받아 직접 청구할 수 있다면 그만큼 환자의 경제적 부담감은 줄어든다. 이는 다른 나라 의료기관을 방문하는 데 있어 환자의 경제적 접근성 향상을 가져오며, 결과적으로 의료관광을 통한 국내 해외환자 유치에 매우 긍정적인 효과를 미치게 될 것이다.

3) 국제의료보험 청구 시 고려사항

(1) 진료비 청구의 목적과 필요성은 무엇인가?

(2) 진료비 청구를 위한 해당 보험사 확인 및 청구 절차 확인은 어떻게 해야 하는가?

(3) 진료비 청구를 위한 자료 수집은 어떻게 하는가?

(4) 진료비 청구를 위한 정확한 자료수집 후 보험 청구를 위한 절차는 어떠한가?

(5) 부정확한 자료 수집으로 인해 청구한 후 보험금이 삭감되거나 지급거절을 당했을 때 어떻게 대처하는가?

4.4. 진료비 청구 절차

국제보험 청구 프로세스란 보험금 청구와 관련하여 진료비의 지급을 신청하는 일련의 과정을 말한다. 이러한 보험 청구 프로세스는 크게 외래 진료 환자의 경우와 입원 진료 환자의 경우로 나누어 볼 수 있다. 응급실을 경유하여 귀가 조치되는 경우는 외래진료 환자의 경우와 동일한 과정이며, 응급실을 경유하여 입원 치료한 입원진료 환자의 경우 입원진료 환자 보험 청구 프로세스에 준한다.

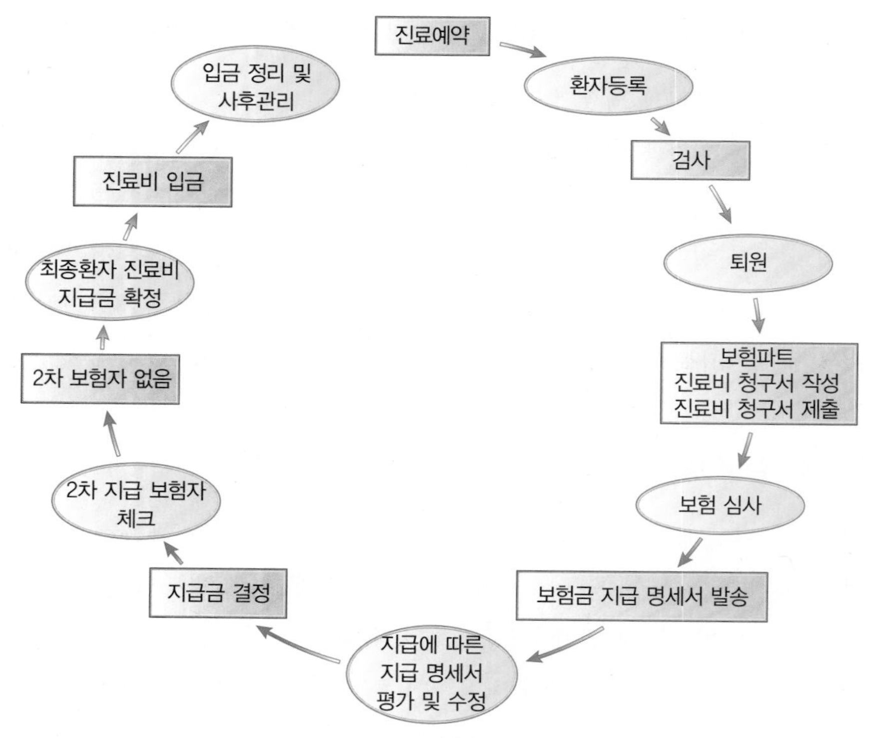

〈그림 5-2〉 국제보험 청구 프로세스

1) 외래환자의 경우

가) 환자의 국제보험사 확인(International Insurance Identification)

국제보험사의 가입자로부터 진료에 대한 요청을 받게 되면, 해당 환자의 국제보험 가입 여부 및 해당 보험사의 정보를 취득하기 위해 우선 여권이나 기타 ID를 통하여 본인 여부를 확인한다. 이후 환자 본인으로부터 해당 국제보험사에서 발행한 보험카드를 제출받아 앞 · 뒷면을 복사하여 사본을 보관한다. 보험금 청구 시 그 사본을 첨부해야 하므로 따로 잘 보관해야 한다.

나) 지불보증서 요청(Request of Guarantee of Payment)

검사명, 진단명, 향후 치료 계획 등을 기재한 영문 진단서를 발급받아 통보하고 지불보증서(GOP, Guarantee of Payment)를 요청한다. 이때 환자는 해당 보험사의 일정 서식의 Assignment of Benefits Form과 함께 Claim Form의 환자기록 부분을 작성하며, 해당사항에 서명하고 날인한다.

다) 해당 보험사로부터 지불보증서 수령

해당 보험사가 확인되면 지불보증서 요청에 의해 해당 보험사로부터 지불보증서를 인터넷이나 팩스 등을 통해 전달받게 된다. 이때 지불보증 범위를 확인하는 것이 중요한데, 진료비의 지급보증 범위가 어디까지인지, 보험으로 보증 받지 못하는 진료 항목은 어떤 것들이 있는지, 최초 진료에 대한 보증기간은 얼마나 설정되어 있는지, 본인이 직접 병원에 납부해야 하는 정액부담은 얼마인지, 면책되는 부분은 얼마인지 등을 확인해야 한다.

라) 병원의 보험청구서 작성 및 해당 보험사 청구

해당 국제보험사의 보험청구서에 환자 본인의 작성 부분을 제외한 담당의사 또는 병원이 기재할 내용에 정확한 정보를 기재한 후 청구서를 해당 보험사에 전달한다. 이 때 국제우편물 발송의 경우 발송서 사본을 잘 보관하도록 한다. 이는 후일 보험청구서가 해당 보험사에 정확히 전달되어 접수된 사실을 확인하는 데 중요한 증거가 되며, 간혹 보험금 지급이 지연되거나 누락되는 경우가 발생하면, 후일 이를 확인하는 데 유용하므로 잘 보관할 필요가 있다.

2) 입원환자의 경우

가) 환자의 국제보험사 확인

국제보험사의 가입자로부터 진료에 대한 요청을 받게 되면, 해당 환자의 국제보험 가입 여부 및 해당 보험사의 정보를 취득하기 위해 우선 본인임을 증명하는 여권이나 기타 신분증을 통하여 확인한다. 이후 환자 본인으로부터 해당 국제보험사에서 발행한 보험카드를 제출받아 보험카드의 앞 · 뒷면을 복사하여 사본을 보관한다.

보험카드의 앞면에는 해당 보험사의 기업이미지, 발급일자, 보험의 종류, 인식 번호, 이름, 환자 본인 부담금 내용, 생년월일, 보험사의 안내 상담 전화번호 등이 기재되어 있으며, 보험카드의 뒷면에는 보험금 지급 시 유의해야 할 사항이 기재되어 있다.

나) 지불보증서 요청

진료 후 해당 과에서 진료 후 의사의 판단에 의해 입원의 결정이 확정되면 해당 국제보험사에 입원 결정 사실 및 진단명, 수술 및 처치명, 대략적인 입원 예상 기간 등을 기재한 영문 진단서를 발급받아 통보하고 지불보증서를 요청한다. 이때 환자는 해당 보험사의 일정 서식의 수혜 내역서와 청구서의 환자 기록부분에 대한 작성을 하며, 해당사항에 서명한다.

다) 지불보증서 수령

해당 보험사가 확인되면 지불보증서 요청에 의해 해당 보험사로부터 지불보증서를 이메일이나 팩스 등을 통해 전달받게 된다. 이때 병원 관계자는 반드시 지불보증 범위의 확인이 중요한데, 이에는 진료비의 지급 보증 범위가 어디까지인지, 보험으로 보증 받지 못하는 진료 항목은 어떤 것들이 있는지, 최초 진료에 대한 보증기간은 얼마나 설정되어 있는지, 본인이 직접 병원에 납부해야 할 부분은 얼마인지, 면책금은 얼마나 되는지 등을 확인해야 한다.

라) 추적관리 및 지속적인 모니터링

최초 영문 진단서에 의해 병원으로부터 입원사실 및 진단명, 수술 및 처치명, 대략적인 예상 입원기간 등을 통보받은 국제보험사에서는 주로 상담실장에 의해 진료병원의 환자담당 의사나 간호사와 정기적인 접촉을 통해 환자의 상태 및 치료방향, 향후 치료기간 등을 모니터링하게 된다.

이때 주의할 사항은 최초 지불보증서 상에 지불 보증된 치료기간을 초과하여 진료가 필요한 경우에는 즉시 이 사실을 해당 국제보험사에 알려 서면 상의 승낙을 받는 절차가 필요하며, 경우에 따라서는 새로이 최초 보증기간이 포함된 지불보증서를 받아야 한다는 점이다. 만일 진료 보증기간을 넘어 해당 국제보험사로부터 그 지급을 거부당할 수 있으므로 진료가 최초 보증기간보다 연장되는 경우에는 반드시 그 사실을 해당 보험사에 보증기간 내 통보하고 승낙을 받는 과정이 행해져야 한다.

또한, 최초 지불보증서 상에 보증된 진료비는 질병발생 당시의 진단명에만 적용되며, 정밀 검사 후 다른 질환의 발견이나 발생으로 다른 치료가 필요한 경우에는 즉시 해당 국제보험사에 연락하여 이러한 질환에 대한 치료비 보증에 대한 부분이 포함된 새로운 지불보증서를 받아야 한다.

마) 병원의 보험청구서 작성 및 해당 보험사 청구

해당 국제보험사의 보험청구서에 환자 본인의 작성 부분을 제외한 담당의사 또는 병원이 기재할 내용에 정확한 정보를 기재한 후 청구서를 해당 보험사에 전달한다. 이 때 국제 우편물 발송의 경우 발송서 사본을 잘 보관하도록 한다. 이는 후일 보험청구서가 해당 보험사에 정확히 전달되었는지 확인하고 추적하는 데 중요한 자료가 된다. 아울러 보험금 지급이 지연되거나 누락되는 경우에도 서류 전달 과정을 확인할 수 있는 유용한 자료가 되므로 발송서 사본을 잘 보관할 필요가 있다.

4.5. 외국의료보험의 동향

1) 미국

미국의 거대한 보험회사인 Blue Cross/ Blue Shield와 Aetna가 해외에서의 치료에 대해서도 보장하기 시작했다. 건강과 관련된 계획이나 효용에 대해 컨설팅을 해주는 업체들도 의료관광보험에 주의를 기울이고 있는데, 이미 직원들의 해외 출장 등을 허용하면서 시범 프로그램을 실시하고 있는 경우도 있다.

대부분의 미국 보험회사들은 의료관광에 있어서 아직 진입단계에 있다. 하지만 보험료 상승을 통제하기 위한 노력과 함께 더디긴 해도 조금씩 더 많은 보험회사와 고용주들이 사람들에게 의료관광의 기회를 제공하려고 한다.

최근까지도 대부분의 미국인들은 치료를 위해 외국에 갈 때 보험에 가입되지 않은 채로 떠나거나 미용목적의 치과진료와 같이 어차피 보험에서 보장받을 수 없는 치료를 받기 위해 해외를 선택하곤 했다. 근래에는 심장수술이나 엉덩이나 무릎의 복구수술을 비롯한 주요 외과수술들에 대한 해외진료 보험을 통해 보장하려고 하는 시도들을 볼 수 있으나, 아직까지 소수에 불과한 실정이다.

2) 영국

영국에는 국제적인 진료서비스나 상담을 위한 보험회사가 존재한다. 몇몇 보험회사들은 NHS(National Health Service, 국가보건서비스) 환자들에게 더 나은 치료법과 함께 보험회사의 네트워크, 질적으로 보장된 병원 등에 대한 정보를 제공하기도 한다. 이를 통해 NHS에서의 진료대기시간을 감소시키는 결과를 가져오기도 했다.

의료에 대한 모든 서비스를 제공하는 시설들에서도 그들의 고객들을 위한 의료관광보험의 필요성을 인식하고 있다. 이런 시설들 중 일부에서는 이미 보험회사를 통해 의료관광보험을 제공하고 있다.

▶우리나라의 의료보장제도인 국민건강보험은 1977년에 시작된 사회보험으로, 1989년에 전 국민 의료보장을 달성하였으며, 국민의 질병과 부상에 대한 예방 · 진단 · 치료 · 재활과 출산 · 사망 및 건강증진에 대하여 보험급여를 실시함으로써 국민보건을 향상시키고 사회보장을 증진하는 것을 목적으로 한다.

▶우리나라 건강보험의 주요 특징으로는 법률에 기인한 강제성, 보험료 부담의 형평성, 보험급여의 균등성, 수익자 부담 원칙, 보험료 징수의 강제성, 단기보험, 보험급여 우선의 원칙, 적정급여의 원칙 등이 있다.

▶건강보험제도의 기능으로는 사회연대성, 소득재분배 기능, 비용과 보험급여의 적정성, 위험분산 기능 등이 있다.

▶우리나라 건강보험체계의 주요 의사결정기구로는 정책결정을 담당하는 보건복지부, 가입자 자격관리 및 보험료 징수, 급여비용 지급을 담당하는 국민건강보험공단, 요양급여비용의 심사와 의료의 질 평가를 담당하는 건강보험심사평가원, 기타 복지부 소속의 건강보험 주요사항 의결기구인 건강보험정책심의위원회가 있다.

▶우리나라 국민건강보험은 전 국민을 적용대상으로 하되, 의료급여법에 의해 저소득층 의료급여 대상자는 별도로 의료보장을 실시하고 있다. 건강보험은 고용주와 직장 및 지역 피보험자의 보험료, 정부지원금을 주요 재원으로 하며, 직장 가입자는 보수월액이나 소득월액에 보험료율(5.99%)을 곱하여 보험료를 산정하고, 지역 가입자는 소득, 재산, 자동차, 생활수준 및 경제활동참가율을 참작하여 보험료 부과점수를 산정하고 점수 당 금액을 곱하여 보험료를 산정한다.

▶국민건강보험의 보험급여는 직접적인 서비스에 해당하는 현물급여와 현금급여로 나뉜다. 현물급여에는 요양급여와 건강검진 서비스가 있고, 현금급여에는 요양비, 본인부담액보상금, 장애인보장구급여비 등이 있다. 본인부담은 입원의 경우 총 진료비의 20% 부담을 원칙으로 하지만, 아동이나 중증질환자 등의 경우 본인부담을 경감해주고 있다. 외래의 경우는 총 진료비가 일정금액 이하이면 정액을 부담하도록 하고, 그 이상인 경우 이용하는 의료기관의 종별에 따라 정률제 방식으로 30~60%를 본인부담하는 것을 원칙으로 하고 있다.

▶우리나라 건강보험의 요양급여의 절차는 예외가 있지만 원칙적으로 1단계 요양급여를 반드시 거친 후 전문진료의 필요가 있을 경우 의뢰에 의하여 2단계 요양급여(상급종합병원 이용)를 이용하도록 하고 있다.

▶우리나라 건강보험은 모든 의료서비스를 보험급여로 하고 있지 않고, 일부 서비스에 대해서는 급여혜택을 제공하고 있지 않은데, 가령 업무 또는 일상생활에 지장이 없는 경우, 신체의 필수 기능 개선 목적이 아닌 경우, 예방진료로서 질병 및 부상의 진료를 직접 목적으로 하지 않는 경우, 요양급여로 인정하기 어려운 경우 및 보험급여원리에 부합하지 않는 경우 등을 비급여 대상으로 지정해놓고 있다.

알아두면 좋아요!

2014년에 새롭게 바뀐 본인부담상한제

본인부담상한제도는 고액·중증질환자의 과다한 진료비 지출로 인한 가계의 경제적 부담을 덜어주기 위한 제도로, 보험료 수준에 따라 3단계로 나누어서 상한을 두었던 것을 2014년부터 7단계로 세분화하고 혜택을 늘렸다. 관련된 정보를 청심국제병원에서 제작한 만화를 통해서 자세히 알아보자.

보험료 수준	하위 50% 이하	중위 30%	상위 20%
본인부담 상한액	200만 원	300만 원	400만 원

보험료 수준	10%이하	11~30%	31~50%	51~70%	71~80%	81~90%	91~100%
본인부담 상한액	120만 원	150만 원	200만 원	250만 원	300만 원	400만 원	500만 원

출처 : 청심국제병원 블로그. http://blog.csmc.or.kr (2014.3.5. 접속)

제 6 장 의료정보관리

- 의료정보관리의 개념과 의료정보시스템의 종류에 대해 학습한다.
- 병원정보시스템의 필요성과 기대효과를 이해한다.
- 원무통계와 진료실적 분석지표의 종류와 특성을 학습한다.
- 병원경영분석의 의의와 주요지표를 학습한다.
- 외국인 유치 통계관리와 관련해 주의할 사항을 숙지한다.

1.보건의료정보관리의 이해

1.1. 의료정보관리의 이해

의료인이 의료행위를 함에 있어서 알아야 할 의료행위, 의료정보 및 지식관리, 용어 및 분류체계, 의료인의 의사결정, 기타 의료기기 분야를 포함하여 환자의 진료와 관련되어 획득한 의료정보에 대한 관리는 관련 법규에 의해 철저히 보호되어야 한다.

1.2. 의료정보관리의 개념

급격한 정보화 사회로의 변화 과정 속에서 의료분야도 경영환경과 사용자의 요구가 변화하면서, 정보시스템의 개념도 시대에 부응할 것을 요구받고 있다. 그에 따라 활용분야, 개발방법, 관리방법, 비용 등 모든 면이 영향을 받게 되었다. 정보 분야는 타 분야와는 달리 정보기술이 변화를 주도한다. 그 가운데 의료계의 변화를 이끄는 것은 인터넷 기술, 이미지 처리기술, 데이터웨어하우스 기술, 그리고 유비쿼터스 기술 등이다.

1) 인터넷 기술

인터넷 기술은 의료분야의 전자상거래(E−commerce)와 사이버 병원(Cyber−hospital) 등을 발전시켰다.

2) 이미지 기술

이미지 기술은 의료영상저장전송시스템(PACS)를 보편화시켰다.

3) 데이터웨어하우스 기술

데이터웨어하우스(Data Warehouse) 기술은 방대한 의료정보의 전산처리를 통하여 의사결정에 필요한 다양한 정보를 제공하는 데 활용되고 있다.

4) 유비쿼터스 기술

유비쿼터스(Ubiquitous) 환경은 '언제, 어디서나 네트워크에서 접속할 수 있다'는 뜻으로 우리가 살고 있는 주변 환경과 물체 안에 컴퓨팅과 네트워킹 기능을 포함시켜 사물과 공간, 인간, 정보가 하나로 통합되어 효과적인 정보교환 및 활용을 가능하게 하는 기술 또는 환경을 의미한다. 의료소비자들의 정보화 요구에 따라 끊임없는 변신을 거듭해야 하는 의료계는 현재 대형병원들을 중심으로 그에 부응한 시스템 구축을 위하여 총력을 기울이고 있다.

그 중 대표적인 것으로 전자의무기록(EMR)을 들 수 있다. 의료진들이 기록한 EMR과 검사기록들을 1차 또는 2차 의뢰병원에서 볼 수 있도록 하고, 환자들을 위해서는 내원환자들의 중요한 병명, 수술명, 투약내용 및 검사결과들을 확인할 수 있는 시스템을 구축하여 고객들이 세계 어디서나 응급상황 등 필요 시에 자신의 건강정보를 의료진에게 보여줄 수 있도록 하고 있다.

또한 웹 서비스의 일환으로 병원에서 발행하는 각종 증명서를 인터넷을 통하여 발급받을 수 있도록 구축하였다. 개인정보보안과 병원의 OCS/EMR 서버 보안을 위하여 환자들은 웹 서버에서 스마트카드와 비밀번호를 이용하여 개인기록을 확인하고, 웹 서버와 의료기관의 서버 사이에는 방화벽을 통하여 개인건강기록의 보안과 서버의 보안시스템을 구축하였다.

1.3. 병원정보시스템

1) 병원정보시스템의 개념

HIS(Hospital Information System) 또는 MIS(Medicine Information System)라고 하는 병원정보시스템은 병원의 여러 업무를 수행하는 데 필요한 정보를 적시에 적절하게 제공하는 시스템으로 여러 형태의 기능을 수행하는 단위 시스템들의 복합체이다. 즉, 병원정보시스템은 각종 병원 경영 활동에 유용한 정보를 생성하고, 이를 관리하는 정보시스템으로 경영의 관점에서 정보시스템의 가장 중요한 구성요소는 일반적으로 생각하는 정보기술이 아니라 조직의 목표 달성을 위해 조직의 구성원들이 처리해야 할 업무 방식이다.

2) 병원정보시스템의 목적

병원정보시스템의 목적은 컴퓨터와 통신장비를 사용하여 병원의 제반 활동과 관련한 임상 진료 정보와 행정적 자료를 수집, 저장, 처리, 인출 및 전송하고 모든 권한 있는 사용자의 기능적 요구사항을 만족시키는 것이다. 또한 첨단화, 전산화되어 가고 있는 보건의료체계와 고도로 정보화된 사회 환경에서 의학과 정보통신기술이 접목하여 양질의 의료서비스를 제공하고, 보건의료기관 간의 업무 자동화 및 합리화를 추구하는 데 그 목적이 있다.

3) 병원정보시스템의 필요성

병원의 경영환경은 병원 내 · 외적인 요인에 의해 의료서비스 공급자인 병원 중심에서 수요자인 환자 중심으로 체제가 전환되었다. 따라서 환자에 대한 의료서비스의 개선, 의료 수입의 누락 및 오류방지, 병원 운영비의 적절한 관리 등을 위해 과학적 경영기법을 통한 합리적 의사결정을 하지 않을 수 없게 되었다.

현대병원의 기능은 분화되어 있고 전문화되어 있어 정보의 발생 장소가 분산되어 있고 정보의 흐름 자체도 다양하다. 또한 병원에서 처리해야 하는 정보는 대량으로 증가하고 있다. 이와 같이 많은 정보 가운데 필요한 정보를 효과적으로 이용하고 병원 내의 정보 흐름을 신속하고 합리적으로 처리하기 위해서는 컴퓨터를 통한 병원정보시스템의 도입이 필요하다.

가) 정보화 시대의 변화

병원은 일반 기업과는 달리 업무가 다양하며, 매우 복합한 구조로 되어 있어서 오늘날 병원정보화가 크게 부각되고 있다. 미래의 병원환경은 과거와는 달리 정보기술의 발달로 인하여 의료 환경의 내 · 외적 변화가 급변하고 있으며, 이는 컴퓨터를 이용한 첨단의료기술발달과 병원경영정보시스템을 도입하는 등 정보화 시대의 사회적 변화를 들 수 있다.

최근에는 전산의 급속한 발달과 더불어 모든 업무가 정보망을 통하여 상호 연결됨에 따라서 모든 정보가 통합 운영되는 시대가 되었다. 각종 정보의 통합 운영과 실시간 조회 기능은 병원관리에 있어서 전체의 틀을 정보화 중심으로 재구성해야 하는 새로운 관리 기법을 요구하게 되었다.

병원에서 병원정보관리의 주요 내용은 병원경영에 필요한 정보처리, 환자 진료서비스 및 환자관리에 필요한 정보처리, 병원행정지원에 필요한 정보처리, 병원기획과 조정에 필요한 정보처리 등의 관리이다. 병원업무가 점차 전산화되어 병원정보관리시스템이 구축되고 있어서 행정업무뿐만 아니라 진료에까지 전산화가 적용된다. 이와 같은 정보처리 관리를 효율적으로 수행하기 위해서는 전산시스템에 의한 기계적인 처리가 합리적이고, 사용자가 효율적으로 이용할 수 있어야 한다.

나) 환자증가에 따른 행정업무증가

1977년 7월부터 시작된 의료보험제도로 환자의 양적 증대와 보험청구로 행정업무가 복잡해지면서 효율적 업무처리를 위해 정보시스템 구축에 관심을 갖게 되었다.

다) 의약품 및 의료소모품 관리의 능률 제고

의약품과 의료소모품의 수작업에 의한 관리(발주, 입고, 출고)는 업무량이 증가함에 따라 능률을 떨어뜨리고 경제적 손실을 증가시키므로 정확한 정보를 토대로 한 계획적 구매의 필요성이 점점 커지게 되었다. 또한 컴퓨터의 도입은 병원의 원가분석을 쉽게 할 수 있도록 만들었으며 나아가 재무관리, 시설관리, 서비스관리의 복잡화는 오늘날 병원에서 전산정보관리체제 구축을 불가피하게 하는 요인이 되고 있다.

라) 환자서비스의 질적 향상

전 국민 건강보험으로 절대적인 의료수요가 증가된 것은 말할 필요가 없으며, 이와 같은 의료수요는 교육수준과 소득수준이 높아짐에 따라 더욱 커지며 장기적으로는 노인 인구의 증가로 가속화될 것이다. 그러나 공급자가 다양해지고 수적으로 증가하였으며 교통이 편리해졌으므로 의료기관 간의 경쟁은 불가피하다. 환자들의 의료서비스에 대한 기대수준이 높아지고 병원 간의 경쟁이 심화됨에 따라 환자의 대기시간을 줄이고 좀 더 편안하게 진료를 받을 수 있도록 하는 개선책이 요구되고 있다.

마) 귀중한 임상자료의 활용성 제고

1989년 7월 전 국민 건강보험제도 실시와 더불어 건강관리, 집단검진, 예방의학 분야의 비중이 점점 더 커지고 있으며, 병원에는 귀중한 임상자료가 엄청나게 생성되고 있다. 기초의학 측면의 조사통계 자료와 임상 측면의 진료기록은 활용 가치가 높은데도 불구하고, 전문 인력 및 처리 능력의 부족으로 소홀히 다루어지고 있거나 방치되어 제대로 활용되지 못하고 있다. 따라서 이들 자료를 어떻게 기록 보관하여 연구에 활용할 수 있느냐가 중요시되고 있다.

병원정보시스템은 환자의 진료에 관한 의료기술의 발달에 기인한다. 의료정보의 양적인 팽창과 함께 다변량 분석법, 시뮬레이션 기법, 화상처리 등의 자료처리 기술이 환자 진료나 의학교육에 이용되고 있다. 각종 검사나 진단기술 등의 진보에 따라 의료데이터도 복잡해지고 그 처리 방법의 고도화가 요구됨에 따라 자료에 대한 컴퓨터 처리의 필요성이 높아졌다.

바) 병원재정의 향상

건강보험제도 도입 이후 여러 가지 병원환경의 변화로 인하여 병원의 재정상태가 점점 어려워지고 있다. 따라서 이를 해결하기 위해 좀 더 많은 환자를 유치할 수 있는 방법과 수입증대를 위한 방안이 요구되고 있으며 내부적으로 비용절감 방안이 요구되고 있다. 따라서 병원정보시스템을 통해 경영의 질적 향상을 꾀하고 과학적인 관리기법의 도입과 통계자료에 의한 합리적 경영의사결정이 요구되고 있다.

4) 병원정보시스템의 발전과정

병원정보시스템은 1960년대 중반 미국과 유럽의 몇몇 국가들(네덜란드, 스웨덴, 스위스 등)에서 의료정보학의 일부분과 병원 업무를 접목시키면서 등장하였다.

1977년 우리나라에 의료보험법이 처음 시행되면서 각 의료기관에는 여러 가지 문제점이 발생하였다. 이는 환자가 계산하는 진료비가 의료보험법에 정해진 진료비 수가에 의해 수납이 이루어지고, 진료비 중 일부는 환자가 아닌 건강보험공단에 청구를 하여야 하기 때문에 이를 전산화하지 않으면 안 되는 시대적 현상이라고 볼 수 있었다. 진료비의 본인부담이 줄어든 보험환자들이 병원으로 몰려들게 되자 급증한 보험 청구업무를 효율적으로 처리하기 위해 원무행정 중심으로 병원정보화가 시작되었다.

국내에서 병원정보시스템의 개발이 시도된 것은 1978년 경희의료원에 의료보험업무를 위해 미니컴퓨터가 설치 · 운영되면서부터이다. 초기의 병원정보시스템은 보험 청구, 접수/수납, 진료비 계산, 진료 통계, 수입금과 미수금 관리 등의 원무행정(Patient management patient account, PMPA) 중심의 업무를 처리하였다. 1979년도에는 서울대학교부속병원에서 대형컴퓨터를 설치 · 가동하였으며, 이후 필동병원, 원자력병원, 세브란스 병원 등에도 적용되어 실효를 거두었고 중앙길병원, 서울중앙병원, 아주대학교병원, 삼성서울병원을 비롯하여 많은 병원에서 운영되기 시작했다.

1990년대 전반에는 환자를 직접 접하는 의료진의 처방을 원무과 및 방사선, 임상병리, 약국, 주사실 등 환자의 진료에 관계되는 모든 정보를 공유하고 전자적으로 처리하기 위한 처방전달시스템(OCS)이 도입되기 시작하였다. 1990년대 중반 이후에는 의무기록관리, 처방전달시스템, 임상병리정보시스템(LIS)등의 도입이 급격하게 증가하였고 EDI 보험청구도 확산되었으며, 의료영상을 디지털화하여 저장하고 전송하여 진료에 활용하는 의료영상저장전송시스템(PACS)이 도입되기 시작하였다.

2000년대 초반 이후 의료영상저장전송시스템의 도입이 급속히 늘어나고 있고, 환자 진료기록의 전자적 관리를 위한 전자의무기록(EMR)의 도입이 시작되었다. 또한 통합경영관리의 필요성이 커지면서 재무관리, 인력관리, 원가분석, 성과관리, 구매관리 등 제반 경영관리 업무의 통합관리를 위한 전사적 자원관리(ERP)의 도입이 시도되고 있다.

인터넷이 대중화되고 환자 중심의 의료 개념이 보편화되면서 고객으로서의 환자 관리 개념인 CRM(Customer Relationship Management)이 중요한 개념으로 등장하였다. 또한 병원에 의료장비와 물품, 약품을 공급하는 공급 사슬을 효과적으로 관리하기 위한 SCM(Supply Chain Management)과 전자상거래 시스템의 도입도 시도되고 있다. 최근에는 다양한 병원 정보에 대해 병원 간 또는 조직 간 정보공유와 표준화 및 정보품질에 대한 이슈들이 등장하고 있다.

1.4. 의료정보시스템의 종류

1) 원무관리시스템(Patient Management Patient Account)

원무관리는 일반적으로 환자에 관계되는 일체의 병원업무를 의미한다. 환자가 방문한 경로에 따라 외래원무와 입원원무로 구분하고 구체적인 업무로는 환자등록관리, 진료비 수납 및 계산, 보험청구 관리 등으로 구분된다. 즉 원무관리시스템은 환자의 진료 접수와 진료비 수납 그리고 수납데이터를 관리하여 건강보험공단에 진료비를 청구하고 환자의 기본정보를 관리하는 시스템이라 할 수 있다.

환자에 대한 접수를 하면 접수데이터를 생성하여 이 데이터 중 병록번호, 성명, 보험구분 등 환자의 필요한 정보를 진료의사에게 전달하며 의사의 처방이 끝나면 이를 수납하여 수납에 대한 정보를 생성하고 각 처방에 따라 약국, 방사선, 임상병리, 주사실 등에 데이터를 전송해주어야 한다. 또한 수납 데이터를 이용하여 일정기간에 건강보험법에 맞게 청구데이터를 생성하여 건강보험공단에 청구할 수 있도록 하여야 한다.

가) 환자등록관리 업무

환자등록관리 업무는 외래, 입 · 퇴원, 응급환자관리로 구분된다. 외래는 초진 및 재진 환자의 등록 및 접수, 예약진료관리 등을 수행한다. 입원은 입원접수와 대기환자 관리, 입원등록 및 퇴원관리까지 이어지며, 응급환자에 대한 관리는 외래와 입원이 혼합된 상태로 별도로 운영된다.

환자 등록에 관계없이 병실관리가 이루어지는데, 이는 병상 변동 상황에 대한 정보를 신속히 파악하여 가용 가능한 병상을 파악함으로써 입원 시 적절한 병상배정을 할 수 있도록 한다. 병실관리가 효과적으로 수행되면 병상가동률을 증가시키는 효과를 기대할 수 있게 된다.

외래 등록 관리 기능에는 진찰권번호 자동 부여(초진환자), 진찰권 발행, 환자 인적사항 등록, 환자의 이중 등록 여부 검색, 초진/재진 구분, 접수비 자동 계산 및 영수증 발행, 의무기록실 보관 차트 대출 의뢰, 초진 기록지 발행 등이 있다.

입원 등록 관리 기능에는 입원예정자 및 입원환자 관리, 보험 및 전환정산 관리, 전과 및 전실 관리, 병실관리 조회, 환자 통계 등이 있다.

나) 진료비 수납 및 계산 업무

진료비 수납 및 계산 업무는 외래 진료비에 대한 계산, 수납, 영수증 출력을 하고 입원 진료비에 있어서는 중간 계산과 퇴원 계산 청구서 및 영수증 발급으로 업무가 이루어진다. 또한 미수금은 계약기관의 후납 처리, 일반 환자의 미수금, 보험환자의 조합부담금과 본인부담 미수, 직원 미수 등으로 구분하여 처리한다.

외래계산 기능에는 진찰실과 연계된 환자진료비 자동계산, 급여/비급여 처리 항목 검색, 감액/후납/선납 관리 영수증 발행, 각종 처방 전환/취소 관리, 수납내역 조회, 환자별 수납내역 집계, 수입 일보/월보/연보, 환자접수 집계, 예약처리, 진료예약관리 등이 있다.

입원계산 기능에는 일일 계산, 중간 계산, 퇴원 계산, 취소 소급처리, 후납처리 조회 등이 있다.

다) 보험청구 업무

보험청구 업무는 심사업무와 청구업무 및 미수업무로 구분된다. 심사업무는 입원이나 외래 수납에서 입력된 데이터를 모아두었다가 각 보험종별로 만들어진 청구내역을 진료비의 산정기준에 따라 자체심사하고 심사자료의 출력, 조정내역 등의 입력 등으로 이루어진다. 청구업무는 심사가 완료된 내역에 대하여 보험종류별 청구명세서의 출력 및 분철, 편철작업과 청구 후 삭감분석, 이의신청, 재청구 등의 업무로 구성된다.

화면 심사 기능에는 수납된 진료내역 조회, 항목별 금액 조회, 전과 · 전실 조회, 의무기록 상병 내역 조회, 전원 청구 상병내역 조회, 심사 전 내역 조회, 명세서 청구, 진료과 변경/삭제 등이 있다.

통계기능에는 진료과별, 심사 조정 내역별, 상병 코드별 진료비 내역, 약제 내역별, 개인별 심사 내역, 보험자 단체별 집계 등이 있다.

미수관리 기능에는 입원/외래 수입일보 발생, 미수금 청구, 미수금 회수 등이 있다.

2) 처방전달시스템(Order Communication System)

처방전달시스템(OCS)은 병원 전체의 병원정보시스템에서 가장 많은 비중을 차지하는 분야 중에 하나로 진료의사의 각종 처방전 형식을 아날로그 형태로 기입하는 것이 아니라 chartless, paperless, slipless의 목적으로 컴퓨터를 이용하여 일정한 프로그램 내에서 기입하여 진료 지원 부서에 자동으로 전달되고, 또한 진료 지원 부서에서 얻어진 결과는 병원정보시스템에 입력되어 의료진과 병원이 필요한 곳에서 자유롭게 조회할 수 있는 시스템을 말한다.

환자에 대한 처방정보를 효율적이고 정확하게 실시간으로 입력 · 수정 · 취소하고, 각 처방은 각 진료지원 부분에 실시간으로 전달한다. 검사 · 촬영 · 처방수행 등이 환자의 대기시간 없이 이루어지게 하며, 사용자의 필요에 따라 정보를 조회하고 출력한다. 또한 처방전달시스템은 의사와 환자에 대한 처방이나 간호사가 수행하는 행위를 각 진료지원 부서와 유기적으로 연결시켜주는 시스템으로 정의할 수 있으며, 업무에 따라 진료, 진료지원, 원무행정으로 구분할 수 있다.

OCS는 환자에게 발생되는 처방을 중심으로 진료와 진료지원 및 원무행정부서간에 전달되는 과정을 전산화한 분산처리 방식의 클라이언트/서버 방식으로 이루어진다. OCS

시스템은 분산처리에 의한 클라이언트/서버 응용으로, 클라이언트와 서버 간에 응용 프로그램은 분리되어 있으며, 전형적으로 클라이언트 쪽의 사건 중심 GUI 응용은 프로그램 흐름을 제어하고, 서버 쪽의 논리절차는 업무와 데이터베이스 규칙을 중심적으로 수행한다. 클라이언트와 서버 처리 작업은 다양한 미들웨어 도구를 사용해서 통신할 수 있다.

처방전달시스템은 환자의 내원 경로에 따라 외래처방전달시스템과 병동처방전달시스템으로 구분된다.

가) 외래처방전달시스템

외래처방전달시스템은 환자가 병원에 찾아와서 진찰을 받고 귀가하기까지의 전 과정을 전산화한 것이다. 환자가 병원을 방문하면 인적사항 등록, 검색, 진료과 선택 등을 위해 원무과에서 접수를 하고, 접수된 환자의 정보는 의무기록과에 전달되어 의무기록차트가 외래진찰실로 전달된다. 진찰실에서는 의사가 PC를 통해 각종 처방을 발생시킨다. 처방정보는 원무과 및 해당 진료지원부서로 전송되며 진료 후 환자는 원무과에서 수납을 하게 된다. 선수납 후 처방 종류에 따라 약국, 채혈실, 방사선과 촬영실, 각종 기능 검사실로 환자가 이동하여 약 혹은 원외처방전을 받거나 채혈을 하거나 촬영 또는 해당 검사를 시행한 후 집으로 귀가한다.

외래처방전달시스템의 경우 평균적으로 오전 10-12시 사이와 오후 2-4시 사이에 집중적으로 환자가 몰리는 경향이 있어 많은 환자를 한정된 시간 내에 보아야 하기 때문에 OCS의 처리속도가 상당히 빨라야 하며 사용이 편리해야 한다.

나) 병동처방전달시스템

병동처방전달시스템은 환자가 외래나 응급실을 거쳐 입원을 하게 되는 경우 병동에 환자가 있는 동안 처방에 관련된 모든 행위를 전산화한 것이다. 입원 수속된 환자의 정보를 각 병동별, 과별, 의사별로 조회가 가능하여야 하며, 환자가 입원해 있는 동안 발생한 모든 처방에 관한 정보를 저장하여야 한다.

병동처방전달시스템을 통해 처방은 해당 진료지원부서로 전달되고 각 진료지원부서는 처방상태, 검사예약, 검사결과 등을 전달한다. 의사의 처방에 대한 수가는 각 진료지원

부서에서 실제 검사가 진행되거나 약 처방전이 출력되었을 때, 발생한 수가정보가 원무과로 전달된다.

외래처방전달시스템과 다른 점은 진료비가 퇴원 시 한꺼번에 수납이 되기 때문에 처방이 발생할 때마다 진료비가 누적되어 관리될 수 있어야 하며, 환자의 식이처방에 관한 관리도 되어야 한다.

3) 임상병리정보시스템(Laboratory Information System)

임상병리정보시스템(LIS)은 병원에서 수행되는 검사의 50% 이상을 차지하는 임상병리 관련 정보의 전달 및 관리를 효율적으로 하기 위한 정보시스템으로, 검사의뢰로부터 결과보고에 이르기까지의 검사업무를 신속 · 정확하게 처리하고, 축적된 정보를 이용하여 진료와 연구에 이용할 수 있는 시스템이다.

외래나 입원에서 발생한 환자의 임상병리검사에 대한 정보를 관리하는 시스템이므로 각 임상병리검사정보에 대한 기초코드를 가지고 있어야 한다. 외래나 입원에서 발생한 기본적인 정보와 검사정보를 조합하여 검사장비에 데이터를 전달하고, 검사장비에서 나오는 검사결과를 병원데이터베이스에 등록하여 의사가 검사결과를 볼 수 있게 하여야 한다.

임상검사시스템은 크게 검사접수에 대한 관리, 검사대장 관리, 검사결과 관리, 통계관리, 혈액 관리를 할 수 있어야 하며 검사장비가 전산시스템과 인터페이스 할 수 있는 장비가 있어야 한다.

4) 의료영상저장전송시스템(Picture Archiving and Communication System)

의료영상저장전송시스템(PACS)은 병원에서 발생하는 영상, 즉 X-선, CT, MRI, 초음파 등 영상장비에서 나오는 그래픽 데이터를 디지털화된 파일로 저장, 전송하여 병원 내 영상정보 공유를 지원하는 시스템이다. 즉, 의학 분야 특히 방사선과 의료영상들을 디지털 상태로 획득한 후 고속의 통신망을 이용하여 디지털 이미지 전송, 저장 및 조회, 병원정보시스템과의 통합을 포함하는 포괄적인 개념의 시스템이라고 할 수 있다. 병원 내에서 매일 발생하는 방대한 양의 의료영상의 획득, 저장, 조회 등을 빠른 속도로 지원하는 고성능의 시스템이다.

PACS는 기존의 필름을 가지고 진단하고 판독하던 병원의 업무를 컴퓨터와 네트워크를 통하여 병원의 업무를 처리해 나가는 데 도움을 준다. 이 시스템의 운용 결과 영상의학과에서는 필름 비용, 인건비, 필름의 보관비용이 절감이 되었고, 미판독 이미지들의 감소와 관리업무 축소, 반복검사 감소 등의 효과를 기대할 수 있게 되었다. 또한 임상의사는 이미지의 동시 활용, 임상정보의 증대, 즉각적인 이미지 확보, 무익한 외래 및 수술환자의 진료 감소, 판독의사와 임상의사들 간의 원활한 의사교환 및 진료 환자 수의 증가 등의 효과를 볼 수 있게 되었다.

5) 방사선정보시스템(Radiology Information System)

방사선정보시스템(RIS)은 환자의 방사선 검사 접수에서부터 환자의 병력정보, 검사 스케줄링, 촬영, 그리고 판독 결과 보고서 생성까지의 전반적인 방사선과 업무를 전산화, 효율화 하는 시스템이다. 이 시스템의 목적은 방사선과 의료진의 업무효율 향상과 의료영상 정보의 체계적인 관리를 하기 위해서이다.

방사선정보시스템의 기능은 환자의 접수, 예약, 검사 스케줄링, 환자 조회, 필름 저장, 판독 보고서 작성 및 관리, 의료문서화, 소모품 재고관리, 필름 및 환자 추적 등이 있다. 특히 보고서 작성 기능은 방사선정보시스템의 중요한 기능의 하나로 진보된 방사선정보시스템의 경우 판독 구술 시스템(dictation system)과의 통합 운영을 지원한다.

방사선과의 업무 흐름에 따라 방사선정보시스템이 검사의뢰를 받으면 필요한 문서가 출력되고 이전 검사결과 확인 및 중복검사 유무를 체크하는 작업을 포함한 업무가 실행된다. 검사 계획을 세울 때는 환자, 검사실, 검사 인력 등도 고려해서 작업 목록을 만들어야 하며 병원 내에서 환자이동에 대한 목록도 만들어야 한다. 생성된 영상은 영상의학과 의사에 의해 판독되고, 보고서는 방사선정보시스템에 저장되어 검사의뢰 진료 의사에게 전달된다. 촬영된 필름은 저장되고 외부로 대출이 되기도 하는데 방사선정보시스템에는 필름을 보관, 관리하는 기능이 있으며 영상이 디지털 방식으로 저장될 때 이러한 기능은 PACS가 담당한다.

PACS는 방사선 서비스의 최종 목적인 효과적인 보고서 작성 및 관리 기능의 결핍이라는 결점을 가지고 있다. 그러므로 PACS의 완성을 위해서는 보고서, 청구서, 통계자료 등의 문자화된 정보를 가진 RIS와의 완전한 통합이 필요하다. RIS는 PACS 및 HIS와의 연동을 통해 방사선과의 업무 및 정보 전산화를 완전히 달성할 수 있다. RIS는 HIS로부터 환자 정보 및 검사 오더 정보 등을 필요로 하며 PACS로부터 의료영상을 필요로 한다.

RIS를 도입하면 방사선과 업무를 정확하고 효과적으로 처리할 수 있을 뿐만 아니라 각종 사례와 임상결과 및 보고서를 체계적으로 관리함으로써 의료 연구와 치료에도 도움을 줄 수 있다.

6) 전자의무기록시스템(EMR)

EMR이란 종이매체에 의해 기록되어 온 모든 의료기록을 그 업무처리 구조나 정보의 범위, 정보내용에 있어 변형 없이 동일하게 전산화를 통해 업그레이드시킨 형태를 말한다. 따라서 환자의 진료행위를 중심으로 발생한 업무상의 자료나 진료 및 수술 · 검사 기록을 전산에 입력 · 정리 · 보관하는 시스템을 통칭한다. EMR은 디지털 병원화의 완결판으로 진료, 원무, 통계에 걸친 전 병원 업무를 자동화함은 물론 영상장비 및 전송시스템과의 자동연계로 병원경영의 효율화를 극대화시킬 수 있는 미래지향적인 진료체계이다.

EMR의 관리대상이 되는 의무기록 내용은 환자의 기초정보부터 병력사항, 약물반응, 건강상태, 진찰 및 입 · 퇴원 기록, 방사선 및 영상진찰 결과, 기타 보조연구결과 등이다.

전자의무기록시스템의 원리는 병원에서 환자가 진료실에 들어오면 컴퓨터에 진료내용을 입력한다. 담당의사가 진료실 내에서 입력한 내용이 병원 내 주전산기에 저장되고, 고속통신망을 통해 병원 내 컴퓨터에 연결되기 때문에 필요하면 어느 곳이든 컴퓨터를 열어 확인 가능하게 된 것이다. 또한 검사실에서 검사한 내용들 역시 병원의 주전산기에 저장되어 병원 내 컴퓨터에서는 모두 볼 수 있으며, 이제 필름의 개념이 없어진 것이다. 또한 이런 진료실뿐만 아니라 병동을 진료하는 과정에서 간호사가 간호를 하는 과정에서 필요한 정보를 찾고 입력 또한 할 수 있도록 하였다.

EMR은 보험청구 업무 자동화 및 실시간 청구가 가능하고 진료 및 대기시간 감소, 진료비 검사 내역 등 자동통계처리, 외래 간호사나 조무사의 인건비 절감 등의 효과를 가져 온다. 그러나 각 병원마다 고유한 기록방식과 기준정보가 다름으로 인해 연계된 정보

공유에 어려움을 겪고 있다. 타 병원에서의 자료 공유를 통한 첨단의 진단을 위해서는 환자 정보의 안정성과 사생활 및 비밀 보장에 대한 보안 기준 마련이 필수적이다. 즉 전자의무기록시스템의 가장 중요한 역할은 의료정보를 안전하게 보관하면서 진료를 위한 정보를 제공하는 것이며, 나아가 국민들의 건강을 위하여 의료정보를 공유하여 활용하는 것이다.

7) 병원경영정보시스템

병원경영정보시스템은 진료업무를 지원하고 병원 내 각종 경영 활동에 필요한 정보를 제공하여 합리적인 의사결정을 지원하는 기능을 수행하는 정보시스템이다. 병원경영정보시스템을 이용하여 의사는 신속하게 환자의 상태를 평가하고 적절한 진료방법을 합리적으로 결정할 수 있으며, 간호사 역시 환자의 상태를 신속히 파악하여 최적의 간호계획을 수립하고 시행할 수 있다. 관리자들은 필요한 인력 수를 보다 합리적으로 결정할 수 있고, 약품과 소모품의 재고량을 신속히 파악해서 부족분을 계획적으로 구매할 수 있으며, 진료비 산정 및 청구에 있어 오류나 누락을 줄일 수 있다. 최고경영진들은 새로운 시설의 신축이나 증축, 장기발전계획의 수립과 같은 일에 최적의 의사결정을 할 수 있다.

가) 인사정보시스템

인사정보시스템은 인적 자원을 효과적으로 활용하기 위해 모집, 선발, 교육과 개발, 배치, 평가, 복지와 건강 등 종합적인 인력관리를 지원하는 정보시스템이다. 인력관리에 필요한 각종 자료가 체계적으로 정리된 인사 데이터베이스, 인력 관리를 효과적으로 수행할 수 있는 인력관리 프로그램, 인력 관리와 관련된 각종 계획을 수립하는 데 도움을 주는 계획 시스템으로 구성되어 있다.

나) 재무정보시스템

재무정보시스템은 자금의 조달, 운용 및 평가에 관한 정보를 제공하며 이와 관련된 의사결정을 지원한다. 주요 기능에는 현금과 유가증권의 관리, 자본 예산의 수립과 재무계획 등이 포함되며 재무 거래 처리시스템, 재무관리시스템, 재무계획시스템으로 구성된다. 일반적으로 병원에서 발생하는 모든 거래를 기록, 분류하고 요약하여 보고하는 회계정보시스템과 연계되어 운용된다.

다) 마케팅정보시스템

마케팅정보시스템은 마케팅의 기획, 관리와 거래 처리에 관한 자료를 처리하며 마케팅과 관련된 의사결정에 필요한 정보를 제공하는 시스템이다. 고객의 주문접수와 처리부터 사후 관리에 이르는 마케팅 활동을 구성하는 마케팅 거래 처리시스템, 마케팅 활동의 성과를 분석하고 관리하는 마케팅관리시스템, 서비스, 가격, 유통, 광고 등과 관련된 주요 의사결정과 계획 수립 업무를 지원하는 마케팅계획시스템으로 구성된다.

라) 물류(구매)정보시스템

물류(구매)정보시스템은 제품과 서비스의 생산과 제공에 필요한 재료, 부품, 장비, 기타 소모품 등의 조달, 구매 및 재고 관리 과정에서 발생하는 자료의 처리와 이와 관련된 의사결정을 지원하는 정보시스템을 의미한다. 물류(구매)정보시스템은 각종 거래를 처리하는 물류(구매)거래 처리 시스템, 물류(구매) 업무의 성과를 평가하고 관리하는 물류(구매)관리시스템, 가격, 수량, 품질, 시기 등과 관련된 주요 의사 결정과 계획 수립 업무를 지원하는 물류(구매)계획 시스템으로 구성된다.

1.5. 병원정보시스템의 기대효과

병원정보시스템을 도입함으로써 얻을 수 있는 효과를 크게 진료 측면, 행정업무 및 경영지원 측면, 자원 관리 측면, 교육연구 측면으로 나누어 볼 수 있다.

1) 진료 측면

처방의 정확성 혹은 신속성을 보장하여 진료의 질을 보장할 수 있으며, 환자데이터의 효율적인 전달, 획득, 이용으로 각종 진료업무 및 원무행정 업무에서의 정확성 및 간편성, 신속성을 추구할 수 있어 진료종사자의 사무부담이 경감될 것이다. 결과적으로 대기시간 단축, 환자에 대한 진료 집중, 병원에 대한 환자 및 사회적 신뢰도 증가 등 환자서비스가 향상될 것이다.

가) 진료예약 시스템 운용

전화 자동예약, 인터넷 예약, 진찰실 재진 예약, 수납창구, 재진예약 등 다양한 예약시스템을 운용하여 환자가 진료를 받고자 하는 시간을 선택할 수 있도록 서비스하므로 불필요한 진료대기 시간을 최소화한다.

나) 창구업무의 신속처리

Order entry system으로 수납창구의 진료비를 자동 계산함은 물론 원외처방전 발행 업무를 자동화하여 환자의 불편을 해소하고 오류 처방전의 발생요인을 제거하며 각종 진단서 발급업무를 지원한다.

다) 신속 · 정확한 검사(임상병리검사, 기능검사, 방사선 검사) 업무 처리

Non-slip system으로 환자의 검사 order를 검사실에 자동 전송하고 검사기에서 분석된 검사결과는 컴퓨터와 자동으로 interface되어 검사 업무를 신속, 정확하게 처리하므로 환자가 검사결과를 당일에 확인할 수 있다.

라) 첨단 진료환경 구축

환자의 의무기록 및 처방 order가 수작업으로 작성되면 환자 진료정보 공유가 불가능하며 작성된 진료기록은 정보화되지 못한 단순 기록으로 사장, 의학적 통계자료 추출에 많은 시간과 인력의 낭비를 가져온다. 따라서 정보화를 통해 진료정보의 공유 및 의학적 통계 추출을 용이하게 하며 더 나아가 첨단 진료환경을 구축하여 진료의 신뢰성을 확보하고 타 의료기관과의 정보교류를 통한 의료의 임상학적 발전을 지원한다.

2) 행정업무 및 경영지원 측면

계산 착오 및 자료 누락이 배제되고 작업의 단순화로 외래 및 입원 환자에 대한 업무량이 조정되며, 행정 업무의 통합운영 관리에 따라 업무 중복이 감소한다. 또한 청구서 작성업무의 신속화 및 중간계산 청구 업무의 효율화를 꾀하기도 하며, 정확한 원가분석으로 신속한 의사결정을 지원할 수 있다. 경영자가 경영상 중요한 결정을 필요로 하는 경우 지원 가능한 양질의 정보와 다양한 정보를 제공하므로 경영자의 의사결정을 지원한다.

3) 자원 관리 측면

병원에서 사용되는 각종 의약품 및 진료재료와 각종 소모품의 구매의뢰에서부터 최종 소모에 이르기까지 다단계의 물류흐름(위치이동 및 부서수불)을 단순화 · 체계화하여 업무의 중복성을 피하고 각 단계별 수불을 정보화하여 적정재고 유지 및 손실 요인을 제거하여 효율적인 물류체계를 구축한다. 또한 의료원가 중 인건비의 비중이 가장 많이 차지하므로 인적자원의 효율적 관리야말로 경영효율개선의 가장 큰 과제이며 정보화를 통한 업무의 생산성을 극대화하고 의료장비 및 고가 비품의 이력관리를 통하여 자원의 가동률을 높일 수 있도록 지원한다.

따라서 인원, 물자, 자금 등 자원의 흐름을 신속하고 정확하게 파악이 가능하므로 인력의 조정이 용이하고 물품의 효율적인 재고관리가 가능하며 각종 회계업무의 오류를 줄일 수 있다. 또한 재원기간 단축으로 인한 병상이용율의 증가, 환자의 대기시간 단축에 의한 환자 수의 증가, 미수금 관리 향상, 인건비 절감 등의 경제적 효과도 기대할 수 있다.

4) 교육연구 측면

종전에 수작업으로 처리하던 많은 임상치료를 전산화하기 때문에 이 자료를 이용하여 종전에 할 수 없었던 새로운 임상연구를 할 수 있으며, 임상의학연구의 원천 자료 제공 및 활성화로 의학통계의 신뢰성이 향상되고, 수련과정에 있는 의료진의 질적 향상을 도모할 수 있다.

2. 병원통계관리

2.1. 병원통계학의 개념

병원통계학은 일반적으로 병원경영과 관련된 인사, 재무, 회계, 재고, 정보 자료와 병원고객인 환자들의 병력, 개인정보 및 임상병리 자료, 영상자료 등을 수집, 요약하며 자료의 일부만을 관찰하여 전체 자료의 특성에 대하여 추측하는 것을 다루는 것이다. 더불어 병원경영 관련 자료를 다루는 내용과 자료를 통해 실험과 연구의 합리적 결론을 추측하는 내용을 다루는 학문을 뜻한다.

2.2. 원무통계

1) 원무통계의 개념 및 의의

병원에서 작성하고 활용되는 각종 통계는 병원경영통계에 해당하며, 원무통계는 병원경영통계의 일부로 환자 및 진료비와 관련한 통계로 병원의 진료서비스 제공결과에 따라 발생되는 의료수익을 일정한 기준에 의하여 외래 · 입원의 진료형태별, 진료과별, 수가유형별, 수가항목별, 담당의료진별 등으로 분류 · 집계한 표를 말한다.

전 국민 건강보험의 실시와 병상 수 증가에 따른 경쟁 격화로 병원경영이 악화됨에 따라 정도의 차이가 있으나 환자 및 진료비에 관한 각종 통계는 지속적으로 분석되고, 정책 결정의 주요한 기초자료로 활용되고 있는 실정이다. 따라서 병원 경영의 기본 자료인 원무통계의 중요성이 더욱 증가하고 있으며 나아가 정밀하고 다양한 통계가 요구되고 있다.

2) 원무통계의 작성 목적

가) 경영실적 자료

병원경영활동에 따른 성과를 측정하기 위하여 일정기간의 환자의 수 및 진료수익 등을 분석하는데, 기본적으로 환자 수, 진료수익, 진료건수, 지역별 환자 수 등에 관한 통계이다. 세부적 항목으로 분류하면 방문형태별, 진료과별, 입원 · 외래별, 의료보장유형별, 거주지역별, 진료담당의사별, 검사종류별 등으로 구분 집계할 수 있다. 또 이용목적에 따라 단순한 경영실적 자료로 활용하기도 하나 진료과나 진료수가항목 및 담당의사별 원가분석을 위한 기초자료나 내부통제를 목적으로 이용하는 경우도 있다.

나) 의학연구자료

학술연구에 필요한 기초자료로 활용할 목적으로 상병별, 수술, 검사, 사망, 부검, 성별 및 연령별 통계 등을 이용하여 보건 통계나 연구 자료로 활용하기도 한다.

다) 보고자료

경영실적에 관한 결과를 외부기관에 보고하거나 제출할 목적으로 이용되는 자료이다.

세금관계나 관련기관의 진료실적 제출, 의료기관 현황, 병원 표준화 심사자료, 의료서비스 평가자료 등에 이용하고 있다. 그러나 작성된 통계가 그 역할을 다하고 조직 경영 목적달성에 효율적으로 활용되기 위해서는 조사된 통계가 다음의 요건을 갖추어야 한다.

① 적시성 : 통계의 작성 또는 보고의 시기가 그 활용시점과 맞아야 한다는 것으로, 자료의 활용목적과 통계가 비교 가능해야 한다.
② 명료성 : 통계의 작성 목적이나 작성 시의 기준 및 자료의 출처 등이 명확해야 한다.
③ 간결성 : 통계의 내용과 서식 등이 간결해야 함을 의미한다.
④ 정확성 : 통계가 수록하고 있는 정보의 내용과 그 계수가 정확해야 통계의 가치가 있는 것이다.

3) 원무통계의 종류

원무통계에는 이용현황을 나타내는 환자진료 통계와 병원경영수익과 관련한 진료수익 통계로 구분할 수 있다. 또 이용자의 진료제공형태에 따라 입원과 외래로 구분하고, 필요에 따라 항목별로 세부적으로 분류하여 집계한다.

가) 환자진료통계

(1) 외래환자 통계

외래환자 통계는 외래에서 진료한 환자 수를 의미한다. 직접적인 진료행위가 이루어진 진료과별로 집계하며, 한 환자가 2개 이상의 진료과에서 진료를 받았다면 2명으로 집계한다. 진단검사의학과, 병리과, 영상의학과 등은 직접적인 진료가 이루어진 경우에만 산정한다. 신체검사나 건강검진, 임상 진료과에 처방한 검사를 위해 방문하는 보조진료부분의 이용자는 산정하지 않는다.

(2) 입원환자 통계

입원환자 통계는 병원에 입원하여 진료를 받는 환자를 집계하는 것으로 병상가동 여부 및 입원수익과 환자 수 통계는 매우 중요한 의미를 가진다. 외래와는 달리 실입원 · 퇴원 환자수와 연인원으로 구분하여 집계한다. 연인원은 입원실료가 부과된 입원환자를 기준으로 일정시점이나 일정기간 합산하여 작성한다.

실입원 혹은 실퇴원 환자수의 계산은 건강보험에서 입원료를 산정하는 기준을 적용한다. 입원 진료 중에 진료과가 변경되는 경우 변경일을 기준으로 변경 전 · 후의 진료과로 집계하고, 신생아는 질환이나 미숙아로 입원진료를 받은 경우에만 입원환자로 집계하되, 정상 신생아인 경우에는 입원환자에 포함하지 않는다.

입원환자통계 및 재원 연인원통계는 평균재원일수 계산에 반드시 필요하다. 재원일수 단축이 의료수익에 미치는 영향이 큰 것을 감안할 때 환자통계가 매우 중요함을 알 수 있다. 이러한 입 · 퇴원 및 재원환자통계도 진료과별, 수가유형별, 거주지역별로 일별, 월별, 분기별, 연도별로 상세히 산출하여 경영 상태에 대한 자료로 활용할 수 있다.

나) 진료수익 통계

진료수익 통계는 크게 외래진료수익과 입원진료수익으로 구분하고 다시 환자종류별, 진료과별, 수가항목별로 필요에 따라 다양하게 집계할 수 있다. 진료수익을 환자종류, 진료과, 수가항목으로 구분하여 집계 시에는 진료과별 · 수가항목별 의료수익집계표로 분류하여 집계할 수 있다. 진료수익집계는 1일 총진료수익 통계와 월별, 분기별, 연도별 수익통계를 집계하여 필요에 따라 병원의 경영실적분석에 이용되고 있다.

4) 진료실적 분석

가) 외래환자 분석지표

(1) 1일 평균 외래환자 수

1일 평균 외래환자수(명) = (연외래환자수 / 외래진료일수)

1일 병원 외래진료를 이용하는 외래환자수의 평균을 나타내는 것으로, 과거와 현재의 환자 수 증감상태나 다른 병원의 외래환자와 비교할 수 있다. 다른 병원과의 비교 시에는 유사규모 병원의 병상수와 비교하므로, 다음과 같은 방식으로 산출하여 비교분석한다.

* 100병상당 일평균 외래환자수
= [{(연외래환자수/외래진료일수)/일평균가동병상수} × 100병상]

(2) 외래환자 1인당 평균방문 건수

외래환자 1인당 평균방문 건수(일) = (연외래환자수/실내원환자수)

외래환자의 구성비를 진료과별 또는 수가유형별로 구분하여 어떤 유형의 환자가 방문하고, 어느 진료과에서 어떤 종류의 환자를 많이 진료하는가를 분석하는 것이다. 이는 이용환자의 질병 구성이나 의사에 대한 신뢰도 또는 진료행태를 파악하는 데 도움이 된다.

(3) 외래환자 초진율

외래환자 초진율(%) = (초진환자수/연외래환자수) × 100

전체 외래환자 중 초진환자가 차지하는 비율을 나타낸다. 지역사회에 대한 병원의 신뢰도를 나타내는 지표로, 높을수록 신뢰도가 높은 편이며, 초진의 경우 각종검사, 촬영 등이 많아 수익 측면에서 도움이 된다. 이와 유사한 통계로는 병원에 처음 방문하는 신환만을 별도로 집계할 수 있으며, 일반적으로 초진율과 신환의 비율이 높을수록 지역사회에 대한 신뢰도가 높은 것으로 평가한다.

(4) 응급환자율

응급환자율(%) = (응급환자연인원수/연외래환자수) × 100

응급센터 이용환자는 외래환자로 분류되어 총 외래이용 환자 중 응급실을 이용한 환자가 차지하는 비율이다. 응급환자율이 높을수록 병원으로서의 존재가치가 높으며, 응급센터 방문환자의 많은 부분이 입원을 하는 경향이 있으므로 입원환자의 유입경로로 활용되어 입원환자 확보에 많은 영향을 미치게 된다.

나) 입원환자 분석지표

(1) 100병상당 일평균 재원환자수

100병상당 일평균 재원환자수(명)
= (연재원환자수/입원진료일수)/일평균가동병상수 × 100병상

입원 중인 평균재원환자수를 100병상 기준으로 계산한 것으로, 과거와 현재의 병상이

용율이나 입원 환자수를 비교하는 것이다. 다른 병원의 일평균환자수와 비교하는 경우에도 사용하며, 재원환자의 적정성 여부를 분석할 수 있는 지표이다. 비율이 높을수록 병상가동율과 시설이용의 효율성이 높아진다.

(2) 평균재원일수

평균재원일수(일) = (퇴원환자 연재원일수/실퇴원환자수) 또는
퇴원환자연인원수/((실입원환자수+실퇴원환자수)/2

환자가 입원하여 퇴원할 때까지 평균입원기간을 의미하며, 퇴원환자 연인원을 실퇴원환자수로 나눈 것이다.

다른 병원의 평균재원일수와 비교할 경우에는 통계의 집계방식에 따라 조금씩 차이가 있음을 유의해야 하며, 진료과별이나 수가유형에 따라 많은 차이를 나타내고 있다. 이외에도 지역 간 병원규모에 따라 많은 차이가 있으나 일반적으로 평균재원일수가 짧을수록 진료수익은 증가하지만, 병원 간에는 병명이나 진료과, 수술 등의 특성에 따라 많은 차이가 발생할 수 있으므로 단순 평균재원일수 비교는 의미가 없다.

일반적으로 입원환자가 입원을 위해 대기하는 병원이라면 재원일수는 짧을수록 진료수익이 증가하게 된다.

(3) 병상회전율

병상회전율(회) = (실퇴원환자수/평균가동병상수)

병상운영의 효율성을 파악하기 위한 지표로서 일정기간의 실퇴원환자를 평균가동병상수로 나눈 것이다. 1개의 병상을 일정기간동안 몇 번이나 회전시켰는지를 나타내는 것으로 회전율이 높으면 재원일수가 단축되어 수익이 증가한다.

다) 진료수익분석

(1) 외래환자 1인 1일당 평균진료비

외래환자 1인 1일당 평균진료비(원) = (외래수익/외래환자수)

외래 방문하는 환자가 1개의 진료과에서 진료 받은 당일 발생한 진료비의 평균이다.

외래환자의 1일 평균진료비는 본인부담 진료비와 보험자부담 진료비를 포함하며 1일 평균 진료비가 높으면 수익이 증대되나 과잉진료 혹은 비급여 부분이 높다는 것을 의미할 수도 있으므로 유사규모의 다른 병원과 비교하는 것이 좋다. 외래환자 1일 평균진료비는 기간별, 진료과별, 의사별, 초진 및 재진, 급여 및 비급여로 구분하여 집계할 수 있다.

(2) 100병상당 일평균 외래수익

100병상당 일평균 외래수익(원) = (외래수익/외래진료일수)/(평균가동병상수/100병상)

1일 평균 외래수익을 병상수와 비교하기 위한 지표이며, 병상수의 변화나 다른 병원의 1일 평균 외래수익과 비교하기 위한 자료로 외래수익을 100병상당 환산하여 계산한 지표이다.

(3) 외래환자 수가항목별 진료건당 외래수익

외래환자 수가항목별 진료건당 외래수익(원)
= (수가항목별외래수익/수가항목별외래환자진료건수)

외래환자의 평균 외래수익 중에서 수가항목별 진료비수준을 산출하기 위한 계산방법으로 진료비 구성요소를 파악하기 위한 지표이다.

(4) 입원환자 1인 1일당 평균진료비

입원환자 1인 1일당 평균진료비(원) = (입원진료수익/총재원일수)

입원 중인 환자의 1일 평균 진료비를 말하며, 평균재원일수와 함께 입원환자 진료수익 비교에 가장 많이 사용되고 있다. 평균진료비가 높을수록 수익은 증대될 수 있으나 수가항목별 구성에 따라 많은 변화를 가져올 수 있다. 반면 환자 부담이 증가하므로 장기적으로 부정적 측면이 있다. 평균재원일수 단축은 1일 평균진료비를 높일 수 있으나 입원기간 단축에 따라 전체적인 환자부담을 감소시킬 수 있다.

(5) 입원환자 수가항목별 진료건당 진료비

입원환자수가항목별 진료건당진료비(원) = (수가항목별입원수익/수가항목별입원환자진료건수)

입원환자의 수가항목별 진료건당 진료비 수준을 파악하기 위한 분석이다. 수가항목 구성요소 중 병원수익과 직결되는 행위료 수익 부분이 많을수록 수익성이 높다.

(6) **의료미수금 회전기간**

의료미수금 회전기간(일) = (의료비미수금잔액/의료수익) × 365

발행된 진료비 중 본인이 부담할 진료비를 제외하고 기관부담 미수금과 본인부담 미수금의 회수기간을 나타내며, 미수금 회전기간이 짧을수록 효율성이 높다. 이 지표는 투입된 자본에 대한 효용도를 측정하기 위한 자료로 의료미수금의 회수기간을 의미한다. 기관부담 미수금과 본인부담 미수금 회전기간으로 분석할 수 있으며, 기관부담 미수금은 다시 의료보장 유형별로 구분하여 나타낼 수 있다.

(7) **보험심사조정(삭감)률**

보험심사조정(삭감)률(%) = (심사조정(삭감)액/청구총진료비) × 100

기관단체의 총청구액을 기준으로 심사조정액을 비교하는 것으로 낮을수록 좋다. 의학적으로 타당한 적정진료의 시행은 진료비 심사조정 과정에서 과잉 혹은 부적절한 진료에 따른 심사조정이 줄어들게 된다. 이와 유사한 지표로는 이의신청률(이의신청액/삭감액) 및 회수율(회수액/삭감액 또는 이의신청액) 등을 들 수 있다.

라) 병상이용도 분석

(1) **병상이용률**

병상이용률(%) = (총재원일수/연가동병상수) × 100

병원이 보유 중인 병상을 얼마나 가동하였는가를 분석하는 지표로서 높을수록 좋다. 가동병상수는 실제 가동 중인 병상을 계산, 기간 합산하여 산정한다. 일정기간 중 환자를 수용할 수 있는 상태로 설치한 병상수가 실제 환자에 의해 점유된 비율로서 병원인력 및 시설의 활용도를 간접적으로 알아볼 수 있다. 일정기간 동안 가동병상 중 입원환자가 실제로 사용한 병상의 비율을 의미하는데 병상 수는 인력, 의료장비, 총비용과 같은 투입요소와 밀접한 관련성이 있으므로 이 비율은 병원의 인적 자원이나 시설의 활용도를 의미한다.

(2) 병원이용률

병원이용률(%) = (조정환자수/연가동병상수) × 100

입원환자와 외래환자를 포함하여 병원이용률을 포괄적으로 조정환자수로 나타낸 지표이다. 병원이용자의 병상이용률이나 외래 조정 환자를 따로 비교할 때 입원과 외래 환자의 구성이 달라 발생할 수 있는 단점을 보완하는 장점이 있다.

(3) 병상회전율

병상회전율(회) = {입원(퇴원)실인원수/평균가동병상수}
= {(입원연인원수 + 퇴원실인원수)/2}/평균가동병상수

이 지표는 일정기간 중 하나의 병상에 몇 명의 환자를 입원시켰는가 하는 병상의 활용정도를 나타낸다. 병상회전율이 높으면 평균재원일수가 짧고 평균재원일수가 길면 회전율이 낮게 나타난다.

병상이 효율적으로 운영된다는 것은 입원환자수가 많아 시설이용도가 높아 수익성이 좋아지며, 국가차원에서도 의료자원이 효율적으로 운영된다는 것을 의미하는 것이다.

(4) 병상회전기간

병상회전기간(일) = (평균가동병상수/입(퇴)원환자실인원수) × 365

1병상의 환자입(퇴)원 후 다음 환자가 입(퇴)원할 때까지의 평균 기간을 의미한다. 평균재원일수보다 높게 나타나며, 병상이용률이 높을수록 평균재원일수와 가깝게 나타난다. 입원대기환자가 많은 경우 병상회전율과 병상회전기간은 비슷하게 나타난다.

2.3. 병원경영분석

1) 병원경영분석의 의의

병원경영분석이란 병원의 경우 과거나 현재뿐만 아니라 미래의 계획까지도 포함하는 광범위한 재무지표 및 환자진료 실적 등 경영통계를 토대로 경영성과 및 경영 상태를 분석하고, 그 원인을 규명하여 경영자를 비롯한 여러 이해관계자들에게 보다 정밀한 경영

정보를 제공하기 위한 모든 분석 방법을 총칭하는 의미이다. 또한 병원의 경영활동 중에 병원의 회계수치를 비교 · 분석하여 병원경영의 적정성과 타당성 정도를 파악하는 것에 의의를 둔다.

병원의 경영분석은 일정기간을 단위로 대차대조표, 손익계산서, 현금흐름표, 진료원가 보고서 등의 회계자료를 통해서 병원의 재무상태와 경영성과의 양호, 또는 불량을 판단하는 방법이다. 그리고 조직, 인사, 진료량 분석, 진료비 분석, 병상 이용도 분석 등 각 경영부문의 활동을 함께 고려하여 병원경영활동의 전반에 대한 분석을 할 필요가 있는데 이를 광의의 병원경영분석이라고 하며, 재무제표만을 분석하는 것을 협의의 병원경영분석이라 한다.

병원은 일반적으로 비영리, 공익기관으로 알려져 있고, 이러한 특성과 다른 여러 가지 특성 때문에 외적 환경으로부터 영향을 많이 받는데, 대부분 병원경영진이 통제하기는 불가능한 것이다. 반면, 내적 여건의 변화는 어느 정도 통제 가능하므로 병원이 살아남기 위해서는 내적 환경을 병원에 유리하게 변화시키기 위하여 노력해야 한다.

2) 병원경영분석의 주요지표

가) 수익성

이 비율은 의료수익과 이익 간의 비율을 산출하기 위한 것으로 의료이익률은 병원의 경영성과를 잘 나타내고 있다. 의료이익률은 의료수익에서 인건비, 재료비 등의 의료비용을 차감한 의료이익을 의료수익으로 나누어 계산하며, 의료순이익률은 의료이익에 의료 외 수익과 특별이익을 더하고 의료 외 비용, 특별손실, 법인세 등을 차감하여 계산된 단기 순이익을 의료수익으로 나누어 계산한다.

나) 활동성

병원에 투입된 총자본이 의료수익 증대에 얼마나 효과적으로 기여하였는가를 판단하고 업무활동의 성과를 평가하는 자료로서 재정자립도로 볼 수 있다. 자본회전율이 높을수록 효율적으로 활용되었음을 의미하나 너무 높을 경우에는 과소투자하지 않았는지 검토해야 한다.

다) 성장성

의료수익증가율은 전기(前期)에 비하여 의료수익이 얼마나 증가하였는가를 알기 위한 비율이다. 조정환자수 증가율은 전기에 비하여 환자수가 얼마나 증가하였는가를 알기 위한 비율이다.

라) 유동성(안정성)

유동비율은 단기채무의 변제 능력이 충분한가를 측정하기 위한 비율로서 유동자산을 유동부채로 나누어 계산한다. 타인자본의존도는 자기자본인 기본 재산에 타인 자본을 합친 금액에 비하여 유동부채와 고정부채의 합계가 얼마나 되는가를 나타내는 비율이다. 부채총액에는 대손충당금이나 감가상각충당금과 같은 평가성 충당금은 포함되지 않는다.

〈표 6-1〉 정태적 경영분석지표

구분	주요 지표	비율계산식	판단
자산구조의 안정성	유동자산구성비율	유동자산/자산총액×100	일정한 표준비율은 없으나 균형을 유지
	고정자산구성비율	고정자산/자산총액×100	일정한 표준비율은 없으나 균형을 유지
자본구조의 안정성	자기자본구성비율	자기자본/총자본×100	일정한 표준비율은 없으나 균형을 유지
	타인자본구성비율	타인자본/총자본×100	일정한 표준비율은 없으나 낮을수록 안정성
	부채비율	타인자본/자기자본×100	100% 이하
	유동부채비율	유동부채/자기자본×100	100% 이하
	고정부채비율	고정부채/자기자본×100	100% 이하
	적급금비율	적급금/자기자본×100	일정한 표준비율은 없으나 높을수록 안정성

지급능력의 안정성	유동비율	유동자산/유동부채×100	200% 이상
	당좌비율	당좌자산/유동부채×100	100% 이상
	현금비율	현금예금/유동부채×100	20% 이상
	매출채권비율	매출채권/재고자산×100	일정한 표준비율은 없으나 높을수록 안정성
자본배분의 안정성	고정비율	고정자산/자기자본×100	100% 이하
	고정장기적합률	고정자산/장기자본×100	100% 이하
운전자본의 안정성	총운전자본구성비율	총운전자본유동자산/총자본×100	일정한 표준비율은 없으나 높을수록 안정성
	순운전자본구성비율	유동자산유동부채/총자본×100	일정한 표준비율은 없으나 높을수록 안정성

〈표 6-2〉 동태적 경영분석 지표

구분	주요지표	비율계산식	판단
자본 수익성 비율	총자본의료이익률	의료이익/총자본×100	10% 이상(10-15 이상)
	자기자본의료이익률	의료이익/자기자본×100	20% 이상(10-20 이상)
	자본금의료이익률	의료이익/자본×100	20% 이상(10-20 이상)
	경영자본영업이익률	영업이익/경영자본×100	10% 이상(10-15 이상)
매출 수익성 비율	매출총이익률	총이익/매출액×100	표준은 없으나, 높을수록 양호
	매출영업이익률	영업이익/매출액×100	표준은 없으나, 높을수록 양호
	매출경상이익률	의료이익/매출액×100	표준은 없으나, 높을수록 양호
수익비용 비율	총수지비율	총비용/총수익×100	표준은 없으나, 낮을수록 양호
	영업수지비율	영업비용/영업수익×100	표준은 없으나, 낮을수록 양호
	매출원가율	매출원가/매출액×100	표준은 없으나, 낮을수록 양호
자본 회전율	총자본회전율	매출액/총자본×100	2회전(또는 2.5회) 이상
	자기자본회전율	매출액/자기자본×100	3회전 이상
	경영자본회전율	매출액/경영자본×100	2회전(또는 2.5회전)
	타인자본회전율	매출액/타인자본×100	표준은 없으나, 높을수록 양호

자산 회전율	고정자산회전율	매출액/고정자산×100	4회전 이상
	재고자산회전율	매출액/재고자산×100	8회전 이상
	매출채권회전율	매출액/매출채권×100	6회전 이상
	외상매출금회전율	매출액/외상매출금×100	6회전 이상
	매입채권회전율	매출액/매입채권×100	6회전 이상
	외상매입금회전율	매출액/외상매입금×100	6회전 이상
	현금예금회전율	매출액/현금예금×100	표준은 없으나, 높을수록 양호

2.4. 외국인 유치 통계관리

외국인 환자 유치 등록을 한 의료기관은 매년 3월 말까지 외국인 환자 유치실적을 보고하여야 한다. 만일 등록기관이 실적 보고 의무를 이행하지 아니하면 보건복지부장관은 해당 의료기관에 대하여 시정 명령을 내릴 수 있으며, 시정 명령을 받은 의료기관이 그에 따르지 아니하면 유치등록이 취소될 수 있다. 또한 외국인 환자 유치 등록 의료기관은 실제 외국인 환자를 유치한 실적이 없다 하더라도 무실적 보고를 해야 한다.

이러한 외국인 환자 유치 실적 보고는 유치기관 정보포털시스템에서 외국인 환자 정보를 수시 입력하거나 또는 양식을 다운로드하여 환자 정보를 직접 작성하여 실적보고 기간 내에 업로드하여 보고하는 방법으로 하게 된다.

병원의 외국인 유치 통계관리에 포함되는 내용은 다음과 같다.

① 외국인 환자목록에는 환자등록번호, 미군 여부, 출생년도, 성별, 국적, 등록일자, 수정일자 등이 있고, 환자별 진료목록에는 소개 여부, 유치업자명, 진료일자, 진료과명, 진료비, 지불수단, 진료유형, 입원일자, 퇴원일자, 주진단, 주처치, 주검사 등이 포함된다.

② 실적보고 대상목록에는 진료일자, 환자등록번호, 출생년도, 성별, 국적, 진료과, 진료유형, 입원일자, 퇴원일자 등이 포함된다.

③ 외국인 환자 유치 통계를 통해 한 해 동안의 해외환자 유치에 따른 실환자(입원/외래/검진), 성별 실환자, 월별 실환자, 국적별 실환자, 진료과별 실환자, 연령별 실환자, 금액대별 실환자, 종별 실환자, 총 진료비, 평균진료비 등을 분석할 수 있다.

단·원·핵·심·요·약

▶ 의료정보시스템의 종류로는 원무관리시스템, 처방전달시스템(OCS), 임상병리정보시스템(LIS), 의료영상저장전송시스템(PACS), 방사선정보시스템(RIS), 전자의무기록시스템(EMR), 병원경영정보시스템 등이 있다.

▶ 정보화 시대의 변화, 환자증가에 따른 행정업무 증가, 환자서비스의 질적 향상, 귀중한 임상자료의 활용성 제고, 병원재정의 향상 등을 위해 병원정보시스템이 필요하게 되었으며, 그 기대효과로는 진료예약 시스템의 운용, 창구업무의 신속처리, 신속정확한 검사 업무 처리, 첨단 진료환경 구축 등 진료 측면에서의 이점뿐만 아니라, 행정업무의 정확성과 신속한 경영의사결정, 물품구매와 물류흐름의 관리, 인적 자원 관리 등의 측면에서 효율성 제고 등을 들 수 있다.

▶ 원무통계의 종류에는 입원환자와 외래환자 등 환자진료통계, 진료수익 통계가 있다. 진료실적 분석지표에는 1일 평균 외래환자 수, 외래환자 1인당 평균방문 건수, 외래환자 초진율, 응급환자율 등의 외래환자 분석지표와, 100병상당 일평균 재원환자수, 평균재원일수, 병상회전율 등의 입원환자 분석지표, 외래환자 1인 1일당 평균진료비, 100병상당 일평균 외래수익, 외래환자 수가항목별 진료건당 외래수익, 입원환자 1인 1일당 평균진료비, 입원환자 수가항목별 진료건당 진료비, 의료미수금 회전기간, 보험심사조정(삭감)률 등의 진료수익 분석지표, 병상이용률, 병원이용률, 병상회전율, 병상회전기간 등의 병상이용도 분석지표가 있다.

▶ 병원경영분석은 일정기간을 단위로 대차대조표, 손익계산서, 현금흐름표, 진료원가보고서 등의 회계자료를 통해서 병원의 재무상태와 경영성과를 판단하는 방법이다. 주요 지표로는 수익성을 나타내는 의료이익률과 의료순이익률이 있고, 활동성을 나타내는 총자본의료이익률, 자기자본의료이익률과 성장성을 나타내는 의료수익증가율, 조정환자수 증가율이 있으며, 유동성(안정성)을 나타내는 각종 지표들이 있다.

▶ 외국인 환자 유치 등록을 한 의료기관은 매년 3월 말까지 유치실적을 보고하여야 한다. 실적 보고 의무를 이행하지 않으면 시정명령을 받을 수 있고, 이 명령에 따르지 않을 경우 유치등록이 취소될 수 있다. 또한 유치실적이 없는 경우에도 무실적 보고를 반드시 해야 한다.

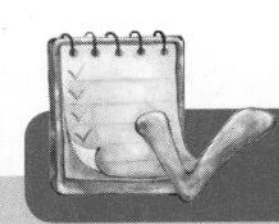

알아두면 좋아요!

의료관광객의 정보 수집 및 상담

의료서비스를 위해 해외로 나갈 의향이 있는 잠재적 소비자는 본인이 원하는 진료과목에 대한 해당지역의 의료시설 및 의료기술 등 의료서비스의 기본 인프라에 대해 정보 수집을 한다. 아시아 의료관광 경험자를 대상으로 진행한 한국관광공사의 조사결과에 따르면 경험자의 58.7%가 여행 전에 미리 의료서비스 이용을 계획하며 정보수집 시에 국가보다는 의료서비스에 관한 내용을 우선적으로 고려하는 것으로 나타났다. 2012년에 한국의료관광을 경험한 의료관광객을 대상으로 실시한 조사에 의하면 의료서비스에 대한 정보는 주변인의 추천이 57.6%로 가장 높게 나타났다.

서비스이용 사전 계획 여부

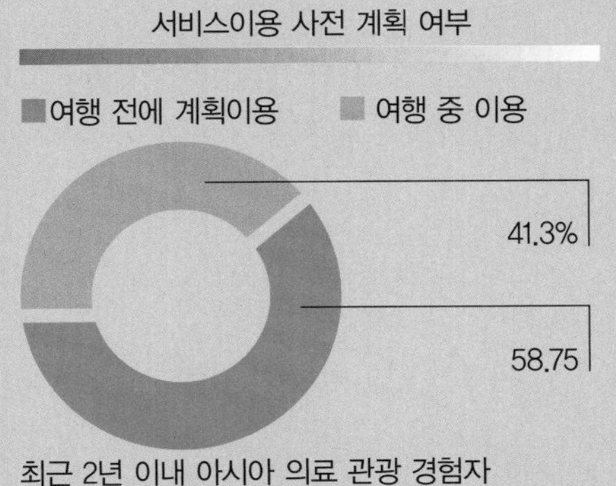

최근 2년 이내 아시아 의료 관광 경험자
(n=310, 단위 : %)

서비스 VS 국가

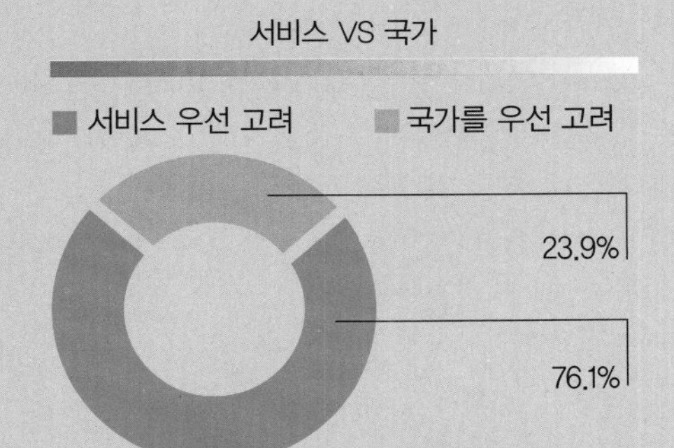

최근 2년 이내 아시아 의료 관광 경험자
(n=310, 단위 : %)

한국의료관광 정보수집경로(중복응답)

사례수(명)	지인을통해	인터넷	신문또는잡지	여행사 및 유치업체	TV (Arirang TV, KBS world등)	한국의료 홍보 리플릿 및 책자	본국 의료진	SNS	기내지 및 공항광고	기타	모름/무응답
747	57.6	49.9	17.8	12.4	11.6	8.8	5.9	4.1	2.4	5.6	1.2

출처 : 한국의료관광총람, 2013.

한국 의료 및 관광서비스 만족도 조사, 2012, 한국관광공사

제 7 장 리스크 관리

- 리스크의 개념과 유형을 이해한다.
- 의료사고의 원인, 의료분쟁의 특징과 증가 원인을 파악한다.
- 의료관광과 관련한 리스크 발생 원인과 유형을 이해한다.
- 리스크 관리의 단계를 숙지하고, 리스크의 사전예방을 위해 고려해야 할 사항과 외국인 환자의 의료분쟁을 사전에 예방하기 위한 방법을 학습한다.
- 외국인 환자 의료사고 발생 시 대처요령과 의료분쟁 해결방안을 학습한다.

1. 리스크 관리의 개념

1.1. 리스크 개념의 정의

리스크(Risk)란 보통 우연한 사고 발생의 불확실성 또는 그 가능성을 의미한다. 경제적인 관점에서는 손실, 바람직하지 않은 사건이나 또는 그러한 사건의 발생에 관한 불확실성을 포함한 상황을 뜻한다.

1.2. 리스크의 유형

의료기관에서 발생할 수 있는 리스크의 유형은 크게 임상적 리스크와 비즈니스 리스크로 나뉘고, 구체적으로는 5가지로 분류할 수 있다. 국제의료관광과 관련한 국제진료서비스에서는 임상적 리스크와 재정적 리스크를 고려해야 한다.

1) 임상적 리스크

환자 진료와 관련하여 발생할 수 있는 다양한 리스크가 있다.

① 환자의 임상정보 비밀 누설

② 다른 환자, 보호자나 직원으로부터의 학대나 폭력

③ 종교, 국적 등에 준한 차별

④ 환자 개인 물건의 도난이나 손실

⑤ 환자 위급 시 대처의 부실 등

2) 의료진 관련 리스크

의료진과 병원에 대한 소송 등이 여기에 속한다.

3) 직원 관련 리스크

병원의 직원과 관련하여 발생할 수 있는 리스크이다.

① 직업병이나 직업 관련 재해

② 직원에 대한 차별(인종, 성차별 등)

③ 성희롱

④ 해고 관련 소송 등

4) 자산 관련 리스크

화재 및 자연재해 등으로 인한 자산 손실 등이 있다.

5) 재정적 리스크

투자 손실, 치료비 미수, 구매 관련 손실 등이 있다.

1.3. 리스크 분석

1) 의료기관의 리스크

가) 의료행위에 기인한 리스크

진료, 처치, 예방 등 의료시술과 관련한 리스크

나) 운영상의 리스크

의료시설의 관리, 의료시설에 대한 투자, 의료광고 등 의료기관 운영과 관련한 리스크

2) 의료사고의 원인

의료인이 의료행위를 수행함에 있어서 환자의 병증이 악화되거나 사망에 이르게 된 예상 밖의 나쁜 결과가 발생하는 것은 의료인의 주의 부족이나 기술 부족 등이 직접적 원인으로 작용한다. 하지만 의료인이 정상적인 주의와 기술을 가지고 시행하는 경우라도 의료사고는 발생할 수 있다. 이와 같은 사실은 단순히 의료인의 개인적 요인뿐만 아니라 다양한 요인들이 복합적으로 발생하게 되며, 이러한 요인으로는 의료 주체적 요인, 의료본질적 요인, 진료적 요인, 의료제도적 요인과 기타 요인 등으로 구별할 수 있다.

가) 의료주체적 요인

의료사고가 의료행위를 수행하는 주체인 의료인 측의 요인에 의하여 발생하는 것을 말한다. 의료행위가 당사자에 기인하는 부분으로 의료사고의 대다수를 차지하고 있으며, 이 요인은 의료행위자의 개인적 문제(업무미숙, 실수, 나태 등)와 구조적 문제(지나친 업무강도, 진료시간 부족, 신기술의 무분별한 사용, 인성교육의 부재 등)로 나누어볼 수 있으나 개별적 의료사고는 양자가 모두 작용하는 경우가 대부분이다.

특히 의료인의 기술부족과 주의태만이 가장 직접적인 원인이다. 물론 의료사고는 의료인이 책임질 사유가 전혀 없이 발생되기도 하지만 의술 부족이나 주의의무위반은 거의 예외 없이 의료사고가 발생된다는 것이다. 의료가 상업화, 영리화되면서 일부 의료인의 반의료적이고 비윤리적인 의료행위가 일어날 소지가 많아질수록 사고의 발생가능성은 더욱 높아진다.

나) 진료상황적 요인

(1) 경제적 측면

정확한 진료를 위해서는 다각적이고 종합적 접근을 통한 진단이 필요하지만 현대의학에서 인정되는 모든 방법을 수행하는 것은 어려울 뿐만 아니라 완전히 정확한 진단도 불가능하다. 진료에 있어서는 어느 정도 의사의 재량이 선택으로 작용하게 되며, 이러한 재량이 가지고 있는 오진의 가능성은 의료사고의 한 요인이 된다.

(2) 응급성 측면

상급병원으로 이송이 어려운 벽지나 환자의 병세가 위급하여 즉각적인 응급진료를 시행하여야 하는 상황에서는 질병의 정확한 판별을 위한 정밀 검사를 충분히 실시할 수가 없게 된다. 이와 같이 진료에 있어서 지역적 한계성과 시간적 긴급성은 의료의 실험적 성격을 가중시켜 의료사고의 발생가능성을 더욱 심화시키고 있다.

다) 의료본질적 요인

(1) 의학기술의 한계

가능한 모든 진단과 치료 방법을 동원한다 하더라도 현대의학이 지니고 있는 한계 때문에 완전한 기대효과를 달성하기가 현실적으로 불가능하다. 따라서 의료인의 임상적 자율성이 요구되며 이러한 의료인의 자율성 내지 선택적 재량은 오진의 가능성을 일정하게 내포할 수밖에 없다.

(2) 의료행위의 침습성

의료행위는 본질적으로 인체에 대한 침습행위를 수반하기 때문에 의료기술의 시행은 그 자체가 위험성을 내포하고 있어 사고의 가능성이 상존한다는 것이다.

(3) 인체반응의 다양성

인체는 기계와 달리 예측하기 어려운 생물학적 특성을 지니므로 실험적 요소가 개입되는 시행착오적 과정을 거치지 않을 수 없는데 실제의 질병에 대한 발현되는 증상의 비정형성, 의료효과의 다양성, 특이체질의 존재 등으로 말미암아 의료행위의 결과는 확률론적 성격을 나타낸다.

이와 같이 의료의 침습성과 인체반응의 예측 곤란성은 의료사고를 일으키는 근본적인 요인이 되므로 새로운 의료기술이 발달하더라도 각종 부작용이나 위험이 줄어들기보다는 증가할 가능성이 높아진다.

라) 의료제도적 요인

건강보험제도의 확대 실시와 저수가로 인한 의료수요의 급증은 의사 1인당 진료환자의 증가로 개인당 진료시간의 단축을 가져왔으며, 이는 의료사고의 발생위험성이 증대되는 구실로 작용하고 있다. 이와 더불어 응급의료체계, 환자후송체계와 진료협조체계를 통합한 의료전달체계의 미비 또한 의료사고 발생의 거시적 · 구조적 요인으로 작용하게 된다. 또 의료기관의 질 보장 노력을 조장할 제도적 장치와 정책의 부재는 의료사고가 발생할 가능성을 높이는 데 일조를 하고 있다.

마) 기타 요인

의학의 고도화에 따른 고난도의 전문의학적 기술의 시행으로 그 위험성이 더욱 증대되었으며, 의료에 대한 일반인의 기대수준도 상승하여 종래 의학의 한계로 간주되던 부분까지도 하나의 사고로 보게 되어 의료사고가 더욱 확대되었다. 또한 의료인에 대한 신뢰가 무너짐으로 인하여 의료인의 의료 행위 중 사고로 인식하는 의학적 범위가 넓어진 것도 하나의 원인이 된다. 한편 환자가 과거의 병력이나 증상변화와 같이 진단에 필요한 사항의 보고를 소홀히 하거나 약제 복용 등에 있어 의사의 지시를 준수하지 않는 등 환자 측 과실도 의료사고를 발생시키는 한 요인이 된다.

1.4. 의료분쟁

1) 의료분쟁의 의미

원래 의료행위는 본질적으로 인간의 건강증진이나 치료 등의 목적을 위해서 시행하지만 신체에 대한 침습을 수반하게 되고, 더욱이 사람의 신체는 기계와 달라서 예측할 수 없는 생리적 또는 병리적 현상을 보여 기대한 만큼의 치료효과가 없거나 환자가 사망에 이르게 되는 결과가 발생하기 때문에 의료분쟁은 피할 수 없는 것이다.

기본적으로 의료행위의 결과에 대해 수요자가 불만을 가진다고 해서 모두가 분쟁이 되는 것이 아니고 또한 분쟁으로 나타난 것 중에도 의료사고라고 규정할 수 없는 경우가 있다. 따라서 의료분쟁은 의료사고를 주된 원인으로 하여 환자 측과 의료인 간에 발생하는 다툼이라고 정의할 수 있다.

2) 의료분쟁의 특징

① 의료의 전문성과 의료사고의 밀실적 성격으로 말미암아 법관의 판단에 한계가 있어서 의료소송은 장기간 진행되는 경향이 있다.
② 의사는 의료분쟁을 개인적으로 처리하려는 경향이 있으므로 의료소송이 환자의 의사에 대한 위협수단으로 이용되는 때가 있다.
③ 의사에게는 의료소송이 단순한 금전적 소송일 뿐만 아니라 사회적인 명예나 직업적인 권위와 관계가 크게 있다.

3) 의료분쟁증가의 원인

의료분쟁은 의료사고를 출발점으로 의사 측과 환자 측의 다툼으로 환자 측이 의료과오를 주장하면서 손해배상 또는 형사처벌을 요구하여 분쟁이 발생하게 된다. 즉 의료사고가 발생해도 환자 측에서 인지하지 못하는 경우도 있으며, 인지하더라도 일부는 이해하거나 체념하는 경우도 상당수 있다.

따라서 단순히 의료사고의 증가에 비례하여 의료분쟁이 증가하는 것은 아니며, 사회적 배경요인이 종합적으로 작용하여 발생한다고 볼 수 있다. 의료분쟁이 증가하는 데에 영향을 미치는 배경요인을 의료수요자 측의 요인, 의료공급자 측의 요인, 사회적 · 제도적 여건으로 나눌 수 있다.

가) 의료수요자 측 요인

(1) 수진 기회의 증가

경제수준의 향상과 의료보장의 확대로 수진기회가 급격히 증가하였으며 의료사고 또한 의료처치를 실시한 횟수에 비례하여 의료분쟁으로 연결되고 있다. 이러한 의료수요의 증가는 환자의 대기시간이 늘어나게 하는 반면 개인에게는 진료시간이 단축되어, 의사의 형식적 진료나 불친절로 환자의 불신과 불만을 유발하여 분쟁으로 연결되는 요인이 되기도 한다.

(2) 국민권리의식의 향상

경제적 풍요와 사회민주화의 진전으로 점차 개인주의화 되어감에 따라 소비자보호운동이 활발해지고 환자주권의식이 팽배하게 되어 의사와 환자의 관계가 수평적 관계로 발전하였다. 이에 따라 인술의 차원에서 이해하던 의료행위가 계약관계로 변화되고 있으며, 계약의 일방당사자인 의사가 의료행위를 행함에 있어 당사자인 환자 측에 만족할 만한 결과를 주지 않을 때에는 바로 분쟁을 제기하는 경향이 일반화되고 있다. 이러한 권리의식은 점차 그 정도가 지나쳐 금전만능주의와 결합되면서 의료 분쟁은 법적인 수단이 아닌 실력행사에 의하여 해결되는 경향마저 보이고 있다.

(3) 의료의 본질 등에 대한 이해부족

의료행위는 신체에 대한 침습을 수반하는 위험성을 내포하게 되어 의료사고가 불가피하게 발생할 수 있다. 그러나 환자 측은 이와 같은 의료의 본질적 특성을 이해하지 못하고 자신들이 기대한 완전한 결과를 요구하는 경우에는 분쟁으로 나아가게 된다. 의료의 본질에 대한 이해 부족은 의사와 환자 간의 불신에 의해 빚어지는 면이 상당히 있다.

나) 의료공급자 측 요인

(1) 의료제공 형태의 변화

현대의료의 특징은 전문화, 대형화, 상업화로 나타난다. 대형화 · 조직화된 오늘날 의료형태에서 전통적인 의사와 환자 간의 신뢰 관계는 구조적으로 파괴되지 않을 수 없다. 즉 환자는 환자대로 의료의 비인간화에 소외감을 갖게 되었고, 의료기관 및 의료인은 봉사정신이 희박해지고 영리추구로 의사와 환자 간의 관계 자체가 비인격화되고 있으며, 의약품의 과다한 사용 역시 의료사고의 주요한 원인이 되고 있다.

(2) 의사의 전근대적 의료관

사회가 민주화되고 국민의 권리의식이 크게 향상되었음에도 상당수 의사들이 전근대적 의료관을 가지고 환자에게 따지듯이 질문하거나 고압적이고 권위주의적인 진료를 하는 경우가 있다. 이러한 의사의 태도는 환자로 하여금 많은 반감을 불러일으킨다. 더구나 의료수요가 급격히 증가함에 따라 단시간 내에 많은 환자를 진료하는 상황에서 전인적 진료보다는 형식적 진료를 하게 되고 책임 회피적 방어 진료에 그칠 우려가 있다. 이는 의사의 권위주의적 태도와 함께 환자 측에 불만을 가중시켜 분쟁으로 나아가는 요인이 되고 있다.

(3) 의사의 직업적 체면의식

의사들은 전통적으로 자신의 직업적 명예를 중시하고, 의료분쟁에 있어서도 손해배상에 대한 금전적인 손실보다는 분쟁이 확대 · 공개되는 것, 특히 민 · 형사 소송이 제기되어 피고로 법정에 서거나 수사기관에서 조사를 받는 것을 치명적인 치욕으로 생각하고 있다. 이러한 직업적 체면의식으로 말미암아 의사들은 의료사고에 대한 책임유무를 불문하고 사고 자체를 무마 · 은폐시키려는 경향을 보이고 있다. 이에 따라 환자 측으로 하여금 의료사고를 의식적으로 분쟁화하도록 조장하는 악순환적 요인이 되고 있다.

(4) 법규 및 법의학에 대한 의사의 이해 부족

현대의료의 발달로 환자 측은 최고수준의 의료혜택을 원하고 있으며 의사와 환자의 관계가 계약화됨으로써 의사의 법적 의무는 다양화되고 고도화되었다. 의사들은 이를 민감하게 받아들이지 못하고 법이 요구하는 의사의 의무에 대하여 이해하지 못한 상태에서 환자를 취급하는 것이 의료계의 현실이라 하겠다. 이는 근본적으로 의학교육과정의 문제로 의과대학 교육에 의료법규 내지 법의학에 대한 최소한의 법률지식도 제대로 갖추지 못하고 있기 때문이다.

(5) 의사 수의 급증으로 인한 미숙한 의사의 진료 가능성

의사 수의 증가는 일반인에게 진료의 기회를 높여주는 바람직한 현상인 한편, 의사의 양산은 형식적으로는 자격이 있으나 자질과 경험이 부족한 의사들로부터 저질의 진료를 받을 가능성도 그만큼 증가하는 것을 의미한다. 국민의 경제적 수준이 향상되고 건강의식이 높아짐에 따라 이제는 단순한 진료의 기회보다는 양질의 진료를 요구하는 추세에서 의료의 질적 관리가 전제되지 않은 부분별한 의사의 양산은 의료분쟁 증가의 원초적인 요인이 되는 것이다.

다) 사회적 · 제도적 여건

(1) 의료지식의 보급 확대

각종 언론매체를 통한 의료지식의 확대보급은 의료사고에 대한 인지수준을 높여 주어 의료분쟁 증가의 한 요인이 되고 있다. 새로이 개발된 진단 내지 치료법과 의약품 또는 첨단 장비를 사용함으로써 불치의 병으로 간주되었던 질병을 완치시켰다는 등의 정보를 제공하면서 최신 의료기술 및 의약품의 이용에 수반되는 부작용이나 위험부담이 완전히 배제될 단계에 이르지 못하였음에도 환자 측에서는 무조건 의학의 최고수준을 적용시켜 줄 것을 요구하게 된다. 이러한 요구를 충족시켜 주지 못하거나 최신요법으로 인한 부작용이 나타났을 때, 의료기술의 고도화와 복잡화에 따른 질적 평가가 부족한 환자 측은 자신이 부담한 위험이 의사의 잘못 때문이라고 생각하게 되어 의료분쟁에 이르게 된다.

또한 언론에 의한 편향된 의료지식의 보급은 의료를 받아들임에 있어서도 비판적인 성향을 조장하게 된다. 의료사고에 대한 기사를 다루는 데에 있어서도 대부분 환자 측의 입장을 중심으로 취재하여 그들을 옹호함으로써 의사나 의료기관에 관하여는 합리적인 분석이 제대로 이루어지지 않아 결국은 일반인에게 의료의 질에 대한 의심을 갖게 하고 의료분쟁 증가의 바탕을 마련해 주게 되는 것이다.

(2) 불신풍조 등의 만연

오늘날 경제적 가치를 중심으로 한 물질문명이 고도화됨에 따라 사회전반에 팽배한 금전만능주의는 재산적 · 신체적 피해는 물론 정신적 문제까지 금전적인 보상을 요구하는 풍조를 수반하게 되었다. 또한 사회가 각박해짐에 따라 서로가 서로를 믿지 못하는 불신풍조가 만연되었으며, 분쟁의 도덕적 · 윤리적 해결이라는 종래의 풍습은 사라지고 사소한 분쟁에서도 법적 권리의무를 따지고 모든 해결을 법에 의존하는 경향이 늘어나게 되었다.

(3) 의료심사조정기구의 활동 부진

의료분쟁을 신속하고 공정하게 해결할 공신력 있는 법적 기구가 없기 때문에 병원 측과 환자 측의 싸움은 불신감만 팽배한 가운데 감정적으로 격화되는 것이 상례이다. 이에 정부는 의료분쟁을 조정하기 위하여 중앙과 지방에 의료심사조정위원회를 설치하여 의료에 관하여 전문적이고 기술적인 심사를 하고 있다. 그러나 법령상의 조직과 기능이 전문성과 객관성이 미흡하다는 지적이 있고 1993년까지 전국의 의료심사조정위원회에서 모두 13건 조정신청을 접수하였으나 1건만 조정하고 나머지는 모두 기각 또는 반려하는 등 그 활동이 극히 미흡한 상태이다.

(4) 사회적 보상제도의 결여

의료행위는 환자의 신체에 대한 침습을 수반하게 되므로 본질적으로 위험을 내포하고 있고, 현대의학이 개발한 치료법과 의약품을 사용함에는 많은 위험부담이 있어 의료행위의 과정에서 발생하는 과오 중에는 의사의 잘못이 전혀 없이도 초래되는 경우도 많다. 의료행위에 내포된 위험을 "허용된 위험"이라고 한다면 의사의 과실도 아니고 질병의 정도 및 상태로 보아서 예상할 수 없었던 불상사의 결과로 빚어진 환자의 손해에 대하여는 이를 정확히 평가하여 그에 상당한 보상을 해주는 제도가 필요하고 이러한 보상제도가 없는 한 의료분쟁은 계속 늘어날 것이다.

1.5. 리스크 관리의 개념

리스크 관리(Risk Management)란 개인이나 조직에 위기를 가져다주거나 줄 수 있는 경우가 발생할 때, 이에 적절하고 효율적으로 대처하여 바람직하지 못한 결과나 피해를 최소화시키기 위해 신속한 조치를 하는 활동을 말한다.

또한 리스크 관리는 금전적 피해의 최소화를 목적으로 협의의 관리를 넘어 조직을 둘러싼 모든 위기상황에 대한 사전 대응 방안을 마련함으로써 보다 종합적이고 효율적인 안전대책을 구축하는 광의의 관리까지도 포함한다.

병원에서의 위험관리란 환자, 병원직원, 의료진 및 방문객에게 손상을 줄 수 있는 영역을 발견하고, 이러한 손상의 발생을 극소화하며, 재정적 및 기타 측면에서 손상으로 인하여 발생할 수 있는 병원의 위험과 손실을 줄이려는 노력으로 의료서비스의 질 향상을 위한 활동의 한 분야이다.

1) 위험관리 요소

가) 위험 파악(Risk Identification)

위험상황을 파악하기 위해 중요 사고를 보고한다. 보고를 요하는 사고로는 의료기관의 정책과 조치에 위배되는 사항, 예상치 못한 나쁜 결과의 사고, 합병증 등의 임상적 결과, 심각한 결과의 사건이나 예측되지 않은 사망 등의 적신호사건, 약물부작용 등의 위해사건, 의학적 오류, 시설물과 관련된 안전사고 및 환자의 극심한 불만제기 등이다.

나) 위험 조정(Risk Control)

의료사고를 관리하는 부서의 조직화, 체계화를 통해 문제를 통제하고 개선한다.

다) 위험 예방(Risk Prevention)

발견된 문제를 개선하고 예방하기 위해 교육 및 시스템과 프로세스를 체계화한다.

2) 의료과오

의료인이 의료행위의 수행 중 업무상의 의무를 준수하지 못하여 환자를 사상케 하는 부주의, 태만, 실무 및 고의를 통칭하는 개념이다.

가) 형사상 과실

부주의로 인해 대상자에게 심각한 손상이나 사망에 이르게 된 경우이다.

나) 민사상 과실

법적의무 위반으로 손해가 발생한 경우로 불법행위이며, 과실은 합리적이고 신중한 태도로 행동하지 않는 결과로 '같은 상황에서 정상적으로 신중한 사람이 행하는 범위에서 행동하지 않은 잘못'으로 정한다. 과오는 과실의 특수한 형태로서 합리적이고 신중하게 교육받고 훈련된 전문가의 잘못을 의미한다.

다) 과실자증의 원칙(The thing speaks for itself)

일반적인 상식과 경험에서 과실이 입증되는 명백한 근거자료가 있을 때를 말한다.

1.6. 의료관광의 리스크 관리 필요성

오늘날과 같은 지식과 정보화시대에는 인터넷이나 방송매체 등을 통한 의료정보의 획득이 용이함으로써 환자들의 권리의식이 크게 증대되었다. 이런 결과로 의료과실에 대한 책임과 보상요구가 점차 증가하면서 의료사고는 매년 급격히 증가하고 있으며, 이와 관련된 보상비용의 지출도 지속적으로 증가하고 있는 실정이다. 사실 의료행위는 그 자체가 위험요인을 항상 내포하고 있고 시술 및 처치의 효과 및 그 결과가 개인의 체질이나 특성에 따라 다양하게 나타나는 등 사고가 발생할 개연성이 높은 편이다.

또한 현대의학의 발달로 인하여 위험성이 큰 침습적 시술이 증가하고 의료서비스 제공과정이 보다 전문화, 세분화되고 복잡해지게 되어 여러 부서의 다양한 직종이 함께 일을 하는 경우가 많아졌다. 이렇게 진료행위에 참여하는 인원이 많을수록 문제의 발생 가능성도 많아지고, 의료서비스와 관련된 문제의 통합 · 관리가 필요해짐에 따라 국내에서도 위험관리 활동의 필요성과 중요성이 점차 커지고 있다.

이러한 분위기 속에서 외국인을 대상으로 진료 및 치료를 하는 의료기관에서는 외국인 환자 유치에서부터 진료에 이르기까지 각 단계별로 잠재하고 있는 리스크가 매우 많다. 국제의료가 활성화되면서 일정부분 리스크를 피할 수는 없지만, 원만한 해결과 발전을 위해서는 이에 대한 국내 의료기관의 철저한 대비가 요청된다고 하겠다. 해외 환자 관리와 관련하여 고려해야 할 리스크 관리를 크게 세 가지로 요약해보면 다음과 같다.

① 국내 환자에 비해 외국인 환자는 입국절차부터 진료 후 사후관리까지 세심한 점검 및 관리가 필요하다. 특히 환자의 국적별 관리가 필요한 사항에 대한 사전 체크가 반드시 필요하다.

② 외국인 환자와의 의료분쟁 발생시, 국가 간 신뢰문제와 직결되므로 진료 과정에서

발생할 수 있는 분쟁요소를 사전에 예방할 수 있는 방안이 필요하다.

③ 글로벌 시대 국제병원으로서 경쟁력 확보를 위한 필수 관리 사항으로 사전예방 및 사후대책 리스크관리(매뉴얼)를 통해 국내 신뢰도 및 국가 경쟁력을 함께 확보해야 한다.

1.7. 의료관광 리스크 관리의 목적

국내 환자와는 달리 의료관광을 통해 자국을 떠나 다른 나라에서 치료할 목적으로 입국한 외국인 환자의 경우는 의료서비스 제공 중에 발생할 수 있는 위험 상황이나 사고의 형태가 내국인 환자와 다른 경우가 많다. 자국의 의료 환경 및 보건의료시스템의 차이뿐만 아니라 여행 중 전염성 질환으로 인한 감염 위험, 이로 인한 내국인 환자로의 전염 확산 등의 또 다른 리스크가 존재할 수 있다.

의료관광 리스크 관리의 구체적인 목적은 다음과 같다.

① 보다 안전한 의료 환경을 조성하고 유지함으로써 의료의 질을 향상시키고, 그 성과를 향상시킴으로써 국제적 신뢰도를 크게 향상시키는 데 있다.

② 외국인 치료 시 발생될 가능성이 있는 의료상 원내 사고 또는 국가 간 이동이나 국내 여행 시 발생될 가능성이 있는 비행기, 자동차 사고 등 비의료상의 원외 사고로 인한 재정적 손실을 최소화한다.

③ 국제 간 의료분쟁 발생요소를 사전에 예방할 수 있는 사전적 리스크 관리 프로그램을 마련함은 물론 사후관리(After Care)까지도 포함하는 리스크 관리 매뉴얼을 완성한다.

④ 의료관광 리스크 관리를 통해 외국인 환자에 대한 사전 의료분쟁 예방을 통해 의료기관 및 국가 이미지 손상에 따른 재정적 손실을 막을 수 있다.

1.8. 외국인 환자의 리스크 발생 원인 및 유형

1) 시설물, 시스템 이상에 따른 유형

① 대형화재로 인한 환자 사망 신고

② 전력공급 중단 또는 즉각적 조치 불가에 따른 환자 사망

③ 환자 급식 이상에 따른 사망사고
④ 전산시스템 이상에 따른 환자 데이터 손실 사고 등

2) 진료행위 관련 유형

① 진료행위 의심 및 불만사항에 대한 환자 본인 국적의 영사관에 고발
② 투약 오물, 약물/시술 오류, 오더 오류, 수혈사고 등 의료과실
③ 환자자살 등 사망사고
④ 위 상황에 대한 고발성 언론보도 등

3) 진료/입원 시 이상 없었으나 퇴원 후 리스크 발생 관련 유형

① 환자 퇴원 후 이상 상황 발견, 병원 측에서 투명하고 체계적으로 대응하지 못할 경우 작은 소요 상황이 분쟁화되면서 국제 소송으로 발전
② 평소 입원 시 불만사항을 해소하지 못할 경우 자국으로 돌아간 후 소송 제기

4) 위기상황의 장기적 관점 관련 유형

상기 리스크 상황에 대해 체계적인 대응을 못할 경우 병원 신뢰도에 대한 국제적인 유언비어, 가십성 보도 등이 있다.

2. 리스크 관리 정책 및 시스템 구축

2.1. 리스크 관리 정책 수립

용어 정의 및 관리 범위를 수립하였다면 어떻게 실행할 것인지 단계별 전략을 수립해야 한다. 리스크 예방을 위해서는 우리 병원에서 관리해야 할 리스크 관리 정책, 각 프로세스 별 체크리스트(필요양식 구축 포함), 각 부서별 원활한 협조체계(교육 및 훈련포함)를 구축하는 것이 가장 중요하다.

위기대응시스템(RMS)은 병원의 경영활동에 바람직하지 못한 결과를 가져올 수 있는 사건 또는 상황을 체계적, 전문적으로 관리하여 신속히 해결함으로써 경영성과에 이롭게 하기 위한 리스크 관리 시스템이다.

2.2. 리스크 관리 정책의 필요성

국내 의료기관을 찾는 의료관광객 중 각종 암 치료나 장기이식, 심혈관 질환, 신경계 질환 등 중증질환에 대한 치료를 위해 국내 의료기관을 찾는 환자의 숫자가 급격히 늘고 있다. 외국인 환자의 중증질환 진단과 치료가 늘어남에 따라 그 과정에서 의료과실, 의료과오 또는 부주의에 의한 의료사고의 위험성이 크게 증가할 수밖에 없다. 이러한 의료사고가 발생하게 되면 의료분쟁으로 이어질 가능성 또한 커진다. 만일 이러한 결과로 의료기관과 외국인 환자 사이에 의료분쟁으로 이어지면 의료기관에 많은 재정적 부담과 함께 한국 의료관광산업의 이미지에 부정적 영향을 미칠 것이다.

따라서 이러한 리스크를 사전에 예방하고 의료분쟁 발생 시 그 해결 방안과 정책을 수립하는 것은 매우 중요하다. 이를 위해서는 사전 리스크 예방을 위한 외국인 환자 진료 절차를 수립하여 각 단계별 리스크 관리 체크리스트와 매뉴얼을 만들어 운영해야 한다. 또한 의료분쟁 시 해결방법에 대한 정책을 마련해야 한다.

2.3. 리스크 관리 시스템 구축

1) 리스크 관리위원회 구성 및 운용

외국인 환자 리스크 관리위원회는 기존에 조직된 리스크 관리위원회가 그 기능을 수행하는 경우와 국제진료센터장과 코디네이터가 추가로 구성하는 경우가 있다. 의료 리스크 관리업무는 주로 임상시험심사위원회(IRB, Institutional Review Board), 품질향상(QI, Quality Improvement) 부서 혹은 성과향상(PI, Performance Improvement) 부서, 법무부서와 행정부서에서 각각의 담당자가 수행하고 있고, 큰 의료기관에서는 특별히 의료리스크 관리 전문가를 채용해 관리하기도 한다.

2) 부서별 시스템

가) 의사 : 의료전달체계 확립

가장 기본적으로 의료법상 그리고 사법상 의무 이행내용을 증명할 수 있도록 환자진료 시스템, 서면 증명자료(양식)를 정비하고, 응급상황 시 전달체계를 확립한다.

나) 간호사 : 환자관리체계 확립

환자 사고 예방을 위해 환자관리 체크리스트를 마련하여 항상 점검하고 업무 내용을 간호차트에 상세히 기록해 두며(분쟁 발생 시 서면증명으로 이용), 응급상황 발생 시 간호부 내 보고체계를 둔다.

다) 진료지원부서 : 진료지원체계 확립

응급상황 발생 시 진료지원부서에서 가장 중요한 것은 비상연락을 받고 신속히 본인의 자리에 복귀하는 것이다. 환자의 상태를 정확하게 검토할 수 있도록 의사의 오더에 따라 검진을 신속히 하고 결과를 피드백 해주어야 한다.

라) 행정실 : 행정지원체계 확립

응급상황 발생 시 의사, 간호사, 진료지원부서에서 각자 역할에만 충실히 할 수 있도록 행정지원의 역할이 매우 중요하다. 응급상황 접수 후 환자 보호자에게 연락하는 문제, 환자이송 문제, 보호자 대응 문제, 경찰과 보건소, 언론인 등 조사 요구 등을 행정실에 가장 먼저 통보하여 대응하게 한 후, 상황에 따라 의사, 간호사 등 관리자 인터뷰를 할 수 있도록 연결해야 한다. 원무, 행정, 보험심사 등 각 팀별 업무혼란이 발행하지 않도록 책임범위와 역할 분장을 해둔다.

3) 리스크 관리 프로그램

가) 목적

① 책임 청구를 야기하는 예방가능한 발생의 빈도를 최소화시킨다.

② 사건 발생 후 제기된 청구 건수를 줄인다.

③ 청구 비용을 통제하는 것을 돕는다.

나) 리스크 관리위원회/조정자의 책임

① 프로그램의 목적에 따라 위험 관리 활동을 조정하고 실행한다.

② 위험 관리 프로그램을 위해 이사회, 행정부, 의료진들의 지원을 확인하는 진술서를 보관한다.

4) 보고체계

정책 수립 후 실행하는 것이 가장 관건이다. 아무리 전략을 잘 수립했더라도 문제는 발생하게 마련이다. 만일 문제 상황이 발생할 경우, 어떻게 대처할 것인지, 보고는 어떻게 하고, 어떤 부서에서 어떻게 대처할 것인지 사례별 대책 요령에 대한 체계 정비가 필요하다.

3. 리스크 관리의 단계

3.1. 리스크 확인 및 분석

1) 리스크 확인

리스크 확인은 의료기관에 손실을 야기할 의료 환경의 리스크를 밝히는 것이다. 리스크는 법정 소송이나 법정 외의 화해를 통한 손실, 자산 손실, 사고나 사망이나 기관의 이미지 손실 등을 의미한다. 리스크 확인은 조직에 위와 같은 손실을 가져온 현재 또는 과거에 발생한 사건들을 수집하는 것을 의미한다. 이를 위해서 환자불만조사, 만족도 설문조사, 과거의 의료사고분석, 비공식적 면담 등의 방법이 동원된다.

2) 리스크 분석

리스크 분석은 리스크와 연관된 손실의 심각성과 그러한 손실이 발생할 가능성을 판단하는 과정이다. 이 분석을 통해서 발생 확률은 낮을지라도 재정적 손실이 클 수 있는 부분에 초점을 맞추게 되고 적절한 리스크 관리 전략의 선택이 가능해진다.

3.2. 리스크 관리대안 분석

리스크 관리 전략은 리스크 통제와 리스크 자금조달의 두 가지 하위 차원을 포함하고 있다. 리스크 통제는 손실의 규모를 줄이거나 예방하는 것이고, 리스크 자금조달은 발생한 손실을 보전하는 것이다.

1) 리스크 통제

가) 위기노출 회피

이는 손실의 가능성을 제로로 만드는 것이다. 만일 어떤 리스크의 위협이 큰 데 효과적으로 통제되기 힘들다면, 해당 리스크를 제거하는 것이다.

나) 손실 예방

스텝교육, 정책 변화, 절차 리뷰와 개선 등을 통해서 리스크로 인한 손실을 예방하는 것이다.

다) 손실 감소

의료사고 시 환자나 가족에 대한 위로 및 사후관리를 통해서 사고의 파장을 최소화하거나 즉각적인 재고조사를 통해서 후속조치를 취함으로써 손실을 최소화해야 한다. 또한 진료과정에 대한 프로토콜을 체계화함으로써 손실규모를 줄일 수 있게 된다.

라) 손실의 격리

조직의 업무와 자원을 적절히 배정함으로써, 손실 발생 시 조직 전체가 충격을 받지 않도록 해야 하는데 이를 위해서는 2가지의 전략이 사용된다.

첫째는 분리전략으로, 업무나 지원을 여러 장소에 분산시킴으로써 한 곳에서의 손실이 전체에 파급되는 것을 차단하는 것이다.

둘째는 중복전략으로, 여분의 자원을 비축하거나 대체 물품을 확보함으로써 원재료나 주요 물품에 이상이 발생했을 때 피해를 줄일 수 있다.

마) 비보험적 전가

구매 대신에 리스를 통해서 장비를 이용하거나 계약서상의 손실에 대한 책임 면제 조항을 포함해 두면 사고 발생 시의 손실을 줄일 수 있다.

2) 리스크 자금 조달

가) 리스크 보존

리스크로 인한 손실을 받아들이고, 이를 복구할 계획을 짜는 행위를 의미한다. 이를 위해서 예비비를 전환하거나, 외부 펀드를 빌려서 손실을 보전하는 것이다. 이는 리스크를 피하거나 줄이기 힘든 상황, 손실의 가능성이나 크기가 작은 상황, 손실이 예측 가능한 상황, 혹은 보험료보다 예상되는 손실이 적은 경우 적절한 전략이 된다.

나) 리스크 전가

손실에 대한 재정적 책임을 계약으로 제3자, 즉 보험자에게 이전하는 것이다. 병원이 배상책임보험에 가입하는 것이 이에 해당한다.

다) 리스크 관리방안 선정

리스크 관리 대안 중에서 어떤 것이 최선의 방안인지를 선정하는 단계이다. 먼저 각각의 대안이 조직의 목적을 달성하는 데에 얼마나 효과적인지를 평가하는 기준을 마련하고, 이에 준하여 대안을 평가하여 최선의 방안을 선정한다. 일반적으로 리스크 통제와 리스크 자금조달, 이 두 가지를 동시에 선정한다.

라) 리스크 관리방안의 실행

리스크 관리방안의 효과적인 실행을 위해서는 리스크 관리 담당자가 조직 내의 여러 책임자들과 상호교류를 통해서 그들의 적극적인 동참을 이끌어 내야 한다.

마) 리스크 관리방안 모니터링 및 개선

리스크 관리의 마지막 단계는 실행되고 있는 리스크 관리방안을 모니터링하고 평가하는 것이다. 이 과정에서 다양한 부서의 책임자가 공동으로 참여하는 것이 바람직하다. 리스크 관리 담당자는 매년 리스크 관리 보고서를 작성하여, 의료사고나 불만접수 건수의 변화, 새로운 프로그램 개발, 보험계약상의 변화 등을 조직원들에게 공지할 필요가 있다.

4. 리스크의 사전예방

의료분쟁은 날이 갈수록 확대되고 있으며 앞으로도 더욱 늘어날 것이다. 그러나 이에 대한 최선의 대안은 평소에 의사가 환자 및 보호자와의 꾸준하고도 긴밀한 인간관계를 유지하여 그들로부터 신뢰를 쌓아두는 것이 가장 중요하다. 그리고 병원의 의료분쟁 관리부서에서는 수시로 발생하는 의료분쟁에 대비하여 항상 연구하고 분석하며 언제든지 당당하게 대처하여야 한다.

4.1. 의료의 질 향상

의사 수의 급증, 의료서비스의 형식화, 의료기관의 상업적 경향 등으로 의료의 질 문제가 심각해짐에 따라 의료서비스의 질 향상을 위한 노력이 활발하게 이루어지고 있다. 그러나 의료분쟁의 본질에는 의료의 질적 수준이라는 근원적인 문제가 있음을 직시하여 가능한 환자의 진술내용과 기간 등을 정확히 기록하고 추정 병명을 가능한 많이 적용하여 검사해야 한다. 환자나 보호자가 검사를 거부할 경우에도 기록에 남기도록 하여 자신이 시행하는 의료가 양질의 것이 될 수 있도록 최선의 노력을 하여야 할 것이다. 또한 선진국처럼 의료사고 발생 시 의사단체나 병원 또는 전문분과학회에서 조사위원회를 구성하여 철저한 조사와 검토로 의사의 잘잘못을 가리는 제도적인 장치가 필요하다.

4.2. 충실한 설명과 철저한 기록

의료행위의 과정에서 의료인은 환자에게 진료에 대한 충분한 설명을 해주고, 수술과 특수한 검사 등 중요한 의료행위에 대해서는 그 과정이나 결과 및 예후에 대해서 사전에 설명을 하고 그 행위에 대한 서면상의 동의도 받아두어야 한다. 또한 의료인을 비롯한 의료기관에 종사하는 모든 사람들은 환자를 단순히 의료행위의 대상으로 여길 것이 아니라 가치의식을 가진 인간 생명체라는 것을 염두에 두고 성의 있는 설명을 하도록 노력하여야 한다. 한편 설명한 내용은 반드시 기록하고 환자 측의 동의를 받아 두어야 후일 법적 소송으로 갔을 때 입증할 수 있다.

4.3. 의료분쟁에 관한 교육 강화

의료기술의 증진차원에서 계속적인 보수교육을 실시하고 있으나, 분쟁 발생 시 능동적으로 대처할 수 있는 의료법학교육에 대해서는 소홀한 것이 현실이다. 의료분쟁이 마무리된 후 그 전 과정을 검토하여 진료상의 문제점, 분쟁발생 시 대처과정을 연구하고 분석하여 반복되는 분쟁을 줄일 수 있게 한다. 또한 의료인이 가지는 권리와 의무, 의료분쟁과 관련이 있는 법률에 대한 교육을 강화한다.

4.4. 보상제도의 적정한 확립

의료사고로 인한 손해는 우선 환자 측이 부담하게 된다. 따라서 환자 측에서는 가급적 의료사고의 법적 책임이 의료진에 있다고 주장하게 되고, 또한 반사적으로 의료진에게는 자신들의 책임이 아닌 다른 원인으로 의료사고가 발생하게 되었다고 항변한다. 이에 법적 분쟁으로 발전하게 되는데, 과연 의료사고가 의료인의 과실로 인하여 발생된 것인지 아닌지 하는 점을 객관적이고 중립적인 입장에서 판단할 제도적 장치가 없어 의료분쟁을 합리적으로 해결해 주지 못하고 있는 실정이다. 현재 의료법에 의한 의료심사조정위원회가 있으나 유명무실하고, 의사협회에서 실시하는 공제사업 또한 보상한도액이 낮아 실효성이 적은 실정이다. 따라서 합리적인 보상제도가 확립되어야 할 것이다.

4.5. 의료의 국민적 이해

의료계약의 중심적 내용은 의사가 환자에 대한 진찰, 처치, 주사, 투약, 수술, 마취 등 진료행위를 해야 할 의무이다. 그러나 의사는 병을 치료하기 위하여 직업상 요구되는 주의의무를 다하여야 할 의무를 부담할 뿐이지 병을 완치시켜야 할 의무까지 부담하는 것은 아니다. 따라서 만일 의사가 필요한 주의의무를 다하여 의료행위를 하였다면 비록 예기치 않은 결과가 발생하였다 할지라도 의사는 책임을 지지 아니한다. 그럼에도 불구하고 최근에는 의료분쟁이 빈번하게 발생함에 따라 의료인들은 의료사고가 발생되지 않게 하기 위해 소극적인 진료를 하고 있다. 결국 그러한 결과가 위험이 높은 진료를 어렵게 만들고 의학발전에도 악영향을 준다는 사실을 국민에게 홍보하여, 의료인과 환자 사이에 새로운 관계를 정립하여야 한다.

4.6. 외국인 환자의 의료분쟁의 사전 예방 대책

외국인의 경우 의료행위를 받는 데 있어 문화적으로 민감하여 의료분쟁에 더 예민하게 반응할 수도 있다. 의료사고의 발생을 예방하고 좀 더 신중하게 진료에 임해야 한다는 점은 내국인을 막론하고 모든 환자에 대하여 동일하게 적용되어야겠지만 외국인에 대해서는 문화적인 면까지도 좀 더 세밀하게 고려할 필요가 있다. 일반적으로 외국인 환자와의 의료분쟁을 예방하기 위해서는 다음과 같은 주의가 필요하다.

1) 병원 측 시스템 구축

가) 제 양식 준비

(1) 동의서

의료인의 충분한 설명 이후에는 각종 동의서를 현재의 것보다 훨씬 더 자세히 구체적으로 해당 국가 언어로 마련해 두어야 할 것이다. 모든 질환에 대하여 준비할 수는 없겠지만, 외국인 환자가 특히 많이 찾는 질병 등에 있어서는 필수적으로 준비해야 한다. 충분한 설명 후에 환자로부터 직접 서명 받은 동의서는 의사의 의무기록과 함께 앞으로 발생할지도 모를 의료분쟁에 대비하여 해당 의료기관과 의료인이 어떻게 외국인 환자를 돌보았는지를 전적으로 보여주는 매우 중요한 자료가 된다.

(2) 진료계약서

진료계약서에 분쟁 발생 시에 어떠한 절차로 어떠한 법에 의하여 어떻게 해결할 것인지에 대하여 명확하게 기록해 놓아야 한다. 이러한 규정이 없다면 분쟁 시에 서로에게 유리한 쪽으로 해결하기 위하여 자신들이 유리한 쪽의 절차를 요구할 것이기에 또 다른 갈등상황이 발생할 수 있다. 따라서 의료계약을 체결하기 전에 환자에게 분쟁해결에 대한 명확한 방법을 제시하고 그 규정을 따르겠다는 동의를 받은 후에 진료 계약을 체결해야 할 것이다.

나) 내원에서부터 퇴원까지의 체크리스트

외국인 환자를 처음 예약할 때부터 퇴원 후 사후 관리까지의 모든 프로세스를 차트화시킨 후 각각의 단계에서 어떠한 사항들을 주의하며 돌보아야 하는지를 세밀하게 체크해야 한다. 이것은 업무의 효율성과 정확성을 향상시켜주며, 어떠한 환자가 오더라도 또 의료진이 교체되었다 하더라도 높은 수준의 의료서비스를 일관되게 제공할 수 있는 장점이 있다. 또한 후에 발생할지도 모를 분쟁 시 좋은 증거 자료로 활용될 수도 있다.

다) 24시간 콜센터

입원하지 않은 환자들에 대해서는 문제가 생겼을 때에, 어느 때나 의료진과 직접 연결할 수 있는 콜센터가 마련되어 있어야 한다. 비영어권 국가의 환자의 경우에는 보다 주의를 기울일 필요가 있다. 환자 본인도 언어 문제로 인해 더욱 위축되어서 심리적으로 불안해 질 수 있기 때문이다.

2) 환자진료의 원칙과 규정의 준수

의료인은 물론이고 병원의 모든 직원이 환자진료의 원칙과 규정을 엄격하게 준수하는 것이 중요하다. 외국인들의 경우 통역과 설명 등이 복잡하고 많은 시간이 소요되는 과정을 필요로 할 수 있어, 의료의 제공자 측에서는 원칙을 소홀히 할 수도 있다. 그럴수록 더욱 원칙에 충실할 필요가 있다. 낯선 곳에서의 진료라는 개인적으로는 두려운 과정에 임하는 외국인 환자의 입장에서는 더 꼼꼼하게 진행과정 하나하나를 살펴볼 수 없다는 점을 명심해야 할 것이다.

3) 충분한 설명과 동의절차 이행

설명과 동의가 충분하고 충실하게 이루어져야 한다. 수술이나 특수검사 등의 의료행위에 대해 그 과정이나 결과 및 예후, 발생 가능한 합병증 심지어 진료비용 등에 대해서도 사전에 충분히 설명하고 환자나 직계가족의 동의를 자필로 받는 것도 필요하다.

물론, 환자 해당 국가의 보험사, 에이전시, 영사관에서 진료행위에 대한 의문사항 발생 시, 증명을 요구할 경우에는 서면으로 증명이 가능하도록 진료기록을 철저하게 체계적으로 정비해야 한다.

4) 완벽한 의무기록의 작성

의무기록 작성에 완벽을 기해야 한다. 환자에게 설명한 내용도 의무기록에 설명일시와 함께 기록한다. 특히 외국인 환자를 진료하는 과정에서는 통역이 중간에 개입될 수 있는데, 통역이 잘못되어 문제가 발생할 가능성도 배제할 수 없다. 이를 방지하기 위하여 발생 가능한 모든 항목을 자세하게 체크리스크로 만들어 설명하고, 모든 설명내용을 해당 국가의 언어로 완벽하게 번역할 뿐만 아니라, 환자와 보호자가 설명 받은 내용과 실제 이해하고 있는 내용이 같은지를 확인하는 것도 필요하다.

진료기록과 관련하여 현재 우리나라의 의료관행상 진료기록이 충실하지 않은 경우가 많아 여러 이유로 자신의 의무기록 사본을 받아 본 외국인 환자가 불필요한 의심을 하게 될 수 있다. 따라서 외국인 환자의 경우 환자의 요구사항 및 의사의 치료방법 등에 관하여 의사소통을 충분히 하고 객관적으로 이를 입증할 수 있는 진료기록을 작성해 놓아야 할 것이다.

또한 외국인 환자가 특정한 치료를 거절하는 경우 의료진은 진료기록을 남겨야 하며 이는 향후 치료 거절로 안 좋은 결과가 발생하였을 때 의료기관의 책임을 부정하는 중요한 증거라는 점을 환자에게 인식시킨다면 근거 없는 소송을 줄이는 데 도움이 될 것이다.

5) 환자의 통증과 증상 호소 경청

외국인 환자의 통증이나 증상에 대한 호소를 주의 깊게 듣는 것이 중요하다. 환자가 실제 고통을 호소할 경우 즉시 추후관리를 하여 통증관리 등의 적절한 조치를 강구해야 한다. 이를 소홀히 할 경우 환자의 불만을 사게 될 뿐만 아니라 정작 의료사고가 발생하였을 경우 의료분쟁으로 비화될 가능성이 매우 높다는 것을 인식해야만 한다.

6) 철저한 보고체계의 구축

제대로 된 보고체계를 구축해 놓아야 한다. 병원 내 · 외부에 도움이 필요하면 즉시 보고하고 도움을 청하는 것이 문제를 예방하거나 문제가 발생하더라도 이를 최소화는 지름길이 되는 것이다.

7) 진료과정상의 충실한 리스크 관리

환자 진료과정상의 리스크 관리에 충실해야만 한다. 외국인 환자는 국내 환자에 비해 환자의 국적별 관리가 필요한 사항을 사전에 체크하는 등 입국절차부터 진료 후 사후관리까지 세심한 점검 및 관리가 필요하며 외국인 환자와의 의료분쟁 발생 시 국가 간 신뢰문제와 직결되기 때문에 진료 시 발생할 수 있는 분쟁요소를 사전에 예방할 수 있는 방안이 필요하다. 글로벌 시대 국제병원으로서 경쟁력 확보를 위한 필수 관리사항으로 사전예방 및 사후대책 리스크 관리(매뉴얼 관리)가 필요하다. 국내 신뢰도 및 국가 경쟁력을 함께 확보해야 하기 때문에 리스크 관리의 필요성이 국내 환자보다 훨씬 크다 할 것이다.

8) 철저한 안전관리

의료시설 안전 관리와 관련하여 의료기관은 병실 등 환자가 빈번하게 왕래하는 시설뿐만 아니라 환자들이 잘 모르고 들어갈 가능성이 있는 시설까지도 방문인의 안전을 관리하는 노력이 필요하며 주의 표시 등은 외국인 환자를 배려하여 외국어로도 병기해야 할 것이다.

의료장비 안전 관리와 관련하여 외국인 환자를 진료하던 중에 의료장비의 고장으로 신속한 진료를 할 수 없다는 것이 알려지면 신뢰의 저하는 더 클 것이라는 점에서 유의해야 할 부분이며 체계적인 의료장비 관리체계를 구축하여 환자진료의 연속성을 훼손하지 않도록 하여야 할 것이다.

환자 안전 관리와 관련하여 의료기관은 환자 보호를 위하여 어느 정도 수준까지 관리할 것인지 그 구체적인 기준을 마련하고 실행할 필요가 있으며 정신적 문제가 있는 외국인 환자의 경우에는 의사소통이 제대로 이루어지기 어려울 수 있으므로 환자의 증상에 특별히 주의를 기울일 필요가 있다.

전원과 관련하여 외국인 환자의 경우 지역적 연고에 의한 전원은 많지 않을 것으로 판단되므로 사전에 전원관리체계를 만들어 놓고 환자나 보호자 등에게 제대로 설명해 놓는다면 환자의 신뢰에 도움을 줄 수 있을 것이다. 이러한 전원관리체계는 외국인 유치업체 등을 통하여 환자 및 가족에게 미리 알릴 수도 있을 것이다.

9) 의료진 감독 및 원활한 의사소통체계 구축

수련의/전공의 감독과 관련하여 의료기관에서는 전공의들이 집도할 수 있는 시술과 해당 시술 집도를 위한 경험 혹은 자격에 대한 기준 등 감독 체계를 정비해야 하며 우리나라의 의료시스템에 익숙하지 않은 외국인 환자에게 주치의와 전공의의 관계, 전공의의 역할 등에 대하여 시의 적절하게 알려 불필요한 오해를 줄여야 할 것이다.

간호사 및 보조인력 감독과 관련하여 의사와 간호사 또는 보조인력 간에 긴밀하고 원활한 의사전달체계를 마련하고 간호사 내지 보조 인력에 대한 교육 및 감독에 주의하고 간호사 내지 보조 인력이 외국인 환자에게 교육 및 안내를 할 때 외국어로 된 적절한 자료를 미리 마련하여 활용한다면 의료사고를 예방하는 데 도움이 될 수 있다.

정기적인 생체징후 확인과 관련하여 의사소통에 기본적인 결함이 있을 수 있는 환자는 모니터링에 더욱 주의를 기울여야 할 것이며 자신의 증상을 표현하기 어려운 외국인 환자의 경우 의료진이 적극적으로 환자 상태를 모니터링 할 수 있는 진료체계를 구축해야 한다.

10) 수술 후 철저한 환자 관리

낙상사고와 관련하여 입원실 뿐 아니라 수면 내시경과 같이 특정 시술 후 의식이 회복되기 전 단계 역시 주의를 기울여야 할 부분이며 외국인 환자의 경우 보호자가 없거나 혹은 보호자가 있어도 의사소통에 장애가 있을 수도 있으므로 이러한 시술 직후 환자 관찰에 각별한 주의가 필요하다.

11) 충분한 환자교육

약술 및 시술 과정의 요양지도 등과 관련하여 환자에게 치료 시 주의해야 하는 사항에 대하여 적절한 교육을 시행하는 것은 의료사고를 예방하는 것은 물론 진료 효과를 높이는 데도 중요하다. 외국인 환자의 경우 관련된 자료를 미리 외국어로 작성하여 활용한다면 효과적인 의사소통이 가능할 것이다.

주사 및 약물 투약과 관련하여 환자의 약물 알레르기 등이 명확하게 파악되지 않는다면 치명적인 결과가 초래될 수 있으므로 외국인 환자 및 환자 보호자가 이러한 병력을 제대로 알리지 않는 경우 의료진이 더 적극적으로 환자의 약물이력에 대하여 주의를 기울여야 할 것이다.

주사 후 감염이나 수술 후 감염은 감염관리 수칙을 위반한 경우가 분명한 경우 이외에는 환자나 의료인 어느 한 쪽에 책임을 지우는 것이 쉽지 않다. 따라서 의료진이 감염관리 수칙을 위반하지 않았음에도 불구하고 감염이 발생한 경우 환자를 보호하는 차원에서 보험 제도를 활용하는 것이 의료분쟁 예방 및 해결을 위한 중요한 대안이라고 판단된다.

12) 응급환자 관리체계의 정비

응급조치의 지체 또는 과오와 관련하여 응급환자 관리체계를 정비하여야 하며 외국인 환자의 경우 자신의 증상을 제대로 전달하기 어려울 수 있으므로 더 주의를 기울여서 응급상황 여부를 판단하고 조기에 개입하여야 의료사고를 예방할 수 있다.

13) 의료행위의 문화적 차이 인식 및 철저한 기록관리

외국인 환자의 경우 진단과정에서 이루어지는 신체 접촉과 관련하여 오해가 발생할 수도 있으므로 각 문화권에서 환자를 진료할 때의 주의점 등을 사전에 의료진에게 숙지시킬 필요가 있다. 또한 의사가 남자인 경우 외국인 환자 진찰은 반드시 여자 간호사와 함께 시행하는 등의 주의가 필요하며 녹음, 촬영 등 의료분쟁에 대비한 입증자료를 만들어 놓는 것도 중요하다.

14) 수술 전후 과정에 걸친 환자관리 및 부작용 감시

수술 전 관리와 관련하여 환자의 상태를 면밀히 관찰하고 수술 전 검사를 더욱 철저히 해서 수술 중 위험에 대비하는 것은 의료사고 예방에 가장 중요한 요소이다. 환자가 호소하는 증상이 의료진에 제대로 전달되지 못하는 경우 수술 전이나 수술 후의 환자 관리에 중대한 문제가 발생할 수 있으므로 외국인 환자의 경우 특히 주의해야 한다.

수술 과정의 과오와 관련하여 의사의 경험 및 전문성을 함양하는 것이 제일 중요하다. 외국인 환자의 경우 켈로이드 피부 등 국내 환자의 신체적 특성과 다른 측면이 있으므로 이에 대한 전문지식이 더 요구된다.

수술 후 관리 및 부작용 감시(수술 후 48시간 이내)와 관련하여 병동 간호사는 기본적인 장비 사용능력을 배양해야 하고 응급 시 사용할 물품에 대해서는 숙지하여야 한다. 외국인 환자의 경우 자신의 상태를 전달하는 데 어려움이 있을 수 있으므로 수술 후 호흡곤란 등 응급증상에 대하여 의료진에게 정확하게 의사전달을 할 수 있는 사전 지침 또는 교육이 필요하다.

수술 후 환자의 자기 관리를 위한 요양 지도와 관련하여 의사는 치료 후 환자가 유의해야 할 사항들에 대하여 구체적으로 지도 · 설명하여 환자로 하여금 후유장애에 대비한 적절한 조치를 취하게 하여야 한다. 외국인 환자의 경우 미리 요양지도 의무를 위한 적절한 지침서를 만들어 의료진이 설명할 때 활용한다면 효과적으로 요양 지도가 가능할 것이다.

마취와 관련하여 의료사고를 예방하기 위해서는 환자의 상태가 마취를 견딜 수 있는지 철저한 사전 검사가 필요하며 소위 프리랜서 마취과 의사가 수술을 지원하는 경우 충분히 시간을 투여하여 수술 후 환자 관리를 시행하여야 하며 정맥마취라 하더라도 전신마취라는 점에서 환자 상태의 모니터링에 더욱 주의해야 하며 응급소생술 기구 등 장비를 제대로 마련하고 전원체계를 준비해 두어야 한다.

분만과 관련하여 산전 진찰의 적절성, 분만 감시의 적정성, 제왕절개수술의 지연여부, 전원의 지연여부, 전원과정의 적절성 등 여러 단계에서의 과실이 문제가 될 수 있다. 과거 판례 중 상당수는 나쁜 임상결과가 의료진의 과실 때문인지 명확히 판단하기 어려워 어느 한 쪽에 책임을 지우는 것은 쉽지 않았다. 따라서 국가적인 차원에서 무과실 보상제도가 시급히 도입되어야 하나 그 전이라면 보험 제도를 활용하는 것이 필수적이라고 판단된다.

5. 외국인 환자 의료사고 대처요령 및 의료분쟁 사례분석

5.1. 리스크 사후관리 방안 소개

1) 의료사고 발생 시 대처 프로세스

의료사고 발생시, 진료경위 확인/보고 → 진료 경위서 작성 → 전문가 자문 → 리스크 감소 계획 실행 → 결과 보고 사후 관리의 순으로 진행하고, 추가적 문제점 발생 시에는 진료경위서 작성에서부터 동일한 프로세스를 적용한다.

2) 담당자별 대처요령

가) 담당 의료진

의료사고 발견 당사자는 담당주치의에게 신속히 보고하여 조치하게 하고, 행정실장에게 보고한다. 물론 환자 측 보호자에게도 신속히 연락한다.

나) 담당 의료진, 행정실장

담당 주치의, 행정실장은 전체적인 진료경위를 들은 다음 진료기록이나 진료행위에 법률적, 의학적으로 과실의 여지가 없는지를 확인한다. 또한 다른 의료진이나 보조자가 있을 경우, 면담을 통해 경위에 대한 상황을 정확하게 확인한다.

담당 의료진은 진료기록부를 바탕으로 사건경위, 진료행위 내용과 담당자 소견 및 환자 측과 접촉사항 등을 기록하여 병원장에게 보고한다. 담당 의료진과 행정실은 사건 처리 과정 증빙자료를 정비한다.

다) 전문가, 행정실장

전문가 자문을 통해 법률적으로 문제점이 없는지를 검토하게 한다. 과실이 발견될 경우 합의를 추진한다.

라) 업무 분장 담당자

전문가 자문에 따라 리스크 감소 계획을 수립, 실행한다.

5.2. 외국인 환자의 의료분쟁 해결방안

2011년 4월 7일 제정된 의료사고 피해구제 및 의료분쟁 조정 등에 관한 법률 제3조의 적용 대상에 관한 규정은 "이 법은 대한민국 국민이 아닌 사람이 보건의료기관에 대하여 의료사고로 인한 손해배상을 구하는 경우에도 적용한다."라고 명시하고 있다. 의료분쟁이 발생하면 외국인 환자에게도 적용되도록 하고 있는데, 의료사고 피해구제 및 의료분쟁 조정 등에 관한 법률의 다양한 규정이 그대로 적용되는 것이다.

외국인 환자와의 의료사고에 따른 분쟁에서 가장 문제가 되는 부분은 손해의 적절한 산정에 관한 문제이다. 의료관광을 온 외국환자가 의료사고를 당한 경우에는 모국에서 얻을 수 있는 수입을 기초로 일실이익을 산정하여야 한다. 다만 외국의 손해배상체계나 손해배상액의 산정방법은 매우 다양하고, 특히 손해배상액의 산정에 적용되는 기준이나 근거 등은 각국에 따라서 크게 차이가 나므로, 어떤 일률적인 기준을 국내에서 발생한 외국인 환자에 대한 의료사고에 일반적으로 적용하는 것은 매우 곤란하다고 하지 않을 수 없다. 그러므로 각국에서 온 환자를 구체적으로 검토하여 그 국가에 적용되는 일실이익 산정의 근거자료로 어떤 경우가 있는가를 살펴보아야 한다.

물론 외국인 환자에 관한 일실이익의 산정에서도 국내에서와 유사하게 대부분의 국가에서 피해자가 기존의 소득생활자인가, 학생이나 주부, 은퇴자와 같이 기존소득이 없는 자인가가 우선적으로 검토되어야 한다. 그리고 일실이익을 산정할 때에는 각 국가의 지급 방법률 등에 관하여 어떤 태도를 취하고 있는지의 문제도 먼저 살펴보아야 할 것이다.

외국인 환자의 손해배상액의 구체적 산정에 대한 판단을 합리적으로 하기 위해서는 우리나라에 많은 의료관광객이 오는 나라를 중심으로 우선적으로 손해배상액을 검토하여야 할 것이다.

5.3. 외국인 환자 의료분쟁 사례분석

1) 체류기간 초과환자의 사례

가) 개요

환자는 일본 국적자로 대한민국에 여행자 신분으로 입국하여 체류 중 만료기간인 2009년 4월 10일까지 대한민국 출입국관리사무소에 체류연장신청을 하는 등의 절차를 취하여야 함에도 이를 연장하지 아니하고 2009년 4월 15일 15시경 대한민국에서 만난 한국인 한국소유의 자동차를 운전하다가 교통사고를 당하여 큰 부상을 입었다. 이에 치료를 받기 위하여 응급실에 내원하여 수술 및 입원진료를 받고 의식이 회복되어 가고 있었다.

위의 교통사고와 관련하여 의식을 회복한 후 경찰관이 사고경위를 조사하던 중 불법체류 사실이 확인되어 대한민국 출입국관리법상 강제 퇴거 대상이 되었다.

나) 쟁점

비자 연장의 책임소재, 불법체류자의 건강권

다) 해결

① 여행자가 비자 연장신청을 미루고 있던 중, 불의의 사고를 당하여 연장신청기간이 초과한 경우이다.

② 비자 연장의 책임은 원칙적으로 본인에게 있고, 처음부터 의료관광의 목적으로 내원하지 않은 여행자에 대한 비자 연장의 책임은 원칙적으로 본인에게 있으므로, 처음부터 의료관광의 목적으로 내원하지 않은 여행자에의 비자 연장신청에 관한 책임을 의료기관에 묻는 것은 불합리하다.

③ 그러나 본 사안에서 환자는 체류 만류기간 전 불의의 사고를 당한 바, 정상적으로 비자 연장 신청을 할 수 있을 것이라는 기대 가능성이 없으므로 비록 비자 연장신청을 미루었다는 본인의 책임을 피할 수는 없지만, 치료 종료 시까지 직접적인 강제 퇴거는 어려울 것이다.

라) 대책

① 불법체류로 인하여 '출입국관리법' 제62조 ①에 의거 강제퇴거명령을 받은 경우라 하더라도 그 집행이 불가능한 경우에는 '출입국관리법' 시행령 제77조 ③항에 의해 그 사유서를 사무소장, 출장소장, 보호소장 등에게 제출하여야 한다.

② 위의 경우 불법체류자인 환자는 '출입국관리법' 제63조 ①에 의거하여 송환이 가능할 때까지 외국인보호실이나 외국인보호소, 기타 법무부 장관이 지정하는 장소에서 보호될 수 있다.

2) 환자의 건강상태 파악 과정에서의 오류 사례

가) 개요

중국인 환자가 사각턱 교정술을 받기 위하여 시술 전 검사를 받았고, 검사결과 이상이 없자 의료진은 전신마취를 하고 수술을 하였다. 그러나 환자는 사전 문진에서 과거 질환이 있었다는 사실을 의사에게 고지하지 않았으며, 시술 중에 과다 출혈로 인한 쇼크 상태가 발생하여 사망하였다.

나) 쟁점

환자가 고지하지 않은 사실로 인한 결과가 발생한 경우 책임소재

다) 해결

① 환자는 진료 전 자신의 과거병력과 특이 체질 등에 대해 상세하게 의료인에게 고지할 의무가 있다.

② 그러나 환자가 고지하지 않았다 하더라도 의료인은 문진표 등을 통하여 세밀하게 환자의 상태에 대한 의학적 체크를 하여야 하므로, 의료인의 설명 의무에 대한 책임을 피하기는 어려워 보인다.

③ 환자가 고지하지 않은 사실로 인한 피해에 대해서는 손해배상금 산정 시 과실상계로 감액될 것으로 판단된다.

라) 대책

환자의 과거병력이나 특이체질 등에 관하여는 환자 본인의 이야기만으로는 정확하게 판단할 수 없는 경우도 많으므로, 시술 전 검사 및 테스트를 통해 예상 되는 부작용에 대한 충분한 설명을 환자에게 할 수 있도록 한다.

3) 중복검사에 대한 불만 사례

가) 개요

(1) 〈사례 1〉 갑상선 수술환자

환자가 갑상선 수술을 받기 위하여 2차 병원에서 발급받은 진료의뢰서를 가지고 내원한 후 수술을 위해 수반되는 각종 검사를 실시하였다. 후에 환자는 2차 병원에서 전부 검사하였음에도 불구하고 중복하여 검사를 실시하였다며 불만을 제기했다.

(2) 〈사례 2〉 내과 방문한 미국인

환자는 한 달 전 다른 병원에서 시행된 혈액 검사 결과지를 내과 의사에게 보여주며 상담을 받고 혈액 검사를 하였다. 수납 시 예상외의 높은 금액이 나오자 검사 하나하나의 진료비 세부내역서를 요청하였고, 본인이 다른 병원에서 시행한 검사와 중복되는 것은 하지 않겠다고 의사에게 이야기했는데 왜 검사를 하였냐며 환불을 요청하였다. 담당의사는 본원에 처음 등록된 환자의 정확한 상태를 파악하고 기록을 남기기 위하여 검사는 불가피 하였으며, 한 달 동안 환자의 상태가 변할 수 있는 가능성이 있으므로 재검사가 반드시 필요했다는 입장이며, 이러한 상황을 분명히 환자에게 설명하였고 환자도 이에 동의하였기에 처방하였다고 한다. 그러나 환자는 그런 적이 없다고 말하며, 미국식 사고방식으로는 도저히 이해할 수 없다며 검사비 환불 요구하였다.

나) 쟁점

중복검사의 정당성 및 효용성

다) 해결

(1) 〈사례 1〉 갑상선 수술환자

- 전원이나 전의의 경우에 중복되는 검사가 있음에도 불구하고 환자에게 그 사실을 고지하지 아니하고 검사한 사안
- 의료기술이나 장비, 담당의사의 소견 차이 등으로 인하여 중복 검사가 발생할 수도 있다. 따라서 이 사실에 대하여 환자에게 충분히 설명한 후 동의를 받아 검사를 시행하는 것이 나중에 진료비 문제로 인한 분쟁이 발생할 소지가 줄어들게 된다.
- 그러나 비록 MRI, CT 등의 검사를 하지 않는다 하더라도 판독비 정도는 청구할 수 있다고 보여진다.

(2) 〈사례 2〉 내과 방문한 미국인

- 중복검사 설명여부에 대한 의사와 환자의 견해 차이에 관한 사안
- 설명이 있었는지의 여부에 대하여 양 당사자의 견해가 극명하게 대립하고 있으므로 보다 더 정확한 사실관계 조사가 필요

- 의료인이 환자에게 검사할 내용에 대하여 설명에만 그칠 것이 아니라, 문서로 작성하여 직접 환자의 서명을 받아 놓을 필요가 있다.
- 때로는 상담 및 진료할 때에 환자의 동의를 받고 음성 녹음하는 방법도 생각해 볼 수 있다.

4) 진료설계 오류로 인한 환자의 자의적인 치료중단 사례

가) 개요

캐나다인 환자 A는 수술을 위해 입원하여 첫날 몇 가지 검사를 시행하고 입원실에 돌아와서는 시설 등 본인이 유치업자로부터 들었던 설명과 현격한 차이가 난다고 주장하며, 치료와 검사를 중단 후 귀가하겠다고 의료기관에 통보하였다. 의료기관에서는 일부 시행한 검사와 입원비의 수납을 요청하였으나, 환자는 이미 유치업자에게 초기 비용으로 상당한 금액을 지불했다고 주장하며 지불 거절 후 탈원하였다. 유치업자는 에이전시 비용은 환불 불가능하며 치료에 대한 비용 청구는 의료기관의 몫이라 주장하며 책임을 회피하였다.

나) 쟁점

환자의 자의적인 치료중단과 진료비 지불, 진료비 지불 보증 문제

다) 해결

① 유치업자의 계약위반을 이유로 검사비와 입원비 지급을 거절한 환자의 자의적인 치료중단에 따른 진료 및 검사비 지불의 책임 소재를 파악한다.

② 유치업자와 환자 사이의 계약 내용을 자세히 검토해야만 정확한 책임소재를 규명할 수 있다.

③ 원칙적으로 의료관광과 관련하여 진료비 지급은 의료기관과 환자사이의 계약에 따라 이루어져야 한다. 즉 환자가 유치업자에게 수수료를 포함한 진료비 전액을 선불 지급하는 등의 계약은 환자에게 매우 불리하다.

④ 결국 진료비 지급에 대한 책임은 환자에게 있고, 유치업자의 계약 위반에 대한 채무불이행 책임을 환자가 직접적으로 유치업자에게 별도로 청구해야 한다.

라) 대책

예상했던 진료비보다 많이 청구될 경우에는 환자와의 분쟁이 예상된다. 따라서 처음 진료상담을 할 때부터 예상되는 진료비의 최저금액과 최대금액을 제시하고 검사 결과에 따라 추가 시술 및 비용이 청구될 수 있음을 확실하게 인식시켜야 한다.

5) 병원 내에서의 안전사고 사례

가) 개요

환자 A는 운동 중 넘어지는 사고를 당하여 좌측 상완골 골절상을 입고, 앰뷸런스를 이용하여 응급실로 내원, 치료 후 퇴원하였다. 환자는 3주 뒤 정형외과 외래 진료를 위해 병원 건물입구에 들어오던 중 자동출입문의 센서의 고장으로 문이 열렸다가 바로 닫히는 과정에서 이미 골절상을 입은 팔에 심한 충격이 가해진 경우이다.

나) 쟁점

의료기관 내 시설의 오작동으로 환자가 상해를 입은 경우 책임 소재

다) 해결

의료기간 내 시설의 안전 상태 및 관리는 전적으로 의료기관의 책임이다. 자동출입문 고장의 책임은 의료기관에 있으므로 환자의 상해에 대하여는 병원이 전적으로 책임을 져야 한다.

6) 진료과목 결정의 오류 사례

가) 개요

중국인 P 환자가 내원하여 진료접수를 하면서 어지러움으로 인한 진료를 위해 내원했음을 수납창구 직원에게 구체적으로 설명하였으나 통역 과정에서 '머리아픔'으로 해석하여 이비인후과로 접수하였다가 재차 신경과로 전과하였다.

나) 쟁점

환자의 진료과목에 대한 사전합의의 중요성, 사전 합의가 없을 경우 진료과목 결정의 주체가 누구인가.

다) 대책

① 진료과목에 대한 결정은 외국인 환자(또는 그 대리인, 유치업자)가 진료를 받게 될 의료기관에서 의료인의 상담을 통해 이루어져야 한다.

② 진료과목에 대한 사전 결정 없이 내원한 경우, 일반의가 먼저 문진 등을 하고 이후 전문의에게 의뢰를 하여 결정하도록 한다.

7) 약 이름의 오역으로 발생한 사례

가) 개요

입원 전에 복용중인 약에 대해 환자가 이미 이야기하였으나 의료진의 약 이름 오역으로 수술 전 일정 시간 동안 끊어야 하는 '혈액순환제'를 수술 직전까지 복용토록 방치하였다. 입원 후 그 사실을 확인하고 즉각 복용 중단시켰으나, 그로 인해 수술 날짜를 다시 잡아야 했고, 환자는 입원 기간이 연장되어 추가 비용이 발생한 것에 대한 불만을 제기하였다.

나) 쟁점

수술 전 주의사항에 대한 안내 고지 의무, 복용 중인 약에 대한 정확한 확인 의무

다) 해결

의료진의 약 이름 오역으로 인하여 불가피하게 수술이 지연되고 입원기간이 길어지게 되었다. 약 이름을 잘못 이해한 의료진의 과실이 명백하므로, 입원기간의 연장으로 발생한 추가비용은 의료기관에서 부담해야 할 것이다.

라) 대책

의료인은 수술 전 주의사항에 대하여 환자에게 설명하고 고지하여야 한다. 주의사항을 체크리스트로 만들어 하나씩 검토하는 것도 하나의 방법이다. 이 경우, 약 이름을 환자로부터 직접 듣고 받아 적는 과정에서 오류 발생 가능성이 있으므로, 반드시 '진료의뢰서'와 문서화된 '처방전'을 받아놓아야 한다.

8) 검사 중 환자의 오해로 인한 분쟁 사례

가) 개요

직장 내시경 검사를 위해 내원한 환자가 직장 내시경 직전 시행된 직장수지 검사에 대하여 본인이 성추행을 당했으며, 검사 시 발생한 통증에 대하여 적절한 케어를 받지 못했다고 항의를 하였다. 당시 검사 진행 중 의사가 영어로 안내를 했으나 알아듣지 못하였으며, 직원 간의 대화를 본인을 모욕하는 대화로 오해하여, 이에 대하여 수차례 해명 끝에 검사진행 내용을 이해하고 진행하게 되었다.

나) 쟁점

환자가 오해를 할 만한 상황에 대하여 검사 수행 시 사전에 설명을 충분히 설명하였는가

다) 해결

의료진의 불충분한 설명 또는 환자의 오해로 불만이 표출된 사안이다. 의료 행위 전, 의료진은 환자에게 검사 및 시술의 필요성과 그 과정, 부작용 등에 대하여 환자가 충분히 이해할 수 있도록 설명해야 할 의무가 있다. 본 사례에서는 의료진의 설명을 환자가 충분히 이해하였는지에 대한 확인절차가 부재한 경우이므로, 정중한 사과와 충분한 설명이 요구된다.

라) 대책

환자의 이해 증진 및 시술에 대한 동의 전에 관련 사항을 문서화하고, 설명과 함께 확인 후 서명을 받는 것이 필요하다.

9) 부작용에 대한 대처 미흡 사례

가) 개요

얼굴 성형을 위해 내원한 E씨가 수술을 위해 전신마취를 한 후 병실로 돌아왔으나 기도의 근육경련으로 갑자기 호흡곤란 상태에 빠졌다. 의료진은 계속 심호흡을 하도록 유도하였으나 환자의 상태는 좀처럼 안정되지 않았고 결국 기관절개를 시행하려 했으나 이후 안정제 투여 후 호흡이 안정을 되찾은 경우이다.

나) 쟁점

마취 전 충분한 설명을 하였는가 여부, 전신마취 후의 근육경련으로 인한 호흡곤란은 사실관계가 불명확하여 그 원인이 어디에 있는지를 판단하기가 쉽지 않다.

다) 해결

의료진은 마취 전 · 후에 발생할 수 있는 신체 상태에 대하여 환자가 충분히 이해할 수 있도록 설명할 의무가 있다.

라) 대책

외국인 환자의 특성상 내국인과는 다른 체질과 유전적 소인이 있을 수 있음을 항상 인지하고 그에 따른 준비를 해야 한다.

단·원·핵·심·요·약

▶리스크(Risk)란 보통 우연한 사고 발생의 불확실성 또는 그 가능성을 의미하며, 의료기관에서 발생할 수 있는 리스크의 유형은 크게 임상적 리스크와 비즈니스 리스크로 구분된다. 구체적으로는 임상적 리스크, 의료진 관련 리스크, 직원 관련 리스크, 자산 관련 리스크, 재정적 리스크 등 다섯 가지로 분류된다.

▶의료사고의 원인은 크게 다섯 가지로, ① 의료주체적 요인(의료인의 기술부족과 주의태만), ② 진료상황적 요인(경제적 측면, 응급성 측면), ③ 의료본질적 요인(의학기술의 한계, 의료행위의 침습성, 인체반응의 다양성), ④ 의료제도적 요인(의료수요 증가에 따른 진료시간 단축, 의료전달체계의 미비), ⑤ 기타 요인으로 구분된다.

▶의료분쟁은 장기간 진행되고 개인적으로 처리하려는 경향이 있으며, 의료소송은 금전적 손실과 함께 직업적 권위와 사회적 명예에 치명적인 손실을 초래할 수 있다. 이러한 의료분쟁의 증가 원인으로는 ① 의료수요자 측 요인(수진 기회의 증가, 국민권리의식의 향상, 의료본질에 대한 이해 부족), ② 의료공급자 측 요인(의료 제공 형태의 변화, 의사의 전근대적 의료관, 의사의 직업적 체면의식, 법규 및 법의학에 대한 의사의 이해 부족, 미숙한 의사의 진료 가능성), ③ 사회적 · 제도적 여건(의료지식의 보급 확대, 불신풍조의 만연, 의료심사조정기구의 활동 부진, 사회적 보상제도의 결여) 등을 들 수 있다.

▶리스크 관리의 단계는 리스크 확인 및 분석, 리스크 관리대안 분석(리스크 통제와 리스크 자금조달) 단계로 구분되며, 리스크의 사전예방을 위해 고려해야 할 사항으로는 의료의 질 향상, 충실한 설명과 철저한 기록, 의료분쟁에 관한 교육 강화, 보상제도의 적정한 확립, 의료의 국민적 이해 등을 들 수 있다.

▶외국인 환자의 의료분쟁을 사전에 예방하기 위해서는 병원 측 시스템 구축, 환자진료의 원칙과 규정의 준수, 충분한 설명과 동의절차 이행, 완벽한 의무기록의 작성, 환자의 통증과 증상 호소 경청, 철저한 보고체계의 구축, 진료과정상의 충실한 리스크 관리, 철저한 안전관리, 의료진 감독과 원활한 의사소통체계 구축, 수술 후 철저한 환자 관리, 충분한 환자교육, 응급환자 관리체계의 정비, 의료행위의 문화적 차이 인식 및 철저한 기록관리, 수술 전후 과정에 걸친 환자관리 및 부작용 감시 등에 힘써야 한다.

▶외국인 환자 의료사고 발생 시 진료경위 확인 및 보고, 진료경위서 작성, 전문가 자문, 리스크 감소 계획 실행, 결과 보고 및 사후관리의 순으로 대처한다. 외국인 환자와의 의료사고에 따른 분쟁에서 가장 문제가 되는 부분은 손해의 적절한 산정에 관한 문제로서, 환자의 출신국가의 법체계에 따라 손해배상액의 산정방법이 다양하므로 이에 대한 학습을 통해 적절한 대비가 필요하다.

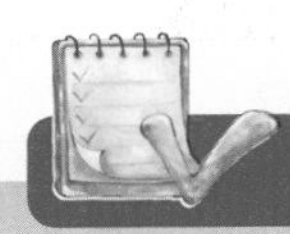

알아두면 좋아요!

외국인 환자의 불만사항에 대한 몇 가지 대체방안 (우리들병원 사례)

국가	문제점	개선사항
공통	•장기입원 시, 한정된 메뉴로 지겨워함 •메뉴의 다양성이 요구됨	•메뉴 추가 개발 및 칼로리 게재
	•커피포트 병실 비치 문의	•차를 좋아하는 문화를 고려하여 병실 또는 외국인 전용 VIP Lounge에 커피포트를 비치
	•간호사가 환자와의 의사소통에 어려움을 겪음(특히 일본, 러시아 등 비영어권 환자의 경우)	•원내 외국어 교육 실시(일본어, 러시아)
	•거리상의 제약으로 인해 수술 후 경과를 봐야하는 경우는 어떻게 해야 할지에 대한 두려움	•기존에는 방사선 자료를 받아서 경과에 대해 이메일로 답변, 케이스에 따라 화상진료 가능
러시아/일본	•약의 종류나 복용 횟수가 자국에 비해 상대적으로 많다고 느낌	•담당의사에게 사전에 전달하여 약을 되도록 최소화할 수 있도록 함
러시아	•링거에 대한 환자의 부담이 상대적으로 큼	•국내 환자의 경우 수술 당일 시간 절약을 위해 수술 전날 밤에 보통 링거를 연결하지만, 외국인 환자는 전날 링거를 연결하지 않도록 함
영어권	•장시간 비행시간으로 입원 당일 피로한 상태에서 검사를 위한 금식으로 인해, 공복 시간이 길어짐	•입원 당일은 금식을 요하는 검사 실시 후에 간식을 제공함

출처 : 제9회 글로벌헬스케어포럼 자료집, 한국보건산업진흥원, 2012.

제 8 장

의료관광 관련법규

- 의료법과 기타 외국인 환자 유치에 관련된 법령의 내용을 이해한다.
- 외국인 환자의 국내 입국 절차와 사증 발급 및 체류절차에 대해 숙지한다.
- 외국인 환자의 의료분쟁 발생 시 사법적, 비사법적 해결방식을 학습한다.

1. 의료법과 외국인 환자 유치에 관한 법령

2009년 5월 1일부터 정부는 외국인 환자를 유치 · 알선하는 행위를 일괄 허용하기로 하였으며, 해외환자를 유치하는 의료기관과 유치업자는 등록을 의무화하여 관리하도록 제도를 마련하였다.

유치의료기관은 상급종합병원의 경우 허가 병상수 5% 이내여야 하며, 전문의 1인 이상을 보유하고 있어야 한다. 또한 유치업자 등록의 경우, 1억 원 이상의 보증보험 가입과 자본금 1억 원 이상의 규정을 두고 있다.

우리나라 의료법은 원래 영리를 목적으로 환자를 의료기관이나 의료인에게 소개 · 알선 · 유인하는 행위 및 이를 사주하는 행위를 하여서는 아니 된다고 규정하고 있고(의료법 제27조 제3항), 의료광고도 제한해 왔다. 그러나 국회에서 의료법을 개정함으로써, 병원에서 해외의 외국인 환자를 유치할 수 있는 법적 근거가 마련되었다. 외국인 환자 유치에 대한 등록 등에 관한 규정이 마련된 것이다.

1.1. 의료법

1) 제27조(무면허 의료행위 등 금지)

① 의료인이 아니면 누구든지 의료행위를 할 수 없으며 의료인도 면허된 것 이외의 의료행위를 할 수 없다. 다만, 다음 각 호의 어느 하나에 해당하는 자는 보건복지부령으로 정하는 범위에서 의료행위를 할 수 있다.[1)]

1. 외국의 의료인 면허를 가진 자로서 일정 기간 국내에 체류하는 자
2. 의과대학, 치과대학, 한의과대학, 의학전문대학원, 치의학전문대학원, 한의학전문대학원, 종합병원 또는 외국 의료원조기관의 의료봉사 또는 연구 및 시범사업을 위하여 의료행위를 하는 자
3. 의학 · 치과의학 · 한방의학 또는 간호학을 전공하는 학교의 학생

② 의료인이 아니면 의사 · 치과의사 · 한의사 · 조산사 또는 간호사 명칭이나 이와 비슷한 명칭을 사용하지 못한다.

③ 누구든지 「국민건강보험법」이나 「의료급여법」에 따른 본인부담금을 면제하거나 할인하는 행위, 금품 등을 제공하거나 불특정 다수인에게 교통편의를 제공하는 행위 등 영리를 목적으로 환자를 의료기관이나 의료인에게 소개 · 알선 · 유인하는 행위 및 이를 사주하는 행위를 하여서는 아니 된다. 다만, 다음 각 호의 어느 하나에 해당하는 행위는 할 수 있다.[2)]

1. 환자의 경제적 사정 등을 이유로 개별적으로 관할 시장 · 군수 · 구청장의 사전승인을 받아 환자를 유치하는 행위
2. 「국민건강보험법」 제93조에 따른 가입자나 피부양자가 아닌 외국인(보건복지부령으로 정하는 바에 따라 국내에 거주하는 외국인은 제외한다) 환자를 유치하기 위한 행위

④ 제3항 제2호에도 불구하고 「보험업법」 제2조에 따른 보험회사, 상호회사, 보험설계사, 보험대리점 또는 보험중개사는 외국인 환자를 유치하기 위한 행위를 하여서는 아니 된다.[3)]

---

1) 〈개정 2008.2.29, 2010.1.18〉 〈시행일 2010.3.19〉
2) 〈개정 2009.1.30, 2010.1.18, 2011.12.31〉 〈시행일 2012.9.1〉
3) 〈신설 2009.1.30〉 〈시행일 2010.1.31〉

2) 제27조의2(외국인환자 유치에 대한 등록 등)[4]

① 제27조 제3항 제2호에 따라 외국인환자를 유치하고자 하는 의료기관은 보건복지부령으로 정하는 요건을 갖추어 보건복지부장관에게 등록하여야 한다.

② 제1항의 의료기관을 제외하고 제27조 제3항 제2호에 따른 외국인환자를 유치하고자 하는 자는 다음 각 호의 요건을 갖추어 보건복지부장관에게 등록하여야 한다.

1. 보건복지부령으로 정하는 보증보험에 가입하였을 것
2. 보건복지부령으로 정하는 규모 이상의 자본금을 보유할 것
3. 그 밖에 외국인환자 유치를 위하여 보건복지부령으로 정하는 사항

③ 제1항에 따라 등록한 의료기관 및 제2항에 따라 등록한 자(이하 "외국인환자 유치업자"라 한다)는 보건복지부령으로 정하는 바에 따라 매년 3월 말까지 전년도 사업실적을 보건복지부장관에게 보고하여야 한다.

④ 보건복지부장관은 의료기관 또는 외국인환자 유치업자가 다음 각 호의 어느 하나에 해당하는 경우 등록을 취소할 수 있다.

1. 제1항 또는 제2항에 따른 등록요건을 갖추지 아니한 경우
2. 제27조 제3항 제2호 외의 자를 유치하는 행위를 한 경우
3. 제63조에 따른 시정명령을 이행하지 아니한 경우

⑤ 제1항에 따른 의료기관 중 상급종합병원은 보건복지부령으로 정하는 병상 수를 초과하여 외국인환자를 유치하여서는 아니 된다.

⑥ 제1항 및 제2항에 따른 등록절차에 관하여 필요한 사항은 보건복지부령으로 정한다.

3) 제56조(의료광고의 금지 등)[5]

① 의료법인 · 의료기관 또는 의료인이 아닌 자는 의료에 관한 광고를 하지 못한다.

② 의료법인 · 의료기관 또는 의료인은 다음 각 호의 어느 하나에 해당하는 의료광고를 하지 못한다.

---

4) 〈개정 2010.1.18 〉 〈시행일 2010.3.19〉
5) 〈개정 2009.1.30〉 〈시행일 2009.5.1〉

1. 제53조에 따른 평가를 받지 아니한 신의료기술에 관한 광고
2. 치료효과를 보장하는 등 소비자를 현혹할 우려가 있는 내용의 광고
3. 다른 의료기관 · 의료인의 기능 또는 진료 방법과 비교하는 내용의 광고
4. 다른 의료법인 · 의료기관 또는 의료인을 비방하는 내용의 광고
5. 수술 장면 등 직접적인 시술행위를 노출하는 내용의 광고
6. 의료인의 기능, 진료 방법과 관련하여 심각한 부작용 등 중요한 정보를 누락하는 광고
7. 객관적으로 인정되지 아니하거나 근거가 없는 내용을 포함하는 광고
8. 신문, 방송, 잡지 등을 이용하여 기사(記事) 또는 전문가의 의견 형태로 표현되는 광고
9. 제57조에 따른 심의를 받지 아니하거나 심의 받은 내용과 다른 내용의 광고
10. 제27조 제3항에 따라 외국인환자를 유치하기 위한 국내광고
11. 그 밖에 의료광고의 내용이 국민건강에 중대한 위해를 발생하게 하거나 발생하게 할 우려가 있는 것으로서 대통령령으로 정하는 내용의 광고

③ 의료법인 · 의료기관 또는 의료인은 거짓이나 과장된 내용의 의료광고를 하지 못한다.

④ 의료광고는 다음 각 호의 방법으로는 하지 못한다.

1. 「방송법」 제2조 제1호의 방송
2. 그 밖에 국민의 보건과 건전한 의료경쟁의 질서를 유지하기 위하여 제한할 필요가 있는 경우로서 대통령령으로 정하는 방법

⑤ 제1항이나 제2항에 따라 금지되는 의료광고의 구체적인 기준 등 의료광고에 관하여 필요한 사항은 대통령령으로 정한다.

1.2. 의료법 시행령

1) 제42조(업무의 위탁)

① 법 제86조 제2항에 따라 보건복지부장관은 다음 각 호의 업무를 「한국보건산업진흥원법」에 따른 한국보건산업진흥원에 위탁한다.[6]

1. 법 제27조의2제1항 및 제2항에 따른 등록 업무(등록 요건 검토는 포함하되, 등록

6) 〈개정 2010.3.15〉 〈시행일 2010.3.19〉

여부 결정 및 등록증 발행 · 재발행은 제외한다)

2. 법 제27조의2 제3항에 따른 사업실적 보고 업무

② 제1항 및 제2항에 따라 업무를 위탁받은 각 중앙회장 및 한국보건산업진흥원은 위탁받은 업무의 처리 내용을 보건복지부령으로 정하는 바에 따라 보건복지부장관에게 보고하여야 한다.[7)]

1.3. 의료법 시행규칙

1) 제19조의2(유치행위를 할 수 없는 국내 거주 외국인의 범위)[8)]

법 제27조 제3항 제2호에 따라 외국인환자를 유치할 수 있는 대상에서 제외되는 국내에 거주하는 외국인은「국민건강보험법」제93조에 따른 가입자나 피부양자가 아닌 국내에 거주하는 외국인으로서 다음 각 호의 어느 하나에 해당하는 외국인을 말한다.

1.「출입국관리법」제31조에 따라 외국인등록을 한 사람,「출입국관리법 시행령」제12조 및 별표 1에 따른 기타(G-1)의 체류자격을 가진 사람은 제외한다.
2.「재외동포의 출입국과 법적지위에 관한 법률」제6조에 따라 국내거소신고를 한 외국국적동포

2) 제19조의3(외국인환자 유치 의료기관의 등록요건)[9)]

외국인환자를 유치하려는 의료기관은 법 제27조의2 제1항에 따라 외국인환자를 유치하려는 진료과목별로 법 제77조에 따른 전문의 1명 이상을 두어야 한다. 다만, 진료과목이「전문의의 수련 및 자격 인정 등에 관한 규정」제3조에 따른 전문과목이 아닌 경우에는 그러하지 아니하다.

3) 제19조의4(외국인환자 유치업자의 등록요건)

① 법 제27조의2 제2항 제1호에서 "보건복지부령으로 정하는 보증보험에 가입하였을

7) 〈개정 2010.3.15, 2012.4.27〉〈전문개정 2009.4.20〉〈시행일 2009.5.1〉
8) 〈본조신설 2009.4.29〉〈시행일 2009.5.1〉
9) 〈본조신설 2009.4.29〉〈시행일 2009.5.1〉

것"이란 다음 각 호를 모두 충족하는 보증보험에 가입한 경우를 말한다. 다만, 그 보증보험에 가입한 후 외국인환자에게 입힌 손해를 배상하여 보험계약이 해지된 경우에는 1개월 이내에 다시 가입하여야 한다.[10)]

1. 외국인환자를 유치하는 과정에서 고의 또는 과실로 외국인환자에게 입힌 손해에 대한 배상책임을 보장하는 보증보험일 것
2. 해당 보험회사가 「보험업법」 제4조 제1항 제2호 라목의 보증보험에 대하여 금융위원회의 허가를 받은 보험회사일 것
3. 보험금액이 1억 원 이상이고, 보험기간을 1년 이상으로 하는 보증보험일 것

② 법 제27조의2 제2항 제2호에서 "보건복지부령으로 정하는 규모"란 1억 원을 말한다.[11)]

③ 법 제27조의2 제2항 제3호에서 "보건복지부령으로 정하는 사항"이란 국내에 설치한 사무소를 말한다.[12)]

4) 제19조의5(상급종합병원의 외국인환자 유치 제한)[13)]

법 제27조의2 제5항에서 "보건복지부령으로 정하는 병상수"란 법 제3조의4에 따라 지정된 상급종합병원(2010년 1월 31일 전에는 「국민건강보험법」 제40조 제2항에 따라 종합전문요양기관으로 인정된 의료기관을 말한다)의 병상수의 100분의 5를 말한다.

5) 제19조의6(외국인환자 유치를 위한 등록절차)

① 외국인환자를 유치하려는 의료기관은 법 제27조의2 제6항 및 영 제42조 제2항 제1호에 따라 별지 제9호의2서식의 등록신청서(전자문서로 된 등록신청서를 포함한다)에 다음 각 호의 서류를 첨부하여 「한국보건산업진흥원법」에 따른 한국보건산업진흥원(이하 "한국보건산업진흥원"이라 한다)에 제출하여야 한다.[14)]

1. 별지 제15호서식의 의료기관 개설신고증명서 사본 또는 별지 제17호서식의 의료

---

10) 〈개정 2010.3.19〉
11) 〈개정 2010.3.19, 2012.4.27〉
12) 〈본조신설 2009.4.29〉 〈시행일 2009.5.1〉
13) 〈본조신설 2009.4.29〉 〈시행일 2009.5.1〉
14) 〈개정 2010.1.29〉 〈시행일 2010.1.31〉

기관 개설허가증 사본

2. 사업계획서

3. 제19조의3에 따른 진료과목별 전문의의 명단 및 자격증 사본

② 제1항에 따른 의료기관 외에 외국인환자를 유치하려는 자는 법 제27조의2 제6항 및 영 제42조 제2항 제1호에 따라 별지 제9호의3서식의 등록신청서(전자문서로 된 등록신청서를 포함한다)에 다음 각 호의 서류를 첨부하여 한국보건산업진흥원에 제출하여야 한다.[15]

1. 정관(법인인 경우만 해당한다)

2. 사업계획서

3. 제19조의4 제1항에 따른 보증보험에 가입하였음을 증명하는 서류

4. 제19조의4 제2항에 따른 규모 이상의 자본금을 보유하였음을 증명하는 서류

5. 제19조의4 제3항에 따른 사무실에 대한 소유권이나 사용권이 있음을 증명하는 서류

③ 한국보건산업진흥원은 제1항 또는 제2항에 따른 신청 내용이 법 제27조의2 제1항 또는 제2항에 따른 등록요건에 적합한지 여부를 검토하여 그 검토 내용을 보건복지부장관에게 알려야 한다.[16]

④ 보건복지부장관은 제3항에 따른 검토 내용을 확인한 결과 법 제27조의2 제1항 또는 제2항에 따른 등록요건에 적합한 경우 제1항의 신청인에게는 별지 제9호의4서식에 따른 외국인환자 유치 의료기관 등록증을, 제2항의 신청인에게는 별지 제9호의5서식에 따른 외국인환자 유치업자 등록증을 각각 발행하여야 한다.[17]

⑤ 한국보건산업진흥원은 제4항에 따라 발행된 등록증을 제1항 및 제2항에 따른 신청인에게 내주어야 한다.[18]

6) 제19조의7(외국인환자 유치 관련 등록증의 재발급)

① 법 제27조의2 제1항 및 제2항에 따라 등록한 의료기관 및 외국인환자 유치업자는

15) 〈개정 2010.1.29〉 〈시행일 2010.1.31〉
16) 〈개정 2010.3.19〉
17) 〈개정 2010.1.29, 2010.3.19〉
18) 〈본조신설 2009.4.29〉 〈시행일 2009.5.1〉

제19조의6에 따라 발급받은 등록증을 잃어버렸거나 헐어서 못쓰게 된 경우에는 별지 제9호의6서식에 따른 신청서에 각 등록증(헐어서 못쓰게 된 경우만 해당한다)을 첨부하여 한국보건산업진흥원에 제출하여야 한다.[19]

② 한국보건산업진흥원은 제1항에 따른 신청 내용을 보건복지부장관에게 알려야 한다.[20]

7) 제19조의8(외국인환자 유치 관련 등록 업무 처리 보고)

한국보건산업진흥원은 영 제42조 제3항에 따라 제19조의6 및 제19조의7에 따른 등록 업무의 처리 내용을 매분기별로 보건복지부장관에게 보고하여야 한다.[21]

8) 제19조의9(외국인환자 유치 사업실적 보고)[22]

① 법 제27조의2 제1항 및 제2항에 따라 등록한 의료기관 및 외국인환자 유치업자는 법 제27조의2 제3항 및 영 제42조 제2항 제2호에 따라 전년도 사업실적(외국인환자의 성명은 제외한다)을 다음 각 호의 구분에 따라 매년 3월 31일까지 한국보건산업진흥원에 보고하여야 한다.

1. 의료기관의 경우 다음 각 목에 관한 사항
   가. 외국인환자의 국적, 성별 및 출생년도
   나. 외국인환자의 진료과목, 입원기간, 주상병명 및 외래 방문일수
2. 외국인환자 유치업자의 경우 다음 각 목에 관한 사항
   가. 외국인환자의 국적, 성별 및 출생년도
   나. 외국인환자의 방문 의료기관, 진료과목, 입원기간 및 외래 방문일수
   다. 외국인환자의 입국일 및 출국일

② 한국보건산업진흥원은 영 제42조 제3항에 따라 제1항에 따른 보고 내용과 결과를 매년 4월 30일까지 보건복지부장관에게 보고하여야 한다.

---

19) 〈개정 2010.1.29〉 〈시행일 2010.1.31〉
20) 〈본조신설 2009.4.29〉 〈시행일 2009.5.1〉
21) 〈본조신설 2009.4.29〉 〈시행일 2009.5.1〉
22) 〈본조신설 2009.4.29〉 〈시행일 2009.5.1〉

1.4. 출입국관리법

외국인 환자를 제대로 유치하려면 출입국관리법의 내용과 그 절차를 숙지하고 있어야만 한다. 출입국 절차가 원만하지 못하면 의료서비스를 통해 얻은 만족감이 높더라도 종합적인 진료서비스에 대한 평가는 좋지 못할 수 있다. 또 이 과정에서의 문제점은 그냥 넘어갈 경미한 수준의 의료서비스 사안에 대해서도 의료분쟁의 문제로 비화시킬 가능성을 안고 있다.

출입국관리법은 대한민국에 입국하거나 대한민국에서 출국하는 모든 국민 및 외국인의 출입국관리와 대한민국에 체류하는 외국인의 체류관리 및 난민의 인정절차 등에 관한 사항을 규정하기 위한 목적으로 제정된 법이다.

1) 제25조(체류기간 연장허가)

외국인이 체류기간을 초과하여 계속 체류하고자 할 때에는 대통령령이 정하는 바에 따라 그 기간의 만료 전에 법무부장관의 체류기간연장허가를 받아야 한다.[23)]

2) 제31조(외국인등록)[24)]

① 외국인이 입국한 날부터 90일을 초과하여 대한민국에 체류하게 되는 경우 대통령령이 정하는 바에 따라 입국한 날부터 90일 이내에 그의 체류지를 관할하는 사무소장 또는 출장소장에게 외국인등록을 하여야 한다. 다만, 다음 각 호의 1에 해당하는 외국인의 경우에는 그러하지 아니하다.

1. 주한외국공관(대사관과 영사관을 포함한다)과 국제기구의 직원 및 그의 가족
2. 대한민국정부와의 협정에 의하여 외교관 또는 영사와 유사한 특권 및 면제를 누리는 자와 그의 가족
3. 대한민국정부가 초청한 자 등으로서 법무부령이 정하는 자

② 제23조의 규정에 의하여 체류자격을 받는 자로서 그 날부터 90일을 초과하여 체류하게 되는 자는 제1항의 규정에 불구하고 체류자격을 받는 때에 외국인등록을 하여

---

23) 〈전문개정 2010.5.14〉 〈시행일 2010.11.15〉
24) 〈전문개정 2010.5.14〉 〈시행일 2010.11.15〉

야 한다.

③ 제24조의 규정에 의하여 체류자격 변경 허가를 받는 자로서 입국한 날부터 90일을 초과하여 체류하게 되는 자는 제1항의 규정에 불구하고 체류자격 변경 허가를 받는 때에 외국인등록을 하여야 한다.

④ 사무소장 또는 출장소장은 제1항 내지 제3항의 규정에 의하여 외국인등록을 한 자에 대하여는 대통령령이 정하는 부여방법에 따라 개인별로 고유한 등록번호(이하 "외국인등록번호"라 한다)를 부여하여야 한다.

3) 제59조(심사후의 절차)[25)]

① 사무소장 · 출장소장 또는 외국인보호소장은 심사의 결과 용의자가 제46조 제1항 각호의 1에 해당하지 아니한다고 인정할 때에는 지체 없이 용의자에게 그 뜻을 알려야 하고, 용의자가 보호되어 있는 때에는 즉시 보호를 해제하여야 한다.

② 사무소장 · 출장소장 또는 외국인보호소장은 심사의 결과 용의자가 제46조 제1항 각호의 1에 해당한다고 인정될 때에는 강제퇴거명령서를 발부할 수 있다.

③ 사무소장 · 출장소장 또는 외국인보호소장은 강제퇴거명령서를 발부하는 경우 그 용의자에 대하여 법무부장관에게 이의신청을 할 수 있음을 알려야 한다.

1.5. 재외동포의 출입국과 법적 지위에 관한 법률

1) 제6조(국내거소신고)[26)]

① 재외국민과 재외동포체류자격으로 입국한 외국국적동포는 이 법을 적용받기 위하여 필요하면 대한민국 안에 거소(居所)를 정하여 그 거소를 관할하는 출입국관리 사무소장(이하 "사무소장"이라 한다) 또는 출입국관리사무소출장소장(이하 "출장소장"이라 한다)에게 국내거소신고를 할 수 있다.

② 제1항에 따라 신고한 국내거소를 이전한 때에는 14일 이내에 그 사실을 신거소(新居所)가 소재한 시 · 군 · 구의 장이나 신거소를 관할하는 사무소장 · 출장소장에게

25) 〈전문개정 2010.5.14〉〈시행일 2010.11.15〉
26) 〈전문개정 2008.3.14〉

신고하여야 한다.

③ 제2항에 따라 거소이전 신고를 받은 사무소장이나 출장소장은 신거소가 소재한 시 · 군 · 구의 장에게, 시 · 군 · 구의 장은 신거소를 관할하는 사무소장이나 출장소장에게 각각 이를 통보하여야 한다.

④ 국내거소신고서의 기재 사항, 첨부 서류, 그 밖에 신고의 절차에 관하여 필요한 사항은 대통령령으로 정한다.

2) 제10조(출입국과 체류)[27]

① 재외동포체류자격에 따른 체류기간은 최장 2년까지로 한다.

② 법무부장관은 제1항에 따른 체류기간을 초과하여 국내에 계속 체류하려는 외국국적동포에게는 대통령령으로 정하는 바에 따라 체류기간 연장허가를 할 수 있다. 다만, 제5조 제2항 각 호의 어느 하나에 해당하는 사유가 있는 경우에는 그러하지 아니하다.

③ 국내거소신고를 한 외국국적동포가 체류기간 내에 출국하였다가 재입국하는 경우에는「출입국관리법」제30조에 따른 재입국허가가 필요하지 아니하다.

④ 대한민국 안의 거소를 신고하거나 그 이전신고(移轉申告)를 한 외국국적동포에 대하여는「출입국관리법」제31조에 따른 외국인등록과 같은 법 제36조에 따른 체류지 변경신고를 한 것으로 본다.

⑤ 재외동포체류자격을 부여받은 외국국적동포의 취업이나 그 밖의 경제활동은 사회질서 또는 경제안정을 해치지 아니하는 범위에서 자유롭게 허용된다.

1.6. 국민건강보험법

1) 제109조(외국인등에 대한 특례)

① 정부는 외국정부가 사용자인 사업장의 근로자의 건강보험에 관하여 외국정부와의 합의에 의하여 이를 따로 정할 수 있다.

---

27) 〈전문개정 2008.3.14〉

② 국내에 체류하고 있는 재외국민 또는 외국인으로서 대통령령이 정하는 사람은 제5조의 규정에 불구하고 이 법의 적용을 받는 가입자 또는 피부양자가 된다.

1.7. 국민건강보험법 시행령

1) 제76조(외국인등 가입자 및 피부양자)

① 법 제93조 제2항의 규정에 의하여 직장가입자가 되는 재외국민 또는 외국인은 다음 각 호의 어느 하나에 해당하는 자로서 직장가입자 적용사업장에 근무하는 자와 공무원 · 교직원으로 임용 또는 채용된 자로 한다. 다만, 법 제6조 제2항 각 호의 어느 하나에 해당하는 자를 제외한다.

1. 「출입국관리법」 제31조의 규정에 의하여 외국인등록을 한 자
2. 「재외동포의 출입국과 법적지위에 관한 법률」 제6조의 규정에 의하여 국내거소신고를 한 자

② 제1항에 해당하지 아니하고 국내에 3개월 이상 거주한 재외국민 또는 외국인(국내에 3개월 이상 거주하지 아니한 재외국민 또는 외국인이라도 유학 · 취업 등의 사유로 3개월 이상 거주할 것이 명백한 자를 포함한다)으로서 다음 각 호의 어느 하나에 해당하는 자는 본인의 신청에 따라 이 법의 적용을 받는 지역가입자가 된다.

1. 「출입국관리법」 제31조에 따라 외국인등록을 한 자로서 보건복지부령으로 정하는 체류자격이 있는 자
2. 제1항 제2호에 해당하는 자

③ 제1항 및 제2항의 규정에 불구하고 다음 각 호의 어느 하나에 해당하는 자는 이 법에 의한 가입자가 될 수 없다.

1. 「출입국관리법」 제25조 및 「재외동포의 출입국과 법적지위에 관한 법률」 제10조 제2항의 규정에 의하여 체류기간연장허가를 받지 아니하고 체류하는 자
2. 「출입국관리법」 제59조 제2항의 규정에 의하여 강제퇴거명령서가 발부된 자

④ 공단은 제1항에 불구하고 재외국민 또는 외국인이 국내에 근무하는 기간 동안 외국의 법령, 외국의 보험 또는 사용자와의 계약 등에 따라 법 제39조에 따른 요양급여에 상당하는 의료보장을 받을 수 있는 경우에는 보건복지부령으로 정하는 바에 따

라 가입자에서 제외할 수 있다.

⑤ 제1항부터 제4항까지에 규정된 것 외에 신청 절차 및 가입자의 제외 신청 절차 등에 필요한 사항은 보건복지부령으로 정한다.

1.8. 약사법 시행령

국내 지리나 언어가 익숙하지 않은 외국인 환자에게서 의사나 치과의사의 처방을 받아 약사나 한약사에게 의약품을 조제 받는 것이 매우 불편하고 정확한 복약지도가 이루어지지 않을 경우에 약화사고 등의 우려가 있어, 의사나 치과의사가 의약품을 직접 조제할 수 있는 경우에 의료법에 따라 유치하는 외국인 환자에 대하여 원내조제를 허용하였다.

1) 제23조 (의사나 치과의사의 직접 조제 범위)

법 제23조 제4항 제14호에서 "대통령령으로 정하는 경우"란 다음 각 호의 경우를 말한다.

7. 「의료법」 제27조 제3항 제2호에 따른 외국인환자에 대하여 조제하는 경우

1.9. 유치대상 외국인

1) 원칙 : 건강보험 가입자 및 피부양자가 아닌 외국인(외국국적동포 포함)

(1) 재외동포는 재외국민과 외국국적 동포를 말한다.

(2) 재외국민 : 한국국적을 보유하고 있고 외국의 영주권을 가진 사람은 어떠한 경우도 유치대상자가 안 된다.

(3) 외국국적 동포는 외국시민권자로 한국국적이 없으므로 외국인 환자 유치대상자에 포함한다.

2) 예외 : 유치대상이 안 되는 외국인

(1) 국내 거주하는 외국인 등록한 외국인(외국국적 동포 포함). 단, G-1(외국인 환자용 비자) 체류자격을 가진 자는 예외(유치대상이 됨)

(2) 국내 거주하는 국내거소 신고한 외국국적 동포

3) 참고 : 국내에 거주하지만 유치대상이 되는 외국인

(1) 국내 거소 등록하지 않은 국내 거주 외국국적 동포('재외동포의 출입국과 법적 지위에 관한 법률'에 따라 국내 체류자격을 얻고 국내거소 등록하지 않은 경우를 말한다.

(2) 외국인 등록하지 않은 국내거주 외국인(외국국적동포 포함)

① 90일 미만 체류하는 외국인으로 외국인 등록을 할 의무가 없는 외국인

② 주한외국공관과 국제기구의 직원 및 그의 가족

③ 외교관 또는 영사와 유사한 특권 및 면제를 누리는 자와 그의 가족

④ 대한민국정부가 초청한 자 등으로서 외교 · 산업 · 국방상 중요한 업무에 종사하는 자 및 그의 가족, 기타 법무부장관이 특별히 외국인 등록을 면제할 필요가 있다고 인정하는 자

〈표 8-1〉 외국인 환자 유치대상

<table>
<tr><th>1단계
(건강보험
기준)</th><th>2단계
(국적 기
준)</th><th>3단계
(거주 기
준)</th><th>4단계
(외국인 등록이
나 국내거소신
고 기준)</th><th>결론
(외국
인
환자
유치
대상
여부)</th><th>비고</th></tr>
<tr><td rowspan="4">건강보험
미가입</td><td rowspan="3">외국인,
외국국적
동포
(시민권자)</td><td rowspan="2">국내 거주</td><td>외국인 등록이나
국내거소신고
(시민권자)를
하지 않은 경우</td><td>가능</td><td>주한미군과 외교관의
경우와 외국인 등록을
안 하는 경우가 많음</td></tr>
<tr><td>외국인 등록이나
국내거소신고
(시민권자)를
한 경우</td><td>불가능</td><td>G-1 비자의 경우 가능</td></tr>
<tr><td>국외 거주</td><td></td><td>가능</td><td></td></tr>
<tr><td>재외국민
(영주권자)</td><td></td><td></td><td>불가능</td><td></td></tr>
<tr><td>건강보험
가입</td><td colspan="3"></td><td>불가능</td><td></td></tr>
</table>

2. 외국인 환자 사증발급과 체류절차

2.1. 외국인의 국내 입국 절차

〈출입국관리법 제7조 제1항〉 대한민국에 입국하고자 하는 외국인은 유효한 여권과 법무부장관이 발급한 사증을 가지고 있어야 한다.

1) 외국인

출입국관리법상 외국인이라 함은 대한민국의 국적을 가지지 아니한 자(법 제2조 제2호)를 말한다. 이에는 무국적자와 외국 국적을 가진 자를 모두 포함한다.

2) 유효한 여권

여권이란 각국 정부가 발급하는 여행문서(외교관 · 관용 · 일반여권)를 말한다. 이 밖에 국제연합 또는 그 전문기구의 직원에 대하여 국제연합사무국이 발급하는 국제연합통행증(LAISSEZ-PASSER, 라세파세) 또는 난민협약에 따라 체약국이 자국에 체류하는 난민에게 발급하는 난민여행증명서, 각국 정부 발급 외국인 여행증명서 등도 국내 입국을 위한 유효한 여권에 갈음한다.

3) 사증

사증이란 일종의 배서 또는 확인을 말하며, 국가정책에 따라 '입국허가 확인'으로 보는 국가와 영사의 '입국추천행위'로 보는 국가로 크게 구분된다. 우리나라는 '입국추천행위'에 해당한다고 보고 있다. 아울러 출입국관리법에서는 국내 입국을 위한 외국인이 사증을 소지하고 있어도 입국허가 요건(법 제12조 제3항 각호)을 갖추지 못한 경우에는 입국을 허가하지 아니할 수 있음(동조 제4항)을 규정하고 있다. 즉 사증은 반드시 입국을 허가하는 것을 의미하지는 않는다.

이러한 사증의 종류를 분류하면 사용가능 횟수에 따라 단수사증(유효기간 내 1회 입국, 발급일로부터 3개월간 유효)과 복수사증(유효기간 내 2회 이상 입국, 유효기간 다양)으로 구분된다. 아울러 2010년 11월에는 2회 유효사증(더블사증)이 추가로 신설되었다.

이 밖에도 국내 체류기간에 따라 단기사증(90일 이하)과 장기사증(91일 이상)으로 구분되며, 입국목적에 따라 A, C, D, E, F, G, H계열로 세분되는데, 이를 설명하면 아래와 같다.

〈표 8-2〉 사증의 유형

A계열	외교(A-1), 공무(A-2), 협정(A-3)
C계열	일시취재(C-1), 단기상용(C-2), 단기종합(C-3), 단기취업(C-4)
D계열	문화예술(D-1), 유학(D-2), 산업연수(D-3), 일반연수(D-4), 취재(D-5), 종교(D-6), 주재(D-7), 기업투자(D-8), 무역경영(D-9), 구직(D-10)
E계열	교수(E-1), 회화지도(E-2), 연구(E-3), 기술지도(E-4), 전문직업(E-5), 예술흥행(E-6), 특정활동(E-7), 연수취업(E-8), 비전문취업(E-9), 선원취업(E-10)
F계열	방문동거(F-1), 거주(F-2), 동반(F-3), 재외동포(F-4), 영주(F-5)
	기타(G-1), 관광취업(H-1), 방문취업(H-2)

4) 사증발급 절차

사증발급은 신청인이 신청서류 등을 구비하여 직접 재외공관에 신청하여 영사의 심사 등을 거쳐 발급받는 것이 일반적(법 8조)이다. 다만, 초청자의 편의 등을 위해 미리 출입국관리사무소장으로부터 사증발급 인정서를 발급받아 재외공관에 신청하는 것도 허용(법 제9조)된다.

5) 입국허가 요건

입국허가 요건은 출입국관리법 제11조에 규정된 입국금지사유에 해당되지 않아야 하고 법 제12조(입국심사)의 요건을 모두 갖추어야 하며, 원칙적으로 사증을 소지하여야 하나 다음의 경우에는 사증 없이 입국할 수 있다.[28)]

(1) 재입국허가를 받은 자 또는 재입국허가가 면제된 자로서 그 허가 또는 면제받은 기간이 만료되기 전에 입국하는 자(난민여행증명서를 발급받고 출국하여 유효기간 내 입국자 포함)

28) 출입국관리법 제7조 제2항, 시행령 제8조 제1항

(2) 대한민국과 사증면제협정을 체결한 국가의 국민으로서 그 협정에 의하여 면제대상이 되는 자 – 프랑스 등 90개 국가, 취업 등 영리활동 및 장기체류자는 목적에 적합한 사증 필요

(3) 국제친선 · 관광 또는 대한민국의 이익 등을 위하여 입국하는 자로서 대통령령이 정하는 바에 따라 입국허가를 받은 자

① 관광 · 통과 등 목적 무사증입국허가지정국가(51개국) 국민, 국제연합기구 등 발급 여권소지자

② 캐나다, 호주, 홍콩, 슬로베니아, 마카오, 일본, 미국 등 (상호주의)

③ 제주지역 관광입국자 등

④ 기타

6) 입국심사

출입국관리법에는 국내 모든 출입국자는 출입국관리공무원의 출입국심사를 받아야 하며 업무수행에 필요한 정당한 질문에 성실히 답변하여야 한다(법 제12조). 만일 외국인이 입국심사를 받는 과정 중에 이를 어길 경우 비우호적 행위 등으로 간주되어 입국거부 등을 당할 수 있다.

2.2. 외국인 환자 사증발급 및 체류절차

1) 추진 경과

가) 외국인 환자 전용비자 발급 이전(2008.4~2009.4)

① 재외공관장 재량으로 G-1 복수사증 발급(사증 유효기간 1년, 체류기간 90일 또는 1년)

② 질병치료 또는 요양목적으로 국내 전문 의료기관 또는 요양시설에 입원하고자 하는 환자 및 그 배우자 · 자녀 또는 직계가족

③ 계속적인 치료 또는 요양이 필요한 경우 체류기간 연장(최장 4년)

나) 2009년 5월부터 외국인 환자 유치기관에 대한 외국인 환자 유치 허용

외국인환자의 입국편의를 위해 외국인환자 전용 비자(메디컬 비자)를 신설하였다.

2) 사증발급인정서

가) 신청대상

외국인 환자 유치기관의 초청에 의해 국내 의료기관에서 진료 또는 요양할 목적으로 입국하고자 하는 외국인 환자 및 외국인 환자의 간병 등을 위해 동반입국이 필요한 배우자 등 동반가족

나) 초청자

의료법상 외국인 환자 유치의료기관 또는 유치업자로 등록한 자

다) 신청기관

초청자 사업장 소재지 관할 출입국관리사무소

라) 제출서류

사증발급신청서, 여권 사본, 의료기관에서 발급한 의료목적 입증서류, 치료 및 체류비용 조달 능력을 입증할 수 있는 서류, 사업자등록증 사본 및 유치기관 등록증 사본, 가족관계 입증서류(동반가족의 경우)

마) 허가내용

치료 및 여행기간이 90일 이하 단기인 경우는 C-3-M(단수, 더블), 체류기간 90일이며, 치료 및 여행기간이 91일 이상 장기인 경우는 G-1-M, 1년 이내 복수사증

바) 유치 의료기관 및 유치업자에 대한 대리 허용

외국인 환자의 국내체류 편의를 제고하기 위해 유치 의료기관 및 유치업자에게 각종 신청 및 수령의 대리 허용

사) 유치 의료기관 및 유치업자에 대한 관리책임 강화

초청한 외국인 환자의 불법체류자 발생 정도에 따라 초청을 제한, 유치 의료기관 및 유치업자의 관리책임 강화

아) 참고사항

① 2012년 1월 1일부터는 원칙적으로 HuNet을 통한 온라인 신청만 허용
② 중증환자가 아니어서 90일 이하의 진료나 치료가 필요한 경우에는 단기 체류 메디컬비자(C3M), 관광비자(B2), 단기방문비자(C3)를 발급받으면 된다.

자) 기간 연장

계속적인 치료 또는 요양이 필요한 경우 체류기간 연장 : C3M 자격으로 입국 후 91일 이상 체류 시는 G1M 자격으로 체류자격 변경 및 외국인 등록 필요

3) 사증발급

① 신청대상 : 외국인 환자가 직접 공관에 의료사증을 신청하는 경우
② 신청기관 : 재외공관
③ 제출서류 : 해당공관 홈페이지 참조
④ 허가내용 : 치료 및 여행기간이 90일 이하 단기인 경우는 C-3-M, 단수사증; 치료 및 여행기간이 91일 이상 장기인 경우는 G-1-M, 단수 또는 복수 사증

<table>
<tr><th colspan="7">사증 발급</th></tr>
<tr><th colspan="6">사증발급인정서 신청 시(유치기관)</th><th>재외공관 직접 신청 시(본인)</th></tr>
<tr><td colspan="3">단기사증</td><td colspan="3">장기사증</td><td rowspan="4">*사증발급인정서 발급없이 본인 신청 시
C3M : 90일, 단수사증, 더블사증
G1M : 6월, 단수사증</td></tr>
<tr><td>C3M</td><td>90일</td><td>단수
더블
복수</td><td>G1M</td><td>1년
이
내</td><td>복수</td></tr>
<tr><td colspan="6">- 2012년 1월 1일부터 온라인 사증발급인정서 신청만 가능
- 불법체류다발국가 국민 C3M 발급 시 단수 또는 더블사증으로 발급</td></tr>
</table>

▼

입국심사
대리 수속 가능 (중환자 출입국 심사지원 대상)

▼

장기 체류	단기 체류
G1M 사증 소지자로 91일 이상 체류 예정자	C3M 사증 소지자로 90일 이내 체류, 장기치료가 필요한 경우 G-1-M으로 자격 변경

▼

외국인 등록	체류자격 변경(1년 이내)
- 입국한 날부터 90일 이내 - 첨부서류 : 컬러사진(3.5×4.5 cm) 1매	- 대상 : B1, B2, C3(C3M 포함) 자격으로 입국 후 장기치료 또는 요양이 필요한 것으로 인정된 자 - 제출서류 : 장기치료 필요성 입증서류, 치료 및 체류비용 조달 능력 입증서류, 가족관계 입증서류

▼

체류기간 연장(1년 이내)
- 대상 : G1M자격으로 체류하고 있는 자로서 치료 또는 요양 목적으로 장기간 체류가 필요한 환자, 배우자 및 직계가족 - 제출서류 : 장기치료 필요성 입증 서류, 치료 및 체류비용조달 능력 입증서류, 가족관계입증서류

▼

완전출국

〈그림 8-1〉 외국인 환자 및 동반가족 출입국 절차도

3. 외국인 환자의 재판상 구제

의료분쟁의 가장 좋은 해결은 당사자 간의 '합의'이다. '합의'는 '합의 외의 방법'에 비해 시간적 · 경제적 비용을 대폭 절감할 뿐만 아니라 그 외적인 부분 등에서도 훨씬 장점이 많은 방법이다. 합의가 실패로 돌아갔을 때에는 분쟁의 해결방법으로서, 사법적 해결방식과 비사법적 해결방식 중 하나를 선택하게 된다.

소송과 같은 사법적 방법은 상대방의 의사나 태도에 관계없이 국가권력에 의하여 이루어지는 강제적 해결방식이지만, '화해 · 조정 · 중재'와 같은 비사법적 방법은 당사자 쌍방의 일치된 자율적 의사에 의하여 이루어지는 자주적 해결방식이다. 특히 외국인 환자와의 의료분쟁에서는 환자들의 국적이 각각 상이하고 그들의 법체계가 우리나라와는 많이 다르기 때문에 재판관할권, 준거법, 보상체계 등에 대하여 명확한 합의가 이루어지지 않는다면 효과적인 분쟁해결 수단으로서의 소송은 비현실적일 수 있다.

3.1. 사법적 해결방식

1) 민사소송

가) 민법상 채무불이행 책임

민법상 채무불이행과 관련된 책임은 민법 제390조(채무불이행과 손해배상)에 명시되어 있다. 본 조항에 따르면, 채무자가 채무의 내용에 대해 이행을 하지 않으면 채권자가 손해배상을 청구할 수 있다. 그러나 채무자가 고의나 과실 없이 이행할 수 없게 된 때는 손해배상을 청구할 수 없게 된다.

나) 민법상 불법행위 책임

(1) 민법 제750조(불법행위의 내용)

고의 또는 과실로 인한 위법행위로 타인에게 손해를 가한 자는 그 손해를 배상할 책임이 있다.

(2) 민법 제751조(재산이외의 손해의 배상)

타인의 신체, 자유 또는 명예를 해하거나 기타 정신상 고통을 가한 자는 재산 이외의 손해에 대하여도 배상할 책임이 있다.

(3) 민법 제752조(생명침해로 인한 위자료)

타인의 생명을 해한 자는 피해자의 직계존속, 직계비속 및 배우자에 대하여는 재산상의 손해가 없는 경우에도 손해배상의 책임이 있다.

(4) 민법 제765조(사용자의 배상책임)

① 타인을 이용하여 어느 사무에 종사하게 한 자는 피용자가 그 사무집행에 관하여 제3자에게 가한 손해를 배상할 책임이 있다. 그러나 사용자가 피용자의 선임 및 그 사무 감독에 상당한 주의를 한 때 또는 상당한 주의를 하여도 손해가 있을 경우에는 그러하지 아니하다.

② 사용자에 갈음하여 그 사무를 감독하는 자도 전항의 책임이 있다.

③ 전 2항의 경우에 사용자 또는 감독자는 피용자에 대하여 구상권을 행사할 수 있다.

2) 형사소송

형사소송에는 업무상 과실 치사상에 해당되며, 이와 관련된 내용은 형법 제 268조(업무상 과실 · 중과실 치사상)에 명시되어 있다. 본 조항에 따르면, 업무상 과실 또는 중대한 과실로 인하여 사상에 이르게 한 자에 대하여 5년 이하의 금고 또는 2천만 원 이하의 벌금에 처할 수 있다.

3.2. 비사법적 해결방식

민 · 형사를 포함하여 소송으로 의료분쟁을 해결하는 경우는 전체 건수의 6%에 불과하다. 대다수의 분쟁은 화해, 조정, 중재 등의 비사법적인 방식을 통해서 해결되고 있다.

1) 화해

화해라 하면 국가기관의 관여 없이 의료분쟁의 당사자가 서로 양보하여 분쟁을 해결하는 것을 말한다. 분쟁 당사자의 자율적 해결방법이라는 점에서 가장 바람직한 방법이 될 수 있다.

가) 재판상 화해

재판상 화해는 법원의 관여 하에 성립되기 때문에 확정판결과 같은 효력이 발생한다.

(1) 제소전 화해

분쟁당사자의 한쪽이 지방법원(또는 시 · 군법원)에 화해신청을 하여 단독판사의 주재 하에 행하는 것으로, 화해가 이루어지면 소송상 화해와 효력이 동일하다. 이는 민사소송법 제220조(화해, 청구의 포기 · 인낙조서의 효력)에 명시되어 있으며, 본 조항에 따르면 화해, 청구의 포기 · 인낙을 변론조서 · 변론준비기일조서에 적은 때에는 그 조서가 확정판결과 같은 효력을 가진다고 말하고 있다.

(2) 소송상 화해

소송계속 중 소송물인 관리관계에 대하여 당사자 양쪽이 양보한 끝에 일치된 결과를 법원에 진술하는 것으로, 조서에 적은 때에는 소송은 판결에 의하지 않고 종료된다.

나) 재판외 화해(합의)

민법상의 '화해계약'을 뜻하는 것으로 당사자가 상호 양보하여 분쟁을 끝낼 것을 약정하는 것이다. 계약자유의 원칙상 내용과 방식에 어떠한 제한도 없으며, 국가기관이 전혀 관여하지 않는 분쟁해결방식이다. 이는 민법 제731조(화해의 의의)에 명시되어 있으며, 화해는 당사자가 상호 양보하여 당사자 간의 분쟁을 종지할 것을 약정함으로써 그 효력이 생긴다고 언급하고 있다.

화해를 하지 못하면 소송으로 가게 되는데 이는 환자나 병원 모두에게 재산적 비용과 시간적 비용의 과다 지출 및 병원의 대외적 이미지 하락 등 손해가 너무 크므로 외국인 환자와의 분쟁에서는 더더욱 병원 자체 내에서 합의를 유도하는 것이 최선의 방법이 될 것이다.

문화와 언어가 다른 외국인 환자와의 합의를 효율적으로 이끌어 내기 위한 전제조건으로 의료진과 코디네이터의 언어실력 향상 및 환자에 대한 세심한 배려와 병원의 지원이 필요하다.

2) 조정

조정은 법관이나 조정위원회가 분쟁관계인 사이에 개입하여 화해로 이끄는 절차로서, 제3자의 개입에 의한 합의도출이라고 할 수 있다. 조정이 성립되어 조정조서가 작성되면 재판상 화해와 효력이 동일하다.

법원에 의해 민사조정제도가 활용된다. 민사조정제도는 민사에 관한 분쟁을 간이 절차에 따라 당사자 사이의 상호 양해를 통하여 조리를 바탕으로 실정에 맞게 해결함을 목적으로 한다(민사조정법 제1조).

민사조정제도는 민사관계의 분쟁에 관하여 법관 또는 법원에 설치된 상임조정위원, 조정위원회가 간이한 절차에 따라 분쟁 당사자들로부터 각자의 주장을 듣고 여러 사정을 고려하여 그들에게 서로 양보하고 타협하도록 주선 · 권고하거나 결정을 함으로써 이들로 하여금 종국적인 화해에 이르게 하는 법적 절차이다. 민사조정절차는 통상의 소송절차에 비해 간단 · 신속하며 저렴한 비용으로 분쟁을 해결할 수 있다는 점에서 경제적이고 효율적인 분쟁 해결 절차로서 그 이용이 널리 권장되고 있다.

소송에 비하여 비용이 적게 들고 신속하게 처리될 수 있다는 장점이 있으나, 합의에 이르지 못하면 다시 소송으로 갈 수 있기 때문에 절차가 지연이 되고, 조정에 대한 신뢰감을 잃을 수도 있다는 단점이 있다. 조정과 관련된 사항은 민사조정법 제28조, 29조 및 의료법 제70조, 71조에서 명시하고 있으며, 각각을 살펴보면 다음과 같다.

▶민사조정법 제28조(조정의 성립)

조정은 당사자 사이에 합의된 사항을 조서에 기재함으로써 성립한다.

▶민사조정법 제29조(조정의 효력)

조정은 재판상의 화해와 동일한 효력이 있다.

▶의료법 제70조(의료심사조정위원회)

① 의료행위로 인하여 생기는 분쟁(이하 "의료분쟁"이라 한다.)을 조정하기 위하여 보건복지부장관 소속으로 중앙의료심사조정위원회를, 시 · 도지사 소속으로 지방의료심사조정위원회를 둔다.

② 중앙의료심사조정위원회는 의료분쟁을 조정하고, 그 밖에 보건복지부장관의 회의에 부치는 사항을 심의한다.

▶의료법 제71조(분쟁조정신청)

의료분쟁이 생긴 경우 관계 당사자는 시 · 도지사에게 분쟁의 조정을 신청할 수 있다.

가) 법원에 의한 조정

나) 행정위원회에 의한 조정(의료심사조정위원회)

의료행위로 인하여 생기는 분쟁을 조정하기 위하여 보건복지부장관 소속으로 중앙의료심사조정위원회와 시 · 도지사 소속으로 지방의료심사조정위원회를 두고 있다. 의료법 제7장 '분쟁의 조정'의 장에 제70조부터 제76조까지 7개의 조문을 두고 해결하고 있다.

의료심사조정위원회는 그 실적이 미미하여 존재 의의에 많은 의구심이 있다. 이 기구는 이미 법률 제10566호로 2011년 4월 7일 제정된 의료사고 피해구제 및 의료분쟁 조정 등에 관한 법률의 효력이 발휘되는 2012년 4월 8일부로 효력이 상실되었다.

다) 소비자분쟁조정위원회

소비자기본법 제60조 제1항에 의해 한국소비자원에 소비자분쟁조정위원회를 두어 소비자와 사업자 사이에 발생한 분쟁을 조정하고 있다. 분쟁가액이 적은 경우 의료소송보다는 소비자원에 피해구제신청을 하는 것이 낫다는 인식에 기인한 것으로 보인다. 구성 인력의 전문성이 확보되고 활성화되어 있다는 점이 그 배경을 이루고 있다고 할 것이다. 물론 이 역시 임의적 조정기구로서 당사자가 조정에 동의하지 않으면 효력이 없다는 한계는 그대로이다.

3) 중재

당사자의 합의에 의하여 선출된 중재인의 중재판정에 의하여 당사자 간의 분쟁을 해결하는 절차로, 법원의 확정판결과 동일한 효력을 가진다. 당사자의 양보에 의한 자주적 해결인 재판상 화해나 조정과는 다른 성격으로서 중재합의에 관한 규정과 준거법에 관한 내용이 병원과 환자간의 진료계약서 및 유치업자와 외국인 환자간의 계약서에 명문화되어야 한다.

중재의 경우에는 '단심제'이므로 법원의 재판에 비하여 신속하게 해결할 수 있으나, '삼심제'인 소송에 비하여 상대적으로 판정의 적정성이 문제될 가능성은 있다. 그러나 관계분야의 전문가를 중재인으로 선정함으로써 실정에 맞는 분쟁해결이 가능하며, 비공개 심리이므로 업무상 비밀유지에도 적합하다. '외국중재판정의 승인 및 집행에 관한 UN협약'에 의하여 적어도 체약국 간에 외국중재판정의 승인 및 집행이 보장된다는 장점도 있다. 중재와 관련된 사항은 중재법 제3조 및 제35조에 명시되어 있으며, 각각을 살펴보면 다음과 같다.

▶중재법 제3조(정의)

① "중재"라 함은 당사간의 합의로 사법상의 분쟁을 법원의 재판에 의하지 아니하고 중재인의 판정에 의하여 해결하는 절차를 말한다.

② "중재합의"라 함은 계약상의 분쟁인지의 여부에 관계없이 일정한 법률관계에 관하여 당사자 간에 이미 발생하였거나 장래 발생할 수 있는 분쟁의 전부 또는 일부를 중재에 의하여 해결하도록 하는 당사자 간의 합의를 말한다.

③ "중재판정부"라 함은 중재절차를 진행하고 중재판정을 내리는 단독중재인 또는 다수의 중재인으로 구성되는 중재인단을 말한다.

▶중재법 제 35조(중재판정의 효력)

중재판정은 당사자 간에 있어서 법원의 확정판결과 동일한 효력을 가진다.

4. 한국의료분쟁조정중재원

2011년 4월 공포되어 2012년 4월부터 시행된 '의료사고 피해구제 및 의료분쟁 조정 등에 관한 법률'에 의해 내국인뿐만 아니라 외국인도 동법에 의하여 의료분쟁을 해결할 수 있게 되었다. 동법에 의하면 의료분쟁을 신속 · 공정 · 효율적으로 해결하고 보건의료인에게 안정적인 진료환경을 조성해 주기 위하여 특수법인 형태로 '한국의료분쟁조정중재원'을 설립하여 의료분쟁을 적극적으로 해결하고 분쟁의 예방대책 마련에 주도적인 역할을 할 수 있도록 그 임무를 부여하였다.

또한 제도적으로 '임의적 조정전치주의'를 채택하여 조정과 소송을 별개의 절차로 규율하며, 보건의료인이 '업무상과실치상죄'를 범한 경우에도 조정이 성립하거나 조정절차 중 합의로 조정조서가 작성된 경우 피해자의 명시한 의사에 반하여 공소를 제기할 수 없도록 하였으며, 의료사고로 인한 피해자의 미지급금에 대하여 조정중재원이 손해배상금을 대신 지불하는 제도(손해배상금대불제도)를 마련하는 등 의료사고로 인한 피해를 신속 · 공정하게 구제하도록 하고 있다.

4.1. 의료사고 피해구제 및 의료분쟁 조정 등에 관한 법률 주요내용

1. 의료사고를 보건의료인이 환자에 대하여 실시하는 진단 · 검사 · 치료 · 의약품의 처방 및 조제 등의 행위로 인하여 사람의 생명 · 신체 및 재산에 대하여 피해가 발생한 경우로 정의함
2. 대한민국 국민이 아닌 자가 보건의료기관에서 의료사고로 인한 손해배상을 구하는 경우에도 이 법을 적용하도록 규정하여 외국인에 대하여도 적용함
3. 의료분쟁을 신속 · 공정하고 효율적으로 해결하기 위하여 특수법인 형태로 한국의료분쟁조정중재원(이하 "조정중재원" 이라 한다)을 설립함
4. 의료분쟁을 조정하거나 중재하기 위하여 조정중재원에 의료분쟁조정위원회를 설치함
5. 조정위원회의 업무를 효율적으로 수행하기 위하여 5명의 조정위원으로 구성된 분야별, 대상별, 또는 지역별 조정부를 둘 수 있도록 하고, 조정부는 조정신청일로부터 90일 이내 조정을 결정하도록 규정함
6. 의료분쟁의 신속 · 공정한 해결을 지원하기 위하여 조정중재원에 의료사고감정단을

설치함

7. 조정부가 조정결정을 하는 경우 환자의 손해, 보건의료기관 개설자 및 보건의료인의 과실 정도, 환자의 귀책사유 등을 고려하여 손해배상액을 결정하도록 함.
8. 이 법에 따른 조정절차를 거치지 아니하고도 법원에 의료분쟁에 관한 소송을 제기할 수 있도록 함
9. 보건의료인단체 및 보건의료기관단체는 의료사고에 대한 배상을 목적으로 하는 의료배상공제조합을 보건복지부장관의 인가를 받아 설립 · 운영할 수 있도록 함.
10. 국가가 보건의료인이 충분한 주의의무를 다하였음에도 불구하고 불가항력적으로 발생하였다고 의료사고보상심의위원회에서 결정한 의료사고에 대하여 예산의 범위 안에서 보상하도록 함.
11. 조정이 성립되거나 중재판정이 내려진 경우에 해당함에도 불구하고 피해자가 손해배상금을 지급받지 못한 경우 조정중재원이 미지급금을 피해자에게 대신 지급하고 보건의료기관 개설자 또는 보건의료인에게 구상할 수 있도록 대불제도를 운영함.
12. 보건의료인이 업무상과실치상죄를 범한 경우에도 조정이 성립하거나 조정절차 중 합의로 조정조서가 작성된 경우에는 피해자의 명시한 의사에 반하여 공소를 제기할 수 없도록 함.

4.2. 한국의료분쟁조정중재원 조정 절차

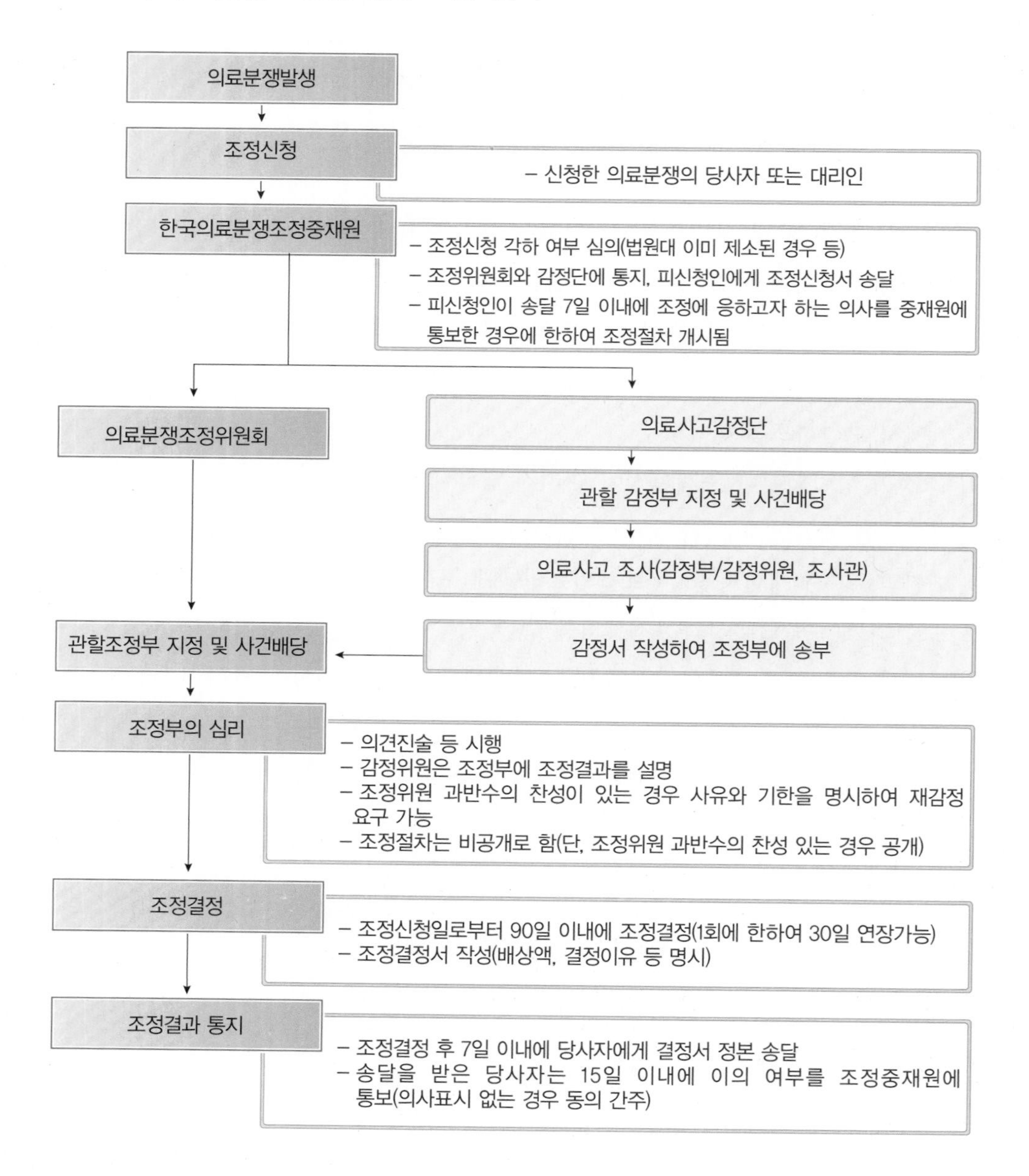

4.3. 법안의 문제점

첫째, 본 법안에 의하더라도 당사자가 조정결정에 동의하지 않으면 조정은 효력을 상실한다는 점에서 임의적 조정제도의 한계가 드러난다.

둘째, 당사자가 조정신청을 하였더라도 어느 일방이 소송을 제기한 경우 이미 제소된 사건에 대하여 조정 신청된 경우에는 조정신청이 각하된다.

셋째, 조정중재원이 특수법인으로 설립되도록 되어 있으나 그 장의 임명 및 사업에 관한 지시 · 명령과 업무 및 회계감사를 정부가 한다는 점에서 조정중재원의 독립성이 보장되어 있지 않다고 할 것이다.

넷째, 신청인이 조정중재원에 열람 또는 복사를 신청할 수 있는 감정서와 조정결정서에는 사실조사의 내용 및 결과나 과실 및 인과관계 유무 그리고 결정주문이나 주문의 내용이 정당함을 인정할 수 있는 정도의 판단이 표시된 결정이유 등의 기재내용이 담겨 있는데, 이는 소송절차에서 환자 측이 입증하여야 하는 사항들로서 본 제도가 소송을 위한 증거수집 절차로 전락할 가능성을 배제할 수 없다.

다섯째, 손해배상금 대불제도를 두어 조정중재원이 의료인을 대위하여 손해배상금을 대불하도록 함으로써 조정중재원이 채무변제대행기관으로 전락할 가능성 역시 부인할 수 없다.

▶2009년 5월 1일부터 우리나라 정부는 외국인 환자를 유치 · 알선하는 행위를 일괄 허용하기로 하고, 해외환자를 유치하는 의료기관과 유치업자의 등록을 의무화하여 관리하도록 제도를 정비하였다. 유치의료기관은 상급종합병원의 경우 허가 병상수 5% 이내에 해당하는 환자를 유치할 수 있으며, 전문의 1인 이상을 보유하고 있어야 한다. 또한 유치업자로 등록하려면 1억 원 이상의 보증보험 가입과 자본금 1억 원 이상의 규정을 두고 있다.

▶우리나라 의료법은 원래 영리를 목적으로 환자를 의료기관이나 의료인에게 소개 · 알선 · 유인하는 행위 및 이를 사주하는 행위, 의료광고를 제한해 왔는데, 국회에서는 의료법을 개정함으로써 해외에서 외국인 환자를 유치할 수 있는 법적 근거를 마련하였다.

▶2009년 5월부터 외국인 환자 전용 비자(메디컬 비자)를 신설하여 환자 및 환자의 간병을 위해 동반입국이 필요한 배우자 등 동반가족의 편의를 제공하기 시작했는데, 치료 및 여행기간이 90일 이하 단기인 경우는 C3M(단수/더블 사증), 체류기간 90일이며 치료 및 여행기간이 91일 이상 장기인 경우는 G1M(단수 또는 복수 사증)을 발급해주고 있다.

▶외국인 환자의 의료분쟁 발생 시 해결방법은 사법적 방식과 비사법적 방식으로 나뉘는데, 사법적 해결방식에는 민사소송과 형사소송이 있고, 비사법적 해결방식에는 화해(재판상 화해, 재판외 화해), 조정(법원에 의한 조정, 행정위원회 즉 의료심사조정위원회에 의한 조정, 소비자분쟁조정위원회에 의한 조정), 중재가 있다.

▶2012년 4월부터는 '의료사고 피해구제 및 의료분쟁조정 등에 관한 법률'에 의해 내국인뿐만 아니라 외국인도 동법에 의하여 의료분쟁을 해결할 수 있게 되었는데, 이 법에 따라 특수법인 형태로 '한국의료분쟁조정중재원'이 설립되어 의료분쟁을 적극적으로 해결하고 분쟁의 예방대책 마련에 주도적인 역할을 하도록 그 임무를 부여하였다.

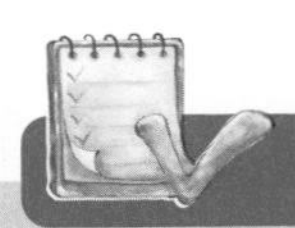

알아두면 좋아요!

〈최근동향〉 의료관광호텔 '메디텔' 공식 허용

의료민영화 정책의 하나로 꼽히고 있는 의료관광호텔 '메디텔(meditel)'이 2014년 3월부터 공식적으로 허용이 되었다. 이와 관련한 법적 근거를 참고로 알아두자.

관광진흥법 시행령

[시행 2014.3.1.] [대통령령 제24884호, 2013.11.29., 일부개정]

◇ 주요내용

나. 의료관광호텔업 신설(제2조 제1항 제2호 사목 및 별표1 제2호 사목 신설)

1) 의료관광객의 숙박에 적합한 시설 및 취사도구를 갖추거나 숙박에 딸린 음식 · 운동 또는 휴양에 적합한 시설을 함께 갖추어 주로 외국인 관광객에게 이용하게 하는 업으로서 의료관광호텔업을 신설함.

2) 의료관광호텔업으로 등록하기 위해서는 객실을 20실 이상 갖추고, 취사시설 및 의료관광객의 출입이 편리한 체계를 갖추도록 하며, 의료관광호텔업을 할 수 있는 자는 전년도 또는 직전 1년간의 연환자수가 1,000명(서울지역은 3,000명)을 초과한 외국인환자 유치 의료기관의 개설자이거나 전년도 또는 직전 1년간의 실환자수가 500명을 초과한 외국인환자 유치업자로 하는 등 의료관광호텔업의 등록기준을 정함.

3) 의료관광객의 편의가 증진되어 의료관광 활성화에 기여할 것으로 기대됨.

〈출처〉

http://www.rapportian.com/n_news/news/view.html?no=16369 (2014.3.2. 접속)

http://health.joseilbo.com/html/news/?f=read&code=1349931349&seq=7034 (2014.3.2. 접속)

http://www.law.go.kr/lsSc.do?menuId=0&subMenu=4&nwYn=1&query=#liBgcolor0(2014.3.2. 접속)

가) 위생학(hygiene sanitation) : 인간을 둘러싸고 있는 사회적 환경이 어떻게 질병발생과 관련되는지를 규명함으로써 질병을 예방하고 건강을 유지·증진하고자 하는 학문으로 환경위생과 개인위생을 강조하고 있다.

나) 예방의학(preventive medicine) : 질병을 예방하고 유해환경요소를 제거하여 건강증진·유지·재활을 도모하는 학문으로 공중보건학과 목적이 같으나 대상 및 접근방법 등에서 차이를 보인다.

다) 지역사회의학(community medicine) : 생물학적 측면 외에 사회적 맥락 속에서 건강위해요인을 제거하는 데 중점을 두고 의료공급자, 지역주민, 지역사회가 상호 협력하여 지역사회의 보건문제를 해결함으로써 지역사회 주민의 질병예방과 건강증진에 관여한다.

라) 건설의학(constructive medicine) : 현재의 건강상태를 최고도로 증진하는 데 역점을 둔 적극적인 건강관리 방법을 연구하는 학문이다.

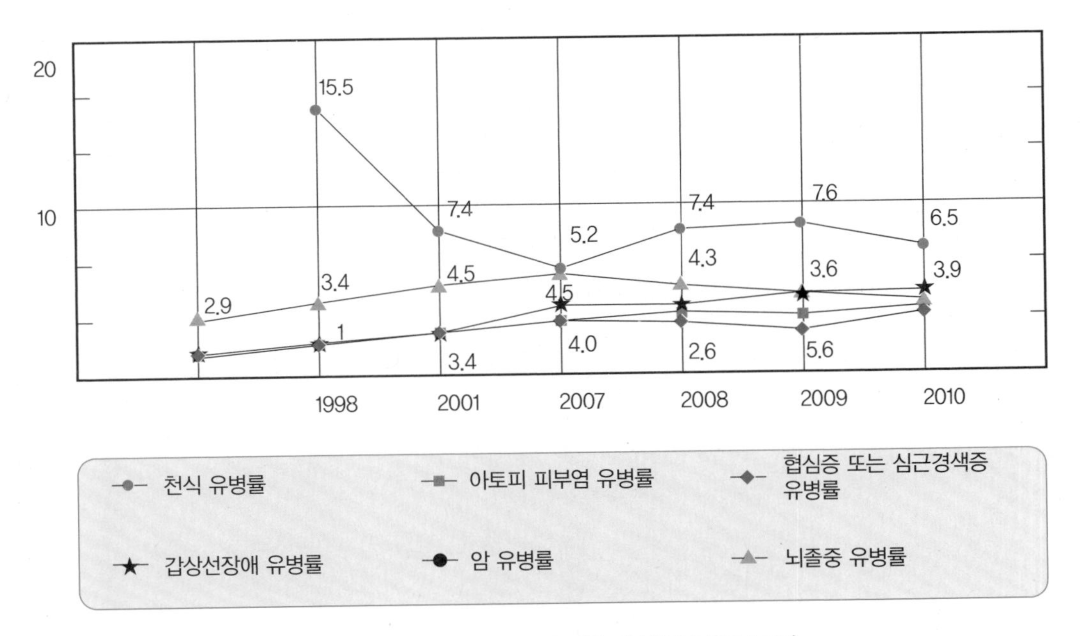

〈그림 9-1〉 환경관련 만성질환 유병률(건강설문)

공중보건학은 환경관련분야(환경위생, 식품위생, 환경오염, 산업보건), 질병관련분야(전염병관리, 역학, 기생충관리, 비전염성 질환관리), 보건관리 관련분야(보건행정, 보건교육, 모자보건, 의료보장제도, 보건영양, 인구보건, 가족계획, 보건통계, 정신보건, 영유아보건, 사고관리)로 구분된다.

3) 공중보건의 역사

공중보건학의 역사적 변천사는 과거의 역사기록(고대문명시대의 건강과 질병관리에 대한 기록)들에서 알 수 있다.

4) 우리나라 공중보건의 역사

〈표 9-2〉 우리나라 공중보건의 역사

시대구분	내용
삼국시대와 통일신라	고구려 : 시의제도를 두고 왕실치료를 담당 백제 : 질병을 치료하고 약제를 조달하는 약부관청(약부관청–약물, 의박사–의학담당, 채약사·약사주–약초담당)이 존재 신라 : 약전(의료행정기관), 공봉의사(약전), 내공봉의사(왕실시의), 의박사
고려시대	보건업무를 관찰하는 의약관청으로 태의감과 상약국을 설치하여 왕실과 관공리의 의약치료를 당당하게 했고, 서민과 빈민들의 진료 및 사회구제기관으로 제위보, 동서대비원, 혜민국을 두었음.
조선시대	중앙과 지방에 의약기관과 의녀제도를 둠 ① 예조 산하 중앙의료기관 전의감 : 일반 의료행정 및 의과고시 담당 내의원 : 왕실의료 전형사 : 의약담당 혜민서 : 일반서민의 구료사업 활인서 : 전염병환자 치료 ② 제생원 : 서민의 의료업무 총괄, 향약수납, 의녀제도 ③ 허준의 의서 〈동의보감〉 발간 ④ 1885년에는 선교사 알렌(H.N. Allen)을 궁중전의로 위촉하고, 왕립병원 "광혜원"을 설립. 근대적 의미의 최초 보건의료행정기관인 위생국 설립 ⑤ 1894년 갑오경장을 계기로 관제를 개혁하고, 내무아문안에 위생국 설치
일제강점기	① 1910년 조선총독부 경무총감부 내에 위생과 신설(경찰위생행정) ② 서울과 지방에 자혜의원 설치운영 : 보건개념 확립(검역, 방역, 서양의학)

해방이후	해방과 더불어 미군정에 의한 보건행정체계 확립, 미 군정청은 위생국을 설치하였고, 각 도에 보건후생국은 1946년 보건후생부로 개칭됨
대한민국 정부수립 이후	1948년 보건후생부는 폐지되고 사회부 설치 1956년 보건소법 제정으로 공중보건의체계화 1960년 가족계획사업 실시 1977년 1월 의료보호사업 실시 1977년 7월 의료보험사업 실시 1989년 7월 전국민의료보험 실시

우리나라 공중보건조직의 발전과정은 위생국(1895) · 위생과(1910) · 보건후생국(1945) · 보건부+후생부관리(1949) · 보건사회부(1955) · 보건복지부(1994)의 과정으로 변천하였다.

2. 건강의 이해

서양의학의 출발점은 고전 그리스의학이며, 그 중심에는 히포크라테스(hippocrates, 기원전 460-375)라는 서양의학의 아버지가 있다.

히포크라테스는 신비적 의학을 거부하고 합리적 의학을 개척했으며, 의학의 정신과 윤리를 인간학적 관점에서 정립하여 서양의사들에게 가장 이상적인 의사로서 자리 잡고 있다.

2.1. 건강의 개념

건강(health)이란, 전체(whole)라는 뜻의 고어 'hal'에서 유래하였으며 이는 '건강이 복합적이고 다차원적인 개념'이라는 점을 내포하고 있다.

WHO(1948)가 정의한 '건강이란 단지 질병이 없거나 허약하지 않은 것이 아니라 완전한 신체적 · 정신적 · 사회적 · 안녕상태이다(Health is a state of complete physical, mental, and social well-being and not merely the absence of disease or infirmity)'라는 이 개념이 널리 수용되고 있다.

그러나 이러한 정의에도 문제점이 없는 것은 아니다. 먼저 이 건강에 대한 개념은 지나

치게 이상적인 상태를 설정하고 있어 현실적으로 실현가능성이 거의 없다는 점이 지적되며, 건강은 정도의 문제이자 상대적 개념으로서 '완전한' 이란 표현은 적절하지 않다는 것이다. 두 번째는 객관적 기능장애를 의미하는 질병(disease)개념보다 주관적 기능장애를 의미하는 질환(illness)이라는 용어가 적합하다는 주장이 있다. 즉 질병은 공식적인 질병분류기준에 입각해 의사가 부여하는 명칭인 반면, 질환은 환자의 주관적인 경험을 말한다. 따라서 건강과 질환은 상대적이면서 연속성의 의미로서 그 정도를 측정하여 표현해야 한다고 주장한다. 한편, 건강이란 고정적인 상태가 아니라 과정적인 상태라는 주장도 제기된다.

가) 생태학적 관점

'인간의 건강 혹은 질병은 외적환경요인과의 형평의 결과이다.' 라는 개념으로 히포크라테스의 사상에 근거한다. 인간은 외적 환경과의 균형이 내적인 균형에 영향을 미친다고 보고 건강하다는 것은 자연스럽고 자연과 조화를 이룬 것인 반면, 불건강하다는 것은 자연과 상충되는 것으로 의학의 역할은 자연적인 치유과정을 돕는 것으로 이해한다.

나) 생의학적 관점

16세기 이후 등장한 서양의 철학과 과학의 영향은 기존의 환경과 인간의 신체 · 정신간의 관계를 무시하고, 정신과 신체의 분리 및 신체적 현상을 기계론적으로 해석하려는 경향이 나타났다. 즉 질병을 개체를 구성하는 부분들 간의 관계, 혹은 어떤 한 부분의 일시적 또는 영구적 기능손상으로 생각하고, 의료인의 업무는 손상된 기계를 고치는 것이며, 손상된 부분을 고치면, 질병이 회복되는 것으로 본다.

다) 사회·의학적 관점

산업화와 도시화 등으로 야기, 오염된 사회 환경이 인간의 건강에 해로운 영향을 미친다는 주장으로서 19세기 초 영국, 독일, 프랑스를 중심으로 건강에 대한 사회 · 의학적 관점이 새롭게 등장하였다. 이후 미국, 캐나다 등을 중심으로 건강을 국가가 관심을 가져야만 하는 하나의 사회과학으로 보고 국민건강을 향상시키기 위해서는 건강한 사회 환경조성과 더불어 의료의 제공과 의료에 대한 접근성, 보건교육, 질병과 사고예방 등의 중요성을 강조하고 있다.

라) 사회생태학적 관점

인간의 건강을 개인과 환경과의 상호작용 속에서 이해하고자 하는 접근 방식으로 건강증진에 있어서 사회, 환경의 중요성을 강조한다. 인간과 환경의 상호의존성 및 상호작용성에 초점을 두고 인간을 둘러싼 물리적, 생물학적, 사회적 환경 및 사건들과 인간들 간의 관계를 중시하고 있다.

3. 사고 및 질병관리의 이해

일반적으로 질병이라고 칭하는 것을 세분화하면 질환(Disease), 질병(Illness) 및 병(Sickness)으로 나뉜다.

질환은 의학적으로 규정된 생리적, 생물학적 건강이상 상태로서 생의학모델에서 설명되어지는 반면에 질병은 환자의 주관적인 병의 경험이나 전문직을 포함한 주변집단의 사회적 평가와 반응을 지칭하는 개념이다. 또한 병(Sickness)은 질환이나 질병과는 달리 사회적 개념으로서 이는 다른 사람들에 의해 적용되고 자신에 의해 수용된 사회적 명칭으로 환자의 사회적 역할에 관심을 가진다는 점에서 질환과는 다르다. 따라서 병(Sickness)은 사회를 이루어 살아가는 필연적 결과물들의 하나로서, 환자뿐 아니라 가족 및 광범위한 지역사회에 영향을 끼치며, 상호간에 유기적인 연관성을 지니고 있다.

3.1. 사고원인의 이해

가) 급격성(Violent)

피해자가 피할 수 없을 정도로 급박한 상태로서 유독가스나 유독물질의 급격한 흡입에 의한 중독현상, 가스폭발사고 등이 있다.

나) 우연성(Accidental)

원인 및 결과의 발생이 예견되지 않는 상태를 말한다. 사고의 우연성은 사고발생의 원인과 결과가 우연한 경우와 피해자의 입장에서 볼 때 예견 불가능한 경우 우연한 사고가 된다.

다) 외래성(External)

신체 상해의 발생원인이 피해자 자신의 신체에 내재한 것(질병)이 아닌 외부의 요인에 의한 것을 의미하며, 무거운 물건을 들다 허리에 디스크가 발생한 경우 등이 있다.

3.2. 질병의 개념

질병이란 광의의 의미로서 한 개인의 육체적, 정신적, 지적, 사회적 혹은 영적기능이 이전 상태와 비교하여 감소되거나 손상된 비정상적인 상태를 말하며, 협의의 의미로서는 신체의 구조나 기능에 이상이 생겨서 정상범위를 벗어나 상태로 자극에 대해 조직이나 장기의 항상성이 깨진 병적반응이 나타난 상태를 의미한다.

질환(Disease)이란 신체적, 정신적 기능이나 구조의 병리학적 변화를 의미하는 의학적 용어를 말하며, 질병(Illness)이란 개인이 스스로 건강하지 못하다고 느끼는 질환에 대한 개인적인 반응으로 실제로 질환과 관련되지 않을 수도 있다.

3.3. 질병의 발생

1) 질병을 일으키는 원인

질병은 신체나 심신 중 일부 또는 전체가 계속적인 장애를 일으키므로 해서 사람이 정상적인 기능을 할 수 없는 상태로, 감염성 질환과 비감염성 질환으로 나눌 수 있다.

감염성 질환은 바이러스, 세균, 곰팡이, 기생충과 같이 질병을 일으키는 병원체가 증식하고 생활하는 장소인 병원소에서 탈출하여 동물이나 인간에게 침입하여 일어나는 것으로서, 그 질환을 일으키는 병원체가 명확하고 중요하나 병원체가 인간이나 동물인 숙주에 접촉하여도 모두 질환을 일으키는 것은 아니다. 반면 비감염성 질환은 고혈압이나 당뇨와 같이 병원체 없이 일어날 수 있고, 발현기간이 길다는 특징이 있다. 대표적 성인질환인 고혈압이나 당뇨는 병원체 없이 일어나면 만성적 경과를 밟는 경우가 대부분이다.

비감염성질환이 감염성 질환보다 더 중요성이 부각되고 있는데, 이것은 항생제의 발견으로 감염성 질환의 치료가 쉬워졌고, 인구구조의 변화로 노인인구가 증가하였으며, 의학 분야의 진단기술 발달로 과거에 발견하지 못하였던 비감염성 질환의 진단을 가능하게 하였다는 점을 들 수가 있다. 대부분의 비감염성 질환은 원인이 명확히 밝혀지지 않은 경우가 많으며, 여러 가지 위험인자로 인하여 복합적으로 질환을 유발한다는 것으로 알려져 있다.

가) 외적 요인 : 영양장애, 물리적 요인, 화학적 요인, 생물학적 요인, 사회, 환경적 요인 등 인체 외부로부터 가해지는 인자

나) 내적 요인 ; 소인, 유전, 면역, 영양상태 등 인체 내에 존재하는 인자.

〈표 9-3〉 질병을 일으키는 원인

외적요인	내적요인
영양장애(과잉 또는 과소섭취) 물리적 요인(기계적 외상, 열, 기압, 전기, 광선, 방사선 등) 화학적 요인(화학물질, 가스, 유기물, 의약품, 대기요염 등) 생물학적 요인(세균, 바이러스, 기생충 등) 사회·환경적 요인(스트레스, 사고, 성폭행 등)	소인(질병에 대한 감수성이 높은 경향 : 연령, 성별, 인종) 유전 면역상태 영양상태

출처 : 의료관광코디네이터협회(2013)

2) 질병의 종류

가) 세균성 질병(감염성 질병)

세균에 의한 질환은 항생제의 발달로 대부분 치료가 가능해졌으나 바이러스제의 개발은 아직도 해결 과제가 많이 남아있다.

ex) 감기, 콜레라, 장티푸스, 결핵, 종기 등

나) 순환기성 질병(비감염성 질병)

병원체 없이 일어나는 질병으로 현대 질병의학에서 많은 빈도를 나타내며 그 원인으로 인구구조 변화에 따른 노인인구 증가와 의학분야의 진단기술 발달을 꼽을 수 있다.

ex) 고혈압, 당뇨, 암, 심장병, 간 질환, 위장병, 두통, 탈모 신장병, 신부전증, 백혈병, 피부병, 아토피 등

3) 질병의 발생기전

질병을 일으키는 원인들에 의해 우리 몸에서 일어나는 기전과 경로로 미생물이나 유해물질에 의한 염증반응, 인체의 면역체계에 의한 면역반응, 발암물질에 의한 발암과정 등으로 구분된다.

가) 염증과 감염으로 인한 질병에는 홍역, 장티푸스, 인플루엔자, 폐렴, 간염 등이 있다.

나) 자신의 방어기전에 의한 질병에는 수혈부작용, 자가 용혈성 빈혈, 기관지 천식, 아토피, 건선, 접촉성 피부염, 류마티스 관절염 등의 과민반응 등이 있다

다) 세포의 변화로 인한 질병에는 대표적으로 암이 있다.

라) 심장이나 혈관이 막히거나 터져서 발생하는 질병에는 협심증, 심근경색, 뇌경색, 뇌출혈, 쇼크, 고혈압, 동맥경화증 등이 있다.

마) 필요한 물질의 부족 또는 과잉으로 인한 질병에는 당뇨병, 황달, 담석증, 요로결석, 통풍, 요독증 등이 있다.

바) 손상된 세포가 재생되지 않고 다른 조직으로 대치되어 발생하는 질병에는 심부전증, 간경변증 등이 있다.

사) 선천적 질환에는 다운증후군, 터너증후군, 혈우병, 적록색맹 등이 있다.

4) 질병발생 삼원론(F. G. Clark)

인간의 건강은 병인, 숙주, 환경 간의 균형에 의해 결정되어지며 이들 서로 간의 균형이 깨어지면 질병발생이 쉬워진다.

가) 병인 : 질병발생의 직접적인 원인을 말한다.

나) 숙주 : 질병은 개인의 병인에 대한 감수성과 면역기전에 의해 영향을 받는다. 같은 질병 병인과 환경일지라도 숙주상태에 따라 질병발생의 양상은 다를 수 있다.

다) 환경 : 환경은 병원체 또는 병원체–숙주–환경 관계에 적용하여 질병발생에 직·간접적으로 영향을 미친다.

〈표 9-4〉 질병발생 삼원론

병 인	숙 주	환 경
물리적 요인(화학물질, 온도, 압력, 방사능 등) 화학적 요인(오염원, 약물 등) 영양요인(영양과잉 혹은 결핍) 심리적 요인(스트레스, 사회적 지지, 사회적 격리 등) 생물학적 요인(바이러스, 박테리아, 후생동물, 원생동물, 곰팡이 등)	생물학적 인지(성별, 연령별 특성) 사회적 요인 및 행태적 요인(종족, 직업, 사회·경제적 위치, 결혼 및 가족상태, 생활습관) 숙주의 체질적 요인(선천적 인자, 면역성 및 영양상태 등)	생물학적 환경(병원체, 병원소, 매개체, 동식물, 미생물 등) 물리적 환경(기온, 강우량, 습도, 기압, 방사선, 지리적 조건 등) 사회·경제적 환경(인구밀도, 경제, 교육수준, 보건의료체계, 보건의식수준 등)

5) 질병의 자연사와 예방수준

질병의 자연사란 질병이 어떤 처치도 가하지 않은 상태에서 질병 발생 초부터 끝까지 거치게 되는 과정을 말한다.

〈표 9-5〉 질병의 자연사 5단계(Leavell & Clark(1965)의 질병의 자연사 5단계)

단계	내용	예방조치	예방
Ⅰ 비병원성기	병에 걸리지 않은 단계	적극적 예방 (환경위생, 건강증진활동)	1차 예방
Ⅱ 초기병원성기	질병에 감염되는 초기 단계	소극적 예방 (예방접종)	
Ⅲ 불현성 감염기	감염은 되었으나 증상이 나타나지 않은 단계	중증화의 예방 (조기진단, 조기치료)	2차 예방
Ⅵ 발현성 질환기	감염되어 증상이 나타나는 시기	진단과 치료 합병증 예방	
Ⅴ 회복기	회복되거나 불구 또는 사망에 이르는 시기	무능력의 예방 (후유증 최소화), 재활, 사회복귀	3차 예방

3.4. 질병의 예방

질병의 예방은 협의의 의미로서는 질병발생을 억제하는 것을 의미하며, 광의의 의미로서는 질병의 진행을 제한하는 모든 조치로서 1차, 2차, 3차로 구분되어진다.

가) 1차적 예방단계는 질병발생 억제단계를 말한다.

질병을 사전에 예방하거나 질병에 대한 대처능력을 강화하는 것으로 예방접종, 환경개선, 안전관리, 생활조건의 개선, 영양개선, 보건교육 등 공중보건학적 접근법이 속한다.

나) 2차적 예방단계는 조기발견과 조기치료단계를 말한다.

건강문제가 있는 개인의 건강유지에 중점을 두고 조기발견과 조기치료를 통해 질병의 중증화를 예방하고 병의 악화를 지연시키는 것으로 선별검사, 신체검사, 조기진단, 조기치료 등 임상의학적 접근방법이 속한다.

다) 3차적 예방단계는 재활 및 사회복귀단계를 말한다.

질병이나 불구상태에서 잔재효과를 최대한 예방하여 불구를 예방하고, 장애의 범위 내에서 최적의 기능 회복에 중점을 둔다. 재활, 물리치료, 작업치료 등이 이에 해당한다.

4. 건강증진의 개념과 전략

건강증진이란 건강(Health)과 증진(Promotion)의 합성어로서 인간 삶의 질을 더 나은 상태로 향상시키고자 하는 활동 혹은 과정을 말한다.

이것은 넓은 의미에서의 보건활동으로서 중요한 측면이고, 종래 환경위생학·영양학 등을 중심으로 해서 전개되었으며, 앞으로는 더욱 넓은 시야에서의 건강증진 활동이 기대되고 있다.

4.1. 건강증진(Health Promotion)의 정의

가) 건강증진이란 사람들로 하여금 스스로의 건강에 대한 관리를 증가시키는 과정이며, 또한 자신의 건강을 개선하게 하는 과정이다(WHO, 1984).

나) 국민에게 건강에 대한 가치와 책임의식을 함양하도록 건강에 관한 바른 지식을 보급하고 스스로 건강생활을 실천할 수 있는 여건을 조성함으로써 국민의 건강증진을 목적으로 한다(국민건강증진법, 2011)

다) 건강증진이란 개인 및 지역사회가 가지고 있는 건강잠재력을 최대한 이끌어 내고자 하는 자조적 역량강화활동으로 보건교육과 건강환경조성을 주요수단으로 한다.

(1) 보건교육은 개인, 집단, 지역사회 구성원의 건강생활습관 개선능력 개발이 속한다.

(2) 건강환경조성은 관련법 정비, 인력양성, 재정지원, 예방적 의료행위(건강검진 등)가 속한다.

〈표 9-6〉 건강증진과 전통적 치료의학의 차이

구분	건강증진 의학	치료의학
치료대상	건강위험요인	질병
치료방법	건강교육, 상담, 행동인지치료법	약, 수술
치료결과	최적의 건강, 만족도 증가	질병퇴치, 증상감소

출처 : 의료관광코디네이터협회(2013)

〈표 9-7〉 건강증진의 개념

구분	시기	채택내용 및 주요사항
오타와 헌장	1986년 11월 캐나다	오타와 사람들이 자신의 건강을 관리하고 개선시키는 과정
아델레이드 권고문	1988년 4월 호주의 아델레이드	오타와 헌장의 건강 전제조건의 일부 확인
선즈볼 성명서	1991년 6월 스웨덴의 선즈볼	인간의 건강은 기본적으로 전체 환경과 상호 연결되어 있어서 건강에 이로우며 지속이 가능하고 건강에 지원적인 환경을 성취하기 위하여 세계의 모든 사람들은 일치된 행동을 취할 필요가 있다고 천명
자카르타 선언문	1997년 7월 인도네시아의 자카르타	오타와 선언 채택

구분	시기	채택내용 및 주요사항
멕시코 성명서	2000년 6월 멕시코의 멕시코시티	건강을 최고의 기준까지 성취하는 것은 생의 즐거움을 누리는 데 있어서 긍정적 자산 가운데 하나임은 물론이고, 사회·경제의 발전과 형평에 필요하다고 천명
방콕 헌장	2005년 8월 태국	사람들이 자신의 건강과 그 결정요소에 대한 관리를 증대시켜서 자신들의 건강을 개선하게 하는 과정

4.2. 건강증진행위

건강증진행위는 Becker(1974)의 건강신념모형 아래 건강행위, 질병행위, 환자역할행위를 설명하고 있는 것에서 출발하였으며, 건강증진행위는 간호가 질병중심의 환자간호에서 질병예방과 건강증진 중심으로 초점이 옮겨짐에 따라 오늘날 현대사회에서는 그 어느 때보다도 중요성이 부각되고 있다.

오타와 헌장은 건강증진의 개념을 정립하였으며, 그 개념을 실천하는 5대 전략을 제시해 주고 있다. 오타와 헌장이 정의한 건강증진 개념은 "건강증진이란 사람들로 하여금 자신의 건강에 대한 통제를 증대시키고 스스로 건강을 개선하는 과정이다"라고 말한다.

오타와 헌장에서 제시하는 5대 건강증진 전략은 다음과 같다.

(1) 건강한 공공정책을 수립한다.

(2) 수립된 정책의 실천을 가능하게 하는 사회환경을 조성한다.

(3) 지역사회 조직활동을 강화한다.

(4) 개인의 건강을 향상시킬 수 있는 방법과 기술에 대한 교육을 실시한다.

(5) 기존의 보건의료서비스의 방향을 재설정한다.

• 오타와 현장(Ottawa Charter)에서 5대 우선순위
  건전한 공공정책의 수립
  지지적 환경의 조성
  지역사회 조직활동 강화
  개인의 기술개발
  보건의료서비스의 방향 재설정

4.3.건강증진 원칙과 활동영역

세계보건기구는 제 1차 건강증진 국제회의(1986)에서 각 국가가 국민의 건강증진을 성취하기 위하여 준수해야 할 원칙으로 옹호, 역량강화, 연합은 천명하였다.

1) 옹호(Advocacy)

건강에 대한 대중의 관심을 불러일으키고 정책입안자나 행정가들에게 보건의료수요를 충족시킬 수 있는 보건정책을 수립도록 강력하게 촉구하는 것을 말한다.

2) 역량강화(Empowerment)

자기 자신이나 가족의 건강을 유지할 수 있도록 하는 것을 본인들의 권리로 인정하며 이들이 스스로의 건강관리에 적극 참여하고 스스로의 행동에 책임을 느끼게 하는 것을 말한다.

3) 연합(Alliance)

사람들이 건강을 증진·유지할 수 있도록 건강에 영향을 미치는 경제, 언론, 학교 등 관련분야 전문가들이 상호 협조하는 것을 말한다.

활동영역은 건강한 공공정책수립, 지지적 환경조성, 지역사회 활동 강화, 개인적인 기술개발, 보건의료서비스의 방향 재설정이 있다.

4.4.건강증진의 접근전략

(1) 의학 · 예방의학적 접근 : 전체 인구집단이나 특정 위험군을 대상으로 상병과 조기 사망을 감소시키는 것이 목적임. 1차 예방, 2차 예방, 3차 예방 등 세 단계의 사업으로 표현된다.
(2) 행태변화적 접근 : 개인들이 각자 스스로의 건강에 대한 책임을 지고 건강한 생활양식을 선택하도록 장려하는 것으로 개인이 건강하지 못한 생활습관을 지속하여 건강에 문제가 발생할 경우 개인 스스로가 그에 대한 책임이 있다는 점을 가정하고 있다.
(3) 교육적 접근 : 개인이 각자 스스로의 건강에 대한 책임을 지고 건강한 생활양식을 선택할 수 있도록 지식과 정보를 제공하고 필요한 기술들을 습득하도록 돕는다.

4.5. 우리나라의 건강증진(1)

2012년 보건복지부에서는 "지금까지 우리나라의 보건의료정책은 의료 인력의 충원, 시설확충, 전 국민건강보험 실시 등 보건의료서비스의 접근성과 형평성 제고에 우선순위를 두고 의료수요의 양적확대 및 이의 충족에 중점을 두었으나 앞으로는 의료 환경변화에 따른 다양화, 고급화된 의료수요의 충족이 새로운 과제로 주어질 것이다. 그러므로 향후 우리나라 보건의료의 기본정책 방향은 의료의 질 향상과 의료비의 안정이 될 전망이다."라고 설명했다.

우리나라의 건강증진운동은 1995년 국민건강증진법을 제정하여 전 국민의 건강생활화를 유도하기 위해 다음과 같은 건강증진사업을 펼치고 있다.

(1) 보건교육의 권장, 실시 및 평가
(2) 건강증진사업
(3) 구강건강사업의 계획수립 및 시행
(4) 질병의 조기발견을 위한 검진 및 처방
(5) 지역사회의 보건문제에 관한 조사 · 연구
(6) 건강생활의 지원 및 금연 · 절주운동
(7) 영양개선 및 국민영양조사
(8) 검진 · 검진결과의 공개금지

(9) 광고의 금지(보건복지부 장관은 국민건강의식을 잘못 이끄는 광고를 한 자에 대해 내용변경 또는 금지를 명할 수 있음)

건강증진이란 어린이나 노약자 등 특정 집단만을 대상으로 하지 않고 개인 및 지역사회가 가지고 있는 건강잠재력을 최대한 이끌어 내고자 하는 자조적 역량강화활동으로 보건교육과 건강환경조성을 주요수단으로 한다. 즉 국민에게 건강에 대한 가치와 책임의식을 함양하도록 건강에 관한 바른 지식을 보급하고 스스로 건강생활을 실천할 수 있는 여건을 조성함으로써 국민의 건강을 증진함을 주 목적으로 한다(국민건강증진법, 2011).

4.6. 우리나라의 건강증진(2)

가) 1995년 1월 '건강증진법' 통과와 함께 본격화

나) 2002년 이후 3차에 걸쳐 '국민건강증진종합계획'이 수립

다) 의료환경변화에 따른 다양화, 고급화된 의료수요의 충족이 새로운 과제로 대두

라) 의료의 질 향상과 의료비의 안정이 관건(2012년 보건복지부)

(1) 국민건강증진 종합계획

① 비전 및 목표

㉠ 비전 : 온 국민이 함께 만들고 누리는 건강세상

㉡ 목표 : 건강수명 연장과 건강형평성 제고

② 접근전략 및 접근 수단

㉠ 건강행태의 변화 추진

㉡ 건강관련 사회적 환경의 변화 추진

㉢ 예방 보건서비스의 제공

㉣ 건강위해환경에 대한 조치 등

㉤ 표준 매뉴얼 작성 등을 통해 건강증진사업을 표준화

5. 건강증진 사업의 주요 내용

5.1. 평생건강관리(LHM ; Life-time Health Maintenance Program)

가) 정의 : 생애주기에 따라 건강목표를 정하고 건강을 평가하며, 생애주기별 각종 주요 질병에 대한 위험요인을 파악하고, 조기발견하여 이에 대한 치료, 예방 및 행동수정을 통하여 일생동안 최고의 건강을 영위하도록 하기 위해 고안된 정기적인 건강관리 방법

나) 목적 : 개인의 특정한 질병들을 예방하고 건강을 증진시키는 것

다) 구체적인 목표

(1) 1차 예방 : 개인의 위험요인을 고려하여 그에 적절한 행동수정이나 예방접종 및 상담 실시

(2) 2차 예방 : 질병의 조기발견을 위한 정기검진 실시

(3) 3차 예방 : 현재의 건강상태 향상

라) 특징

(1) 대상 : 무 증상인(대상질환 때문에 나타나는 증상이 없는 사람)

(2) 주요 질병 : 지역사회의 건강에 지대한 영향을 미칠 정도로 흔하고, 질병의 결과 사망이나 불구, 심한 삶의 질 저하를 가져올 수 있는 중(重)한 질병.

5.2. 건강증진의 발달과정

명칭	개최시기(년)	개최장소	주요안건
제 1차	1986	캐나다 오타와	건강한 공공정책, 오타와 건강증진헌장 선포
제 2차	1988	호주 아델레이드	건강한 공공정책수립
제 3차	1991	스웨덴 썬드볼	건강지원 환경구축
제 4차	1997	인도네시아 자카르타	21C 건강증진을 이끌고 갈 새로운 시대의 새로운 일꾼
제 5차	2000	멕시코 멕시코시티	보건교육 수행전략개발
제 6차	2005	태국 방콕	건강증진정책과 건강결정요인
제 7차	2009	케냐 나이로비	건강증진 수행역량 격차해소

5.3. 건강증진의 주요 영역

1) 질병예방

가) 건강악화를 막으려는 소극적 측면의 건강개념
나) 위험집단을 대상으로 한 가지 질병 혹은 병리학적 병변예방을 목표로 함
다) 의료전문인에 의해 시행됨
라) 주요 수단으로는 건강진단, 조기치료, 예방접종 등의 의료서비스, 환경위생 및 시설안전 등이 있다.

2) 건강보호

가) 건강과 안녕을 손상시키는 방해요인을 피하고자 하는 노력
나) 주요 수단으로는 내외적 환경에서 질병과 상해를 야기 시킬 수 있는 상태가 무엇인가를 확인하고 보호전략 구축하는 것이다.

3) 건강증진

가) 건강수준을 더욱 향상시키려는 노력(긍정적, 적극적 개념)
나) 인구집단 전체의 건강에 초점
다) 건강행동변화의 주체인 개인의 의지와 노력에 의해 좌우됨
라) 주요 수단으로는 보건교육, 법규제정, 운동과 휴양시설 확충 등 사회적·환경적 조치 등이 있다.

6. 전염병 및 만성질환에 대한 이해

6.1. 전염병의 이해

병원체의 감염으로 인해 발병되었을 경우 감염성 질환이라 하며, 감염성 질환이 전염성을 가지고 새로운 숙주에게 전염시키는 것을 전염병이라고 한다.

세균이나 바이러스 등에 의해 발생하는 전염병은 사람과 사람 사이에 전파되거나 먹는

물 등을 통해 주변사람들에게 빠르게 전파될 수 있다. 예를 들어 콜레라는 주로 콜레라 바이러스에 의해 오염된 물을 통해 감염되는데, 상수원이 오염되고 이를 식수로 사용하는 사람 중에 환자가 발생하기 시작하면 매우 빠른 속도로 감염된다.

1) 전염병 발생의 3대 조건

가) 전염원

병원체를 가진 감수성 있는 숙주에게 병원체를 전염시킬 수 있는 근원이 되는 환자, 보균자, 전염동물, 토양 등 병원소와 전염원의 작용을 할 수 있는 모든 것을 말한다.

나) 전염경로

전염원에서 감수성이 있는 숙주 집단으로 병원체가 운반될 수 있는 과정으로 직·간접에 의한 접촉감염, 공기전파, 동물에 의한 전파 등이 경로이다.

다) 숙주

숙주가 침입한 병원체에 대항하여 감염이나 발병을 저지할 수 없는 상태를 숙주의 감수성이라 하며, 숙주의 감수성이 높을 경우 감염이 성립한다.

2) 전염병 발생과정

병원체, 병원소, 병원소로부터 병원체의 탈출, 전파, 새로운 숙주로의 침입, 숙주의 감수성의 6개 요소가 연쇄적으로 작용하며, 이중 한 가지만 차단되어도 전염병은 발생하지 않는다.

가) 전염병 발생과 전염병 생성과정

병원체의 존재 · 병원소 · 병원소로부터 병원체의 탈출 · 전파 · 새로운 숙주로의 침입 · 숙주의 감수성과 면역

나) 병원체

인체에 침입하는 미생물

(1) 세균(Bacteria)

가장 흔한 질병의 원인으로 단세포로 된 식물성 병원체. 우리환경 어디에서나 존재한다.

(2) 바이러스(Virus)

병원체 중에서 가장 작고, 살아 있는 조직세포에서만 증식한다.

(3) 리케치아(Reckettia)

세균과 바이러스의 중간 크기로 살아 있는 세포 안에서만 기생한다. 주로 이, 진드기, 벼룩 등에 기생하고 있다.

(4) 진균(Fungus)

광합성이나 운동성이 없는 생물로 버섯, 곰팡이, 효모 등과 같은 아포형성물질이다.

(5) 기생충(Parasite)

동물성 기생체로서 원충(Protozoa)과 연충류가 있다.

(6) 클라미디아(Chlamydia)

리케치아와 같이 진핵생물의 세포내에서만 증식하는 세포 내 기생체, 절지동물에 의한 매개를 필수로 하지 않고 균체계 내에 에너지 생산계를 갖지 않는다는 점에서 리케치아와 구분된다.

〈표 9–6〉 침입구별 전염병의 종류

침입구	전염병의 종류
소화기	콜레라, 이질, 장티푸스, 파라티푸스. 소아마비, 전염성 간염, 파상열
호흡기	결핵, 나병, 두창, 디프테리아, 성홍열, 수막구균성수막염, 백일해, 홍역, 폐렴
피부점막	트라코마, 파상풍. 바일병, 페스트, 발진티푸스, 일본뇌염
성기점막	매독, 임질, 연성하감, 에이즈

3) 감염병의 역사

〈표 9-7〉 감염병의 역사

시대구분	시대별 특성
삼국 및 통일신라 시대	•유행병 내지 이와 유사한 질병도 포함시켜 때로는 흉년이나 기근에 따라 생겨난 영양 부족 또는 영양 장애까지도 감염병으로 간주 •발진티푸스·장티푸스·말라리아·적리·두창·마진 등을 총괄해서 단지 역질, 또는 역이라고 정의
고려시대	•중국의 송나라 의학으로부터 영향을 받아 질병 발생에 대한 상세한 기록 가능(향약구급방, 고려사) •향약구급방의 상, 중, 하권에 총 52개의 병명과 증상이 기록되어 대중의 의료향상에 기여
조선시대	•감염병에 대한 기록 및 분류 기능의 발전 •발진을 일으키는 질병은 두창·수두·마진·풍진·홍역으로 구별 가능, 장티푸스와 발진티푸스를 의미하는 온역과 해병등이 구분, 이 밖에도 차츰 디프테리아, 백일해 등 병명의 정리가 이루어짐 •감염병의 원인을 역귀로 인식
1910년 이후	•1885년 지석영의 [우두신설] 집필 및 광혜원 설립으로 본격적인 서양의학 도입 •1899년 〈의학교령〉 제정으로 의학교육이 본격화되고 전염병 관리사업이 구체화 •1915년 한일합병 후에도 예방령 시행
1950년대	•1950년 6.25전쟁과 함께 감염병 대량 발생 •6.25 전쟁 이후 생활 향상과 방역사업의 성공으로 천연두와 발진티푸스 소멸
1970년대 이후	•남아있는 감염병은 인플루엔자·감염성 감기·살메넬라식중독 등이며, 과학적인 의학과 문화생활의 발달로 건강한 생활 영위 가능 •영아사망률이 급격하게 감소하고 평균 수명이 연장되어 인구구조의 변화

4) 감염병의 요소

가) 감염원

감염병의 병원체를 가지고 있고 병을 퍼뜨리는 근원이 되는 생체로 환자, 보균자, 감염 동물, 균을 지닌 동물 따위이다.

나) 병원소(Reservoir)

병원체가 증식하고 생존을 계속하여 다른 숙주에게 전파될 수 있는 상태로 머무는 장소로서 병원체가 본래 생활하고 있는 장소를 말한다. 인간과 접촉이 가능한 병원소는 그대로 감염원으로도 될 수 있다. 예를 들어 사람은 결핵, 매독, 이질 등이 있고, 동물은 페스트, 광견병 등이 이것에 해당된다.

병원체는 각각 적당한 병원소 중에 생존, 증식을 계속하고 있다.

다) 보균자

자각적으로나 타각적으로 임상적인 증상이 없는 병원체 보유자이자 전염원으로 작용하는 감염자로 전염병 관리상 주요 관리대상이다. 보균자는 보균상태에 따라 회복기 보균자, 잠복기 보균자, 건강보균자로 구분된다.

즉 보균자는 병원체를 체내에 보유하면서 병적 증세에 대해 외견상 또는 자각적으로 아무런 증세가 나타나지 않는 사람을 가리킨다. 일반적으로 병원체로 인해 발병했다가 증세가 소실되어도 병원체가 모두 사멸해서 병이 완치된 것이라고 볼 수는 없으며, 장티푸스가 대표적인 예이고 파라티푸스의 경우도 유사한다.

(1) 인간병원소

① 현성 감염

병원체에 감염되어 자각적 또는 타각적으로 임상적인 증상을 보이는 사람으로 관리에는 큰 문제가 없고 비교적 수월하며, 홍역이 대표적이다.

② 불현성 감염

어떤 질병에 감염되어 숙주 내에서 병원성 미생물이 증식은 하지만 임상적인 증상이 나타나지 않거나 미약하여 본인이나 타인이 환자임을 간과하기 쉬운 환자로서 전염병관리상 주요 관리대상이다. 일본뇌염, 폴리요 등이 대표적이다.

③ 보균자

자각적으로나 타각적으로 임상적인 증상이 없는 병원체 보유자이자 전염원으로 작용하는 감염자로 전염병 관리상 주요 관리대상이다. 보균상태에 따라 회복기 보균자, 잠복기 보균자, 건강보균자로 구분된다.

㉠ 회복기 보균자

전염병에 이환되어 그 임상 증상이 모두 없어졌다 해도 체내의 일부에 병원체가 남아 있어 계속해서 균을 배출하는 보균자를 말한다.

예를 들면 세균성 이질, 디프테리아 감염자 등이 있다

㉡ 잠복기 보균자

어떤 질환에 감염된 후 임상적인증상이 나타나기 전인 잠복기간중에 병원체를 배출하는 감염자를 말한다.

예를 들면 디프테리아, 홍역, 백일해 등이 있다.

㉢ 건강보균자

병원체가 침입하였으나 임상증상이 전혀 없고 건강한 사람과 다름이 없으나 병원체를 배출하는 보균자를 말한다.

예를 들면 디프테리아, 폴리오, 일본뇌염 등이 있다.

(2) 동물병원소

동물이 병원체를 가지고 있다가 인간 숙주에게 전염시키는 전염원 역할을 하는 경우를 말한다.

① 쥐 : 페스트, 살모넬라증, 발진열, 양충병, 렙토스피라증, 쯔쯔가무시병 등

② 소 : 결핵, 탄저, 살모넬라증, 브루셀라증 등

③ 돼지 : 일본뇌염, 구제역, 탄저, 살모넬라증, 렙토스피라증 등

④ 개 : 광견병, 톡소프라스마증 등

⑤ 고양이 : 살모넬라증, 톡소프라스마증 등

(3) 토양

진균류의 병원소로서 작용한다.

예를 들면 파상풍, 히스토플래스모시스, 브래토미코시스 등이 있다.

(4) 병원소로부터 병원체의 탈출

병원소에서 증식한 병원체는 그 병원소에서 탈출할 기회를 가져야만 계속 생존할 수 있으며, 병원체의 탈출경로는 숙주의 기생부위에 따라 달라진다.

(5) 전파

숙주에서 탈출한 병원체가 새로운 숙주로 옮겨가는 과정

(6) 새로운 숙주로의 침입

병원체가 숙주내로 침입한 경우에는 감염되었다고 하며, 감염된 후 임상증상이 나타나기까지 소요되는 시간으로서 병원체의 특성, 병원체량, 감염형태, 숙주의 면역상태 등에 따라 그 기간이 다르게 나타나는 잠복기(incubation period)가 있다.

(7) 숙주의 감수성

병원체가 숙주에 침입한 경우 각 개인이 가지는 감수성과 면역수준에 따라 감염결과가 달라진다. 병원체의 양이 불충분하거나 침입구가 부적한 경우 숙주가 면역되어 있다면 병원체는 숙주를 감염시키지 못한다.

① 감수성은 숙주에 침입한 병원체에 대하여 감염이나 발병을 막을 수 없는 상태

② 저항력은 체내에 병원체가 침입했을 때의 방어능력, 저항력이 충분히 클 때를 면역이라고 한다.

③ 면역은 어떤 특정한 감염균에 대하여 자기 몸을 방어하며, 임상적인 증상을 없애거나 가볍게 하는 능력

㉠ 선천적으로 얻어진 자연면역을 선천면역이라고 한다.

㉡ 어떤 질병에 이완 된 후 또는 예방접종 등에 의해서 후천적으로 형성되는 면역을 후천면역이라고 한다.

5) 감염병의 종류

가) 법정 감염병

법정 감염병은 질병으로 인한 사회적 손실을 극소화하기 위해 법률로 환자와 그 가족, 의료인 및 국가의 권리와 의무를 명시한 감염병으로 크게 여섯 가지로 분류된다.

현행 감염병 예방 및 관리에 관한 법률에서 규정한 법정감염병에는 제1군 감염병, 제2군 감염병, 제3군 감염병, 제4군 감염병이 있으며, 그외에 지정 감염병이 있다.

(1) 제1군 감염병은 감염속도가 빠르고 국민건강에 미치는 위해 정도가 너무 커서 발생 또는 유행 즉시 방역대책을 수립해야 하는 감염병을 말한다.

(2) 제2군 감염병은 예방접종을 통하여 예방 또는 관리가 가능하여 국가 예방접종사업의 대상이 되는 질병군이다

(3) 제3군 감염병은 간헐적으로 유행할 가능성이 있어 지속적으로 그 발생을 감시하고 방역대책의 수립이 필요한 질병군이다.

(4) 제4군 감염병은 국내에서 새로 발생한 신종감염병증후군, 재출현 감염병, 또는 국내 유입이 우려되는 해외유행감염병으로서 방역대책을 긴급히 수립할 필요가 인정되어 보건복지부령이 정하는 감염병이다.

(5) 제5군 감염병은 기생충 감염에 의해 발생하는 감염병이다. 회충증, 편충증, 요충증, 간흡충증, 폐흡충증, 장흡충증의 6종이 있다. 정기적인 조사를 통한 감시를 하며 7일 이내 신고하도록 되어있다.

(6) 지정 감염병은 유행여부를 조사·감시해야 할 감염병이다

(7) 검역 감염병은 평상시 한국에 존재하지 않는 감염병으로서 주로 항공기나 선박을 통하여 유행지인 외국에서 유입되는 감염병으로 유입을 막기 위해 이러한 교통기관의 검역이 필요한 감염병이며 콜레라, 페스트, 황열병이 있다.

6) 전염병의 예방과 관리

감염예방 및 관리의 일반적인 원칙은 전파 예방, 숙주의 면역증강, 예방되지 못한 환자의 조치로 구분되어진다.

가) 전파 예방

(1) 병원소의 제거 : 동물병원소인 경우는 감염된 동물을 제거하고 인간병원소인 경우는 외과적 수술이나 약물요법으로 병원소를 제거함

(2) 전염력의 감소 : 환자를 적절히 치료하여 전염력을 감소시킴

(3) 병원소의 검역과 격리

① 환자격리 : 전염성이 있는 환자나 보균자를 그 상태가 해소될 때까지 격리하는 것

② 건강격리/검역 : 전염병환자와 접촉했거나 전염병 유행지역에서 들어온 사람, 기타 어떤 경로를 통해 전염병 감염의 가능성이 있는 사람들을 대상으로 일정기간동안 격리하는 것

(4) 환경위생관리 : 환경조건을 개선한다. 상하수도의 위생적 관리, 음식물의 유통 관리, 물의 정화, 소독 등이 해당된다.

나) 숙주의 면역증강

숙주의 질병에 대한 저항력을 강화시키는 방법으로 예방접종, 영양관리, 운동 및 휴식 등의 질병에 대한 저항력을 높인다.

다) 예방되지 못한 환자의 조치

전염병으로 인한 피해를 최소화 하도록 조치하는 것이 중요하며, 의료시설 확충, 무의촌지역 해소, 보건교육 등 제도적 관리 및 조기진단과 조기치료, 추후관리를 통한 환자 관리가 해당된다.

6.2. 만성질환의 이해

만성질환(Chronic Disease)은 정상이 아닌 손상과 이상을 포함한 영속적인 불구상태, 회복 불가능한 병변, 재활을 위한 특별한 훈련의 필요성이나 장기간의 보호와 감시의 필요성 중에서 최소한 한 가지 이상을 갖고 있는 상태를 말한다.(National Commission On Chronic Illness)

일반적으로 만성질환은 만성적 과정을 경과하는 과정으로 비감염성이며, 퇴행성질환을 의미한다. 보통 6개월 혹은 1년 이상 계속되는 질환을 말하며, 급성질환과 대응하여 그 증세가 완만하게 나타나 장기간 지속되므로 만성증세라 일컫고 있다.

Mattsson은 만성질환을 "점진적이고 치명적인 또는 신체적, 정신적 기능장애에도 불구하고 비교적 정상적 수명을 가지고 오랜 과정을 지나는 질병이다"라고 정의하였다.

만성질환은 생명에 위협을 주는 질환 또는 생명에 위협을 주지 않는 질환 혹은 다른 사람이 볼 수 있는 질환 또는 다른 사람이 볼 수 없는 질환이 포함되기도 하며. 만성질환의 범주는 시간이 지나면 변하기 쉬운 양상을 나타낸다.

1) 만성질환의 특성

가) 원인이 불명확하고 여러 가지 위험요인이 복합적으로 작용하여 발병
나) 잠재기가 길며, 일단 발병하면 3개월 이상 오랜 기간의 경과를 취함
다) 호전과 악화를 반복하며, 악화가 거듭될 때마다 병리적 변화는 커지고 생리적 상태로의 복귀는 적어져 결국 점점 나빠지는 방향으로 진행됨
라) 유병률이 연령증가와 비례적으로 증가
마) 기능장애를 동반

2) 만성질환의 종류

만성질환을 유형별로 나눠 볼 경우 고혈압, 당뇨병, 관절염과 신경통, 심장질환, 울증 등의 정신질환 등으로 나타난다.

(1) 고혈압

고혈압은 침묵의 살인자라고 불리어졌으며, 고혈압 검사방법이 상당히 발전했음에도 불구하고 혈압을 가진 인구의 거의 반이 자신이 고혈압 환자임을 인지하지 못하고 있는 경우가 많다.

혈압은 나이가 들수록 증가하며, 유전적 성향이 많아 대부분의 본태성 고혈압 환자의 가족에게 많이 나타난다. 그밖에 영향을 미치는 원인으로 조급한 성격, 비만, 많은 염분 섭취 · 정신적 스트레스, 흡연 · 음주이며, 이차성 고혈압의 원인으로는 신장질환, 갈색세포증, 경구피임약 사용 등이다. 유전적 소질, 체격, 체형과 밀접한 관련이 있다.

(2) 당뇨병

인슐린이 부족하거나 인슐린에 대한 감수성이 떨어져 탄수화물 대사에 이상이 생기는 질환이다. 인슐린은 췌장에 있는 랑게르한스섬에 베타세포에서 만들어지며, 신체 내의 대부분의 세포가 포도당을 사용하는데 필요한 물질이다.

(3) 고지혈증

사람체중의 약 10%가 지방으로 구성되어 있으며, 그 중에서 중요한 작용을 하는 것은 콜레스테롤과 중성지방이다. 혈액의 지방은 세포의 기능유지와 에너지 대사에 여러 가지

일을 하고 있으므로 당연히 존재해야 하지만, 이것이 너무 과해서 생기는 질환이 고지혈증이다.

〈표 9-8〉 만성질환의 종류

분류	질병
악성 신생물	위암, 간암, 폐암, 장암, 유방암, 자궁암
근·골격계	관절염, 요통, 좌골통, 디스크, 신경통, 골다공증
소화기계	위염, 소화성 궤양, 만성간염, 간경변증, 만성변비
순환기계	고혈압, 중풍(뇌졸증), 협심증, 심근경색증, 치질·치핵
내분비영양 및 대상이상	당뇨, 갑상선질환
호흡기계	호흡기 결핵, 만성기관지염, 폐기종, 기관지확장증, 천식, 축농증, 알레르기성 비염
정신신경계	신경증, 우울증, 정신분열증, 치매, 만성두통, 편두통
피부, 비뇨·생식기계	피부병(부위별 및 전신성), 만성신부전
눈·귀	백내장, 녹내장, 만성중이염
구강	충치(치아우식증), 치주질환(충치, 잇몸병)

3) 만성질환의 중요성

가) 만성질환에 의한 사망증가

2010년 우리나라의 3대 사망요인은 악성 신생물(암), 뇌혈관질환, 심장질환이며, 자살, 당뇨병, 폐렴, 만성하기도 질환, 간질환, 운수사고 등 만성질환이 총사망자의 70.8%를 차지한다고 보도되었다.

나) 인구구조의 변화

생활수준과 보건수준의 향상으로 노령인구가 크게 증가하였고 만성질환은 주로 노년층에 이환되기 때문에 이에 대한 대책마련이 시급하다.

다) 이환기간의 장기화

만성질환은 급성질환보다 질병에 이환된 후 완치까지의 기간이 길고, 심한경우는 환자나 가족이 평생 동안 관리가 필요한 경우도 있다.

4) 만성질환 발생 위험요인

가) 유전적 요인 : 당뇨병, 혈우병, 본태성 고혈압 등

나) 사회 · 경제적 요인 : 직업, 교육정도, 거주지, 소득정도 등

다) 생활습관 : 흡연, 음주, 식습관, 운동 등

라) 지역적 요인 : 우리나라 암 사망을 폐암, 위암, 간암 순이나 미국은 폐암, 유방암, 자궁암 및 대장암 순으로서 그 지역 및 종족에 따라 발병요인에 차이가 있다.

마) 영양상태 ; 영양부족, 영양과다, 요오드 결핍 등

바) 기타 : 환경오염, 심리적 요인 등

5) 만성질환의 예방 및 관리

만성질환은 생활습관 개선과 밀접한 관련성이 있으며 예방 및 관리가 어려워 만성질환의 관리목표는 질병발생을 감소시키고 기능장애를 지연시키며, 만성질환의 질병진행정도를 완화하여 건강수명을 연장하는 데 있다.

가) 1차 예방

질병의 원인이 되는 요소들을 찾아 미리 제거하여 질병의 발생을 사전에 방지하는 적극적인 예방을 말한다. 일반적으로 만성질환은 발생기전이 복잡하여 1차 예방이 어려운 것이 특징이다.

나) 2차 예방

질병을 조기 발견하여 치료함으로써 질병을 완치하거나 경과를 늦추고 질병으로 인한 사망 · 불구를 최소한 예방하는 것으로, 정기적인 검진 및 보건교육 실시 및 이를 위한 제도적 지원들이 필요하다.

다) 3차 예방

만성질환에 의한 합병증과 불능으로의 진전을 막고 손상된 기능을 회복시키며 일상생

활로의 복귀를 촉진하기 위함이다.

보건복지부(국민건강 영양조사(2001)에서의 만성질환의 정의

- 발생 후 현재까지 3개월이상 경과된 질병 (단 임신과 관련한 합병증은 제외)
- 발생 시기에 관계없이, 질병의 자연사적 특성에 근거하여 분류된 만성질병

단·원·핵·심·요·약

- "공중보건학이란 환경위생관리, 전염병관리, 질병의 조기진단 및 예방을 위한 의료 및 간호서비스의 조직화, 개인의 건강교육, 건강의 향상 및 유지에 적합한 생활을 영위할 수 있는 사회적 기전의 개발 등 체계적이고 조직화된 지역사회의 노력을 통하여 질병을 예방하고 수명을 연장하며, 건강과 안녕을 증진시키는 기술이며 과학이다" (C.E.A.Winslow, 1920)
- 공중보건은 지역사회의 모든 주민을 대상으로 한다.
- 공중보건은 지역주민을 대상으로 한 질병예방과 건강증진 활동으로서 개인을 대상으로 의료활동(진단이나 치료)과는 대비되는 개념이다.
- 공중보건의 발전사는 학자에 따라 다르나 일반적으로 고대기 · 중세기 · 여명기 · 확립기 · 발전기로 구분된다.
- 건강결정요인은 어떤 특정한 인구집단이나 개인건강의 수준을 높이거나 낮추는 요인들의 총칭으로 생물학적 · 유전적 요인, 환경요인, 개인적 건강행위, 보건의료전달체계의 4가지 요인으로 정리된다.
- 질환이란 신체적, 정신적, 기능이나 구조의 병리학적 변화를 의미하는 의학적 용어를 말하며, 질병은 개인이 스스로 건강하지 못하다고 느끼는 질환에 대한 개인적인 반응으로 실제로 질환과 관련되지 않을 수 있다.
- 전염병의 발생과정은 〈병원체의 존재 · 병원소 · 병원소로부터 병원체의 탈출 · 전파 · 새로운 숙주로의 침입 · 숙주의 감수성과 면역〉 이다.

▶전염병 생성과정의 6대 요소 ; 전염병 6대 요소는 병원체, 병원소, 병원소로부터 병원체의 탈출, 전파, 새로운 숙주로의 침입, 숙주의 감수성이며, 생성과정은 다음 단계를 거친다.

- 비병원성기 : 병에 걸리지 않은 단계
- 초기 병원성기 : 질병에 감염되는 초기단계
- 불현성 감염기 : 감염은 되었으나 증상이 나타나지 않은 단계
- 발현성 질환기 : 감염되어 증상이 나타나는 시기
- 회복기 : 회복되거나 불구 또는 사망에 이르는 시기

▶인공능동면역이란 인위적으로 항원을 체내에 투입하여 항체를 생성하도록 하는 면역방법이다.

▶제1군 감염병 : 전파속도가 빠르고 국민건강에 미치는 위해 정도가 너무 커서 발생 또는 유행 즉시 방역대책을 수립해야하는 감염병

▶제2군 감염병 : 예방접종을 통하여 예방 또는 관리가 가능하며, 국가예방접종사업의 대상이 되는 감염병

▶제3군 감염병 : 간헐적으로 유행할 가능성이 있어 지속적으로 그 발생을 감시하고 예방대책의 수립이 필요한 감염병

▶제4군 감염병 : 국내에서 새로 발생한 신종감염병증후군, 재출현감염병, 또는 국내 유입이 우려되는 해외유행감염병으로 방역대책의 긴급한 수립이 필요하다고 인정되어 보건복지부령이 정하는 감염병

▶지정 감염병 : 제 1군 내지 제4군 감염병 외에 유행여부의 조사를 위하여 감시활동이 필요하다고 인정되어 보건복지부장관이 지정하는 감염병

▶개달물(Formite)이란 물, 식품, 공기, 토양을 제외한 모든 비활성매체를 칭한다. 예를 들어 의복이나 침구, 완구, 책, 수건, 주사기 등이 속한다.

▶감염예방 및 관리의 일반적인 원칙은 전파예방, 숙주의 면역증강, 예방되지 못한 환자의 조치로 구분된다.

▶만성질환은 최근 만성질환에 의한 사망이 증가하고 인구구조의 변화 및 이환기간의 장기화로 그 중요성이 두드러진다.

▶만성질환은 유병률이 연령증가와 비례적으로 증가하는 특징이 있다.

▶고혈압 등 모든 심혈관계 질환의 위험인자는 식염과다, 콜레스테롤과다, 흡연, 스트레스로 이는 생활습관 개선으로서 조절가능하다.

▶우리나라는 1995년 국민건강증진법이 제정되었다.

▶우리나라 중점 보건정책의 방향은 건강생활 실천 확산, 예방중심의 건강관리, 인구집단별 건강관리, 건강형평성 확보를 중점과제로 한다.

▶건강생활 실천 확산 : 금연, 절주, 운동, 영양 등

▶만성질환은 1차 예방, 2차 예방, 3차 예방이 있다.

▶1차 예방 : 질병의 원인이 되는 요소들을 찾아 미리 제거하여 질병의 발생을 사전에 방지하는 적극적 예방

▶2차 예방 : 질병을 조기 발견하여 치료함으로써 질병을 완치하거나 경과를 늦추고 질병으로 인한 사망, 불구를 최소한 예방하는 것

▶3차 예방 :질환에 의한 합병증과 불능으로의 진전을 막고 손상된 기능을 회복시키며, 일상생활로의 복귀를 촉진하기 위한 활동

▶질병에 대한 숙주의 감수성과 저항력에 영향을 미치는 요인은 생물학적 인자, 사회적 요인 및 형태적 요인, 숙주의 체질적 요인이 있다.

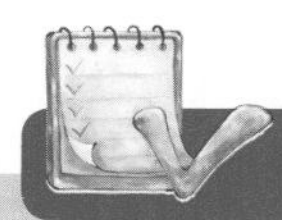

알아두면 좋아요!

헬스케어 3.0

"헬스케어 3.0"은 2011년 삼성경제연구소에서 펴낸 보고서 〈헬스케어 3.0 : '건강수명' 시대의 도래〉에서 처음 사용된 용어로, 이 보고서에서는 헬스케어(Health Care)를 우리 인류가 가진 건강문제의 특성과 이를 해결하기 위한 노력의 초점이 어떻게 다른가를 중심으로 크게 다음과 같이 3단계로 구분했다.

헬스케어 1.0 공중보건의 시대(18~20세기초)
전염병의 예방과 확산방지(전국민)
연두 접종의 개발, 청진기, 엑스레이 발명

↓

헬스케어 2.0 질병치료의 시대(20세기말)
질병의 치료, 기대수명(환자)
페니실린 발견, 신약 및 치료법 개발

↓

헬스케어 3.0 건강수명의 시대(21세기)
개인 유전체 분석기술 기반 개인맞춤형 치료
U-헬스, 헬니스
질병 예방 및 의료비 절감(일반인/일상)

헬스케어 1.0 시대는 우리가 산업혁명 이후 인구의 도시집중과 비위생적인 주거환경으로 인해 각종 전염병이 창궐하던 시기로, 이를 해결할 수단으로 공중보건(Public Health)이 각광을 받은 시기다. 이 시대에 공중보건의 주요 역할은 전염병을 예방하고 확산을 방지하는 것으로, 인두접종의 개발, 청진기와 엑스레이 발명 등이 모두 이 시기에 이루어졌다.

헬스케어 2.0 시대는 20세기말까지 이어진 질병치료의 시대다. 페니실린의 발견을 비롯해 신약과 치료법의 눈부신 발전으로 인해 상당히 많은 종류의 건강문제를 해결할 수 있게 되었고, 헬스케어 1.0시대에 이룩한 공중보건의 성과와 함께 우리의 평균수명을 크게 증가시키는 결과를 낳았다. 이로 인해 우리의 삶은 풍족해졌고, 삶의 질도 많이 향상되었다. 그러나 사회가 복잡해지고 각종 생활을 편리하게 하는 기술이 발전하였지만, 의료기술의 혁신은 완전하지 못해서 급성질환을 완치하지 못했고, 질병의 예방에는 큰 성과를 거두지 못했다. 또한 더 오래 생존하면서 과거에 없던 퇴행성 질환이 많이 발생하였고, 운동부족과 영양불균형, 라이프스타일의 변화로 인해 만성질환이 급격하게 증가하게 되었다.

헬스케어 3.0시대는 바로 이러한 문제들에 대한 예방과 관리를 통해 건강수명(Healthy Life Expectancy) 연장을 그 목표로 하고 있다. 헬스케어 3.0 시대의 변화상은 ① 일상관리화 : 헬스케어의 개념이 병원 치료 중심에서 예방과 건강관리 중심으로 발전할 것이며, ② 개인맞춤화 : 치료방식이 개인 특성을 고려하지 않는 표준처방에서 유전적 소인과 체질을 고려하는 맞춤 치료로 전환될 것이다. ③ 진단과 치료의 미세화 : 진단과 치료의 정밀도가 향상되어 조기진단이 가능하며, 고통을 최소화할 수 있는 수술이 일반화되고, ④ 환자중심화 : 진단에서 사후관리까지 전 과정에서 환자의 편익과 효용이 극대화될 것이다.

헬스케어 3.0 시대에는 의약품, 의료기기, 의료서비스 산업의 비즈니스 모델과 경쟁구도에 큰 변화가 예상된다. 첫째, 의약품 산업은 줄기세포 등 맞춤치료제의 상용화로 '니치버스터(Nich Buster)'가 부상하고, 제약-의료서비스 간의 접목이 가속화될 전망이다. 사전에 약효를 예측할 수 있는 진단제품이 일반화되며 제약사의 영향력이 진단사업까지 확대될 것이다. 둘째, 의료기기 산업에서는 IT 융복합 등으로 극미세량 검출, 질병 자동진단, 진단-치료 복합 등 신개념의 디지털 의료기기가 출현하고 있다. 이에 대응하여 부품 및 소프트웨어 유지 · 보수 분야가 주목받을 것이다. 한편, 헬스케어 전문기술기업이 부상하고, 브랜드력과 마케팅 역량을 갖춘 IT기업이 개인용 의료기기시장에 활발하게 진입할 전망이다. 셋째, 의료서비스 산업에서는 병원을 벗어나 일상생활에서 환자진단, 진료 등이 가능해지고, 인터넷과 소셜 네트워크가 환자와 공급자 소통의 창으로 활용될 것이다. 의료서비스의 개념이 확대됨에 따라 병원은 예방 · 관리와 같은 비(非)진료영역을 개척하고, 전통적인 진료 및 병상 확대 전략에서 탈피하여 특정 질환에 특화된 전문병원으로 전환할 것이다. 또한 차별화된 치료기술과 서비스를 개발하기 위한 R&D 투자 경쟁도 치열해질 전망이다.

헬스케어 3.0 시대를 맞아 정부는 '건강수명 연장'을 헬스케어 정책의 목표로 확립하고, 예방의학기술 개발과 비만, 흡연 등 준(準)질환에 대한 투자를 확대해야 한다. 병원은 전문분야를 선택해 집중 육성하고, 진료 외 분야에서의 사업기회를 발굴할 필요가 있다. 기업은 니치버스터, 차세대 영상의료기기 등 신제품 · 기술을 선제적으로 개발하고 소비자의 니즈를 지속적으로 발굴해야 한다.

자료출처 : 헬스케어 3.0 : '건강수명' 시대의 도래. 삼성경제연구소, CEO Information 제831호, 2011. 11. 23.

제 10 장 의료체계와 의료전달체계

- 의료체계(보건의료체계)에 대한 개념을 이해한다.
- 의료전달체계(보건의료서비스 전달체계)의 개념 및 필요성을 이해한다.
- 일차보건의료의 정의 및 기본개념을 학습한다.
- 우리나라의 보건의료전달체계의 개념을 이해하고 특징을 학습한다.

1. 의료체계에 대한 개념

의료체계는 한 국가가 국민들이 바라는 건강에 대한 요구정도를 파악하고 효율적인 운영을 통하여 국민들의 건강을 보호하고 증진시키기 위한 체계를 의미한다.

일반적으로 국가보건의료체계는 5가지 구성요소로 이루어져 있다.

그 요소는 자원(Resource), 조직(Organization), 관리(Management), 경제적 지원(Economic Support), 보건의료서비스(Delivery of Services)의 전달이다.

의료체계는 보건의료체계의 산출물이고 다른 일련의 활동들과 서로 상호작용하여 선행하여 이루어진다.

또한 의료가 전문화되고 국민의 권리로 받아들여지면서, 전 국민건강보험 등 의료수요의 증대와 의료비가 상승되고 있다. 의료체계는 유한한 의료자원을 필요로 하는 모든 사람에게 제공할 수 있도록 조직적이고 체계적으로 접근하여 최소한의 투자로 최대한의 효과를 기대할 수 있는 의료전달체계를 구성해야 할 것이다.

1.1. 보건의료체계의 개념

보건의료체계란 한 국가나 사회가 그 구성원의 건강요구를 충족시키기 위하여 자국의 다양한 여건에 맞도록 제도화한 제반 법률과 제도를 총칭한다. 이것은 보건의료서비스와 관련 있는 사회적 기능과 보건의료자원을 적절하게 배분하기 위한 하나의 체계로 보건의료서비스의 수요와 공급에 관련되는 요인들 간의 구조적, 기능적 사회제도의 구조를 의미한다.

1.2. 보건의료재정조달

1) 효과적인 건강보험시스템 실행

수많은 나라에서 재정에 어려움을 겪었으며, 빈약한 거시 경제적 상황, 높은 본인부담금, 높은 실업률 등으로 인해 세금이나 사회보장자금이 충분하게 건강보험재정으로 들어가지 못하고 있다.

2) 보다 현실적인 급여 패키지 설정

가) 안정적인 재정확보

나) 보편적이고 포괄적인 급여는 현실적이지 못하고 지속 가능하지 못함

다) 비용대비 효과적인 중재를 선택함

3) 비공식 지불(Informal payment)

가) 자원과 재정부족으로 인한 보건의료체계 반응의 결과물이다.

나) 의료제공자에게 제공하는 비공식 지불방법이다.

다) 공식적인 지불방식은 상당한 노력과 기술력이 필요로 하다.

1.3. 보건의료체계의 구성요소

1) 보건의료체계의 구성요소는 다음과 같다.

가) 보건자원

인력, 시설, 장비와 보급품, 지식을 네 가지 보건자원이라 한다.

나) 보건자원의 조직화

조직화는 의료자원들이 서로 효과적인 관계를 맺고 개인이나 지역사회가 의료제공 기전을 통해 이들 자원과 접촉할 수 있도록 한다.

다) 보건의료서비스의 제공

건강증진, 예방, 치료, 재활, 그리고 심한 장애자와 의료취약계층 환자의 사회 · 의학적 의료 등으로 구분되며 예방적 차원에서 1차, 2차, 3차 예방사업으로 구분한다.

라) 재정적 지원

우리나라는 상대적으로 국가가 부담하는 재정적 지원의 비중이 매우 작고, 민간부문이 부담하는 재정의 비중이 압도적으로 크며 특히 치료부문의 경우 일부 국가 부담을 제외하면 대부분의 재원은 건강보험을 통하여 조달된다.

마) 정책 및 관리

우리나라의 정책 및 관리의 경우 전반적인 정부의 정책 및 관리 측면에서 보건의료의 우선순위가 매우 낮고, 정책결정과정에서의 합리성 수준도 상대적으로 미흡한 것으로 지적받고 있다.

2) 진료의 지속성을 위한 의료체계의 통합

질병의 구조가 급성질환에서 만성질환으로 변해감에 따라 의료시스템은 이런 변화에 적절한 대응을 하기 위해 협력해야 한다.

〈표 10-1〉 의료체계의 변화방안

변화대응	내용
병원성과의 효과적인 개선	병원서비스의 조직화, 효율성 개선, 서비스의 적절성 등
병원재구성 전략	병상의 과잉공급, 2차와 3차 서비스의 비효율성 많은 나라에서 병상공급과 과잉으로 비효율적임 하지만 병원폐쇄라는 방법은 단순한 해결책이며, 병원폐쇄는 대체 서비스 이용, 다른 사회지지시스템을 이용하게 할 수 있음
일차의료와 병원간의 경계선의 변화	성공적인 개혁을 위한 주춧돌 환자들은 입원하는 것보다 지역사회에서 돌봄 받기를 원함
일차의료의 강화와 현대화	가정 의학, 인두제, 의사의 책임성 등이 주요 이슈임

1.4. 1차 보건의료의 정의 및 기본개념

우리나라에서 보건의료전달의 개념은 1969년에 거제지역 사회개발 보건사업에서 비롯되었다. 그리고 1977년 9월에 개최된 한국보건개발원 세미나에서는 우리나라의 1차 보건의료의 개념을 다음과 같이 설정하였다.

(1) 전 국민을 대상으로 하는 전체 보건의료 전달체계의 하부 기초 보건의료 단위 및 기능이다.

(2)일정지역사회(가정, 부락, 행정 ,리 포함)내에서 보건의료 요원과 주민의 적극적인 참여로 이루어지는 보건의료 활동이다.

(3) 1차 보건의료 활동은 지역사회의 자주적인 활동과 공공보건의료 기관의 활동으로 구성된다.

(4) 1차 보건의료 활동은 지역사회의 기본적 보건의료 욕구를 충족시켜야 하므로 전체 보건의료 스펙트럼에서 예방측면에 더욱 치중한다.

(5) 1차 보건의료 활동은 각종 보건의료 요원(의사, 간호사, 기타 보건요원)의 협동과 주민의 협동으로 이루어지며, 각 요원은 치료, 예방 및 기타 기능이 부여된다.

(6) 1차 보건의료 활동은 전체 지역사회 개발계획의 일부로서 이루어짐이 바람직하다.

2. 의료전달체계의 개념

의료전달체계는 의료를 필요로 하는 사람들에게 질적, 양적으로 적정한 의료를 효과적, 효율적으로 제공하는 것과 관련된 체계 또는 제도를 말한다. 즉 제한된 보건의료자원을 최대한으로 활용하여 효율적으로 보건의료를 전달하려는 절차를 의미한다. 이것은 국가의 국민을 위해 보건서비스전달과 관련되어 이루어지는 모든 활동(사회조직과 배분)을 의미하고, 의료가 필요한 사람이 적정시간에 의료혜택을 받을 수 있도록 제도화하는 시스템을 말한다.

2.1. 의료전달체계

의료전달체계의 기본철학은 의료수용자인 국민의 입장에서 의료기관을 자유로이 선택할 수 있도록 하기 위하여 보험자나 정부가 의료기관을 1차, 2차, 3차로 구분하여 의료가 필요한 사람이 적절한 의료기관에서 적정수준의 진료를 받을 수 있도록 하려는 것이다.

보건의료체계는 국가마다 다르며, 여기에는 결정인자들(Determinants)이 다른 환경에 놓여 있기 때문이다. 이러한 결정인자에는 경제적 결정인자, 정치적 결정인자, 문화적 결정인자가 있다.

2.2. 의료전달체계의 필요성

양적 · 질적으로 팽창하는 보건의료분야의 자원에 대해 보다 효율적인 관리를 통하여 의료제공자나 소비자, 국가모두에게 적절한 전달체계가 필요하게 되었다.

의료체계의 발전은 의료보장 도입과 관련하여 살펴볼 수 있는데, 의료보장의 도입은 의료제공 형태의 변화를 초래하여, 이는 수요자와 공급자의 변화를 일으킨다.

1) 보건의료전달체계의 조건

(1) 보건의료 수요자에게 적절한 의료를 효과적으로 제공한다.

(2) 지역별로 병 · 의원이 골고루 있어야 시행된다.

(3) 질병의 심각성에 따라 적합한 의료기관을 이용할 수 있어야 한다.

(4) 보건의료기관의 설비, 자원을 최대한 효율적으로 이용할 수 있어야 한다.

(5) 건강은 국민의 기본 권리이다.

2) 보건의료전달체계의 필요성

보건의료분야의 양적 · 질적 팽창으로 인하여 효율적 관리를 통한 의료제공자, 소비자, 국가 간의 적절한 전달체계시스템의 필요성이 대두되기 시작하였다.

이러한 의료체계의 발전은 의료보장의 도입과 관련하여 살펴볼 수 있으며, 의료보장의 도입은 의료제공 형태의 변화를 초래하여, 수요자와 공급자의 형태의 변화와 수요의 공급구조의 변화를 일으켰다.

보건의료전달체계의 체계적인 보건의료전달이 대두되게 된 구체적 요인은 다음과 같다.

(1) 의료기술의 향상

(2) 의료 인력의 전문화 · 고급화 추세

(3) 의료시설과 인력의 불균형적 분포

(4) 제3자 지불제도의 도입확산

(5) 제한된 의료자원의 효율적인 제고

(6) 의료비의 급증

3) 의료전달체계의 유형

가) 자유방임형

최소한의 국가개입으로 민간주도의 시장경제원리가 적용된다. 국민이 의료인이나 의료기관을 선택함에 있어 최대한의 자유가 허용되며, 정부의 통제는 극히 제한된 상태이다. 의료기관도 자유경쟁의 원칙하에 운영된다.

예를 들면, 미국, 독일, 프랑스, 일본 한국 등이 있다.

(1) 장점

① 국민은 의료인이나 의료기관을 자유롭게 선택할 수 있으며, 선택에 대한 책임이 개개인에게 있다.

② 보건의료의 질적 수준이 높다.

③ 의료인에게 의료의 내용, 범위 및 수준결정에 대한 재량권 부여한다.

④ 자유 경쟁 원칙하에 운영된다.

(2) 단점

① 의료수준이나 자원의 지역적 불균형 초래한다.

② 의료자원의 비효율적인 활용에 의한 의료비 상승으로 개인이나 정부의 의료비 부담 문제를 초래한다.

③ 의료서비스의 포괄성이 낮다.

나) 사회보장형

자유방임형과 사회주의형의 중간 형태로 의료의 생산이 국가에 의해 계획적으로 이루어지며 의료전달체계를 정부가 주관한다. 국가가 직접 의료기관을 관리하며 질병의 치료뿐만 아니라 보건교육, 예방, 재활에 이르기까지 건강에 관련된 모든 서비스를 포괄적으로 제공한다.

예를 들면, 영국, 스칸디나비아제국, 뉴질랜드 등이 있다.

(1) 장점

① 의료문제는 정부에 의해 주도되며, 보건기획 및 자원의 효율적 활용이 가능하다.

② 모든 국민에게 보건의료서비스를 무료로 제공된다.

③ 국민들의 의사선택의 자유도 어느 정도 인정한다.

④ 예방중심의 보건의료이다.

(2) 단점

① 관료 및 행정체계의 복잡성

② 의사에 대한 인센티브 결여로 의료수준이나 열의가 자유방임형에 비해 상대적으로 낮다.

다) 사회주의형

대부분의 공산주의 국가에서 취하고 있는 형태로 보건의료서비스가 국가의 책임하에서 생산 · 공급되고 국가의 계획하에서 사회 전체 구성원에게 분배되며 개인의 의료서비스 선택이 제한된다. 의료는 국가의 전체 프로그램의 하나로 누구에게나 필요시에는 무료로 제공된다. 예방서비스의 비중이 크며, 의료전달이 조직적이고 체계적이어서 자원의 활용도가 높은 반면, 관료조직체계가 갖는 경직성이나 의료인에 대한 인센티브 결여로 의료서비스의 생산성이나 질은 떨어진다.

예를 들어 북한, 중공, 쿠바 등이 적용국가이다.

(1) 장점

의료서비스 포괄성이 높음, 무료, 의료비 절감, 예방의 중요성 강조한다.

(2) 단점

개개인의 선택의 자유가 없다.

2.3. 의료전달체계의 필요성

1) 저출산 고령화의 진행

2) 성장 동력의 둔화와 산업구조의 변화

3) 의료기술의 발달 및 타 분야와의 융합 가속화

4) 만성질환증가 등 새로운 보건의료수요발생

2.4. 의료전달체계의 개선방안

우리나라 의료전달체계의 현황과 문제점, 그리고 거시적인 보건의료분야의 여건 변화와 전망을 고려하여, 국민들의 의료이용 불편을 최소화하고, 의료의 접근성 보장하는 등의 의료전달체계 개선의 기본방향을 정리하면 다음과 같다.

(1) 지역사회중심의 일차의료를 강화하면서 의료기관별 기능이 재편되어야 한다.

(2) 효율적인 의료자원의 활용을 위하여 일차의료담당인력 양성 및 수련제도가 정비되어야 한다. 또한 의료기관의 병상 및 장비에 대한 적절한 관리가 필요하다.

(3) 지속가능한 보건의료체계를 유지하는 범위 내에서 의료기관의 기능에 적합한 진료활동을 장려하고 필요한 경우 적극적인 재정적 지원과 수가체계 개발이 필요하다.

2.5. 의료전달체계 정책 추진방향

(1) 의원급 의료기관 기능 재정립
(2) 병원 및 상급 종합병원의 기능 재정립
(3) 보건의료자원의 수도권 집중해소
(4) 의료전달체계단계

〈표 10-2〉 전달체계의 추진과제 및 내용

추진과제	내용
의원급 의료기관기능 재정립	시설 및 장비와 관련된 진료구조의 전환
병원 및 상급종합병원의 기능 재정립	종합병원을 포함한 병원급 의료기관은 질병중심의 검사, 수술 등 전문적 진료를 수행하도록 함
보건의료자원의 수도권 집중해소	지역의 암센터 활성화 방안에 대해서 재정적 지원을 포함한 다양한 대안마련
의료전달체계단계	전달체계 변경에 대한 검토

3. 진료비 지불제도

의료서비스 공급에 대한 대가로 지불되는 진료비의 지불방식은 해당 국가의 의료전달체계에 따라 각각 상이하다.

가) 행위별수가제 (FFS; Fee For Service) : 진료에 소요되는 약제 또는 재료비를 별도로 산정하고 의료인이 제공한 진료 행위 하나하나마다 일정한 값을 정하여 의료비를 지급하도록 하는 제도로 가장 일반적인 지불방식이며, 시장의 거래관행에 가장 가까운 방법이다.

(1) 장점
① 의료서비스 질의 향상
② 의료인의 재량권 확대(의료인의 자율보장)
③ 신의료기술 및 신약개발 등에 기여

(2) 단점

① 수입증가 목적의 과잉진료 및 의료남용의 우려

② 건강증진, 예방보다는 치료에 치중

③ 복잡한 행정절차

④ 상급병원으로 후송기피 : 지역의료발전 저해

⑤ 지나친 경쟁 및 신기술 등의 과도한 개발로 의료비 상승

나) 인두제(Capitation) : 정해진 기간 동안 등록된 사람 수에 따라 일정액의 보수를 지불하는 방식으로 등록자가 실제 진료를 받는지 여부와 관계없이 진료비가 지급된다.

(1) 장점

① 과잉진료 지양

② 의료인 간의 불필요한 경쟁이 없어짐

③ 치료보다 예방에 더 많은 관심을 가짐

④ 지출비용의 사전예측이 가능하여 의료보험재정 시 문제발생 감소

⑤ 진료의 연속성이 증대하며 이에 따라 상대적 비용의 절감

(2) 단점

① 진료수준 저하

② 환자의 선택권 제한

③ 서비스의 양을 최소화하는 경향을 보임

④ 환자후송 및 의뢰 증가

⑤ 고급의료, 최첨단 진료에 대한 경제적 유인책이 없어 신의료기술의 적용지연

다) 봉급제(Salary) : 제공된 서비스의 양이나 사람 수에 관계없이 일정한 기간에 따라 보상하는 방식으로 사회주의국가나 영국과 같은 국영의료체계의 병원급 의료기관에서 주로 채택

(1) 장점

① 의사가 수입에 좌우됨 없이 소신 있는 진료 가능

② 의료인 상호 간의 불필요한 경쟁 억제

③ 행정관리가 용이

(2) 단점

① 진료의 형식화, 관료화 우려

② 과소서비스 공급

③ 낮은 생산성

라) 포괄수가제(Case Payment) : 질병별 단일수가제로 환자의 질환에 따라 'DRG'라는 질병군(또는 환자군)별로 미리 책정된 일정액의 진료비를 지급하는 제도

(1) 장점

① 경제적인 진료수행 유도

② 의료기관의 생산성 증대

③ 병원업무의 표준화(진료의 표준화)

④ 진료비 계산의 투명성 제고

(2) 단점

① 서비스의 최소화 경향으로 의료의 질적 저하 초래

② 서비스의 규격화나 행정직의 의료인에 대한 간섭요인 증가

③ 과소진료의 우려

④ 신규의학기술의 적용이 어려움

⑤ 의료행위에 대한 자율성 감소

마) 총액계약제(Global Budget) : 지불자 측과 진료자 측이 진료보수 총액의 계약을 사전에 체결하는 방식

(1) 장점

① 총 의료비 상승의 억제 가능

② 과잉진료에 대한 자율적 억제 가능

③ 의료비 지출의 사전예측이 가능하여 보험재정의 안정적 운영 가능

(2) 단점

① 매년 진료비 계약을 둘러싼 교섭의 어려움

② 신기술 개발 및 도입, 의료의 질 향상에 대한 동기 저하

4. 의료전달체계의 문제점과 그 결과

전 국민건강보험 체계하에서 우리나라 의료전달체계는 두 단계로 구성되어 있으며, 그 법적 근거는 〈국민건강보험 요양급여의 기준에 관한 규칙〉으로서 최상층 의료기관인 종합전문요양기관에서 요양급여를 받는 것과 요양기관에서 첫 요양급여를 받게 되는 것으로 구성되어진다.

이와 같은 상황에서 나타나는 여러 가지 문제점들을 살펴보면 다음과 같다.

(1) 진료의뢰서의 남발로 인해 상대적으로 병원급 의료기관의 외래진료가 증가하면서 1차 의료기관의 기능이 점점 축소되고 병원급 의료기관은 중환자실, 입원 및 수술보다 진료수익이 높은 외래진료에 치중하고 있다.

(2) 상당부분 의원급 및 병원급 의료기관간 직접적인 경쟁양상이 나타나고 있으며, 의원급에서도 의원에 필요한 많은 병상을 보유하고 있다. 따라서 진료량 증가유혹에 직면하고 있으며, 비급여 서비스의 신설노력을 가중시키고 있다.

(3) 최근 병원수의 증가현상이 나타나는데, 이는 전문병원의 개설 등 도산하는 병원보다 신설되는 병원이 더 많은 것으로서 병원 및 종합병원의 수가 1.5000개를 상회하고 있는 실정이다.

(4) 지역별로 거의 90% 정도의 의료자원이 도시지역에 편중되어 있다.

(5) 건강보험급여 비수령 비율의 급증에 대한 우려와 지역별 병상수의 규제 필요성

(6) 의료공급자의 진료양 증대노력과 더불어 환자들이 1차 의료기관에 대한 불신 및 상대적인 본인부담률의 감소 등으로 의료이용이 과다하다는 지적

(7) 의료전달체계에서 중요한 역할을 수행하는 일차의료의 공급자를 살펴보면, 다선단과전문의 비율이 과다하다.

(8) 의료기관 개원의 경우 그 비용이 너무 많이 소요되며, 특히 1차 의료기관인 경우는 자기자본으로 개원하기에는 아주 어려운 실정이다.

(9) 그 영향이 적다고 할지 모르겠으나 국민건강보험 재정과 관리의 통합으로 지역 진료권별 진료의뢰체계를 유지하려는 보험자의 의지 및 분위기가 저하되었으며 수도권으로의 환자 집중화에 일조하고 있다.

이러한 의료전달체계에 대한 문제점과 그 결과를 요약하면 다음과 같다.

〈표 10-3〉 의료전달체계의 문제원인과 결과

문제원인	결과
병원급 의료기관의 외래진료가 증가	1차 의료기관의 기능은 점점 축소
의원급 및 병원급 의료기관 간 직접적인 경쟁	의료기관의 과다지출구조
병원 수의 증가	병원 및 종합병원의 수가 1,500개 상회, 과열경쟁
도시지역에 편중되어진 의료자원	90%의 의료자원이 도시에 편중
서울지역 병상수의 증가	건강보험급여비수령비율의 급증에 대한 우려
환자들의 1차 의료기관에 대한 불신	3차 의료기관으로 환자 집중
단과전문의 비율이 높은 1차 진료소	1차 의료에 적합한 수련보다 과다한 수련을 받고 있음
의료기관 개원의 고비용	부채비율에 따른 개원의의 재정 악화
국민건강보험 통합으로 진료의뢰체계를 유지하려는 보험자의 의지 저하	수도권으로의 환자집중
공공의료와 응급의료체계의 미흡	의료전달체계의 문제

5. 일차보건의료

5.1. 일차보건의료 개념

1977년 9월에 개최된 한국보건개발원 세미나에서, 우리나라에서의 1차 보건의료의 개념을 다음과 같이 설정한 바 있다.

(1) 전 국민을 대상으로 하는 전체 보건의료 전달체계의 하부 기초 보건의료 단위 및 기능이다.

(2) 일정 지역사회(가정, 부락, 행정 리 포함)내에서 보건의료 요원과 주민의 적극적인 참여로 이루어지는 보건의료 활동이다.

(3) 1차 보건의료 활동은 지역사회의 자주적인 활동과 공공보건의료 기관의 활동으로 구성된다.

(4) 1차 보건의료 활동은 지역사회의 기본적 보건의료 욕구를 충족시켜야 하므로 전체 보건의료 스펙트럼에서 예방 측에 더욱 치중한다.
(5) 1차 보건의료 활동은 각종 보건의료 요원(의사, 간호사, 기타 보건요원)의 협동과 주민의 협동으로 이루어지며, 각 요원은 치료, 예방 및 기타 기능이 부여된다.
(6) 1차 보건의료 활동은 전체 지역사회개발계획의 일부로서 이루어짐이 바람직하다.

5.2. 보건의료전달체계의 조건

보건의료전달체계란 보건서비스의 전달과 관련되어 이루어지는 모든 사회조직과 배분을 의미하는 것으로서, 의료가 필요한 사람이 적정시간에 의료를 이용할 수 있도록 제도화하는 것을 말하며, 그 목적과 조건은 다음과 같다.

(1) 지역사회 주민들, 누구나 쉽게 이용할 수 있는 근접성이 있어야 한다.
(2) 주민들의 지불능력에 맞는 의료수가가 제공되어야 한다.
(3) 지역주민의 기본적인 건강요구에 기본을 두어야 한다.
(4) 주민과 보건의료팀과의 접근성과 수용성이 필요하다.
(5) 건강은 인간의 기본권이라는 개념에 기초하고 있다.

6. 우리나라의 보건의료전달체계

우리나라는 사회보험형 전 국민의료보험제도와 민간주의 의료공급체계가 상호작용하는 복지지향형으로 전국을 생활권 대상으로 대 · 중 · 소 진료권으로 구분하여 보건의료망을 조직하고, 각 진료권 내에서 1차, 2차, 3차 의료전달체계를 수립하여 운영한다.

1) 1차 진료(Primary Medical Care)

의료가 공급자로부터 수용자에게 전달되는 최초 의료로 일차적인 보건의료서비스 제공, 예방, 보건교육 등을 포함한다.

(1) 보건소, 보건지소, 조산소, 의원급 의료기관

(2) 주로 일반의, 개업의, 초진의 등이 담당

2) 2차 진료(Secondary Medical Care, Specialist Care)

1차 관리체계에서 후송된 사람의 건강문제에 대한 조기진단과 조기치료를 목적으로 하며, 도 · 시 · 군 지역에 산재되어 있는 병원과 의원들을 포함한다.

(1) 군 소도시 : 내과, 외과, 소아과, 산부인과 등 기본 4개과 정도를 진료할 수 있는 100-200병상 규모의 병원
(2) 중소도시 이상 대도시 : 200-400병상 규모의 종합병원 급 의료기관

3) 3차 진료(Tertiary Medical Care, Sub-specialist Care)

병원이나 의원의 시설과 건강관리 요원으로는 감당할 수 없는 건강문제에 대해서 보다 전문적인 진단과 집중적인 치료를 제공하는 종합병원이나 특수치료병원들로 구성되는 체계

(1) 의과대학 부속병원이나 기능상 이에 준하는 병원에서 하는 분야별 전문진료
(2) 3차 의료기관은 3차 진료가 가능한 시설과 장비 및 각 분야별 전문인력을 갖춤

7.1. 보건의료인력

(1) 의료인 : 의사, 치과의사, 한의사, 간호사 및 조산사(의료법 제2조)
(2) 의료기사 : 임상병리사, 방사선사, 물리치료사, 작업치료사, 치과기공사 및 치과위생사(의료기사법 제2조)
(3) 약사(약사법 제2조)
(4) 간호조무사(의료법 제58조), 의료유사업자, 안마사, 영양사, 위생사, 사회복지사, 환경관리기사, 산업위생관리기사, 위생시험사

단·원·핵·심·요·약

▶보건의료체계란 한 국가나 사회가 그 구성원의 건강요구를 충족시키기 위하여 자국의 다양한 여건에 맞도록 제도화한 제반 법률과 제도를 총칭한다.

▶보건의료체계의 구성요소에는 보건자원, 보건자원의 조직화, 보건의료서비스의 제공, 재정적 지원, 정책 및 관리로 총 다섯 요소로 나뉜다.

▶1차 보건의료의 기본개념을 정리하면 다음과 같다.
- 지역사회 주민들, 누구나 쉽게 이용할 수 있는 근접성이 있어야 한다.
- 주민들의 지불능력에 맞는 의료수가가 제공되어야 한다.
- 지역주민의 기본적인 건강요구에 기본을 두어야 한다.
- 주민과 보건의료팀과의 접근성과 수용성이 필요하다.
- 건강은 인간의 기본권이라는 개념에 기초하고 있다.

▶보건의료전달체계의 체계적인 보건의료전달이 대두되게 된 구체적 요인은 의료기술의 향상, 의료 인력의 전문화 · 고급화 추세, 의료시설과 인력의 불균형적 분포, 제3자 지불제도의 도입확산, 제한된 의료자원의 효율적인 제고, 의료비의 급증이 요인이다.

▶의료전달체계의 필요성은 다음과 같다.
- 저출산 고령화의 진행
- 성장 동력의 둔화와 산업구조의 변화
- 의료기술의 발달 및 타 분야와의 융합 가속화
- 만성질환증가 등 새로운 보건의료수요발생

▶의료전달체계란 구성원 모두가 적절한 시기에 적절한 장소에서 적절한 의료인에 의해 적정 진료를 받을 수 있도록 하기 위한 절차로서 의료서비스의 배치기능과 상호관계 등의 의료서비스 저공체계를 의미한다.

▶의료인은 의사, 치과의사, 한의사, 조산사, 간호사(의료법 제 2조)

▶포괄수가제 : 질병별 단일 수가제로 환자의 질환에 따라 “DRG”라는 질병군별로 미리 책정된 일정액의 진료비를 지급하는 제도

▶인두제, 총괄계약제, 포괄수가제의 진료비는 사전결정방식이며, 행위별수가제는 진료 후 개별행위의 서비스를 종합하여 지불하는 방식

▶봉급제(Salary) : 제공된 서비스의 양이나 사람 수에 관계없이 일정한 기간에 따라 보상하는 방식으로 사회주의국가나 영국과 같은 국영의료체계의 병원급 의료기관에서 주로 채택

▶포괄수가제(Case Payment) : 질병별 단일수가제로 환자의 질환에 따라 'DRG' 라는 질병군(또는 환자군)별로 미리 책정된 일정액의 진료비를 지급하는 제도

▶총액계약제(Global Budget) : 지불자 측과 진료자 측이 진료보수 총액의 계약을 사전에 체결하는 방식

▶우리나라는 사회보험형 전 국민의료보험제도와 민간주의 의료공급체계가 상호작용하는 복지지향형으로 구분하여 보건의료망을 조직하고, 각 진료권 내에서 1차, 2차, 3차 의료전달체계를 수립하여 운영한다.

간호학생의 임상실습 및 직무교육 등이 이루어진다.

(2) 의학, 의료기술, 새로운 지단, 치료기법의 개발을 위한 임상연구를 수행한다.

(3) 새로운 의학정보의 교류를 위한 각종의 학회 활동을 한다.

(4) 전문 진료 분야별 연구소를 통한 연구 활동을 한다.

다) 공중보건기능

(1) 병원의 방침에 따라 지역사회의 진료 봉사, 지역주민에 대한 보건교육, 예방접종, 개원의사 및 의료보조 인력의 재교육 등 지역사회 주민의 건강증진을 위한 각종 활동을 한다.

2) 1차 진료, 2차 진료, 3차 진료의 기능

가) 1차 진료(Primary Care)

환자가 처음 의료와 접하게 되는 시점을 말한다. 개원을 하는 일반의, 가정의, 일반내과의사 또는 소아청소년과 의사 등이 담당한다. 이들이 진료한 경우에 필요하다고 판단하면 전문의에게 의뢰한다.

나) 2차 진료(Secondary Care)

1차 진료를 담당하는 의사로부터 이송 또는 의뢰되어 해당분야의 전문의(Specialist)가 진료하는 것을 말한다. 1차 진료 때보다 전문적인 지식과 기술 그리고 장비를 필요로 한다.

다) 3차 진료(Tertiary Care)

전문화된 의료시설에서 고도로 복잡한 시술이나 최신의 치료 등 전문화된 진료를 말한다. 분과전문의 또는 세부전문의(Sub Specialist)가 담당한다.

3) 병원조직의 기능과 역할

가) 병원조직에서의 횡적 조직 : 과업기능에 따라 분화

(1) 임상진료 부문 : 진료 각 과와 간호부

(2) 중앙진료 부문 : 약제, 방사선, 임상검사, 특수검사, 영양, 재활치료
(3) 관리사무 부문 : 인사, 원무, 구매, 보험, 재무, 관리, 시설
(4) 교육연구 부문

나) 병원조직에서의 종적 조직 : 관리통제기능에 따라 분화되며, 최고경영자, 중간관리자, 감독자, 일선관리자 등이 해당된다.

4) 단위기능별 업무

(1) 진료업무 : 의사가 하는 진단과 치료를 말한다.
(2) 간호기능 : 외래, 응급실, 병동 기타 의료시설에서 환자간호를 수행하고 특수진료시설에서 의사와 진단, 치료행위를 지원한다.
(3) 행정기능 : 환자나 병원에 관한 정보, 간호행정, 진료비 정보를 행정관리에 제공하고 진료시설의 유지보수, 중앙공급, 진료용품의 수불 등에 필요한 행정기능을 담당한다.
(4) 조제 · 투약기능 : 의사로부터 처방된 외래 · 입원환자에게 필요한 의약품을 조제, 감사, 투약을 담당한다.

5) 병원조직의 구성원

(1) 의료인 : 의사, 치과의사, 한의사, 조산사, 간호사
(2) 의료기사 및 유사 인력 : 방사선사, 임상병리사, 물리치료사, 작업치료사, 치과위생사, 치과기공사, 의무기록사, 언어치료사, 청각치료사, 영양사, 사회복지사, 핵의학기사
(3) 행정사무인력 : 병원 행정사, 행정 관리자, 사무원, 사무보조원
(4) 기술인력 : 의료정보관리자, 환경관리, 의공기사, 기계 · 건축 · 전기 등 통신기술자
(5) 기능인력 : 간호조무사, 청소, 세탁, 운전, 조리, 배식, 영안, 교환, 목공, 보일러공, 원예공, 경비, 비서, 주차관리 등 기능 · 노무인력
(6) 기타 전문인력 : 심리학자, 물리학자, 경영학자, 법의학자 등 특정 전문가

3. 병원 업무의 특성

3.1. 병원서비스

서비스는 일반적으로 눈으로 확인이 가능하고 만질 수 있는 유형재 및 재화와 대비되는 개념으로서, 서비스의 종류가 다양하며 동종의 서비스 간에도 이질적인 요소가 있다.

Kotler는 서비스란 어느 한쪽 편이 상대편에게 제공하는 행위나 편익으로써 한 집단에게 제공할 수 있으며, 본질적으로는 서비스는 무형을 가지기 때문에 서비스 생산은 제품과 연결될 수도 있고 그렇지 않을 수도 있음을 정의하였다. 또한

Andreasen은 의료서비스란 질병으로 인한 치료의 의미뿐만 아니라 만성적인 질병에 대한 예방을 포함하며, 이는 예방적 의료서비스와 치료적 의료서비스를 모두 포함한다고 하였다.

의료서비스는 의료 본질적 행위인 진단, 진료, 의료행위 및 의료외적 행위들을 개념화한 것이며, 사람을 수혜대상으로 하는 지적 전문업을 의미한다.

따라서 의료서비스업에 종사하는 직원들 스스로가 자발적인 서비스 질 향상과 유지에 대한 필요성 인식과 의식고양이 무엇보다도 중요한다.

1) 병원서비스질의 구성요소

(1) 신뢰성 : 약속된 서비스를 정확하고 ,믿을 수 있게 수행하는 능력

(2) 유형성 : 시설, 장비, 인쇄물

(3) 반응성 : 소비자를 돕고자하는 자세

(4) 능력 : 서비스 제공에 필요한 지식과 기술의 확보

(5) 예의 : 친절, 사려 깊음, 존경심, 공손함 등

(6) 믿음직함 : 솔직함과 진실성

(7) 안전성 : 위험과 의구심으로부터의 해방

(8) 접근성 : 서비스 이용의 수월성

(9) 커뮤니케이션 : 소비자를 이해를 위한 정보제공, 소비자의 소리에 경청하는 것

(10) 소비자 중심 : 소비자의 욕구를 이해하려고 노력하는 자세

2) 병원서비스 문화의 과제

(1) 병원서비스에 대한 명확한 시점, 사고방식이 확립되어야 한다.
(2) 경영자는 환자를 위한 서비스의 중요성을 직원들에게 지속적으로 교육시켜야 한다.
(3) 소비자 제일이라는 사고방식이 관리자 사이에 정착되어야 한다.
(4) 모든 조직원들에게 환자에 대한 서비스품질의 중요성을 강조해야 한다.
(5) 양질의 서비스가 실현될 때마다 적절한 보상이 필요하다.

3.2. 병원 업무의 특성

병원의 업무는 일의 속성과 양이 매우 다양하고 유동적이며, 비교적 표준화하기가 어렵다. 특히 병원은 기계시스템이 아니라 인간시스템이기 때문에 대량생산이나 일관된 작업 또는 자동화된 기능을 도입하기가 어렵다. 또한 최종생산물이 인간이기 때문에 소비자들은 생산과정에 적극적으로 참여하고 있으며, 일에 대한 통제가 매우 심각하다. 대부분의 활동이 통합되어 하나의 결과로 나타나기 때문에 책임의 한계를 설정하기도 매우 어렵다. 이러한 의료기관의 업무특성을 구체적으로 살펴보면 다음과 같다.

(1) 가장 큰 특성은 대인서비스이다.
(2) 이용하는 기술의 불확정성이 있다.
(3) 직원과 고객의 관계가 협력적이어야 한다.
(4) 업무가 고도로 전문화되어 있다.
(5) 병원의 업무는 응급을 요한다.
(6) 병원의 업무는 연속성을 갖는다.

1) 병원업무의 일반적 특성

일반적으로 병원업무의 특성을 몇 가지로 정리해 보면 다음과 같다.

(1) 합리적인 판단에 의해 의료서비스를 선택하기는 매우 어렵다. 의료서비스는 의료에 대한 지식의 결여, 결정을 잘못 내릴 경우, 생명과도 직결되므로 합리적인 선택에 있어 어려움이 있다.
(2) 응급을 요한다. 환자는 누구나 자기의 병이 가장 중하고 빨리 진료받기를 원한다.

따라서 환자를 위하여 신속한 판단과 처리를 해야 하며 결정할 시점이 지연되어 환자의 생명에 지장을 줄 수 있으므로, 이에 대한 대응이 필수적이다.

(3) 소비자인 환장의 입장에서 선택의 폭이 적다. 다른 서비스의 경우 구매자는 언제, 어디서, 얼마에 서비스를 구입할 것인가를 충분히 생각하고 스스로 결정할 수 있다. 그러나 의료서비스의 선택 순간은 예측이 불가능하거나 부득이한 경우가 대부분이다.

(4) 환자에 대한 개인적인 서비스이므로 기계화, 자동화하기가 어렵고 대량서비스나 주문생산이 불가능하다.

(5) 병원의 업무는 매우 세분화, 전문화 되어 있으며, 서비스도 매우 다양하다. 시설과 장비, 진료재료와 기기, 의약품과 소모품 등이 항상 구비되어야 한다. 아울러 상시 근무체제이므로 팀워크가 매우 중요하다.

(6) 항상성이 있다. 하루 한시도 쉬지 않고 진료를 해야 하며, 연휴가 있어도 입원환자와 응급환자를 위한 기능은 계속되어야 한다.

(7) 생명과 직결되므로 사소한 부주의나 실수로 문제가 될 수 있어 항상 긴장하여야 한다. 특히 감염관리와 안전관리 등이 필요하다.

(8) 의료인, 특히 의사의 수급에 대한 세부적인 계획의 수립과 조절이 어렵다. 의사의 경우 자격 취득 시까지 오랜 시간이 소요되므로 의료수요의 변동에 따라 단시간 내 조절이 불가능하다.

(9) 의료서비스는 공공성과 윤리성을 갖고 있다. 의료서비스는 개인은자신의 욕구 충족을 위해 여러 가지 서비스를 구매하나 감염병예방과 같이 국민도구가 영향을 받은 서비스에 대해서는 그 대가를 지불하지 않으려 하므로, 이러한 경우 정부나 감독기관이 대신 이와 같은 사업을 수행해야 한다.

(10) 의료서비스는 수요의 탄력성이 낮고 서비스의 공급에 긴급성을 띠는 경우가 많다. 또한 의료서비스를 대체할 만한 서비스가 없으므로 의료수가의 결정에도 영향을 미친다.

2) 기능적 특성

(1) 의료서비스의 비영리 및 공공재적인 특성으로 의료기관은 일반기업 보다 사회적인 관심이 집중되고 규제의 대상이 된다.
(2) 의료서비스는 특성상 대량생산이나 주문생산이 불가능하고 저장, 기계화 또는 자동화가 어려우며 서비스에 대한 품질관리가 어렵다.
(3) 의료행위는 고도의 전문성에 의한 판단과 인간적 행위를 통한 노동집약적 행위이며 더불어 각종 재료나 시설, 장비 등이 매우 다양하고 복잡하다.
(4) 업무특성상 고도의 윤리성과 인간애를 필요로 하며 업무수행과정이 응급을 요하는 상황에서 신속한 판단과 즉각적인 처리를 해야 할 경우가 많다.
(5) 의료기관은 1일 24시간, 그리고 1년 365일 지속적인 진료를 제공해야 한다.

3) 조직적 특성

(1) 의료기관은 고도로 자본집약적이면서 노동집약적인 특성을 가지고 있다.
(2) 진료와 교육, 연구 등 다양한 운영목적을 가지고 있다.
(3) 사회봉사기관으로서의 공익성을 추구하는 반면 사업체로서 이윤추구를 해야 하므로 경영상 목적이 상충되는 측면이 있다.
(4) 의료기관의 인력은 다양한 교육배경을 가진 전문 인력들로 구성되어 있으며 면허나 자격을 보유한 인력이 중심이고 여성인력의 구성비가 높다.
(5) 핵심구성원인 전문직들의 경우 상대적으로 자율성에 대한 요구가 크고 전문지식에 의거하여 판단하는 경향이 강하기 때문에 통제와 조정이 어려운 집단이다.
(6) 조직체계와 의사결정과정이 행정관리체계와 진료체계로 이원화되어 있어 갈등의 소지가 있다.
(7) 다양한 직종들로 구성되어 있기 때문에 조직구조 간에 갈등요인이 상존하며, 업무의 긴급성과 낮은 대체성으로 업무수행에 따른 스트레스의 강도가 높다.
(8) 서비스의 대상이 인간이고 사람에 따라 서비스 내용이 각기 다르기 때문에 서비스 질을 평가하기가 용이하지 않아 조직구성원의 업적을 평가하기가 어렵다.

4. 병원 내 환자관리 서비스

1. 도착
- 환영표시, 이동과 동선 배려
- Small talk : 친근감과 편안함

2. 접수
- 초진환자, 접수안내, 문진표 작성 안내
- 동의서 보험가입여부 확인

3. 진료상담
- 진료와 관련된 모든 사항에 대해 환자가 불안해하지 않도록 자세히, 설명, 환자를 진료 설계에 포함

4. 외래진료
- 치료 전후 자세한 설명
- 예상치 못한 진료나 검사 미리 충분한 시간을 부여

5. 입원
- 병원 생활 및 편의시설 상세 안내
- 정규 방문을 통한 환자 요구사항 파악 및 해결

6. 검사/수술
- 검사 및 수술에 대한 전반적인 설명(방법, 시간, 부작용, 적응증 등), 각종 동의서 설명 및 작성 안내

7. 퇴원
- 항목 별 진료비 설명(중간 수납의 필요성)
- 보험 청구를 위한 서류나 CD, 세관 제출용 서류(필요시)

8. 배웅
- 담당 의료진 또는 코디네이터가 배웅
- 환자의 상태에 따라 준비(휠체어, 앰블런스)

〈그림 11-1〉 환자관리 서비스

단·원·핵·심·요·약

▶의료인은 의사, 치과의사, 한의사, 조산사, 간호사가 해당된다.(의료법 제 2조)

▶병원은 지역사회 및 의료조직에서 핵심 역할을 수행하는 기관으로서 질병의 치료와 예방, 재활 및 보건교육, 의학연구를 수행하는 기관이다(세계보건기구).

▶병원급 의료기관이란 의사, 치과의사 또는 한의사가 각각 그 의료를 행하는 곳으로 입원환자 30인 이상을 수용할 수 있는 시설을 갖추고 주로 입원환자에 대하여 의료를 행할 목적으로 신설하는 의료기관, 다만 치과병원의 경우에는 그 입원환자의 제한을 받지 않는다.

▶우리나라 의료법에서의 의료기관은 크게 의원급 의료기관과 조산원, 병원급 의료기관, 상급종합병원 및 전문병원 등으로 구분하며, 의원급 의료기관은 의사·치과의사 또는 한의사가 각각 그 의료를 행하는 곳으로서 진료에 지장이 없는 시설을 갖추고 외래진료 업무를 수행하는 의료기관을 말한다.

▶병원은 환자를 진료 및 치료할 수 있는 시설과 인력을 갖추고, 진단, 치료, 재활, 예방을 포함한 의료서비스를 제공하고 의료인력의 교육·훈련과 의학연구를 수행하는 하나의 공식적 사회조직을 말한다.

▶병원 조직의 기능은 크게 진료, 교육 및 연구, 공중보건, 간호, 조제·투약, 행정기능으로 나뉜다.

▶병원조직의 특성은 서비스의 대상이 인간이고 사람에 따라 서비스 내용이 각기 다르기 때문에 서비스의 질을 평가하기가 용이하지 않아 조직 구성원의 업적을 평가하기가 어렵다는 점이다.

▶병원서비스 관리가 중요해진 것은 과거에 비해 서비스 질에 대한 환자의 관심이 증가하고 서비스에 대한 환자의 요구가 다양해지며, 병원을 향한 환자의 거래의식이 확산되어 환자가 단순한 수해자이기를 거부하고 상호급부를 주고받는 상대로 대우받고자 하며, 병원서비스에 대한 외부압력이 증가하고 있기 때문이다.

▶병원업무의 특성에는 자본집약적, 노동집약적 특성, 비가시성, 전문성 등이 있다.

▶의료기관의 업무특성은 대인서비스 중심, 이용하는 기술의 불확정성, 직원과 고객의 관계가 협력적임, 업무가 고도로 전문화되어짐, 병원의 업무는 응급을 요함, 병원의 업무는 연속성을 갖는다는 것이다.

알아두면 좋아요!

국내병원의 해외 VIP 의료관광 유치 사례

1) 삼성서울병원 'International CEO Health Program'

2009년 해외 VVIP를 타켓으로 한 플래티넘급 건강검진 프로그램으로 해외 왕족과 부호(극동러시아, 카자흐스탄, 몽골), CEO 등에게 최고급 건강 검진 서비스를 제공하고 있다.

2) 가톨릭대 서울성모병원 'CEO VVIP 건강검진'

러시아 고객을 위한 '소아패키지'를 신설하는 등 발 빠른 대응을 하고 있는 서울 성모병원은 명품 건강검진, 정밀 암검진, 프리미엄 등을 제공하는 'CEO VVIP 건강검진'을 미국법인 사무소에 선보일 예정으로 있다.

3) 부산 롯데호텔 '건강검진 센터' 운영

국제의료관광 활성화 사업의 일환으로 2018년까지 롯데호텔 부산 서면점에서 '건강검진센터'가 운영되고 있다.

제 12 장 진료서비스의 이해

- 환자관리 서비스에서 외래환자 관리서비스 진료, 입원환자 관리서비스 진료, 응급환자진료의 개요를 이해하고 절차를 학습한다.
- 진료지원 서비스의 개요와 내용을 학습한다.
- 종합검진 서비스의 건강검진 기능을 이해하고 건강검진 프로그램에 대해 학습한다.

1. 환자관리 서비스

자국을 떠나 한국을 의료관광 목적지로 선택하여 의료관광을 오는 외국인 환자의 경우 의료관광을 온 목적에 따라 의료관광상품의 특성이 달라진다.

그리고 목적에 따른 제공되는 서비스 또한 달라진다. 아무리 질 높은 의료기술을 보유하고 있다 하더라도 그 서비스를 전달하는 전문인력, 합리적 절차, 유기적인 협조 마인드가 전제되지 않는다면 의료관광을 목적으로 방문한 해외의료관광고객에게는 환자관리 서비스에 문제가 발생하게 되는 것이다.

1.1. 병원내 환자관리 서비스

1) 도착

환영표시, 이동과 동선배려

Small talk : 친근감과 편안함을 제공한다.

2) 접수

초진환자, 접수안내, 문진표 작성안내, 동의서, 보험가입 여부를 확인한다.

3) 진료상담

진료와 관련된 모든 사항에 대해 환자가 불안해하지 않도록 자세히 설명한다.
환자를 진료설계에 포함한다.

4) 외래진료

치료전후 자세한 설명을 한다.
예상치 못한 진료나 검사 시 미리 충분한 시간을 부여한다.

5) 입원

병원 생활 및 편의시설에 관하여 상세히 설명한다.
정규적인 방문을 통하여 환자 요구사항을 충분히 파악하고 해결한다.

6) 검사 · 수술

검사 및 수술에 대한 전반적인 설명(방법, 시간 부작용, 적응증 등)을 하며, 각종 동의서 설명 및 작성을 안내한다.

7) 퇴원

항목 별 진료비를 설명(중간 수납의 필요성 등)한다.
보험 청구를 위한 서류나 CD, 세관 제출용 서류를 필요시 제출하도록 한다.

8) 배웅

담당의료진 또는 코디네이터가 직접 배웅한다.
환자의 상태에 따라 준비를 철저히 한다(휠체어, 앰블란스 등)

1.2. 외래진료

외래진료는 외래환자의 진료와 관련된 진료수속과 진료절차에 대한 업무 및 진료비 계산과 수납에 관한 업무를 포함하여 일반외래, 특수외래, 건강검진 등이 있다. 의료전달시스템에 의해 종합전문요양기관은 1단계 진료기관(병·의원)에서 발급한 요양 급여의뢰서(진료의뢰서)나 건강검진, 건강진단 결과서를 제출해야 의료보험적용을 받을 수 있다.

1) 외래진료 개요

진료를 받기 위해 내원한 외래 환자를 대상으로 하는 업무의 주요 내용은 초 · 재진 환자 접수 및 변경, 수급자격 관리, 수탁관리, 수납 및 환불업무, 안내 및 관리업무 등이다.

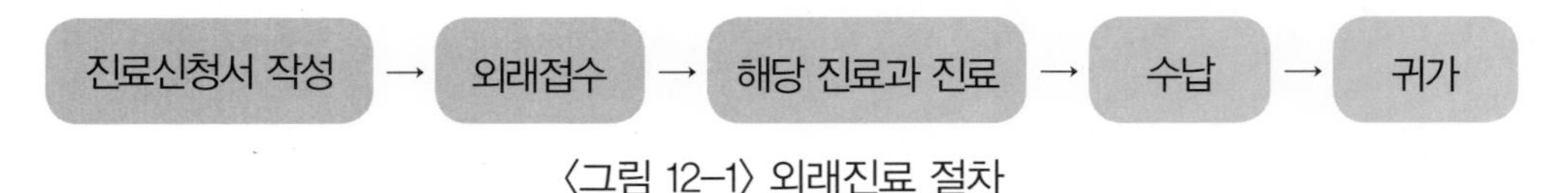

〈그림 12-1〉 외래진료 절차

가) 외래진료 절차

(1) 진료접수 : 환자가 희망하는 진료과와 담당의사를 신청하고 진료신청에 따라서 진료과 및 의사, 진료일시를 정하고 진료에 필요한 수속을 함

(2) 진료 : 진찰 후 의사의 처방에 따라 검사, 투약, 시술 등이 시행되며 입원치료가 필요한 경우는 해당 기관의 입원절차에 따른다.

(3) 진료비 계산과 수납 : 국민건강보험의 수가산정에 근거하여 초진, 재진에 따라 일정비용을 계산하여 수납한다.

나) 외래환자의 유형

병원을 처음 내원하는 환자는 진료형태에 따라 입원환자와 외래환자, 응급환자로, 내원유형에 따라 초진환자와 재진환자로, 그리고 보험급여 적용유형에 따라 일반환자, 건강보험환자, 의료급여환자, 산재보험환자, 공무상 요양환자, 자동차보험환자 등으로 구분된다.

(1) 일반환자

① 건강보험 미가입자(내국인)

② 건강보험 미 가입 외국인

③ 비급여대상자

④ 국민건강보험법 제48조에 의하여 급여가 제한된 자

(2) 건강보험환자 : 국민건강보험에 의한 가입자 또는 피부양자로서 건강보험급여 대상인 환자

(3) 의료급여환자

① 국민기초생활 보장법에 의한 수급자

② 재해구호법에 의한 이재민

③ 의사상자 예우에 관한 법률에 의한 의상자 및 의사자의 유족

④ 입양촉진 및 절차에 관한 특례법에 의하여 국내에 입양된 18세 미만 아동

⑤ 독립유공자예우에 관한 법류 및 국가 유공자 등 예우 및 지원에 관한 법률의 적용을 받고 있는 자와 그 가족으로서 국가보훈처장이 의료급여가 요하다고 요청한 자중 보건복지부장관이 의료급여가 필요하다고 인정한 자

⑥ 문화재보호법에 의하여 지정된 중요무형문화재의 보유자 및 그 가족으로서 문화재청장이 의료급여가 필요하다고 요청한 자 중 보건복지부장관이 의료급여가 필요하다고 인정한 자

⑦ 광주민주화운동 관련자보상 등에 관한 법률 제8조의 규정에 의하여 보상금 등을 받은 자와 그 가족으로서 보건복지부장관이 의료급여가 필요하다고 인정하는 자

⑧ 그 밖에 생활유지의 능력이 없거나 생활이 어려운 자로서 대통령령이 정하는 자

(4) 산재보험환자 · 공무상 요양환자

: 공무원 · 교직원 · 근로자가 사업장에서 공무 · 직무 · 업무 수행 중 그 공무 · 직무 · 업무에 기인하여 발생한 재해 또는 부상을 입은 환자로서 공무원연금법, 군인연금법, 사립학교 교직원 연금법 적용 시 공무상 요양환자이고, 그 사업장이 산업재해보상보험법 적용 대상 업체일 우는 산재보험환자가 된다.

(5) 자동차보험환자

: 자동차손해배상보장법에 의한 책임보험 또는 종합보험에 가입된 차량과 여객자동차운수사업법에 의한 공제조합에 가입한 차량으로 인하여 부상을 당한 환자로서 자동차보험회사에서 지불보증을 한 환자이다.

다) 진료예약제도

대부분의 의료기관에서는 환자들이 집중적으로 몰리는 시간대를 가능한 범위 내에서 분산 시켜 업무의 효율성을 높이기 위해 예약제도를 실시한다. 진료예약은 크게 전화예약과 방문예약, 인터넷예약으로 나눌 수 있는데, 그 과정을 요약하면 다음과 같다.

(1) 전화예약

① 전화예약센터의 상담원과 통화하여 환자질병에 적합한 진료과 및 주치의, 예약일시를 결정한다.

② 예약 당일 30분 전에 병원에 도착하여 외래원무과에 접수한다.

③ 예약일 외래내원 시 건강보험증, 요양급여의뢰서(초진의 경우)를 지참하여 원무과에 제시한다.

(2) 방문예약

① 환자 또는 보호자가 진료과로 직접 방문하여 진료과 및 주치의, 예약일시를 결정한다.

② 외래원무과 수납창구에서 진찰료 수납 후 예약 일에 내원한다.

③ 예약일 내원 시 건강보험증, 요양급여의뢰서를 지참한다(초진의 경우).

(3) 인터넷예약

① 해당 병원의 홈페이지에 접속한다.

② 진료예약 화면을 선택한 후 접속한다.

③ 환자 본인의 정보를 입력, 회원에 가입한 후 정해진 절차에 따라 진료 예약을 한다.

④ 예약 당일 30분 전에 병원에 도착하여 외래원무과에 접수한다.

⑤ 외래 내원 시 건강보험증, 요양급여의뢰서(초진의 경우)를 지참한다.

라) 진료접수

(1) 초진내원접수

① 창구직원은 진료수속절차, 방법 및 접수장소를 상세히 설명한다.

② 소정양식의 초진진료신청서를 작성한다.

③ 건강보험증, 초진진료신청서를 작성한다.

④ 건강보험증, 초진진료신청서, 진료전달계 관련서류를 받아둔다.

⑤ 환자정보와 보험내역 등을 등록하고 진찰료 수납과 함께 진료예약증, 진료비 계산서, 진료카드 또는 스마트카드를 교부한다.

⑥ 당일 진료가 안 되는 초진환자는 진료예약증을 발급한다.

⑦ 환자등록정보를 통해 의무기록과에서는 의무기록차트를 발급해 외해 각 진료과로 송부한다.

⑧ 진료접수가 끝난 환자는 진료과 외래 대기실에서 대기하고 환자 안내 전광판에 접수예약번호가 켜지면, 각 진료실별 중간 대기실로 이동 후 안내에 따라 진료 받는다.

(2) 재진내원 접수

① 기본적으로 재진환자는 예약접수를 원칙으로 하고 담당의사는 일시를 정한다.

② 당일접수는 진료카드, 건강보험증을 접수창구에 제출한다.

③ 보험자격사항을 확인하고 진찰료 수납 후 진료예약증(진료비계산서 포함)을 교부한다.

④ 의무기록과는 접수 정보를 이용하여 각 진료과로 의무기록차트를 송부한다.

⑤ 수납은 완료한 환자는 외래 진료대기실에서 대기 후 접수예약번호에 따라 진료를 받는다.

(3) 진료비 수납

① 기본 원칙은 창구 일원화제(One Stop Service) 운영으로 모든 수납창구에서 진료신청수납 예약업무가 가능하도록 하며, 전자의무기록(EMR)에 의한 무서류제(Slipless)로 운영한다.

② 예약접수 후 환자는 지정된 진료일시 예약번호에 따라 진료를 받고, 진료 후 담당의사는 환자의 각종 처방과 예약관련 정보를 입력한다.

③ 진료결과 입원조치가 필요한 환자에게는 입원결정을 입력한다.

④ 진료 후 환자는 수납창구에서 진료카드를 제시하고, 수납직원은 의사의 처방 입력정보를 토대로 한 진료비 내역을 환자에게 알려준다.

⑤ 진료비 수납 후 진료비계산서(약 교환권, 지료예약증)를 교부한다.

⑥ 약 처방전을 발행하여 원내처방 대상자는 병원약국을 통하여, 원외처방 대상자는 원외처방전 발행기(무인수납겸용)로 약제 처방전 2부를 발급 후 원외 약국에서 투약하도록 안내한다.

1.3. 입원진료

1) 입원진료의 개요

입원수속에서 병상진료, 퇴원수속까지 일련의 과정이다. 즉 입원진료는 외래 또는 응급실에서 진료를 받은 환자가 입원진료가 필요하면 담당의사는 입원진료를 권유하고 환자가 동의하면 입원결정(전산입력 또는 입원결정서)을 한다. 입원진료 결정을 받은 환자는 입원수속창고에서 입원수속 절차를 밟은 후, 배정받은 병실에 환자가 입실하면 이때부터 입원진료가 시작된다.

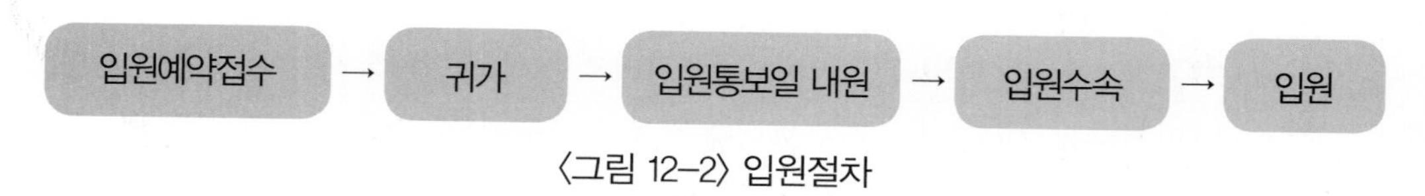

〈그림 12-2〉 입원절차

가) 입원결정 : 진료 후 담당의사가 입원이 필요하다고 판단하면 입원을 결정하고 입원결정서를 작성한다.

나) 입원예약 : 입원예약 접수 후 귀가한다.

다) 입원수속 : 입원통보를 받은 날에 병원을 방문하여 건강보험증(의료급여카드), 진료카드를 제시하고 입원서약서를 작성하면 병상배정, 입원진료 안내, 해당 부서 통보 등 일련의 과정을 거친다.

라) 입원 : 입원수속을 마치면 배정된 병동/병실에 입원하여 치료를 받는다.

마) 퇴원 : 퇴원이란 대상자가 하나의 관리단위에서 동일한 건강기관 내 또는 외부의 다른 단위로 이동하는 것을 의미하는데 일반적으로는 의료기관을 떠나 집으로 가는 것을 말한다.

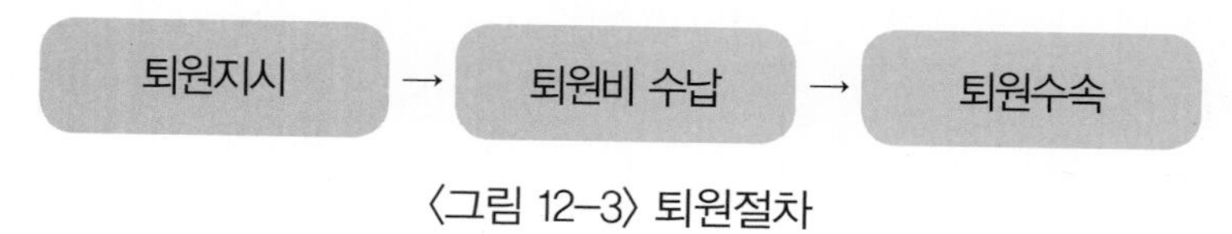

〈그림 12-3〉 퇴원절차

담당의사가 퇴원을 결정하면 간호사 · 직원의 안내에 따라 퇴원비를 수납하고 퇴원약과 주의사항을 확인한 후 귀가한다.

※전동 및 전실
여러 가지 이유로 환자가 동일기고나 내에서 이동하게 되는 경우 병동 간의 이동을 전동이라 하고, 같은 병동 내에서 병실만을 옮기는 경우를 전실이라 한다.
※전원
대상자가 한 건강기관에서 다른 건강기관으로 옮기는 것으로 일단 해당 기관에서 퇴원절차를 밟은 후 다른 병원으로 이동하게 되며 이때 환자의 의무기록이나 영상자료(X-ray, 초음파, 컴퓨터 촬영 등)도 함께 보내진다.
※가퇴원
휴일퇴원, 응급상황발생 등 어떤 이유로 퇴원 시점에 정확한 진료비 계산이 불가능한 경우 입원비, 진료비, 투약비, 검사비, 촬영비 등을 감안하여 보증금 형태로 일시 보관금을 내고 퇴원 후 다시 정산하는 것

2) 입원약정서 작성

입원약성서는 환자가 입원 수속시 필수적으로 작성해야하는 서식을 말하며,

환자가 입원생활 등 지켜야 할 의무사항 또는 협조사항을 확인하고 서명날인 하도록 구성된 서식이다. 의료기관은 환자진료를 성실하게 담당하고 환자측은 진료비를 부담하겠다고 약정하는 일종의 진료계약서라고 할 수 있다.

약정내용은 일반적으로 다음과 같다.

(1) 진료비 납부책임,

(2) 입원생활 중 귀중품 소지금지 및 분실시 책임소재,

(3) 진료진의 의학적 판단에 다른 정당한 지시에 협조,

(4) 의료분쟁시 우선적으로 의료심사조정위원회에 조정신청 협조,

(5) 소송시 관할 법원동의 등으로 당해 의료기관 설정에 맞게 필요한 약정내용을 가감하여 구성할 수 있다.

1.4. 응급환자 진료

1) 개요

급성질환이나 사고에 의한 재해로 인한 신체의 이상에 대하여 응급 처치를 신속히 행

하여 생명을 보존하고 환자의 상태를 최단시간 내에 상태를 회복시켜 치료나 수술, 재활의 효과를 높이는 응급의료를 제공한다.

응급의료통신망을 포함한 관련기관과 유기적 협조체제를 갖추고 각종 응급상황에 신속히 대응한다.

응급실에 내원한 환자는 접수 후 예진실에서 응급실 치료가 필요한지 여부에 대하여 먼저 진찰을 받는다. 진찰결과 응급진료가 불필요하다고 판단되는 경우 외래진료를 예약하거나 귀가 혹은 기타 다른 적절한 방법을 안내한다.

응급환자로 판단되면 환자의 상태에 따라 필요한 응급처치를 실시하면서 진찰 및 검사, 처치를 행하고, 진료 및 검사결과에 따라 전문 과목의 진료가 필요하다고 판단되면 해당과의 의사에게 협진을 의뢰한다. 협진결과에 따라 수술, 입원 또는 퇴원 여부가 결정된다.

응급실 내원환자는 필요한 처치가 끝나면 속히 귀가, 전원 또는 입원을 하며 응급진료 외의 목적으로 장시간 체류하여서는 안 된다. 응급환자와 응급진료의 정의는 다음과 같다.

(1) 응급환자 : 질병, 분만, 각종 사고로 인한 부상이나 기타 응급상황에서 즉시 필요한 처치를 받지 아니하면 생명을 보존할 수 없거나 기타 심신에 중대한 위해가 초래될 것으로 판단되는 환자(응급의료에 관한 법률)

(2) 응급진료 : 환자의 생명유지 및 긴급한 상태의 발생에 대하여 신속하게 의료서비스를 제공하는 것

2) 응급실 진료절차

응급실 접수 → 진찰 예진 → 비응급환자 →귀가 혹은 외래진료
↘ 응급환자 → 처치, 검사 타과협진 →귀가 혹은 입원

〈그림 12-4〉 응급진료 절차

가) 진료절차

(1) 환자가 내원하면 접수직원은 인적사항을 입력 후 진료카드를 교부한다.

(2) 입실 후 간호사에게 의무기록차트와 다른 병원 발행 진료소견서 등을 제출하고 진료자는 문진 및 활력징후를 측정하고 간호정보조사 및 기록 작성 후 당직의사에게 알린다.

(3) 당직의사는 신속하게 진료를 시작하고, 필요에 따라 각종검사 및 응급투약, 처치를 시행하고 상급전공의나 전문의에게 진료를 의뢰한다.

(4) 의사와 간호사는 환자에 대한 모든 진료기록을 양식에 따라 작성하고, 정보화면에 해당사항을 입력한다. 당직의사 및 진료를 의뢰받은 의사는 진료내용을 별도 규정하는 의무기록차트에 기록한다.

(5) 당직의사는 필요성이 인정되면, 검사, 투약, 처치오더(Order)를 내린다.

(6) 진료비 수납은 퇴원 시점에서 응급실 원무과에서 최종 수납하도록 하고 간호사는 퇴원수속 완료증을 확인한다.

(7) 병실입원은 해당 진료과 당직의사는 입원진료가 필요하다고 판단되면, 입원의뢰서를 발부하고 등록 후 입원한다.

(8) 응급수술을 하는 경우 입원수속 후 시행하며, 보호자가 없는 경우 당직의사가 원무직원과 협의하여 결정한다.

(9) 응급진료가 완료되었거나 외래진료가 가능한 환자는 귀가시킨다.

(10) 사망환자의 경우

① 도착 전 사망 (Death On Arrival, DOA) : 당직의사는 사망을 확인하고 보호자에게 알린 후 사체검안서를 작성하고, 원무과에서는 사체를 영안실로 보낸다.

② 치료 중 사망(Expire) : 당직의사는 사망을 확인하고 책임 있는 보호자에게 설명한 후, 사망 진단서를 발행하고, 원무과를 통해 사체를 영안실로 보낸다. 추후 법적인 문제 또는 분쟁이 예상될 때, 응급실장에게 보고한다.

(11) 진료 중 다른 병원으로 전원이 필요한 경우, 당직의사 또는 원무과 직원은 이송 예정 병원에 사전 연락을 하여 수용약속을 받는다.

(12) 응급의료 관리료 산정대상 응급증상 : 응급의료에 관한 법률시행규칙 응급증상 및 이에 준하는 증상(제 2조 제1호)에 따른다.

3) 응급환자 진료

응급환자란 질병, 분만, 각종 사고로 인한 부상이나 기타 응급상황에서 즉시 필요한 처치를 받지 아니하면 생명을 보존할 수 없거나 기타 심신에 중대한 위해가 초래 될 것으로 판단되는 환자를 말하며 응급의료에 관한 법률에 해당되는 환자를 말한다.

가) 응급실 내원환자는 접수 후 예진실에서 응급실 치료가 필요한지 여부에 대하여 먼저 진찰을 받으며, 진찰결과 응급진료가 불필요하다고 판단되는 경우 외래진료를 예약하거나 귀가 혹은 기타 다른 적절한 방법을 안내한다.

나) 응급환자로 판단되면, 환자의 상태에 따라 필요한 응급처치를 실시하면서 진찰 및 검사, 처치를 행하고, 진료 및 검사결과에 따라 다른 전문 과목의 진료가 필요하다고 판단되면, 해당과의 의사에게 협진을 의뢰한다. 협진결과에 따라 수술, 입원 또는 퇴원 여부가 정해진다.

〈표 12-1〉 응급증상

증상분류	증 상
신경학적 응급증상	급성의식장애, 급성신경학적 이상, 구토 의식장애 등의 증상이 있는 두부손상
심혈관계 응급증상	심폐소생술이 필요한 증상, 급성호흡곤란, 심장질환으로 인한 급성 흉통, 심계항진, 박동이상 및 쇼크
중독 및 대사장애	심한 탈수, 약물·알콜 또는 기타 물질의 과다복용이나 중독, 급성 대사장애(간부전·신부전·당뇨병 등)
외과적 응급증상	개복술을 요하는 급성 복증(급성복막염·장폐색증·급성 췌장염 등 중한 경우에 한함) 광범위한 화상(신체 표면적의 18% 이상) 관통상, 개방성 다발성 골절 또는 대퇴부 척추의 골절, 사지를 절단할 우려가 있는 혈관손상, 전신마취 하에 응급을 요하는 종양, 다발성 외상
출혈	계속되는 각혈, 지혈이 안 되는 출혈, 급성위장관출혈
안과적 응급증상	화학물질에 의한 눈의 손상, 급성시력소실
알러지	얼굴부종을 동반한 알러지 반응
소아과적 응급증상	소아 경련성 장애
정신건강의학과적 응급증상	자신 또는 다른 사람을 해할 우려가 있는 정신장애

〈표 12-2〉 응급증상에 준하는 증상들

증상분류	응급증상
신경학적 응급증상	의식장애, 현훈
심혈관계 응급증상	호흡곤란, 과호흡
외과적 응급증상	화상, 급성복증을 포함한 배의 전반적인 이상증상 골절 외상 또는 탈골, 그밖에 응급수술을 요하는 증상, 배뇨장애
출혈	혈관손상
소아과적 응급증상	소아경련 , 38도 이상의 소아고열 (공휴일 야간 등 의료서비스가 제공되기 어려운 때에 8세 이하의 소아에게 나타나는 증상을 말함)
산부인과적 응급증상	분만 또는 성폭력으로 인하여 산부인과적 검사 또는 처치가 필요한 증상
이물에 의한 응급증상	귀, 눈, 코, 항문 등에 이물이 들어가 제거술이 필요한 증상

1.5. 선택진료

1) 선택진료의 개념

선택진료(특진)란 환자 또는 그 보호자가 특정한 의사를 선택하여 진료를 받는 제도이다. 선택진료(특진)를 원하는 경우 '선택진료신청서'를 작성하여 신청한다.

〈표 12-3〉 선택진료

선택 진료 대상 의사(보건복지부령 제174호)
• 전문의 자격취득 후 10년이 경과한 의사 또는 전문의로서 의사면허취득 후 15년이 경과한 의사 • 대학병원 또는 대학 부속한방병원의 조교수 이상자 • 면허취득 후 15년이 경과한 치과의사 및 한의사 • 선택대상의사 진료비는 보건복지부의 추가비용항목과 산정기준에 따라 환자가 전액 본인 • 부담한다.

2) 선택진료서 작성

일부 의료기관에서 시행하던 지정 진료 제도의 운영근거인 [지정진료에 관한 규칙]이 의료법에 근거없이 하위법령인 보건복지부령에 의해 운영됨에 따라 지정진료제도를 폐지하고 선택진료제도를 도입하게 되었다.

선택진료란 의료법 제 37조 2의 규정에 의거 환자 및 그 보호자가 병원급 이상 의료기관에서 선택진료의사 등을 지정하여 진료를 받는 것을 말한다. 선택진료의 주요 골자를 요약하면 다음과 같다

가) 선택진료 의료기관의 장은 전문의 자격 취득 후 10년이 경과한 의사, 면허취득 후 15년이 경과한 치과의사, 한의사, 대학병원의 조교수 이상인 의사 등이 80%의 범위 안에서 추가 비용을 징수 할 수 있는 의사 등을 지정하도록 한다(규칙 제4조).

나) 선택진료 의료기관의 장이추가비용을 징수할 수 있는 진료항목을 진찰, 의학 관리 및 마취 등 11개 항목으로 하고 진찰의 경우 추가 비용금액을 국민건강보험법에 의하여 보건복지부 장관이 고시하는 요양급여의 내역 중 진찰료의 55% 이내의 범위 안에서 의료기관의 장이 지정하는 금액으로 추가비용의 진료항목 및 산정기준을 정한다(규칙 제5조 제3항 및 별표).

다) 선택진료 의료기관의 장은 추가비용을 징수하는 선택진료를 담당하는 의사 등을 명단 및 경력, 추가비용금액 등을 환자 측이 쉽게 볼 수 있는 장소에 게시 또는 비치하도록 한다(규칙 제6조).

라) 환자 측이 병원급 이상 의료기관에서 의사를 선택하여 진료를 받거나 이를 변경 또는 해지하고자 하는 경우에는 신청서를 해당 의료기관의 장에게 제출하거나 통신매체를 이용하여 신청할 수 있도록 한다(규칙 제2조).

1.6. 의무기록본 발급

1) 사본발급에 필요한 서류

가) 사진이 부착된 신분증 또는 신분증 사본

나) 친족관계증명서(환자본인과의 관계가 명시되어야 함)

(1) 건강보험증은 친족관계가 입증되지 않으므로 인정되지 않음

(2) 의무기록사본 발급일 기준 3개월 이내에 발급받은 것만 인정함

다) 자필서명이 있는 동의서 및 위임장(도장 및 지장은 인정되지 않음)

동의서에는 사본을 발급받는 범위(날짜, 기록지 범위 등)를 구체적으로 명기해야한다.

라) 사망, 의식불명인자, 미성년자 등의 경우에는 법정 대리인이 대신할 수 있다.

〈표 12-4〉 의무기록본 발급

신청자	필요한 서류
환자본인	사진이 있는 신분증
친족(배우자, 직계존속, 직계비속, 배우자의 직계존속)	신청자의 신분증 또는 사본 친족관계증명서 (가족관계서류, 주민등록등본 등 친족임을 입증할 수 있는 서류) 환자가 자필서명한 동의서 환자의 신분증 사본 ※형제·자매는 〈환자의 대리인〉 기준으로만 발급가능(친족기준에 해당 안 됨)
환자 대리인 (형제, 자매, 보험회사 등)	신청자의 신분증 또는 사본 환자가 자필서명한 동의서 환자가 자필 서명한 위임장 환자의 신분증 사본

환자의 동의를 받을 수 없는 경우는

(1) 환자가 사망한 경우

(2) 환자가 의식불명 또는 의식불명은 아니지만 중증의 질환 · 부상으로 자필서명을 할 수 없는 경우

(3) 환자가 행방불명인 경우

(4) 환자가 의사무능력자인 경우이다.

환자가 미성년자일 경우에는

환자본인, 환자친족(배우자, 직계존속, 직계비속, 배우자의 직계비속, 배우자의 직계존속), 환자대리인(형제 · 자매, 보험회사 등)이 법정대리인으로 대신할 수 있다.

2. 진료지원 서비스 (약무, 진단방사선, 진단검사, 검사실, 재활의학실, 영양관리 등)

1) 약제부

약제부는 병원에서 사용하는 의약품을 전문적으로 취급하고 약사의 전문적 능력에 의해 병원의 기능에 기여한다. 주로 담당업무로는 약품관리, 조제, 제제, 시험, 약품정보 외에 교육과 연구 등이 있다. 즉 병원약국의 주요 업무로서는 우수한 품질의 약품을 구입하고 적절하게 관리하여 필요한 때, 원활하게 보급하는 약품관리 업무와 같은 사무적 기능과, 약품을 조제하고 필요한 약을 제제 하고 실험에 의한 품질을 확보하는 기술적 기능, 의약정보를 제공하고 의약품에 대한 자문역할과 영양요법과 종양약학, 임상약동학 자문업무 등에 있어 지도적 기능을 하며 약품과 관련된 3가지 기능의 업무가 유기적으로 연결되어 있다.

가) 주요활동내용

(1) 약물정보

① 의약품 사용에 관한 질의 · 응답 업무

② 의약품 정보의 수집, 정리, 관리 업무

③ 약사, 신입약사, 실습생 대상 교육계획 작성 및 진행업무

④ 의약품집, News letter 발행업무

⑤ 약사위원회 관련업무

⑥ 임상시험약 관리업무

⑦ 임상지원업무

(2) 약무행정

① 원내 약품에 관한 청구, 수령 및 사용부서에의 불출, 관리

② 매월별 및 회계연도별 약품의 입출고 현황에 관한 회계보고

③ 약품 및 행정관련 원내 · 외 공문접수, 서류작성, 발송에 관한 업무

④ 소모부진 약품의 반품 및 교환업무

⑤ 약품변경 시 관련부서 공지업무

⑥ 신약에 대한 코드설정 및 관련부서 공지업무

(3) 조제

① 조제에 사용하는 약품의 청구, 수령, 관리업무

② 원외처방전 관련 문의 접수 및 회신업무와 관리(외래)

③ 비치약품, 소모약품의 사용승인 및 불출

④ 마약류 약품의 관리

⑤ 부서 내 일반비품, 소모품, 장비 관리에 관한 사항

⑥ 처방전 분류, 정리, 보관에 및 제반서류 관리에 관한 사항

⑦ 신입직원 실무교육에 관한 사항

(4) 특수조제

① 원내제제의 공급, 보관 및 허가, 관리에 관한 사항

② 고영양 수액제와 항암제 조제 및 투약에 관한 사항

③ 항암제 투여환자의 복약지도에 관한 사항

④ 유해화학물질 안전 관리에 관한 사항

⑤ 약사 실무교육에 관한 사항

(5) 외래약국의 업무

: 외래약국은 2000년 7월 실시된 의약분업에 의해 외래환자의 원외 처방전 발행이 의무화됨에 따라 업무에 큰 변화가 생겼다.

① 원외처방전 관리 업무

② 의약분업 예외 환자의 조제, 감사, 투약업무

③ 복약지도 및 상담업무

2) 병리파트

병리과는 환자로부터 수술, 생검, 천자 또는 도말 등으로 얻어지는 모든 조직이나 세포의 병리학적 검사를 통해 형태학적 및 기능적인 소견을 분석함으로써 질병의 원인과 발병기전을 밝히고 임상진단을 확진하며, 질병의 병리학적 정보를 제공함으로써 치료방침을 결정하고 예후판정에 도움을 주며, 치료의 적정성 여부를 판단할 수 있는 근거를 제

공한다. 또 사망한 환자의 부검을 실시하여 사인을 규명하는 업무를 담당하며 병리보고서의 기록은 질병분류 및 등록, 통계의 근간이 되며, 질병연구의 토대가 되는 중요한 기초를 제공한다.

3) 재활의학파트

넓은 의미의 재활치료란 장애를 가진 사람이 가질 수 있는 최적의 신체적, 감각적, 지능적, 심리적, 사회적 수준을 성취하고 유지하려는 노력으로 수행하는 모든 치료를 말한다. 또한 장애가 없더라도 통증이나 일시적 질환, 외상 등으로 인해 환자가 영위하는 삶의 질이 떨어질 때, 이를 회복시키기 위한 모든 치료를 뜻한다.

치료 중심의 의학이 약물이나 수술적 용법을 주로 사용하는 데 반하여, 재활치료는 신체 기능을 회복, 유지시키기 위해 환자의 활동에 대해 중재를 시행하고 물리적 자극을 이용하여 치료하는 것을 뜻한다.

(1) 주요활동내용

① 뇌질환 및 손상의 재활과 교육
② 척수 손상, 중추 및 말초신경 손상 재활 및 교육
③ 골절, 탈구, 염좌를 포함한 근 · 골격계 질환 재활 및 교육
④ 만성 통증 재활 및 교육
⑤ 화상이나 동상의 재활 및 교육
⑥ 호흡기 또는 순환기 장애의 재활 및 교육
⑦ 노인 질환 재활 및 교육
⑧ 스포츠 손상 재활 및 교육
⑨ 암 환자 재활 및 교육
⑩ 중추 및 말초신경계를 위한 정기진단

4) 영상의학파트

영상의학과는 입원 및 외래환자를 대상으로 방사선, 초음파, 고주파, 자장 등을 통해

영상을 획득하여 저장하고 진단하며, 이를 통하여 중재적 방사선시술(Intervention)도 시행한다.

가) 주요업무내용

(1) X-ray, CT, MRI, MRA 등의 장비를 조작한 검사 시행
(2) 검사를 위한 환자 교육
(3) 촬영 결과의 정리 및 보고(의료영상의 전송을 포함한 촬영결과의 정리 및 보고)
(4) 주기적 장비 관리
(5) 검사관련 비품, 기구, 재료, 방어복, 환의 등의 관리
(6) 필름 copy, 필름이송, 이동 촬영 등을 수행
(7) 신입직원 및 학생, 실습생 등의 교육

5) 진단검사파트

진단검사의학과는 입원 및 외래환자를 위하여 광범위한 각종 검사업무를 수행하며 분야에 따라 일반 및 특수화학검사, 혈액검사, 미생물검사, 혈액은행검사, 면역혈청검사, 세포유전 및 세포면역검사, 분자유전검사 등을 실시한다. 또한 혈액원에서 수혈을 위한 안전한 혈액을 공급하고 사랑의 헌혈도 받고 있다.

(1) 각종 혈액검사를 위한 채혈
(2) 각종 미생물 검사(객담, 소변, 대변, 체액 및 조직)
(3) 염색체, 혈액종양 및 감염증 진단을 위한 검사
(4) 검사의 판독 및 해석
(5) 검사결과 입력 및 통보
(6) 뇌파검사, 심전도 등의 검사시행
(7) 수혈검사 및 관리

6) 영양파트

입원환자에게 담당 주치의의 질병치료에 필요한 적정한 영양을 섭취할 수 있는 식사처

방에 의해 적절한 식사를 계획하고 조리 · 생산하여 제공하여 주는 급식서비스 업무와 환자의 영양상태평가, 영양치료계획과 수행, 영양교육 및 영양지원 등의 임상영양서비스 업무를 통해 환자의 영양상태를 개선시켜 직 · 간접적인 치료효과를 증진시켜 주는 역할을 담당한다.

가) 주요활동내용

(1) 일반 환자들과 병원 전 직원의 식단 구성과 제공
(2) 담당의의 처방에 따른 치료식이 제공
(3) 일반 환자의 만족도 상승을 위한 선택식이와 특별식이 개발 및 제공
(4) 영양 만족도 조사
(5) 영양불량 환자 선별, 관리
(6) 영양지표 및 영양교육
(7) 식단 개발
(8) 배식 및 수거
(9) 재료의 검토 및 관리
(10) 조리도구 및 환경관리

7) 의무기록파트

환자의 진료기록과 정보를 안전하게 보관, 관리, 생성하고, 그 기록과 정보가 환자와 병원, 의료진과 경영진을 위하여 유용하게 사용되도록 한다. 주요 업무로는 이래환자 의무기록 관리, 입원환자 의무기록 대출, 퇴원환자 의무기록 수집 및 편철, 영상의무기록(Image Chart)관리, 질병 및 수술 처치 분류, 의학연구검색, 통계 및 정보 생성, 미비기록 관리, 진단서 발급, 의무기록사본 발급 등이 있다.

8) 감염관리파트

환자 및 직원의 감염을 예방하고 감염전파를 차단하기 위하여, 감염감시 및 감염예방에 관한 업무를 수행하고, 법정전염병에 대한 예방조치 및 관리를 수행한다.

주요 업무로는 의료 관련 감염 예방 및 관리, 감염감시, 교육, 감염관리에 대한 자문, 병원직원의 감염관리, 감염관리 프로그램 적용 및 평가 등이 있다.

2. 종합검진 서비스

건강검진이란 건강상태 확인과 질병의 예방 및 조기발견을 목적으로 진찰 및 상담, 이학적 검사, 진단적 검사, 병리검사, 영상의학검사 등 의학적 검진을 시행하는 것을 말한다.

1) 종합검진의 개념

종합적으로 건강상태를 파악하고 질병 유무를 알아내는 검사로 특정한 질병의 유무를 알아내기 위해 실시하기도 하지만 근본적인 건강검진의 목적은 조기 진단과 조기 치료에 목적을 두고 있다.

종합건강검진은 질병의 위험인자를 발견하거나 무증상 상태에서 질병을 조기에 발견하기 위하여, 이른바 1차 및 2차적 예방을 위한 서비스를 말한다. 즉 증상이 없는 사람을 대상으로 질병을 초래하는 위험요소를 찾아내고 질병초기의 무증상 시기에 질환을 발견하기 위한 예방목적으로써 여러 분야의 건강검진항목을 체계적으로 시행하는 것을 말한다.

2) 건강검진의 유래

'Human Dock'라는 말에서 유래되었는데 항해를 마친 선박이 부두에 들어와 기계를 점검하는 것처럼 인간도 일정한 기간마다 건강을 점검해야 한다는 비유에서 비롯되었다.

3) 종합검진서비스의 이해

종합 검진의 경우 빈혈과 결핵, 고혈압, 당뇨병, 뇌혈관 질환, 간염 및 만성 간질환, 암 등의 질환을 살펴보기 위한 전반적으로 획일화 된 검사항목들로 구성된 경우가 대부분이었으나 최근 들어 세계화 추세인 고령화와 경제수준 향상으로 인한 건강에 대한 관심 및 수요 증대로 건강검진을 실시하는 연령대와 검진항목이 다양해지고 세분화되면서 종합검진 패키지가 다양해지고 있다.

건강검진을 받고자 하는 사람의 성별, 연령에 따라 다양한 방법과 항목으로 시행할 수 있다. 종합검진은 주로 의료장비에 의존하는 것이므로 위험부담이 적고 생명과 직결된다는 생각을 하지 않으므로 비교적 쉽게 접근하는 의료서비스 중 하나이다. 국내 외국인환자 유치실적에서 보다시피 건강검진은 2009년 2위, 2010년 3위로 외국인환자가 많이 찾는 의료관광상품 중 하나이다.

4) 종합검진의 기능

가) 정기적인 건강검진은 현재의 건강상태에 대한 객관적인 정보를 제공하고, 건강행위 실천을 위한 동기를 부여하며, 건강행위가 습관화되는데 도움을 준다.

나) 질병의 전조증상이 될 수 있는 신체변화의 이상소견을 차장내고 생활습관 개선 등을 통해 이를 개선함으로써 질병의 발생을 사전에 예방할 수 있다.

다) 정기검진을 통한 조기발견으로 최상의 치료효과를 얻을 수 있다.

라) 조기발견, 조기치료를 통해 치료과정에서의 고통을 경감할 수 있고 의료비의 절감효과도 얻을 수 있다.

5) 건강검진의 항목과 직장인 법적 건강검진의 종류

건강검진은 국가와 지방자치단체에서 시행하는 건강검진과 각 의료기관에서 일반인을 대상으로 하는 종합건강검진으로 분류할 수 있다.

우리나라에서 실시하고 있는 직장인의 공통적인 건강진단으로는 근로자의 일반건강진단 및 특수건강진단을 들 수 있는데 관련 근거를 살펴보면, 국민건강보험법 제47조 및 산업안전보건법 제43조로 파악된다. 직장인을 대상으로 건강진단을 실시하는 목적으로는 일반건강진단의 경우는 질병의 조기발견 및 조기치료로 국민의료비 절감과 질병의 사전예방으로 국민건강수준을 향상시키기 위함이며, 특수 건강진단은 소음, 분진, 유해화학물질 등 유해인자에 노출되는 업무종사 근로자의 질환을 예방하고 근로자 건강보호 유지에 적합하도록 하기 위함이다.

6) 종합 건강검진의 구성

가) 기본검사

전반적인 몸 상태를 알아보는 기초 검사이다.

(1) 신체계측(신장, 체중, 체성분) 검사

① 혈압(Blood pressure)검사

② 시력(Visual acuity)검사

③ 청력(Audiometry)검사

④ 안저(Funduscopy)검사

⑤ 치과(구강, Dental examination)검사

⑥ 혈액검사(Blood test)

(2) 대소변 검사(Stool/Urine examination)

(3) 심전도(ECG, Electrocardiogram)검사

(4) 흉부 X선 촬영(Chest x-ray)검사

(5) 복부 초음파(Abd, Sono, Abdomen ultrasonograpy)검사

① 위 내시경 검사(Endo, Endoscopy, Gastroscopy)

② 여성의 경우 자궁경부암(Pap, Pap smear)검사, 유방 X선(Mammography)검사 추가

③ 의사 문진(History talking)

(6) 정밀검사

호흡기(respiratory organ), 소화기(digestive organ), 심혈관(cardiovascular organ), 뇌(brain), 등 신체 각 분야를 보다 세밀하게 보는 검사이다. 추가검사는 지속적으로 증가하는 추세이고, 그에 따른 종합검진 비용도 상승하고 있다.

나) 각종 정밀(암) 혈액 검사

(1) PSA(전립선 암)검사

(2) CEA(대장암)검사

(3) CA-125(난소암)검사

(4) CA19-9(췌장암)검사

(5) 폐암(Cyfra 21−1)표시자 검사(일명 Tumor marker라 부름)

① 초음파(ultrasono) 검사

− 갑상선 검사

− 유방(breast, 여) 검사

− 경동맥(carotid artery) 검사

− 심장(heart) 검사

− 전립선(prostate gland, 남) 검사

− 자궁(uterus, 여) 검사

② CT(Computed Tomography)

뇌, 흉부, 복부, 흉추, 요추, 경추, 관상동맥, 심장

③ 대장내시경 검사

④ 뇌 검사

⑤ 골밀도 검사

뇌혈류(TCD, transcranial doppler ultrasonography) 검사

− 뇌혈류 검사

− 스트레스 검사

− 항산화 검사

− 모발 미네랄 검사

− 동맥경화 검사

− 스켈링 검사

⑥ 의사 문진

(6) 특화 검사

몸 전체가 검사를 하는 것이 아닌 의심스러운 증상이 있었거나 평소 염려되었던 부위만 정하여 그와 관련된 검사만 집중적으로 받는 것이다.

① 소화기 정밀

② 심장 정밀

③ 폐 정밀

④ 뇌 정밀

⑤ 부인과, 여성 정밀, 남성 정밀 등

(7) VIP 검진

몸 전체의 상태를 알아볼 수 있도록 고가의 장비와 전반적인 검사를 모두 포함시켜 많은 항목과 높은 가격대를 형성하는 검진으로 주로 1박 2일 또는 2박 3일의 숙박을 함께하는 검진 형태이다. 의료관광을 오는 외국인환자가 많이 시행하는 검진이다.

7) 건강검진 프로그램

가) 기본건강검진 : 성인을 대상으로 성인병 예방과 조기진단을 목적으로 실시하는 건강검진 프로그램을 말한다.

검사항목으로는 혈압 및 신체계측, 안과검사, 치과진찰, 혈액, 소변, 대변검사, 심전도, 흉부촬영, 상복부 초음파, 위내시경 검사 등이 있으며, 여성의 경우 자궁암 검사, 유방암검사 등이 포함된다.

나) 정밀프로그램 : 기본검사항목 외에 수검자의 가족력과 건강에 대한 관심분야를 중심으로 장기별, 질환별로 집중적으로 검사하는 프로그램이다.

주요 검사항목은 암정밀검사, 뇌정밀검사, 심장혈관정밀검사 등이다.

다) 기타 차별화된 건강관리를 원하는 고객을 위한 프리미엄 프로그램이 있으며, 소화기계나 순환기계 등 특정부위를 집중적으로 검사하는 특화프로그램 등이 있다.

8) 종합검진 고객관리

(1) 환자의 상태 관찰

매 검사 전 검사의 목적, 내용, 방법 등에 대해서 충분한 설명을 하고 중간중간 환자의 기분이나 신체 컨디션에 대한 체크를 해야 한다. 검사로 인해 일어날 수 있는 증상들에 대해 미리 설명하고 환자의 비언어적인 표현에도 민감해야 한다.

① 낯선 환경에 대한 스트레스 최소화

② 기본적인 언어소통은 가능하도록 준비하고 환자의 비언어적인 부분에도 집중하여 고객의 불편을 최소화

③ 많은 비용을 지불한 환자가 대접받는다는 느낌을 받도록 서비스

(2) 결과 통보

① 검진 당일 결과 안내는 최대한 가능한 선까지 지킨다.

② 검사의 특성상 시일이 소요되는 검사에 한해서는 정확한 이유 안내와 추가 안내가 가능한 날짜를 정확히 알려준다.

③ 가급적이면 의사와 직접 결과 상담을 하고 가도록 유도한다.

④ 개인 사정으로 인해 직접 들을 수 없고 결과지를 우편으로 보내주어야 하는 경우에는 결과지를 해당 환자의 언어로 준비해준다.

⑤ 결과에 따라 추가 설명이 필요한 경우는 꼭 사전에 메일이나 전화를 이용하여 사전 안내를 한다.

(3) 마무리

① 건강검진 중 불편했던 검사는 상황에 대한 고객의 의견을 확인한다.

② 환자(고객)가 고국으로 돌아갔을 때 불편함은 없었는지 체크한다.

③ 결과에 따라 F/U(Follow Up)이 있다면 그 시점에 연락을 취한다.

④ 결과에 이상이 없었던 고객에게도 연령에 따라 필요한 정기 검사에 대한 안내를 지속적으로 해 준다.

⑤ 검진 후 3개월, 6개월, 1년 단위로 환자(고객)가 편리한 방법으로 지속적인 고객관리를 실시한다.(우편, 메일, 전화, SMS 등)

9) 종합건강검진의 중요성과 과제

종합건강검진의 중요성은 특정 질병의 유무를 알아내는 것으로 조기진단과 조기치료에 목적을 두고 있다. 종합건강검진은 주로 비교적 정확한 진단이 이루어질 수 있는 질환, 발병 수준이 높다든지 사망원인으로 점유율이 높거나 후유증, 부작용이 심한 질환의 조기발견과 조기치료가 목적으로서 조기검사로 인한 치료결과가 효과적인 질환 등을 대상으로 실시된다.

종합검진을 받는 대부분은 대상자들은 예방적인 건강행위에 대한 교육을 제공받고, 질병의 조기진단은 물론 건강위험요인에 대한 이해와 금주, 금연, 식이요법, 운동 등을 포함한 생활습관 전반에서 비롯된 위험인자에 대한 발견과 제거가 포함된다. 또한 건강검진 이후에 맞춤형 설명 및 건강상담을 통하여 종합건진 후 개개인 별로 건강위험인자를 평가하고 검사별 자세한 검사설명과 함께 관리방법을 설명하여 질병으로의 노출을 줄이도록 한다. 이것은 더 나아가 개인별 주치의 또는 기업별 주치의 개념의 종합건강검진서비스로의 전환을 요구하고 있다.

▶환자관리 서비스는 크게 외래진료, 입원진료, 응급환자 진료, 선택진료로 나뉜다.

▶외래진료는 외래환자의 진료와 관련된 진료수속과 진료절차에 대한 업무 및 진료비 계산과 수납에 관한 업무를 포함하며 일반외래, 특수외래, 건강검진 등이 있다.

▶입원진료는 입원수속에서 병상진료, 퇴원수속까지 일련의 과정이다.

▶응급진료는 환자의 생명유지 및 긴급한 상태의 발생에 대하여 신속하게 의료서비스를 제공하는 것이다.

▶선택진료란 환자 또는 그 보호자가 특정한 의사를 선택하여 진료를 받는 제도이다.

▶진료지원서비스는 약제부, 병리 · 영상의학, 진단검사, 영양, 의무기록, 감염관리파트 등으로 나뉜다.

▶종합검진서비스는 건강상태확인과 질병의 예방 및 조기발견을 목적으로 진찰 및 상담, 이학적 검사, 진단검사, 병리검사, 영상의학 검사 등 의학적 검진을 시행하는 것을 말한다.

▶제증명이란 의사가 환자를 진찰 도는 검사하고 그 결과를 종합하여 생명이나 건강상태를 증명하기 위해 작성한 의학적 판단서로서 사회적 · 법적으로 공문서의 효력을 지닌다. 제증명에는 각종 진단서 및 감정서, 의사소견서, 진료확인서 등이 있다.

▶외래원무관리의 주요목표는 외래진료의 대기시간 단축 및 진료 각 과와의 유기적인 협조체제 유지, 정보입력 및 수납 등 정확한 업무처리, 진료수익의 누락방지 등이다.

▶의식장애, 현훈, 호흡곤란, 과호흡, 혈관손상은 응급증상에 준하는 증상으로 분류된다.

▶진료예약제도란 대부분의 의료기관에서 환자들의 집중적 쏠림현상을 해결하기 위한 방안으로서 집중적으로 몰리는 시간대를 가능한 범위 내에서 분산시켜 업무의 효율성을 높이는 목적으로 실시되었다.

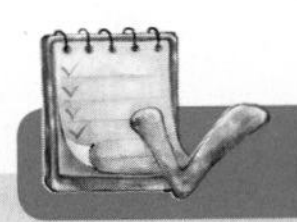

알아두면 좋아요!

국민건강보험의 5대암 건강검진

우리나라 국민건강보험에서는 중장년층 가입자를 위하여 우리나라 국민에게서 가장 많이 발생하는 다섯 가지 암에 대하여 건강검진 서비스를 제공하고 있다. 5대암에는 어떤 것들이 있고, 대상자는 어떻게 되는지 알아두자.

1. 위암 검진

만 40세 이상 남녀는 증상이 없어도 2년마다 위장조영검사 또는 위내시경 검사를 선택하여 받을 수 있다.

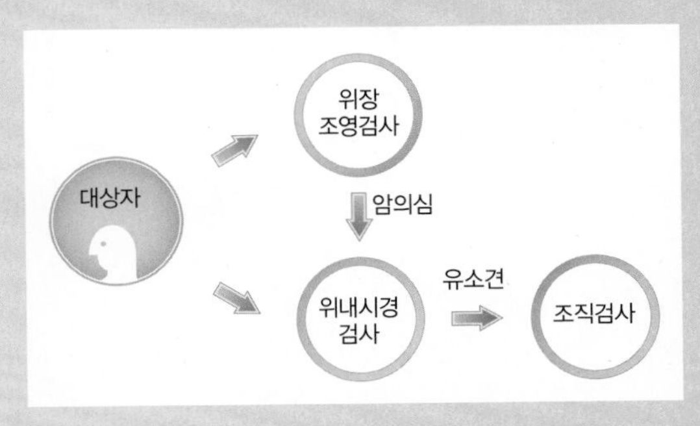

2. 대장암 검진

만 50세 이상 남녀는 1년마다 분변잠혈검사(FOBT)를 받은 후 양성판정자는 대장내시경 또는 대장이중조영검사를 선택하여 받을 수 있다.

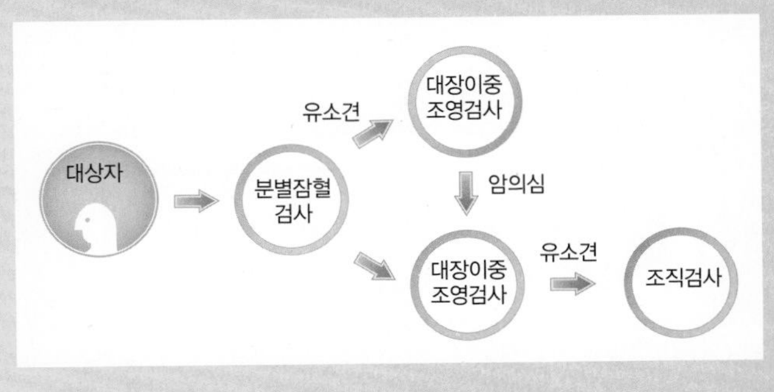

3. 간암 검진

만 40세 이상 남녀 중 간암발생 고위험군*에 해당되는 아래 대상자는 간 초음파검사와 혈액검사(혈청알파태아단백검사)를 받을 수 있다.

*〈고위험군 기준〉
- 해당연도 이전 2개년도 보험급여 내역 중 간암 발생 고위험군(간경변증, B형 간염 바이러스 항원 양성, C형 간염 바이러스 항체 양성, B형 또는 C형 간염 바이러스에 의한 만성 간질환 환자)
- 과년도 일반건강검진 결과 B형 간염 바이러스 표면항원 양성자 또는 C형 간염 바이러스 항체 양성자
- 단, 아래상병으로 2년 이내에 의료이용을 한 경우에는 대상에서 제외
  - C22.0에 해당하는 간ㅁ세포 암종, 간세포성 암종, 간암
  - C22.1에 해당하는 간내담관 암종, 담관암종

4. 유방암 검진

만 40세 이상 여성은 2년마다 유방촬영 검사를 받을 수 있다.

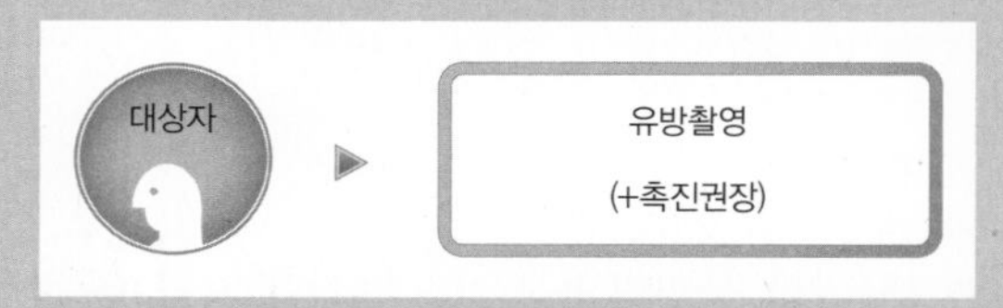

5. 자궁경부암 검진

만 30세 이상 여성은 2년마다 자궁경부세포검사를 받을 수 있다.

출처 : 국민건강보험공단 홈페이지. http://hi.nhis.or.kr (2014.3.5. 접속)

제 13 장 의료서비스의 이해

- 서비스의 개념을 이해한다.
- 의료서비스의 개념을 이해하고 유형을 학습한다.
- 의료서비스의 특성을 이해한다.
- 의료서비스 특성에 따른 문제점을 파악하고 해결방안에 대해 학습한다.
- 국가별 의료와 다양한 문화 특성을 이해하고 학습한다.

1. 서비스의 이해

서비스란 미국마케팅협회(American Marketing Association：AMA)의 정의에 따르면 "판매를 목적으로 제공되거나 상품판매와 연관되어 제공되는 모든 활동이나 편익"을 서비스라 정의하고 있다.

한편, "판매를 목적으로 제공되거나 상품판매와 연계해서 제공되는 제반활동, 편익 및 만족을 의료서비스"라고 정의하며, 의료서비스상품이란 시장에서 특정한 가격으로 판매되는 무형의 상품을 서비스 상품이라 한다.

일반적인 서비스의 대표적인 특성으로, 무형성(Intangibility), 동시성(Simultaneity), 이질성(Heterogeneity), 소멸성(Perishability)의 4가지 속성이 있다.

1.1. 보건의료서비스

보건의료서비스란 질병의 치료 · 간호 · 예방 · 관리 및 재활을 주체로 하는 의료서비스에 건강유지, 증진을 포함한 포괄적 의료서비스를 말한다.

보건의료 종사자가 서비스의 공급자이면서 그 기능을 효과적으로 제공하기 위해서는 공적 · 사적조직, 지방 · 국가의 행정기관이 관여하여 주도적으로 그 역할에 힘을 쏟는다.

의료서비스는 무엇보다도 질적 수준이 높아야하며 각 보건의료 종사자들의 고도의 지식, 전문적 능력 · 기술이 요구된다. 그리고 의료서비스는 인재, 자재, 경제력 자원의 차원에서 양적으로도 충분해야 한다. 이러한 서비스는 일관성과 포괄성, 보편성, 접근성이 있어야 하며, 그 모든 요소를 유지하기 위해서는 의료서비스 조직 전체의 체계화와 조직화가 선행되어야 한다. 그리고 그 내면에는 공급자와 서비스를 받는 사람 간의 절대적 신뢰관계가 뒷받침되어야 한다.

1.2. 의료서비스의 개념

서비스는 물적인 제품이나 구조물이 아니며 일반적으로 생산되는 시점에서 소멸되고 구매자에게 편리함, 즐거움, 적시성, 편안함 또는 건강과 같은 무형적인 부가가치를 제공하는 모든 경쟁적인 활동을 포함한다(Quinn, 1987).

Bruhn과 Geogri(2006)는 서비스를 과정(Process)으로 정의하고 서비스의 특성을 다음의 6가지로 제시했다.

가) 서비스는 무형이다.

무형성은 제품처럼 객관적으로 제시하거나 만져볼 수 없다는 것이다.

나) 서비스는 저장할 수 없고 사라지는 것이다.

소멸성은 사용자와 제공자가 동일한 공간과 정해진 시간이라는 제약 속에서 서비스상품을 주고받지 못할 경우 그 가치는 영원히 상실하게 된다는 것이다.

다) 서비스의 무형적인 특성 때문에 다른 곳으로 옮겨질 수 없다.

라) 서비스는 소비와 생산이 동시에 일어난다(서비스에서는 소비자가 생산의 과정에 참여한다).

동시성은 제조품의 경우 각 공장에서 공정과정을 거쳐 생산되는 생산시점과 판매과정을 거쳐서 소비자에게서 소비되는 시점이 서로 다르지만, 서비스 상품에 있어서는 생간과 소비가 동시에 같은 날, 같은 장소에서 이루어지고 소비자도 이 생산과정에 직접 참여하게 된다는 것이다.

마) 서비스는 이질적 속성을 가지고 있으므로 고객마다 서비스는 다를 수 있다.

이질성은 생산과 소비의 과정에 있는 모든 서비스 상품이 공장에서 획일적으로 생산되는 제조품의 경우와 같이 동일하지 못하고 서로 다르다는 것이다.

1.3. 의료서비스의 정의

의료서비스란 진단, 진료, 처방 및 투약과 같은 의료 본연의 행위와 의료행위로 인해 부가적으로 생성되는 의료 외적 행위들의 총칭이다. 과거에는 직접적인 진료행위만을 의미하였으나 최근에는 의료기관에서 제공하는 모든 인적, 물적, 제도적 행위로 개념이 확대되고 있다.

의료서비스는 무엇보다도 높은 질적 수준과 각 보건의료 종사자의 고도의 지식, 전문적 능력 · 기술이 요구된다. 그리고 서비스는 인재 · 자재 · 경제력 자원의 차원에서 양적으로도 충분해야 한다. 또한 이들 서비스는 각개로 이루어지는 것이 아니므로 일관성과 포괄성이 필요하다. 그 모든 요소를 유지하기 위해 의료서비스의 조직 전체의 체계화와 조직화가 우선되어야 하고, 그 내면에는 공급자와 서비스를 받는 사람간의 절대적 신뢰 관계가 요구된다.

〈표 13-1〉 의료서비스와 의료서비스 상품의 정의

의료서비스	판매를 목적으로 제공되거나 상품판매와 연계해서 제공되는 제반 활동, 편익 및 만족을 서비스라고 함
의료서비스 상품	시장에서 특정한 가격으로 판매되는 무형의 상품을 서비스상품이라고 함

1.4. 의료서비스의 유형

1) 의료서비스의 단계

의료서비스는 서비스가 제공되는 시점에 따라 사전, 제공시점, 사후 서비스의 3단계로 분류한다.

가) 사전 서비스

병원에 대한 사전 광고, 안내 등 고객이 병원이나 서비스 담당자에게 나타나기 전에 경험하게 되는 서비스

나) 제공시점 서비스

고객이 병원에서 경험하게 되는 서비스로 외래진료, 검사, 시술 및 입원치료 등에서 경험하게 되는 서비스

다) 사후 서비스

병원에서 서비스를 제공받은 후 서비스에 대한 만족도를 확인하고 서비스에 대한 불만사항을 해결해 주거나 이후 서비스에 대해 안내하는 행위로 해피콜, 접수된 불만사항에 대한 조치결과를 설명하는 전화와 같은 서비스

2) 의료서비스의 분류

가) 의료적 서비스(진찰, 수술, 처치 등의 의료행위) : 의료행위 자체의 고도의 전문성으로 인해 의료의 질에 대한 객관적 평가가 거의 불가능하고 고객의 입장에서는 전문지식의 부족으로 서비스 가치를 평가하기 어렵다. 더불어 수요가 공급자로부터 기인하기 때문에 적정진료와 과잉진료에 대한 논란의 대상이 될 수 있다.

나) 의료 외적 서비스 : 진료절차, 의료인이나 직원들의 친절성, 시설, 진료환경 등 병원에서 제공하는 의료행위 외의 각종 서비스로 고객들이 직접 체험을 통해 만족, 불만족을 쉽게 평가할 수 있어 고객만족도에 미치는 영향이 크다.

〈표 13-2〉 의료서비스의 유형

구분	정의	종류	금전적 대가
무형의 서비스	판매를 목적으로 제공되거나 상품 판매와 연관되어 제공되는 모든 활동이나 편익	무료제공(무상 음료 제공)	없음
		봉사 (어떤 일을 대가 없이 자발적으로 참여하여 도움)	
		무상 수리(A/S)	
		접대 (레스토랑 등의 서비스업에서 고객에 대한 자세나 태도 또는 시설)	
무형의 서비스 상품	시장에서 특정한 가격으로 판매되는 무형의 상품	교육서비스(강의)	있음
		금융서비스(은행, 증권회사 등)	
		환대서비스(호텔, 레스토랑 등)	
		의료서비스(병·의원)	
유형의 제품	시장에서 특정한 가격으로 판매되는 유형의 상품으로 일반적으로 기업에서 생산하는 제조품	제조업(전자제품, 식료품, 의류 등)	있음
		건설업	

2. 의료서비스의 특성

고대 전반기와 중세 전반기에 상용하던 hospital, hostel, hotel이라는 단어는 모두 같은 라틴어의 어원 'hospital'의 '심신을 회복한다'라는 의미에서 지원하였다.

이처럼 병원의 어원은 수도원을 중심으로 한 중세의 숙박시설로 병의 치료를 겸해 숙식을 제공해 주는 시설이었으므로 병원과 같은 개념으로 인식되고 있다.

의료서비스에 있어서도 서비스의 특성에 대한 파악을 통해 품질관리의 중요성을 인식하게 된 것이다.

1) 무형성 / 비시험성(Intangible Nature of Services)

의료서비스는 무형의 상품이므로 가시적인 형태로 제시할 수 없다. 따라서 서비스를 직접 경험해보기 전까지는 그 가치를 파악하거나 평가하기 어렵다. 그러므로 고객은 선택에 대해 불안감을 갖고 조심스레 접근하며 타인의 경험담이나 과거의 경험, 의료기관의 규모나 시설, 장비, 의료진의 학력, 자격증, 브로슈어, 광고, 인터넷 홈페이지 등을 평가기준으로 한다. 의료서비스의 무형성 문제를 극복하기 위한 병원의 마케팅 전략은 다음과 같다.

첫째, 실제적인 유형의 단서를 제공하여야 한다. 환자들은 병원을 처음 방문했을 때 병원의 시설과 분위기, 의료진의 복장 등으로부터 자신이 제공받을 수 있는 의료서비스의 질을 짐작할 수 있다. 따라서 병원은 진료서비스의 유형화에 많은 노력을 기울여야 한다. 일반적으로 병원들이 사용하는 유형화 도구로는 로고, 건물, 상징물, 문자, 실내디자인, 배치, 색상, 향기 등이 있다.

둘째, 무형의 서비스 상품의 질에 대해 확신을 심어주는 확실한 방법 중 하나는 인적 접촉이다. 병원은 고객과 지속적인 인적 접촉을 통하여 고객이 가지는 불안감 해소 및 신뢰감 상승에 기여하여야 한다. 이를 위하여 접점에 있는 직원들의 예절, 지식, 대인 응대 능력을 지속적으로 향상시켜야 한다. 그러나 이 또한 고객의 상황 또는 성향을 잘 고려한 후 이루어져야 한다. 개인의 프라이버시가 중요한 상황에서 과도한 접촉을 꺼리는 경우도 존재하기 때문이다.

셋째, 효과적인 구전을 잘 활용하여야 한다. 형체가 없는 의료서비스의 질은 이를 직접 경험해 본 사람으로부터 들어보는 것이 가장 최선의 방법이 될 수도 있다. 따라서 병원은 진료를 직접 받아본 사람으로 하여금 본인이 경험한 진료서비스에 대하여 주변 사람들에게 긍정적인 이야기를 하도록 유도하는 것이 필요하다. 일반적으로 1명의 충성고객은 8명의 신규고객 창출 효과를 낳는다고 한다. 다시 말해서 기대 이상의 서비스에 대해 만족한 1명의 고객은 평균적으로 주변 지인 8명에게 알린다는 것이다. 이는 새로운 고객을 창출하기 위해 마케팅 비용을 지출하는 것보다 훨씬 효과적인 방법인 것이다.

넷째, 의료수가는 투명하게 설정되어야 한다. 고객이 지불하는 의료수가가 구체적으로 어떻게 책정되었는지를 명확하게 제시함으로써 고객이 이를 합리적으로 받아들일 수 있도록 해야 한다. 일반적으로 전문적 분야에 해당하는 서비스를 받을 때 고객은 그 분야에 대해서 구체적인 과정과 비용이 드는 이유를 이해하지 못하는 데에서 불안감 내지는 신뢰성에 대한 의구심이 들게 되는데 이러한 부분을 의료서비스를 제공하는 측면에서 사전에 해소해 주기 위해서 의료수가에 대하여 투명하게 설명하는 것은 무형적인 의료서비스에 대한 고객의 이해와 믿음을 확보할 수 있는 지름길이 된다.

다섯째, 구매 후 커뮤니케이션을 강화하여야 한다. 소비자는 구매 후에 만족이든 불만족이든 전체 상품에 대해서 올바른 구매였는지에 대해 한 번 더 판단하고 앞으로 있을 구매상황에 대비하려는 경향을 가지고 있다. 또한 구매 후에 느끼는 불안감은 제조 상품에 비하여 서비스 상품이 상대적으로 크다.

이러한 경우에 판매자는 지속적으로 전화 또는 직접 대면을 통해 소비자의 불안감을 없애고 신뢰감을 높일 수 있도록 노력해야 한다. 진료를 받고 돌아간 고객이 상태가 어떠한지 혹은 불편한 데가 없는지에 대한 종사자의 확인은 고객의 불안감을 완화시키는 계기가 될 수 있다.

2) 동시성 / 비분리성(Inseparability)

의료서비스는 생산과 동시에 소비된다. 직원과 고객이 같은 장소, 같은 시간에 함께 있어야만 서비스가 이루어지므로 고객의 참여 속에서 병원서비스가 이루어지는 특징이 있다.

즉 고객 응대능력이 뛰어난 사람이 고객을 대해야만 효과적인 생산 활동을 할 수 있으므로 능력과 지식을 갖춘 숙련된 의료진과 의료요원이 필요하다. 또 서비스는 집중화 된 대량생산이 불가능하기 때문에 가능한 여러 접점에서 서비스망을 구축해 고객의 불편요소를 최소화해야 한다.

병원도 동시성에 따라 제한된 환자와의 접점을 다양하게 확대할 필요가 있다. 인터넷이나 전화와 같은 매체를 활용하여 시공간을 초월한 고객과의 커뮤니케이션도 의료서비스의 접점을 다양하게 확대하고 분산시키기 위한 효과적인 노력이 될 수 있다.

3) 다양성 / 이질성(Variability)

병원서비스는 대부분 인적 요소에 의존하기 때문에 품질을 일정하게 유지하기가 어렵고 같은 내용의 서비스라 해도 서비스를 제공하는 사람과 시간, 장소, 고객의 조건, 의료인 자신의 상황에 따라 결과가 달라질 수 있다. 이러한 다양성과 이질성으로 인해 의료서비스는 표준화가 어렵고 숙련도와 전문성에 따라 서비스 질에 차이가 있을 수 있다.

이러한 문제점을 극복하기 위해서는 서비스 프로세스를 세분하여 체계화하고, 가능한 표준화 및 정형화시키는 것이 필요하다. 병원에 방문하는 환자가 병원의 서비스 제공자의 기분에 따라 기분이 좋을 때는 높은 질의 의료서비스를 제공하고 그렇지 못한 경우 질이 낮은 서비스를 제공받는다면, 고객의 입장에서는 불안감이 가중되고 신뢰성 저하로 재이용을 기대하기는 어려울 것이다. 이러한 문제점을 극복하기 위해서는 의료서비스에서도 철저한 품질관리가 필요하다.

그러므로 전문 의료진에 대한 원내 교육을 강화 및 서비스프로세스를 체계화하고 정해놓은 규칙에 맞추어 모든 서비스가 이루어지도록 표준화하여 외적 요인에 의한 영향을 최소화 할 수 있도록 해야 한다. 언제나 동일한 수준의 서비스를 제공함으로써 환자들로 하여금 그들이 받고자 하는 의료서비스 수준에 대하여 미리 예측이 가능하게 하여 안심하고 치료를 받을 수 있도록 해야 한다.

4) 소멸가능성(Perishability)

의료서비스는 사용 후 보관이나 저장이 안 되고 환자가 나타나지 않으면 영구히 사라지게 된다. 필요한 시점에서 수요가 발생하여 생산되지 않으면 서비스 상품 자체가 바로 사라져 버린다. 다시 말하자면 오늘 오기로 한 환자가 오지 않아서 발생하지 못한 수익은 공급처인 종사자들의 공급의 기회가 상실됨으로 인해서 영원히 소멸되어 버린다는 것이다.

병원은 수요와 공급에 대하여 명확히 이해하고 정확한 예측을 바탕으로 이들 간의 균형과 조화를 이룰 수 있도록 하여야 한다. 특히 의료서비스 시장은 그 규모가 매우 방대하고 많은 틈새시장이 존재하기 때문에 이러한 문제를 극복하기 위하여 병원은 다양한 마케팅 전략을 개발하고 있다. 체계화 된 예약시스템을 잘 활용하면, 서비스의 소멸성으로 인한 진료서비스 손실을 최소화 할 수 있다.

5) 다수의 의사결정

일반적으로 의사와 병원에 대한 선택은 고객이 하지만 이후 진행되는 서비스의 내용에 대해서는 서비스를 제공하는 의료인에 의해 결정되거나 크게 영향을 받는다. 즉 질환과 관련된 본질적인 의료서비스는 공급자(의사) 중심으로 발생한다.

3.의료서비스 특성에 따른 문제점과 해결방안

1) 무형성

첫째, 무형성이기 때문에 발생하는 문제점을 극복하기 위해서는 실제적인 유형의 단서를 제공하여야 한다. 따라서 환자들은 병원을 방문했을 때, 병원의 시설과 분위기, 의료진의 복장 등으로부터 자신이 제공받을 수 있는 의료서비스의 질을 짐작할 수 있다. 병원은 진료서비스 유형화에 많은 노력을 기울여야 하며, 일반적으로 병원들이 사용하는 유형화 도구를 다양하게 활용해야 한다.

둘째, 병원은 고객과 지속적인 인적 접촉을 통하여 고객이 가지는 불안감 및 신뢰감을 상승하기 위하여 기여해야 한다. 이를 위해서는 고객과 접점에 있는 직원들의 예절, 지식, 대인응대능력을 지속적으로 향상시켜야 하며, 고객의 상황 또는 성향을 잘 고려한 후 이루어져야 한다. 개인의 프라이버시가 중요한 상황에서 과도한 접촉은 오히려 좋지 않은 결과를 줄 수도 있다.

셋째, 효과적인 구전을 잘 활용해야 한다.

형체가 없는 의료서비스 질은 이를 직접 경험해 본 사람으로부터 들어보는 것이 가장 최선의 방법이 될 수도 있다. 일반적으로 1명의 충성고객은 8명의 신규고객 창출효과를 낳는다고 한다. 이러한 구전효과는 새로운 고객을 창출하기 위해 소요되는 마케팅 비용을 훨씬 경제적이고 효과적인 방법으로 활용하는 것이다.

넷째, 의료수가는 투명하게 설정되어야 하며, 고객이 지불하는 의료수가가 구체적으로 어떻게 책정되었는지를 명확하게 제시함으로써 고객이 이를 합리적으로 받아들일 수 있도록 해야 한다.

다섯째, 구매 후 커뮤니케이션을 강화하여야 한다.

〈표 13-3〉 의료서비스의 제한점과 대응방안

구분	제한점	대응방안
무형성(Intangibility)	저장 불가능 특허로 보호 불가능 진열·전시 불가능 원가산정 기준의 모호성	실체적인 단서 강조 의료시설 및 장비, 병원종사자의 복장 및 태도 인적 접촉 강화 효과적인 구전 활용 원가회계시스템 도입 투명하고 명확한 의료수가 설명 구매 후 커뮤니케이션 강화 진료 후 환자와의 접촉 강화
동시성(Simultaneity)	서비스 제공시 고객의 개입 대량 생산 불가능	서비스 제공자의 선발과 교육에 대한 노력 필요 고객과의 접점을 확대(네트워크 병원, 원격진료)
이질성(Heterogeneity)	표준화와 품질에 대한 통제의 어려움	서비스 표준화를 위한 메뉴얼화
소멸성(Perishability)	재고로 보관 불가능	수요, 공급 간 조화를 유도 예약시스템 활용으로 수요의 흐름 조절 및 효율적인 공급 전략 수립

2) 이질성

의료서비스 상품은 제품에 비하여 표준화가 어렵기 때문에 품질관리 또한 매우 어렵다. 이러한 문제점을 극복하기 위해서는 서비스 프로세스를 세분하여 체계화하고, 가능한 표준화 및 정형화시키는 것이 필요하다. 그리고 의료서비스에서도 철저한 품질관리가 필요하다. 의료서비스는 언제나 동일한 수준의 서비스를 제공함으로써 환자들로 하여금 그들이 받고자 하는 의료서비스 수준에 대하여 미리 예측이 가능하게 하여 안심하고 치료를 받을 수 있도록 해야 한다.

3) 동시성

의료서비스의 특성인 동시성으로 발생하는 문제는 서비스 생산과 소비활동에 고객이 필수적으로 참여해야 한다는 것이다. 즉 고객응대 능력이 뛰어난 사람이 고객을 대해야만 효과적인 생산 활동을 할 수 있으므로 능력과 지식을 갖춘 숙련된 의료진과 의료요원이 필요하다. 병원은 동시성에 따라 제한된 환자와의 접점을 다양하게 확대할 필요가 있다.

4) 소멸성

의료서비스 상품은 일반제조품과는 달리 재고로 보관할 수가 없다.

따라서 수요와 공급 간의 균형과 조화를 이루기 어려운 상황일 때가 많으며, 필요한 시점에서 수요가 발생하여 생산되지 않으면, 서비스 상품 자체가 바로 사라져 버린다. 병원은 수요와 공급에 대하여 명확히 이해하고 정확한 예측을 바탕으로 균형과 조화를 이룰 수 있도록 해야 한다. 이러한 문제를 극복하기 위하여 병원은 다양한 시스템과 마케팅전략을 개발하고 체계화 된 예약시스템을 잘 활용해야 한다. 진료예약제도와 같은 제도는 서비스의 소멸성으로 인한 진료서비스 손실을 최소화하는 방법이다.

4.국가별 의료와 문화적 특성

외국인 환자에게 의료서비스를 제공하는데 있어 각 국가의 문화적인 이해와 매너가 기반이 되어야 한다. 문화적인 이해 유무는 의료관광전문가로서의 기본적인 태도형성에 영향을 미치고 의료서비스의 재이용에도 커다란 영향력을 미친다.

4.1. 문화의 개념

Schein(1985)은 문화를 “사회의 구성원들에게 너무나 당연시 여겨지고, 무의식적으로 공유되어 있는 기본적 믿음과 가정”이라고 정의하였고, Keesing & Strathern(1998)은 문화란 “인간의 삶의 방식대로 표현되고 저변에 흐르는 공유된 생각, 개념, 규범과 의미의 체계” 라고 정의하였다.

외국인 환자에게 의료서비스를 제공할 때, 각 국가 간의 의료에 대한 개념적 차이와 환경 · 문화적 차이를 이해하는 것은 의료관광 활성화를 위해 필수적으로 전제되어야 할 사안인 것이다.

1) 문화의 이해

문화란 한 사회의 주요한 행동양식이나 상징체계를 의미하는 것으로 인간이 만들어낸 생활양식과 그에 따른 산물들 즉 언어, 지식, 행동의식, 규범 등을 포함하고 한 세대에서 다음 세대로 전승되는 특징이 있다. 건강과 관련하여 문화는 개인이 건강을 어떻게 인식하고, 건강에 있어서 무엇을 문제라고 생각하는지와, 문제로 생각하는 우려를 어떻게 표현하고, 어떤 방법으로 건강정보를 얻으며, 누구에게 어떤 치료를 제공받는지 등을 결정하는 데에 중요한 영향을 미친다.

2) 문화의 특성

(1) 학습성 : 문화란 어떤 특정한 사회에서 나고 살면서 학습된 사회적 유산으로 기존의 문화에 계속 새로운 내용을 첨가시키는 학습과정을 거쳐 문화가 축적된다.

(2) 공유성 : 문화는 한 지역사회 모든 구성원에게 공통적으로 나타나는 행동 및 사고방식으로 언어, 복장, 행동, 생각 등을 공유함으로써 타 문화권과 구별된다.

(3) 지속성 : 문화는 다음 세대로 전승되어 이어진다.

(4) 다양성 : 문화는 각 사회가 처한 자연환경, 역사적 · 사회적 상황에 따라 다르게 나타난다.

(5) 보편성 : 모든 사회에는 언어가 있고, 종교와 예술활동 등이 공통적으로 존재하듯이 문화는 각 사회마다 나타나는 공통적인 특징을 지닌다.

(6) 체계성 : 문화는 사회의 다른 부분들과 서로 관련을 맺으면서 종합적, 체계적으로 조화를 이룬다.

(7) 상대성 : 각 사회의 문화적 특성은 사회 구성원들에게 가장 가치 있고 의미 있는 것으로, 각각의 문화는 그들만의 고유의 특성과 가치를 가지므로 옳고 그름이나 우열을 비교할 수 없다.

3) 문화이해의 태도

(1) 문화상대주의 : 한 문화를 있는 그대로 이해하는 자세로 각 사회의 문화를 그 사회의 맥락에서 이해하고 평가하는 태도

① 문화의 다양성을 인식한다.

② 각 문화를 그 문화의 형성배경, 독특한 자연환경, 사회적 상황에서 이해한다.

③ '문화 간에는 우열이 없다'라는 인식하에 각 문화의 가치를 인정하고 존중한다.

(2) 문화사대주의 : 다른 사회의 문화를 높이 평가하여 맹목적으로 따르면서 자신의 문화를 비하하고 업신여기는 태도로 지나칠 경우 문화적 정체성을 상실할 수 있다.

(3) 자문화 중심주의 : 자신이 속한 문화를 가장 우수한 것으로 보고 자문화의 가치와 습관에 기준하여 다른 문화를 바라보고 평가하는 태도로 타 문화를 무시하는 편견과 오해를 불러일으킬 수 있다.

① 자신의 문화에 대한 자부심이나 긍지 등을 가질 수 있고, 일체감 조성에는 도움이 될 수 있으나 국제적인 고립을 자초할 수 있다.

② 자기문화 발전을 위한 비판적인 안목을 키우기 어렵다.

4) 문화의 구성요소

(1) 문화신념 : 사회 구성원에 의해 공유되는 관념, 지식, 전설, 미신, 학문 등 모든 인지분야를 포괄하며 문화신념은 종교, 취미, 연구, 스포츠, 직업, 음식, 의상 등 여러 가지 선호에서 기인한다.

(2) 문화가치 : 어떤 활동, 감정, 목표가 그 사회의 정체나 복리에 중요하다고 널리 받아들여진 신념이나 생각이 포함된다.

(3) 문화규범 : 사회 구성원들에 의해 수용된 정신문화의 한 부분으로 인간생활의 질서를 유지시키는 법률, 제도, 예의, 도덕 등을 의미하며 적합하고 적합하지 않은 행동이 어떤 것인지를 구체적으로 밝힌다.

5) 건강관리에서 고려되어야 하는 문화적 요소

(1) 생리학적 다양성 : 인간은 신체구조나 활력징후, 피부 등 생물학적 조건이 거주 환경에 적응할 수 있도록 변화되었으며 인간이 생물학적 변화를 더 이상 할 수 없는 환경에서 살아야만 한다면 그 사람의 건강과 안녕에 부정적인 영향을 줄 수도 있다. 그러므로 의료제공자는 특정 인종의 일반적인 생물문화적 다양성에 대해 충분히 인

지하여야 한다.

(2) 심리학적 특징 : 많은 경우 인간은 타인의 행동을 자신의 문화로 해석하는 경향이 있어 상대방에게 중요하게 느껴지는 것이 의료제공자에게는 사소한 것으로 느껴질 수 있다. 의료인이 합리적이고 효과적이라고 생각하는 것을 문화적 배경이 다른 대상자는 불합리하게 생각하거나 심지어 위험하다고 느낄 수도 있다는 점을 고려해야 한다.

(3) 통증에 대한 반응 : 통증에 대한 사람들의 반응이 문화적으로 다를 수 있다. 통증을 표현하도록 적극 격려하는 문화가 존재하는 반면 또 통증을 되도록 참고 표현하지 않는 것을 미덕으로 하는 문화도 있다. 통증은 대상자의 건강상태에 문제가 있다는 것을 나타내는 신호일 수 있으므로 주의 깊게 관찰되어야 하며, 문화차이에 대한 반응이 고려되어야 한다.

(4) 성별 : 문화에 따라 고유의 남성 · 여성관계와 관련된 문화코드(행위규범 또는 법칙)가 존재하고, 이것이 지켜지지 않을 경우 대상자와의 치료적 관계가 성립되지 못할 수 있다.

(5) 공간 : 공간은 상호작용하는 사람 간의 거리를 의미하며 사적인 공간이란 한 사람의 주변에 그의 일부분이라고 여겨지는 범위를 의미한다. 문화에 따라서는 만약 다른 사람들이 자신의 사적인 공간을 배려하지 않을 경우 불편해하거나 불쾌감을 나타내는 경우가 있다.

(6) 신체접촉 : 문화에 따라 남성이 여성의 신체를 접촉하거나 검진하는 것이 허용되지 않을 수 있으며, 일부 문화에서는 어린이와의 신체접촉에 대해 엄격한 규율을 적용하기도 한다. 신체적 접촉이 반드시 필요한 경우 대상자의 문화적 성향을 미리 확인하고 접촉 전에 상대방에게 이유를 설명하고 양해를 구함으로써 신체접촉으로 인한 오해를 방지한다.

(7) 시간 : 서구문화에서는 약속시간이나 정해진 시간을 정확히 지키는 것이 중요하게 생각되나 또 다른 문화에서는 오히려 시간을 너무 잘 지키는 것이 무례하게 받아들여지는 경우도 있다. 문화에 따라 과거, 현재, 미래에 대한 이해가 다르기도 하므로 대상자를 대할 때 상대방의 시간관념을 파악하는 것이 필요하다.

(8) 음식과 영양소 : 음식에 대한 선호도와 음식을 조리하는 방법이 문화마다 다를 수

있다. 문화에 따라 특정한 음식을 선호하거나 기피하는 경우가 있을 수 있기 때문에 대상자의 음식에 대한 시각을 사전에 파악하고 가능한 범위 내에서 최대한 선택권을 보장해주는 것이 바람직하다.

6) 타 문화의 환자에 대한 의료 서비스 제공 가이드라인

(1) 먼저 타 문화를 통해 자신의 개인적 가치, 신념을 되돌아본다. 본인의 개인적인 소신과 경험을 되돌아보고 환자와의 관계에서 부정적인 영향을 줄 수 있는 편견이나, 생각, 태도를 제거한다.

① 환자의 민족적 정체성을 파악하고 환자와의 관계에 영향을 줄 수 있는 문화적인 요인들을 확인하고 적절하게 대처한다.

② 환자의 문화적 관습과 신념에 대해 충분히 파악한다.

③ 건강, 질병, 치료에 대한 환자 고유의 문화에 대해서 이야기할 수 있도록 격려한다.

④ 환자의 특이성에 대해 주의한다.

⑤ 환자와 자신의 건강과 질병에 대한 개념의 차이를 파악한다.

⑥ 환자가 이해할 수 있도록 의사소통 수준을 환자의 수준에 맞춘다.

⑦ 제공된 서비스의 결과를 평가하고 필요하면 치료계획을 수정한다.

(2) 환자의 문화적 요구를 충족시킬 수 있도록 언어적 · 비언어적 의사소통기법을 활용한다.

① 환자의 불안, 걱정, 혼란의 증후에 대해 주의 깊게 관찰한다.

② 환자의 문화적 성향에 맞추어 대한다.

③ 환자의 동의 없이 다른 사람과 환자의 문제를 상의하면 특정 문화권의 환자는 불쾌해하거나 비협조적일 수 있으므로 환자와 관련된 문제를 다른 사람과 의논할 경우 미리 환자에게 그 사실을 알리고 양해를 구한다.

④ 서두르지 않고 여유를 가지고 대화한다.

(3) 환자와 환자의 문화적 요구를 존중하는 것은 치료관계를 형성함에 있어 중요하다는 것을 숙지한다.

① 환자를 대할 때 친절하고 존중하는 자세로 사회적, 문화적 예의를 갖춘다.

② 적절하게 경청한다.

③ 문화적 차이로 인해 생길 수 있는 장애요소를 극복하기 위해 최대한 융통성 있는 자세를 지닌다.

(4) 의사소통 시 '확인하기'를 통해 상호이해를 확인한다.

(5) 환자와 서로 다른 언어로 이야기할 때에는 특별한 접근법을 사용한다.

① 환자의 두려움을 완화시키기 위해서 상냥한 목소리와 표정으로 이야기한다.

② 천천히, 분명하게 말하되, 큰 목소리로 말하지 않는다.

③ 환자의 이해를 돕기 위해 몸짓, 사진을 활용하고, 행동으로 표현한다.

④ 메시지는 간단해야 하고, 다양한 방법으로 메시지를 반복한다.

⑤ 환자가 이해하기 어려운 의학용어나 축약어를 사용하지 않는다.

⑥ 사전이나 기타 의사소통에 도움이 될 수 있는 자료들을 적극 활용한다.

(6) 원활한 의사소통을 위해 통역사를 활용한다. 문화적인 이해능력이 있는 통역사를 활용하여 환자에게 통역내용을 이해했는지 확인하기 위한 피드백을 받는다.

• 의사소통 시 확인하기

상대방이 하는 말을 옳게 듣고 이해했는지를 알아보는 것으로 반복하기, 바꾸어 말하기, 요약하기 등이 있다.

4.2. 국가별 의료제도와 특성

1) 러시아

(1) 의료제도와 현황 : 전체 보건, 의료 자금, 의료진은 정부에 의해 조달되며, 고용 · 관리된다. 또한 모든 의료 기관과 시설은 정부의 소유이며 국민들이 정부 소유의 시설을 이용하고 서비스를 받는데 소요되는 모든 비용은 국가가 부담한다. 그러나 사회주의 정부의 의료체계 관리 실패로 인해 만성적이고 장기적인 자금 부족에 처해 있으며, 낙후된 의료시설과 설비 체계가 여전히 유지되고 있다. 국민 1천 명당 의사가 4.3명으로 유럽연합 국가 대비 2배 정도 높은 수치이지만, 남성들은 주요 국가기관에 있기 때문에 실제 의료활동을 하는 의사는 일부이며 그중 여성의사(77%)가 대부분이다. 주요 의료기관들은 도시에 집중되어 있고, 도심 외 지역에는 최소의 의

료서비스만을 제공할 수 있는 진료소가 있다. 이러한 환경으로 인해 비합법적인 의료활동이나 의료인이 활동하고 있으며, 전통의학이나 민간요법 등에 대한 의존도가 높은 편이다. 간호 인력은 상대적으로 충분한 편이지만 부족한 의료지원인력의 역할을 채우면서 병원의 유지, 보수 활동에 그 인력이 집중되어 있는 상황이다.

(2) 질병 패턴과 현황 : 전체 사망자 중 암에 의한 사망이 18%, 그 외 상해, 사고, 살인, 자살, 알코올 중독에 의한 사망이 10%에 이른다. 가임여성 1명당 3~5번의 높은 낙태율을 기록하고 있고, 부적절한 영양공급으로 인한 영아의 결핵사망률이 전체 영아 사망률의 50%에 이른다. 장기 실직이나 퇴역에 따른 만성질환자와 고위험직업에서 발생하는 산업 및 농업 종사자들과 적절한 예방 및 보완 대책 없이 오염된 환경에 노출된 소아에 대한 대비가 매우 열악한 편이다.

2) 말레이시아

(1) 의료제도와 현황 : 말레이시아 의료체계의 주 제공자와 자금은 국가 복부에 의해 조달되며, 기본의료관리체계가 잘 발달되어 있어서 국민의 93% 이상이 그 혜택을 받고 있다. 그러나 최근 수십 년 간 공공의료와 사설 기관의 비균형적 성장으로 인해 1980년 50개였던 사설의료기관이 2004년에는 218개로 증가하면서 도심에 집중되어 저소득층의 발달된 의료기관에의 접근은 어려워졌다. 이러한 집중 현상으로 공공의료기관의 인력부족 현상도 심화되고 있는 중이다. 전통의료 활동은 말레이, 중국, 인도 방식의 다양한 민간요법들이 행해지고 있다.

(2) 질병 패턴과 현황 : 의료체계와 관리 능력이 발달하면서 전반적으로 높은 수준의 건강을 유지하고 있다. 그러나 감염성, 비감염성 질환에 대한 국가의 부담은 여전히 큰 편이다. 대표적인 질환으로 남성은 허혈성심질환, 교통사고, 뇌혈관질환, 패혈증, 급성 저 호흡기 간염 등이고, 여성은 허혈성심질환과 뇌혈관질환, 단극성 우울증, 패혈증, 당뇨 등이 있는데, 선진국의 주요 질환들과 유사하므로, 그에 대한 국가 차원의 대비가 요청되고 있다.

3) 중국

(1) 의료제도와 현황 : 중국은 사회주의체제 속에서 통제되던 후진적인 의료체계였고, 의료수요도 보건의 사각지대인 비도심 지역으로 몰려 있었으나 새로운 의료체계 구축을 위해 국영기업 형태로 의료기관들을 관리 운영하면서 그 증진을 도모하고 있다. 그러나 중국의 현대화 바람의 결과로 도심과 비도심 간의 극심한 빈부의 차이를 일으켰고, 중산층의 증가로 인해 도심을 중심으로는 사설 병원의 증가와 질 높은 의료서비스의 수요증가를 일으켰다. 그에 대한 대책이 시급한 상황이다. 중국은 서양의학과 전통의학의 혼합이 극심하면서 인구수 대비 전문화된 현대적 의료시설과 기술, 인력의 부족으로 전통과 현대 의약품의 혼합에 따른 오용도가 높다. 또한 비도심 지역의 전문 의사 부족현상도 심각하다. 반면에 동쪽에 집중되어 있는 경제적 편향성에 따라 도심과 해안을 따라 질 높은 의료 수요가 지속적으로 요청되고 있다.

(2) 질병패턴과 현황 : 통계자료상으로는 장수율이나 전반적 건강상태는 양호하나 도심과 비도심, 동양의학과 서방의료 간의 극심한 수준차로 인해 의료상태를 가늠하기 어려운 상태이며, 비도심 지역에서의 감염성 질병이나 영양불량 등의 문제는 심각한 편이다. 개도국 대비에서도 감염성 질환이나 만성 질병의 증가율이 높고, 주된 질환은 뇌혈관 18%, 만성 폐질환 14%, 허혈성 심질환 7.7% 등이다.

4) 홍콩

홍콩의 보건관리체계는 접근성과 활용성, 자원의 분배와 자금 측면에서 비교적 합리적인 시스템으로 다른 이웃 아시아 국가 대비 비용의 효율성이 매우 높고, 유럽의 수준에 비해 손색이 없다.

1990년에 의료보건부가 보건분야와 병원을 관리하는 두 개의 부서로 분리되었다. Department of Health(DOH)는 공중보건의 증진과 교육, 보건소 관리, 면허제도, 식약품 안전관리 등을 담당하고 있고, Hospital Authority(HA)는 정부 소유나 공공병원기관들을 경영, 관리하고 있다. 사설 의료기관은 지난 50여년 간 중산층 이상의 사람들에게 의료서비스를 제공해 왔다. 80% 이상의 사람들은 보통 사설 의료기관은 지난 50여년 간 중산층 이상의 사람들에게 의료서비스를 제공해 왔다. 80% 이상의 사람들은 보통 사설 의료기관의 높은 비용으로 인해 공공의료기관을 선택하고 있다.

5) 인도

(1) 의료제도와 현황 : 아시아이의 다른 저개발국들에 비해 정부의 보건 자금 소비율은 낮은 편이다. 건강관리를 위한 자금 조달체계를 살펴보면 22%가 공공 자금이며, 나머지 80%는 환자의 직접 부담 방식으로 운영된다. 건강관리 시스템 또한 정부와 지자체를 통해 운영되나, 그 산하 의료 시설들의 대부분은 관리수준과 의료자원 부족 등으로 의료의 질이 현저히 떨어진다. 전반적으로 의료시설과 의료자원이 부족한 편으로, 민간요법이나 전통의학에 의존율이 매우 높으며 국가는 이에 대한 적절한 대책을 세우지 못하고 있는 실정이다. 비도심과 빈민 지역에는 무허가 의사의 진료가 공공연하게 이루어지고 있으며, 소위 Nursing Home이라 불리는 비의료 전문기관이 실질적인 역할을 하기도 한다. 이에 반해 도심에 집중되어 있는 고급사설의료기관은 소수 중상위 계층을 위한 역할만을 수행하고 있다.

(2) 질병 패턴과 현황 : 지역을 통틀어 다양하고 방대한 감염성 질환은 전체 질병부담의 38%를 차지한다. 산모와 어린이의 건강문제 또한 심각한 수준에 있으며, 전체 인구의 22%를 차지하는 10대 청소년들 중 약 70%가 빈혈증에 시달리고 있다. 전체 인구에 걸쳐 주요 사망 원인 7가지를 살펴보면 감염성 질환과 주산기 · 임신기 중의 병폐, 영양 결핍으로 인한 사망 36%, 심혈관질환 29%, 기타 만성 질환 15%, 암 7%의 순이다.

6) 일본

(1) 의료제도와 현황 : 일본은 효율적이고 강력한 의료체계를 갖고 있고, 저가의 보장된 종합 의료관리 시스템을 모든 국민들에게 필수적으로 제공한다. 모든 국민은 건강보험에 의무로 가입되어 있고, 건강보험증만 있으면 어느 의료 기관에서도 보험진료를 받을 수 있다. 일본의 의료체계는 비영리를 전제로 하기 때문에 영리기업이 병원이나 진료소를 운영할 수는 없으나, 병원과 연관된 제약회사나 의약품 시장, 조제약국 등은 영리로 운영되고 있다. 일본병원의 종류는 크게 5가지로 구별되는데 지역 내에서 중심적 의료서비스를 제공하는 지역 중핵병원이 있고, 암센터와 같이 특화된 전문병원이 있다. 지역보건법에 제한을 받아 성장하지 못하는 미분화 병원, 지역밀착형 병원인 외래형 소병원, 요양소와 같은 수용형 병원이 있다.

(2) 질병패턴과 현황 : 일반은 전반적으로 건강 상태가 가장 좋은 나라로 꼽힌다. 대부분의 건강 지표 통계 자료에서 평균 수명과 5세 이하의 영아 사망률이 지속적으로 개선되며 긍정적인 지표를 유지하고 있다. 그러나 선진화 되고 복잡한 사회환경의 영향으로 모든 세대에 걸쳐 스트레스 수준이 증가하였고, 자살률도 2006년 3만 건에 이른다. 그 외 후진국형 질병인 결핵, 감염성 질환, HIV 같은 새로운 질병, 인플루엔자들이 공중보건의 심각한 위험요소로 나타나고 있다. 선진화된 고령화 사회의 질병 패턴인 일상생활과 관련된 질병들인 암, 심장질환, 뇌혈관 질환, 당뇨 등이 중요 질병이며, 이 질병들의 사망률은 60% 이상을 차지하고 있다.

7) 미국

(1) 의료제도와 현황 : 미국의 공공 보건관리 체계는 선진국들 사이에서도 유일하며, 특히 자금, 구매, 의료체계 전달 면에서 매우 신뢰할 수 있는 체계를 갖추고 있다. 공공 보건지출은 연방정부와 지자체를 통해서 이루어지는데 그중 약 45%가 Medicare, Medicaid라는 연방정부의 보건관리 서비스 체계를 통해 고령자, 장애인, 빈민층 등, 특정집단을 위해 쓰이고 있다. 그 외 대부분의 국민들은 그들의 고용주나 개인보험 가입으로 혜택을 받고 있다. 하지만 전체인구의 18%는 정부나 보험의 혜택을 전혀 받지 못하고 있어, 미국 의료관리체계의 사각지대로 남아있다. 지역사회를 바탕으로 한 비영리 조직의 병원이 70%를 차지하고, 정부 관리 하에 저소득층과 무보험가입자들에게 의료서비스를 제공하는 구각 소유병원과, 보험가입자들이 주로 이용하는 사설 의료기관이 있다. 미국의 병상 당 의료지원인력은 타국 대비 매우 풍부하며, 특히 전문화된 의료진의 질이 높다.

(2) 질병 패턴과 현황 : 전 연령에 걸쳐 미국인의 사망원인이 되는 주요 질환은 허혈성 심질환 21%, 뇌혈관 질환 7%, 호흡기 관련 질환이 12% 등이다.

의료서비스 제공시 고려해야 할 사항

- 집에서 치료가 필요한 경우 환자교육 시 반드시 가족을 포함시킬 것
- 여성에 대한 배려 차원에서 여성만의 관심사를 존중할 것
- 환자의 종교에 대한 신념을 존중할 것
- 통증에 대한 표현에 기초하여 환자 통증의 정도를 판정하지 말 것
- Eye Contact에 대한 문화권 별 다른 인식의 차이를 인지할 것
  : 직접적 시선을 맞추지 못하는 것은 중동 및 아시아 국가에서는 존경이나 존중의 의미가 있음
- 환자 본인이 언제나 의사결정을 할 것이라고 기대하지 말 것
- 아시아 국가나 히스패닉계 환자들에게는 찬물을 권하지 말 것
- 모든 환자들이 자신에게 치명적인 진단에 대해 본인에게 알려주기를 원한다고 가정하지 말 것
- 환자의 모든 주변에 대한 신념이나 행동에 대해 학습할 것
- 모든 집단이나 개인에게는 차이점이 있다는 것을 명심할 것
- 자신의 의견과 다른 견해에 대해 인내심을 가지고 상대를 존중할 것

단·원·핵·심·요·약

▶문화란 어떤 특정한 사회에서 나고 살면서 학습된 사회적 유산으로, 기존의 문화에 계속 새로운 내용을 첨가시키는 학습과정을 거쳐 문화가 축척되며(학습성), 그 외 공유성, 지속성, 다양성, 보편성, 체계성, 상대성의 특성을 지닌다.

▶문화다양성의 원인으로서 문화는 각 사회가 처한 자연환경, 역사적 · 사회적 상황에 따라 다르게 나타난다.

▶문화의 구성요소에는 문화신념, 문화가치, 문화규범이 있다.

▶건강관리에서 고려되어야 하는 문화적 요소는 생리학적 다양성, 심리학적 특징, 통증에 대한 반응, 성별, 공간, 신체접촉, 시간, 음식과 영양소가 있다.

▶문화사대주의는 사회의 문화를 높이 평가하여 맹목적으로 따르면서 자신의 문화를 비하하고 업신여기는 태도로 지나칠 경우 문화적 정체성을 상실할 수도 있다.

▶문화를 바르게 이해하는 태도는 한 문화를 있는 그대로 이해하는 자세로 각 사회의 문화를 그 사회의 맥락에서 이해하고 평가하며, 문화의 다양성을 인식하고 '문화 간에는 우열이 없다' 라는 인식하에 각 문화의 가치를 인정하고 존중하는 것이다.

▶의료서비스란 진단, 진료, 처방 및 투약과 같은 의료 본연의 행위와 의료행위로 인해 부가적으로 생성되는 의료 외적 행위들의 총칭이다. 과거에는 직접적인 진료행위만을 의미하였으나 최근에는 의료기관에서 제공하는 모든 인적, 물적, 제도적 행위로 개념이 확대되고 있다. 의료서비스의 특성은 다음과 같다.

- 서비스는 무형이다(무형성).
- 서비스는 저장할 수 없고 사라지는 것이다(소멸성).
- 서비스는 소비와 생산이 동시에 일어난다.
- 서비스는 이질적 속성을 가지고 있으므로 고객마다 서비스가 다를 수 있다(이질성).
- 서비스에서는 소비자가 생산의 과정에 참여한다.

▶의사소통 시 확인하는 방법에는 상대방이 하는 말을 반복하기, 바꾸어 말하기 , 요약하기 등이 있다.

▶상담을 위한 장소는 상담이 진행되는 동안 방해받지 않고 편안하고 조용한 장소를 선택하는 것이 바람직하다. 해외환자와의 의료상담 시 삼가야 하는 것은 다음과 같다.

- 타(국가) 병원이나 치료에 대한 비난
- 과장된 표현이나 지킬 수 없는 약속
- 국가 간 정치적이나 종교적 대화
- 민족 혹은 국가 간 반감표현
- 지나친 칭찬 혹은 가식적인 느낌을 주는 행동

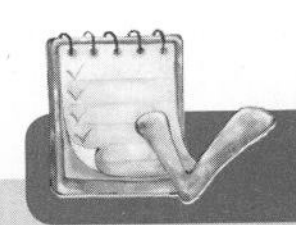

알아두면 좋아요!

의료서비스 혁신수단으로 주목받는 '서비스디자인'

배성윤 교수의 강연모습 (부민병원, 2014.1.22.)

기존에 병원은 환자의 안전과 임상결과 등 공급자 중심의 사고방식에 기반하여 환자에게 필요한 의료서비스를 제공해왔으나, 의학의 발전으로 임상결과의 표준화가 확대되고 병원 간 경쟁이 치열해지면서 최근에는 수요자 중심의 접근법을 통해 낙후된 고객서비스를 혁신함으로써 차별화하려는 노력이 한창이다.

이러한 수요자, 즉 환자와 고객을 중심으로 병원조직과 의료서비스를 혁신하는 수단으로서 최근 주목받고 있는 것이 서비스디자인(Service Design)이다. 서비스디자인이 병원이나 의료현장의 모든 문제를 해결할 만능수단은 아니지만, 여러 가지 측면에서 의료서비스의 혁신을 위한 하나의 좋은 수단이 될 수 있다.

첫째, 환자가 말하지 않는 불만과 불편함을 사전에 감지하고 이를 시스템차원에서 사전적으로 해결함으로써 병원은 환자의 의학적 필요와 함께 감성적 치유까지 도모할 수 있어 진정한 환자 중심의 의료를 실현하는 데 한 발 더 가까이 다가갈 수 있다.

둘째, 방법론적으로 기존의 경영컨설팅과 마케팅리서치에서 계량화하지 못했던 부분을 다학제 간 접근(Multidisciplinary Approach)과 정성적인 분석(Qualitative Analysis)을 통해 보다 창의적인 해결방법을 제시함으로써 기존에 해결하지 못했던 의료현장의 문제를 해결할 다양한 아이디어를 만들어낼 수 있다.

셋째, 서비스디자인을 통한 병원의 혁신과 고객가치의 창출을 위해서는 모든 조직 구성원의 참여는 물론 환자의 참여가 필수적이다. 따라서 서비스디자인 프로세스를 진행하는 과정에서 조직구성원으로 하여금 조직과 직무에 대해 주인의식을 가질 수 있게 함으로써 조직성과(Organizational Performance)의 향상을 기대할 수 있고, 환자들로부터는 존중받는다는 느낌을 가지게 하여 병원의 이미지와 고객만족도의 제고를 기대할 수 있다.

이러한 장점들은 보다 긴 안목에서 보면 의료 프로세스의 개선을 통해 병원 종사자와 환자의 만족을 이끌어냄으로써 고객가치의 지속적 창출과 수익향상에 기대할 수 있다.

제 14 장

의료서비스 과정

- 국제의료관광의 개념을 학습한다.
- 의료서비스의 전반적인 과정을 학습한다.
- 의료관광 프로세스에 대한 개념을 이해하고 초기 접촉과정과 확인과정, 서비스 과정을 학습한다.
- 메뉴얼 작성법을 이해하고 사례를 분석한다.

1. 국제의료관광의 정의

의료관광은 1973년 세계관광협의회가 정의한 바에 의하면, '한 국가 내의 자연자원을 이용한 건강시설을 제공하는 관광'이라고 정의하고 있다.

즉 국제의료관광이란 환자들이 관광 및 휴양과 연계된 서비스, 중증질환 치료를 위한 서비스, 저렴한 치료를 위해 자국을 떠나서 타국에서 치료와 관광을 동시에 제공받는 서비스를 말한다.

의료관광에 대한 용어는 과거부터 많은 학자들에 의해 다양하게 정의되어지고 있으며, 국내에는 한국관광공사(2005)에서 '의료관광이란 의료서비스와 휴양·콘텐츠, 레저, 문화 활동 등 관광활동이 결합된 새로운 관광형태' 라고 정의하였다. 또한 보건산업진흥원(2006)에서는 '의료관광은 보건분야에서 관광자원으로 활용 가능한 부분을 발굴·개발하고 관광을 상품화하여 서비스 또는 제품을 제공하는 사업으로서 우수한 보건서비스와 관광이 결합된 보건관광프로그램을 개발하여 재·외 한국인을 포함하여 외국인에게 제공함으로써 관련 산업분야의 발전을 꾀하고 아울러 외국인 유치를 통한 외화획득 등의 국가 경제에 이바지하고자 하는 사업'이라고 정의하고 있다.

최근 의료관광에 대한 자료를 살펴보면, '개인의 정신적, 신체적 안녕을 유지하고, 향상시키고 회복하기 위해서, 국부적인 환경을 벗어나서 조직적으로 구성한 여행' 이라고 정의하고 있다.

결국 의료관광에 대해서는 각 주체들의 접근방식에 따라 정의에 조금씩 차이가 있지만 건강과 관련하여 모든 수단과 대상을 포괄하면서 다양한 의료관광 상품을 개발하여 자국의 경제발전에 이바지하고자 하는 공통된 성격이 있다.

2. 의료관광프로세스

의료관광서비스 프로세스란 의료기관 내·외부 업무프로세스를 의료관광서비스 제공을 하는데 있어서 총체적으로 최적화하여 고객만족의 가치를 최대한 창출하고자 하는 경영 시스템을 의미한다.

의료관광프로세스는 관광객 유치를 위한 홍보에서부터 시작되며, 의료 및 관광과 관련된 인프라 구축과 운영, 사회 및 국가의 인프라가 연계되어야만 그 실효성을 거둘 수 있다. 즉 업무흐름을 파악하고 이를 가시화하여 각 프로세스에서 발생할 수 있는 문제점을 파악하고, 이런 프로세스를 개선함으로써 기대한 효과를 달성할 수 있는 것이다.

의료관광서비스 과정을 요약하여 살펴보면 최초접촉단계, 확인단계, 치료 및 수술 전단계, 치료 및 수술 후 단계의 4단계로 구분된다.

3. 의료관광 유치등록과정

외국인을 대상으로 의료관광서비스를 제공하기 위해서는 해당 의료기관의 외국인 환자 유치등록을 해야 한다. 의료관광은 그 내용에 따라 조금씩 차이는 있으나, 병원의 주관 하에 진료 및 관광까지 연계되어 진행되며, 환자의 의뢰에서부터 모든 진료와 사전 계약된 관광일정을 마치고 출국하게 될 때까지 유치기관의 세심한 배려가 필요하며, 의뢰자의 입장에서 진행하는 서비스과정이 요구된다.

〈표 14-1〉 외국인환자 유치사업 등록요건

	의료기관 등록관련 체크리스트
등록요건	•유치하려는 진료과목의 전문의 1인 이상(진료과목이 [전문의의 수련 및 자격 인정 등에 관한 규정] 제3조에 따른 전문과목이 아닌 경우는 제외함) •해당 전문의의 재직증명서 •치과, 한의과 등은 의사 명단 및 자격증 사본
첨부서류	•사업계획서 1부 •의료기관 개설신고 증명서 또는 개설허가증 사본 1부 •유치하고자 하는 외국인 환자 전문의의 명단 및 자격증 사본 •사업자 등록증 사본 1부

3.1. 외국인환자 유치사업 등록 대상 및 접수

1) 외국인환자 유치사업 등록대상은 외국인 환자를 유치하고자 하는 국내의료기관 및 유치업자로 정하며, 의료법 제27조 2에 따라 외국인 환자를 유치하려는 의료기관 및 유치업자는 일정요건을 갖추어 등록해야 함
2) 외국인환자 유치사업 등록업무 및 사업실적 보고는 한국보건산업진흥원이 위탁받아 수행함
3) 외국인환자 유치사업 등록접수는 한국보건산업진흥원에서 09.4.28일부터 수시접수받고 있으며, 제출 후 20일 이내에 등록증 교부 가능함 [처리기간은 일 단위로 계산하고 초일은 산입하되, 공휴일을 산입하지 않음(민원사무처리에 관한 법률 제6조 제2항)]
4) 한국보건산업진흥원은 신청서 및 구비서류를 접수 · 검토하여 보건복지부에 그 내용을 고지하고, 복지부는 등록요건에 적합 시 등록증을 발행하여 진흥원에 송부, 진흥원은 발행된 등록증을 신청자에게 교부함
5) 등록신청 시 대표자 본인이 직접 방문할 경우는 신분증을 지참하고 대리인이 신청할 경우는 대표자의 신분증 사본 및 위임장을 제출함(우편접수 시 대표자 신분증 사본 제출)

3.2. 외국인환자 유치사업 실적보고

1) 의료법 제27조 3항에 따라 외국인환자 유치업자 및 의료기관은 유치한 외국인 환자의 국적 · 성별 및 출생년도 등 보건복지부 장관이 정하는 사항을 보고할 의무가 있음
2) 국적 · 인원, 진료과목, 외국인환자의 병상 이용률 등을 파악하여 체계적인 외국인 환자 유치행위를 위한 기본 통계데이터로 활용함과 동시에 의료시장 질서유지 및 외국인 환자 유치사업 전략수립에 있어 마케팅 자료로 활용하기 위함
3) 외국인환자 유치실적에 대한 지속적인 모니터링을 통하여 내국인에 대한 역차별 여부 및 사업지원 대책을 마련하기 위해 필요함

4. 초기 접촉과정

의료관광서비스의 흐름은 총 4단계로 구분할 수 있으며, 각 4단계의 프로세스에 따라 하위 단계별 발생할 수 있는 문제점 및 해결방안에 대한 모색이 가능하다.

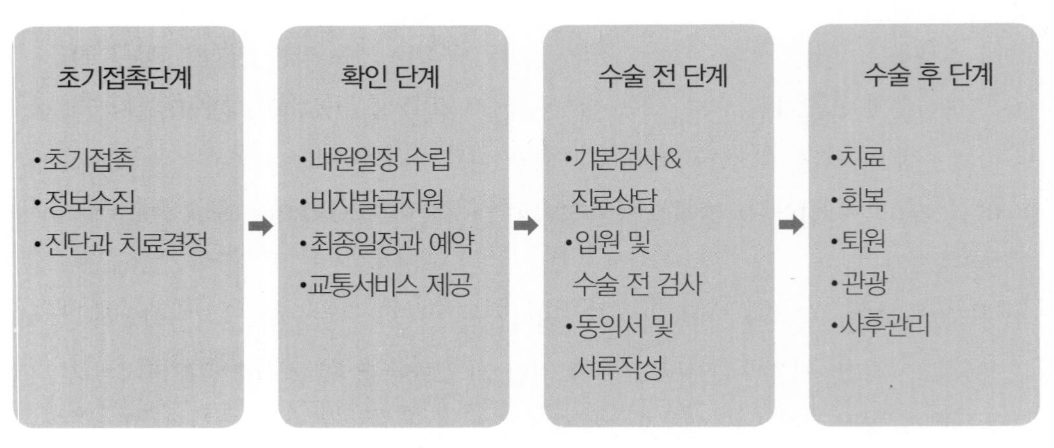

〈그림 14-1〉 의료관광서비스의 과정 4단계

4.1. 초기접촉단계

고객이 의료서비스를 받기 위한 의료기관을 선택하고자 여러 가지 정보를 수집하고, 의료기관에서는 진료에 필요한 고객의 정보를 파악하는 단계로 신속성과 정확성이 중시된다.

이에 앞서 국제의료관광의 특화된 상품 개발과 고객의 수요를 끌기 위한 해당국가에 대한 의료체계, 수가, 보험 등의 가격차별화를 고려한 경쟁력 있는 상품개발이 선행되어야 하고 또한 이런 상품을 홍보하기 위한 해외 홍보물이나 On-Off Line 광고를 구비하여 최초 접촉을 시도하는 대상자에게 정보를 제공하는데 있어 원활한 프로세스를 만들어야 한다.

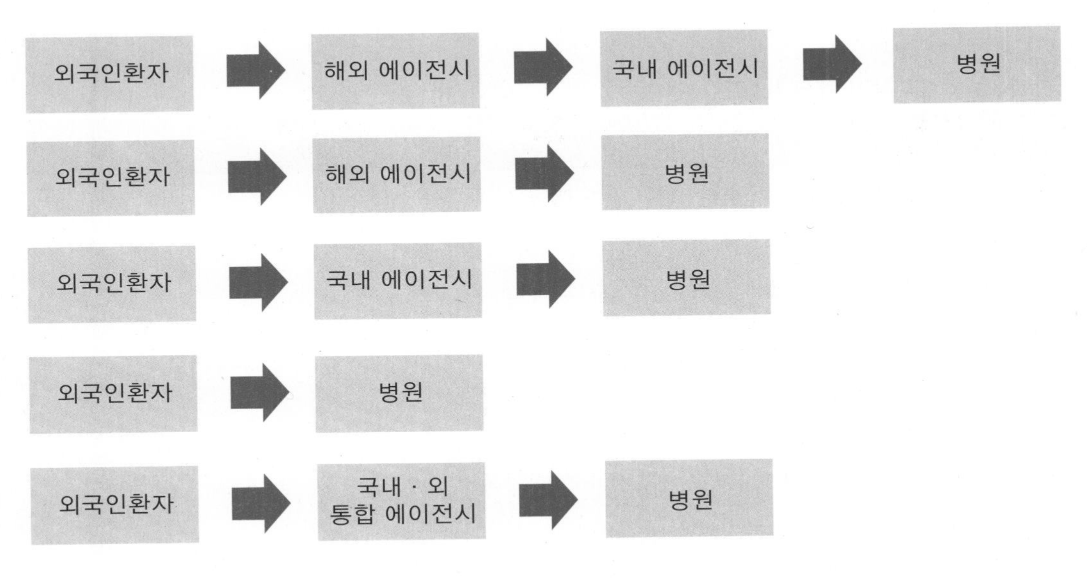

〈그림 14-2〉 최초 연락단계의 유형들

1) 정보수집

사전에 환자정보를 정확히 파악하는 것은 환자의 치료계획을 세우는 데에 있어 의료진의 정확한 판단을 돕고, 진료 중 정보부족으로 인해 발생할 수 있는 문제들을 최소화하므로 매우 중요하다.

가) 환자의 개인정보 : 이름, 생년월일, 성별, 국적, 사회 · 경제적 정보 등
나) 환자의 건강상태 : 주 호소 또는 진단명, 해외여행 가능 여부 및 여행에 필요한 제반 사항 (의료인 동반 여부 및 의료장비, 기기, 약품 등)
다) 진료기록 : 기왕력, 타 병원의 의무기록, 검사결과 및 영상자료, 의사 소견서
라) 진료비 지불방식 : 진료비 청구 대상자 및 지불 주체, 보험소지 여부

참고자료 : 예약확인 체크리스트

항목내용		상	중	하	비고
전화 예약	친절한 목소리와 신뢰를 줄 수 있는 대화				자동녹음 기능 이상여부 확인
	고객에게 녹취에 대한 안내를 정확히 공지				
	고객에게 기본 예약정보를 제공, 예약현황을 전달하였는지				
	고객에게 필요한 정보 및 공지사항을 정확히 전달				
	고객에게 전체예약사항을 재확인한 후 확답여부				
팩스 예약	수신된 예약 내용을 정확히 확인(번역필수)				발신·수신 서류관리 철저
	고객이 선택한 상품에 대해 정확한 설계				
	예약확인서 및 기타 정보와 함께 감사인사 전송				
	발신 후 해당 담당자와 수신여부를 확인				
단체 예약	친절하고 정중한 태도로 고객응대				인솔자 및 대표자 인적확인
	단체예약정보를 접수하고 예약현황 확인				
	단체고객의 인솔자에게 전체예약사항 재확인				
	예약파일작성을 마감한 후 관련부서에 공지				

항목내용		상	중	하	비고
인터넷 예약	접수된 예약내용을 확인하고 해당부서에 정확히 전달				정확한 통역과 번역
	고객이 설계에 필요한 정보를 충분히 제공, 확보				
	고객의 유선통화를 위해 정보를 요청				
	사전·사후 데이터 관리				
병실 현황 관리	정확한 병실현황을 확인하여 유지				병실현황 관리 철저
	예약변경 및 취소사항을 확인하고 관련부서에 공지				
	현재 적정예약률을 유지				
	청소·위생상태 및 관리담당자와는 연락가능				
예약 변경	예약변경이 요청된 고객의 기존 예약사항을 확인				변경내용 상호공지 확인
	예약변경사항 및 병실이용 가능여부를 고객에게 제공				
	변경된 예약정보를 확인, 추가정보를 제공				
	예약변경에 따른 기록정정과 관련부서 공지				
예약 취소	기존 예약정보를 확인				취소내역 확인 및 사후관리
	예약취소 사항을 접수, 예약취소 사유 확인				
	고객에게 예약취소 여부확인, 처리결과를 통보				
	예약파일 삭제 및 예약현황 정정				

최초상담이 이뤄지기 전에 먼저 확인, 체크되어져야 할 항목은 다음과 같다.

- 언어영역별 코디연락처는 정확하게 공지되었는가?
- 변경되었다면, 수정은 올바르게 되었는가?

- 대표번호 수신시 안내멘트에 대한 매뉴얼은 구축되었는가?
- 업무시간 외 ARS를 통해 안내 또는 개인전화로 전화될 수 있도록 조치되었는가?

2) 치료계획 수립

가) 수집된 정보를 토대로 내원목적을 판단하여 진료과 및 진료의사를 정하고 의료진과 함께 치료 가능 여부, 치료계획, 진료일정, 사전준비사항 등을 확인한다.

나) 자문을 구할 때 환자가 해외에서 오는 특수한 상황이라는 것을 전문의에게 강조하여 최대한 환자의 편의를 도모한 상황에서 치료계획을 세우도록 돕는다.

다) 담당의로부터 치료계획이 확정되면 이를 근거로 한국 내 체류일정 및 재원일수, 예상 진료비, 제공 가능한 서비스 등의 진료프로세스를 설계하고 이에 따른 견적서를 작성한다.

3) 예상진료비용 산출

이미 전달된 예상진료비에 대한 가격을 상세한 설명과 함께 조율하는 시기이다.

따라서 치료비의 청구대상자 및 지불주체를 재확인하고, 지불주체가 확인되면 예상결재방법도 확인해야 한다. 예상비용의 변동가능성에 대해서도 충분히 설명해야하며, 서비스비용에 차등을 두어 상품별 가격차별로 탄력있게 운영해야 한다.

가) 진료비는 고객이 의료기관을 선택함에 있어 최우선적으로 고려하는 대상 중 하나로 해당 의료기관의 신뢰성에 커다란 영향을 미칠 수 있으므로 정확도에 신중을 기해야 한다.

나) 진료비견적은 환자에게 필요한 검사, 시술 및 치료계획에 따른 예상 진료비를 관련 부서(원무과 및 보험 심사과 등)와 확인하여 항목이 누락되지 않도록 하고, 실제 진료비와의 오차를 최소화하여 차후 발생 가능한 환자의 불만을 사전에 방지하는 것이 중요하다.

다) 진료비견적은 일반적인 상황을 기준으로 산출하였으므로 질병의 진행정도와 의사의 소견에 따라 실제진료비가 달라질 수 있음을 명시한다.

라) 진료비는 평균진료비를 기준으로 최소에서 최대까지 비용을 알려주어 환자가 대비할 수 있도록 하고 기타 부가서비스에 대해 안내 옵션리스트와 함께 안내한다(병실등급, 식사, 노트북 대여, 위성방송시청, 공항픽업서비스 등).

4) 회신

가) 신속하고 정확한 답변이 무엇보다 중요하다.

나) 회신 시, 전담 코디네이터 연락처가 기재된 병원이용 안내서를 함께 발송하고 고객과의 긍정적인 관계형성을 위해 노력한다.

5) 초기접촉단계에서 고려해야 할 사항

가) 의료기관에 관한 정확하고 신뢰할 만한 정보를 제공한다. 웹사이트나 다양한 매체를 통하여 병원에 대해 전반적인 사항(의료진, 의료장비, 서비스 범위 등)을 안내한다.

나) 소속 의료진에 대한 다양한 정보를 제공한다. 의료진의 사진과 함께 자격, 전문분야, 업적 등의 정보를 제공하여 환자로 하여금 높은 수준의 의료환경에서 최고의 자격을 갖춘 의료진으로부터 진료와 치료를 받을 수 있다는 것을 확신하도록 한다.

다) 환자의 질문이나 정보에 신속히 응답한다. 고객으로부터 의뢰가 접수되면 최대한 신속하게 응답한다. 병원사정이나 환자의 의학적 상태에 따라 응답시간이 지체될 경우 이 사실을 상대방에게 알려 양해를 구하고 응답 가능한 시간을 제시하도록 한다.

라) 환자의 의료관광을 위한 계획을 도와준다.

마) 외국인 환자가 본국에서 구비해야할 서류 항목을 알려준다.

(1) 진료 관련 기록 : 방사선검사결과, MRI, 건강력, 검사기록 및 관련 영상 자료, 예방접종기록, 처방전, 수술기록 등 한국의료기관에서 제공받을 치료/시술/수술과 관련된 진료기록

(2) 여권과 의료관광비자

(3) 환자의 본국 담당의사의 소견서와 진료의뢰서

(4) 신용카드, 한국 돈 등 한국체류 시 필요한 경비를 지불할 수 있는 수단

(5) 가족동반여부 확인(특히 수술 시에는 보호자 동반 필요)

4.2. 확인과정

고객이 의료기관에서 진료받기로 결정하면 코디네이터는 지금까지의 상담자료를 참고하여 예약 및 등록, 기타 환자진료와 관련된 제반업무를 진행하게 된다.

1) 초청장 작성

초청장은 고객이 해당 의료기관에서 의료서비스를 받는다는 사실을 입증하는 가장 기본적인 서류이다. 고객이 입국비자 발급을 위한 예약증 혹은 초청장을 요청할 경우 발급된 초청장이 경우에 따라 의도와 다르게 활용될 우려가 있으므로 해당 기관이 마련한 확인절차에 따라 확인된 환자에 한해 발급하고 발급에 신중을 기한다.

2) 예약증 작성

고객의 의료기관 방문사실 및 서비스이용에 대한 세부내역을 명시한 것으로 실제의료기관을 이용하는 데 필요한 서류이다. 예약증 역시 초정장과 마찬가지로 발급목적과 달리 활용되어질 우려가 있으므로 반드시 확인된 접수 건에 대해서, 의료기관과 업무협약이 되어 있는 에이전시의 요청 등에 대해서만 발급하도록 한다.

3) 환자등록

가) 환자의 병원방문이 결정되면 수집된 자세한 정보를 이용하여 환자를 등록한다.

나) 환자의 개인정보(영문이름, 생년월일, 성별, 연락처, 주소, 이메일주소, 국적, 의뢰경로, 여권번호 등)를 의료기관시스템(또는 환자대장)에 입력하고 등록번호를 생성한다.

다) 재진환자의 경우는 개인정보의 변경 여부를 확인하여 수정한다.

4) 예약일시 확정

가) 환자의 내원목적에 적합한 진료과를 정하고 담당의사를 선정하여 담당의사와의 예약일시를 확정한다.

나) 외래 진료 후 입원치료가 필요하다고 예상되면 환자에게 희망병실 종류를 사전에 확인하여 병실을 예비한다.

다) 환자의 국내체류기간 내에 진료, 검사/시술 및 치료가 이루어질 수 있도록 최대한 일정을 조정한다.

5) 예약사항 안내

가) 수립된 진료, 검사/시술에 대한 예약내용과 사전준비사항을 고객에게 안내하고 정확히 이해했는지 여부를 확인한다.
나) 예약변경 및 취소는 환자 또는 진료부서의 요청에 의해 가능하며 진료부서의 요청으로 외래예약을 변경해야만 하는 경우 환자에게 일정변경 사유를 설명하고 예약일자 조정 등 필요한 도움을 제공한다.

6) 진료비 지불방식에 따른 안내

가) 환자의 의료기관방문이 결정되면 진료예약단계에서 환자의 보험소지 여부를 확인하고 보험 소지자인 경우 진료비 지불보증 범위와 개인부담금, 진료비청구에 필요한 서류를 확인한다.
나) 설명된 내용은 진료비와 관련 차후 발생 가능한 문제를 사전에 예방하기 위해 환자에게 '설명 들었음'과 '들은 내용을 이해하였다'는 서명을 받는다.
다) 보험을 소지하지 않은 환자에 대해서는 사전에 진료비 발생 및 수납절차, 예상금액을 설명하고 지불방식을 확인한다.

4.3. 서비스 과정 (진료 전 단계 / 진료 후 단계 포함)

1) 도착 및 대기

해외로부터 환자의 도착 및 영접 단계에서는 환자와 가족으로 하여금 낯선 환경에 대해 최대한 친근감과 편안함을 느끼도록 하는 것이 중요하다. 환자의 눈에 잘 뜨이는 곳에 해당 국가 언어로 환영의 메시지, 배너 등을 게시하여 환자로 하여금 환영받는 느낌을 갖도록 배려한다. 대기공간에 해당 국가의 신문이나 잡지 혹은 한국 의료의 우수성을 홍보할 수 있는 자료, 기타 관련된 자료들을 비치해 놓는 것도 고객에게 도움을 줄 수 있다.

2) 진료

가) 진료 전(수술 전 단계)

〈그림 14-3〉 수술 전 단계 프로세스

(1) 도착 및 접수

① 접수과정에서 해당 기관의 지침에 따라 정확한 환자인지를 확인하고 담당 코디네이터는 본인을 환자에게 소개한다. 진료 전 사전준비사항이 지켜졌는지 확인하고 진료일정안내와 진료일정표를 제공한다.

② 환자/보호자에게 주어지는 모든 정보는 환자/보호자가 이해할 수 있는 언어와 방법으로 제공한다.

③ 통역사 또는 유치업체 직원이 동반한 경우 환자에게 의료정보 공개 동의서를 받아 환자의 진료내용공개에 대한 법적 문제를 사전에 예방하도록 한다.

④ 환자의 기본정보를 확인하고 필요 시 수정 한다.

⑤ 환자의 지불방식을 확인하고 지불절차에 대해 환자와 보호자에게 미리 안내하여 진료 후에 발생 가능한 불만을 최소화 하도록 한다.

⑥ 대기시간과 이동 동선의 최소화를 고려한 진료일정에 따라 사전에 예약된 통역사 또는 직원과 함께 해당 진료부서로 안내한다.

(2) 외래진료 전 준비절차

① 진료에 필요한 타 병원 진료기록 유무를 확인하고 영상자료는 외부영상 접수부서에 맡겨 진료 시 참고할 수 있도록 준비한다.

② 예약된 시간보다 진료가 지연되는 경우 지연사유를 설명하고 양해를 구한다.

(3) 진료 중

① 진료 전 기본정보(이름, 생년월일, 등록번호, 주소, 연락처 등) 중 2가지 이상의 방법으로 본인확인절차를 거친다(환자확인방법은 해당 병원의 지침을 따른다).

② 환자상태를 정확히 파악하기 위해 병력 조사 및 신체검사를 시행하고, 검사결과, 타 병원 소견서 등을 참조하여 진단 및 치료계획을 세우고 이에 대한 환자, 보호자 및 통역이 이해할 수 있도록 설명한다.

③ 진료 또는 검사 시 환자의 사생활 보호의 중요성을 의료진을 포함한 전 직원이 숙지하여 환자의 권리가 침해받지 않도록 한다.

㉠ 진료실, 진료대기실 등에 환자의 진단명, 주민번호 여권번호, 환자이름 등을 게시하지 않는 등 환자개인정보노출을 최소화한다.

㉡ 접수창구와 진료실, 환자의 대기공간을 구분하여 타 환자 또는 타인에게 환자의 진료 및 상담과정의 노출을 최소화한다.

㉢ 다른 사람들이 있는 곳에서 환자를 대할 때 큰 소리로 이름(Full name)을 부르거나 환자의 진단명, 처치명 등을 큰 소리로 얘기하지 않는다.

㉣ 진료과정 중 환자의 신체노출은 최소화한다. 신체검사를 진행할 때 스크린이나 커튼을 반드시 이용하고, 여자환자를 남자의사가 진찰하는 경우 반드시 여자직원이 참석하거나 또는 여자보호자를 대동하도록 한다. 특히 아랍권의 환자들의 경우 신체노출에 대해 사전에 동의를 얻은 다음 진료를 진행하도록 한다.

㉤ 의료진이 사용하는 전산장비(PC 등)에는 사용자 암호 및 화면보호기를 설정하여 운영하며 허용된 사람 외에는 열람을 금한다.

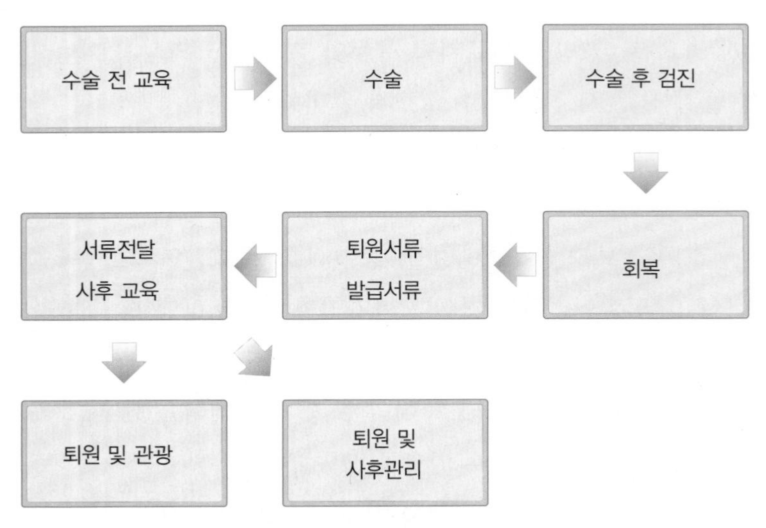

〈그림 14-4〉 수술 단계별 프로세스

• 치료 동의서

동의서는 환자의 신체에 위해를 유발할 수 있는 모든 처치에 대하여 받는 것을 원칙으로 하며, 특히 다음에 해당하는 경우에는 반드시 동의서를 작성한다.

- 수술, 고위험시술 시
- 의식하 진정 시
- 혈액제제 사용 시
- 임상연구 시
- 조영제, 항암제 투여 시

• 치료 동의서 작성

- 동의서의 작성은 이 절차를 숙지하고 환자가 사용하는 언어로 의사소통이 가능한 직원에 의해 수행되며, 이때 관련 내용에 대해 환자가 질문을 할 수 있도록 기회를 제공한다.
- 해당 직원이 외국어로 의사소통을 할 수 없는 경우 자격 있는 통역을 이용한다.
- 동의서에 대한 설명의 주체는 해당 의사가 받는 것을 원칙으로 한다.
- 동의서의 서명은 환자 본인이 하는 것을 원칙으로 한다. 단, 환자가 의사결정무능력상태, 미성년자인 경우와 같이 동의가 불가능한 경우에는 법정대리인이 동의의 주체가 된다. 대리인에게 동의를 얻는 경우, 반드시 그 사유를 동의서에 기록한다.

- 설명 후 동의함에 대한 서명은 환자 혹은 직계가족이 직접하여야 하나 상황에 따라 다른 방법으로 기록을 대신(ex 구두 동의-녹취 등)할 수 있으며 대리인이 서명할 경우 그 사유를 표시한다.
- 동의서는 동의가 필요한 해당 의료행위 시마다 행위 전에 받는 것을 원칙으로 한다. 단, 환자의 상태가 응급한 상황에서 환자 자신이 의사를 표현할 수 없거나 의사결정을 대신할 가족 및 보호자가 없는 경우에는 환자의 치료를 위해 동의 없이 의료행위를 행할 수 있다.

나) 진료 후 (수술 후 단계)

(1) 진료내역 확인, 교육, 설명

① 진료 후 담당 코디네이터는 진료를 통하여 수립된 치료계획에 따라 추후진료일정과 투약, 검사시술 등을 안내하고 다음 진료를 위한 일정을 예약한다. 또한 질환 및 치료와 관련된 필요한 환자교육을 시행하고 환자, 보호자가 교육내용을 충분히 이해하였는지 확인한다.

② 진료/치료계획에 따른 예상 진료비를 시행 전에 안내한다.

(2) 검사/시술

① 외래환자의 검사/시술은 의사 처방에 준하여 진행한다.

② 검사 전 환자와 보호자에게 목적, 위험, 이점, 방법 등의 정확한 정보를 충분히 제공하고 수행하기 전에 필요한 동의서에 서명을 받는다.

(3) 약 처방과 조제

① 약물에 따라 원외 처방을 할 수 있다.

② 의사 또는 간호사가 약물에 대한 효능, 효과 및 부작용에 대해 설명하고 반드시 환자, 보호자 또는 통역사의 이해 여부를 확인한다.

③ 환자에게 불출된 의약품은 안전상 다른 환자에게 재사용할 수 없으므로 반납처리를 할 수 없음을 사전에 환자에게 알린다.

(4) 재진예약

① 치료계획에 따라 추후 진료일정을 예약한 후 안내한다.

② 진료일정은 외국인 환자의 귀국일정을 고려하여 예약하며 재입국을 해야 하는 경우 비자발급을 위한 서류의 필요성 여부를 확인한다.

(5) 입원이 결정된 경우

① 외래진료를 통하여 입원진료가 요한 경우 입원결정서를 발급한 후 입원 희망일을 확인하고 입원등록절차 등 행정서비스를 지원한다.

② 당일입원이 필요한 경우는 병실현황을 파악하여 병실을 배정하고 환자 및 환자 보호자와 입원상담을 한다.

③ 치료계획에 따른 병원체류기간 및 예상 진료비를 산출하여 설명한다.

④ 해외보험 가입 여부가 확인되면 보험사와 연락하여 지불보증서를 받도록 한다.

⑤ 입원환자인 경우 병원 옵션리스트에서 고객이 선택한 입원실(특실, 1인실, 다인실 등), 물품들이 정확히 준비되었음을 병실 안에서 환자/보호자와 함께 확인한다.

⑥ 입원생활 및 병원 내 이용가능한 편의시설과 서비스 등을 안내하고 기타 부가서비스에 대한 정보도 제공한다.

⑦ 입원 시 코디네이터가 병실로 직접 안내하고 담당간호사가 병실생활안내(회진 시간, 식사 시간, 병동 내 편의시설 등)하는 것을 돕는다. 입원 중 진료진행에 대해서 주치의와 상의해서 환자에게 미리 일정을 전달하도록 한다.

⑧ 입원기간 중 하루에 한 번 내지 두 번 정도의 정규 방문을 통해 환자의 요구사항을 파악하고 의료진과 환자/보호자 간 중재를 담당한다.

⑨ 동반한 가족이 있다면 가족을 위한 병원 내 프로그램(영화 상영, 음악회, 종교실)을 소개해준다.

(6) 응급실 진료의뢰 : 외래진료 중 의사가 환자에게 응급실진료가 필요하다고 판단하면 병원지침에 따라 환자를 안전하고 신속하게 응급실로 이송한다.

① 담당의사는 환자와 보호자에게 응급실진료가 필요함을 설명하고 필요 시 질문에 답하며, 동의를 구한다.

② 환자 또는 보호자에게 응급실 진료 절차를 안내하고 응급실에서의 진료 및 치료 과정을 모니터하면서 필요 시 중재를 제공한다.

③ 환자가 병원과 지불보증계약이 되어 있는 보험사나 기관에 소속된 경우 해당 보험회사/단체에 연락을 취하여 보험적용범위를 확인하고 확인된 내용을 환자와 보호자에게 설명한다.

(7) 의무기록사본 및 영상복사

① 귀가 전에 의무기록사본 및 영상자료복사 신청 여부를 파악한다.

② 의무기록사본발급은 의무기록종류에 따라 절차가 구분되며, 상세내용은 해당 병원의 의무기록사본발급 지침을 따른다.

(8) 제증명 발급 및 보험회사 진료비청구 서류

① 제증명 발급은 환자의 사용용도에 맞게 진료과 의사에게 요청하여 발급받도록 한다. 의사진료 필요 여부에 따라 절차가 구분되며, 상세내용은 해당 병원의 원무 제증명 발급지침을 따른다.

② 보험회사 진료비청구용 서류의 필요 유무를 확인하여 서류작성을 지원한다.

(9) 귀가 전 준비사항

① 치료 후 귀가 전에 관광을 원하는 경우 여행업체를 이용하거나 관광지를 소개하는 브로셔 또는 안내책자를 활용, 또는 담당 코디네이터가 직접 여행예약에 필요한 호텔 및 숙박시설, 한국관광에 대한 정보제공 등을 지원한다.

② 귀가 전에 거동이 불편하여 휠체어가 필요하거나 앰뷸런스 또는 리무진의 송영서비스가 필요하면 사전에 준비한다.

③ 환자에게 필요한 의무기록 준비사항을 점검한다. 귀국 후 자국에서 지속적인 치료를 위해 국가별 진단서와 소견서를 제공하고 필요한 경우 고객이 가입한 보험의 진료비청구가 가능하도록 관련 서류를 준비한다.

④ 소견서에는 환자가 자국에서 계속해서 진료를 받을 수 있도록 추후관리계획이 반드시 포함되어야 하며, 의문사항이 있을 때 주치의와 연락할 수 있도록 주치의 연락처도 반드시 제공하도록 한다.

⑤ 만약 환자가 퇴원 후 항공기에 의료기구나 약품 등을 소지해야 하는 경우라면 항공사나 세관 제출용 소견서를 별도로 작성하도록 한다. 이때 모든 의무기록은 문서와 함께 파일 또는 CD자료로 제공한다.

⑥ 의무기록은 영문본, 또는 의료기관 지침에 따라 해당 국가 언어로 제공한다.

⑦ 해당 병원의 의료서비스에 대한 환자 만족도 조사에 대한 설문지를 제공하여 추후 병원 서비스 질 향상을 위한 객관적인 자료로 사용한다.

(10) 퇴원 : 퇴원계획은 입원 시점부터 수립하여 퇴원과정이 원활이 진행될 수 있도록 한다. 환자에게 필요한 교육내용은 입원기간 동안 주기적으로 교육하여 환자의 이해를 돕는다.

(11) 퇴원관리

① 퇴원환자와 보호자에게 퇴원 전 개별적 퇴원교육 및 관련 정보를 제공한다. 환자의 개별적인 퇴원요구를 파악하고 환자의 이해를 최대화 할 수 있는 적합한 퇴원교육자료를 이용하여 환자에게 퇴원교육을 실시한다(서면, 구두, 영상자료, 직접 시범 등).

② 약과 관련된 정보(복용방법, 주의사항, 부작용, 약물 간 및 약물과 음식 간 상호작용 등), 추후관리 안내(본국에 귀국 후 외래방문일시, 담당의사 연락처 등), 의사에게 보고해야할 증상과 징후, 응급상황 시 대처방법, 식이, 운동, 일상생활운동(운전, 목욕 등)에 대하여 환자와 보호자에게 교육과 정보를 제공하고 이해 정도를 확인한다.

③ 퇴원 후 환자나 보호자가 의문사항이 있을 경우 연락할 수 있는 담당자와 연락처 정보를 제공한다.

④ 퇴원절차

㉠ 환자와 보호자에게 퇴원일과 퇴실예정시간(원하는 시간 조정)을 알리고 퇴원 가능 여부를 확인 후 퇴원수속절차를 안내한다.

㉡ 환자와 보호자에게 퇴원금액을 알려주고 수납하도록 안내한다.

㉢ 퇴원약 처방을 확인한다. 환자가 본국으로 돌아갔을 때 구입 가능한 약인지 여부를 확인한다.

㉣ 약국에서 온 퇴원약을 처방과 확인하고 퇴원수속완료 여부를 확인한다.

㉤ 퇴원약의 약제별 효능 및 복용법과 복용 시 주의사항, 퇴원 후 주의사항, 외래진료예약에 대하여 설명한다. 처방전과 투약법을 해당 국가의 언어로 작성하여 제공한다.

㉥ 퇴원에 필요한 절차가 마무리되면 환자의 소지품을 챙기는 것을 돕고 교통수

단을 확인한 후 퇴원을 하도록 돕는다.

ⓢ 수납

ⓞ 모든 진료 및 검사일정 전 후 지불방식을 확인하여 수납으로 안내한다.

ⓙ 외국인 환자의 진료비 수납의 편의성을 위하여 다양한 지불방식을 활용한다 (신용카드, Travelers Cheque, Cashier's Check, 현금 등)

ⓒ 해당 병원과 계약된 해외보험 소지자의 경우, 진료비 지불보증 한도에 따라 환자 부담액이 달라질 수 있으므로, 보험담당자와 확인한 후 수납을 진행한다.

ⓚ 수납 후 영문 또는 해당 국가 언어의 영수증을 발급하고 필요 시 진료비 상세내역을 제공하고 해당 언어로 번역하여 제공한다.

(12) 배웅 : 가능하면 그 동안 과정을 담당했던 의료진 또는 코디네이터가 배웅하도록 한다. 거동이 불편해서 휠체어를 타야 하거나 앰뷸런스를 타야 하는 경우라면 퇴원 전 미리 준비해 두도록 한다. 안부 메일이나 소식지 발송 등으로 꾸준히 관리하여 재방문 유도 및 구전의 축으로 활용한다.

(13) 추후관리

① 환자, 가족, 에이전시, 현지의료인을 대상으로 정기적으로 Follow-up Letter를 발송한다.

② 추후관리교육은 치료계획에 따라 정해지며 환자와 보호자에게 목적 및 필요성을 안내한다.

③ 교육내용에 따라 필요 시 전문가에게 교육을 의뢰하고 귀국 후 발생 가능한 증상, 증후 및 대처방안에 대해 충분히 설명한다.

5. 매뉴얼 작성법

5.1 .매뉴얼의 개념

매뉴얼이란 외국인의료관광고객을 효율적으로 진료하기 위하여 단계별로 업무를 문서화, 체계화하여 정보공유를 가능하게 하는 것을 말한다.

여기에는 외국인 환자의 유치에서, 진료, 퇴원까지 단계별 유의사항과 관련서식을 모두 포함하고 있다.

5.2. 매뉴얼 작성의 효과

매뉴얼 작성은 업무처리방식 및 절차의 표준화를 통한 업무생산성 향상을 목적으로 한다.

매뉴얼 작성을 통한 효과들은 다음과 같다

1) 정보사용의 최대화 : 보다 큰 가치창출이 가능

2) 고객에게 신뢰도 있는 이미지 형성

3) 지속적인 개선을 위한 도구로 활용가능

4) 의료분쟁의 예방

5) 업무처리 기술의 혁신으로 이어질 수 있음

6) 병원내부 인력양성에 기여

(1) 외국인 환자 케어 매뉴얼

① 외국인 환자 진료의 효율성을 높이기 위해 업무를 단계별로 체계화, 문서화하여 정보공유를 가능하게 한다.

② 일반적 업무 나열이 아닌 현 시점에서 가장 최선의 업무수행 방법을 문서화, 공식화한 것이다.

③ 최적의 환경에서 최상의 의료서비스를 제공하기 위해 진료과정을 최초 접촉 시점부터 예약, 진료, 추후관리까지의 단계별 진행과정과 관련 서식을 포함한다.

④ 매뉴얼 작성법은

㉠ '어떻게'가 아니고 '무엇을' 만들 것인가를 정해야 한다.

㉡ 진료업무를 각각 나누어 본다.

㉢ 매뉴얼은 각 병원에 맞는 실제적이고 직접적인 내용을 담고 있어야 하므로, 해당 업무를 수행하고 있는 각 담당자에 의해 작성되어야 한다.

㉣ 기구준비에서 진료과정, 특이사항 등 진료의 흐름대로 나열한다.

㉣ 진료과정은 실제 병원에서 하고 있는 방식을 적용해서 작성한다.

(2) 매뉴얼 사용효과

① 정보사용의 극대화를 통한 업무의 질 향상 도모

② 일관성 있는 서비스제공으로 고객에게 신뢰감 형성

③ 지속적으로 매뉴얼을 수정 · 보완함으로써 업무개선을 위한 도구로 활용

④ 의료분쟁 예방

⑤ 직원의 교육자료로 활용가능하며 직원양성에 기여

(3) 좋은 매뉴얼의 특징

① 적합성 : 사용자의 관점에서 사용목적에 맞는 정보에 초점을 맞추어 정리

② 일관성 : 내용적으로나 형식적으로 일관된 흐름에 따라 기술

③ 평이성 : 기초지식이나 경험이 없는 제3자가 읽거나 보더라도 이해하기 쉽도록 작성

④ 검색성 : 목차, 개요 등을 활용하여 사용자가 쉽게 필요한 것을 찾을 수 있도록 배려

⑤ 정확성 : 사용자의 관점에서 사용목적에 맞는 정보에 초점을 맞추어 전달하며, 단순한 사실 중심이 아니라 사실에 대한 분석을 토대로 일반화할 수 있는 요소들을 추출하여 제시

⑥ 해결법 : 실제 수행과정에서 경험한 장애요인 미 해결방법을 핵심요인 중심으로 정리하고 공통적으로 겪을 수 있는 문제에 대해 경험자의 노하우 제공

(4) 매뉴얼의 구성조건

① 업무의 목적

② 업무의 흐름

③ 간결하고 정확한 설명

④ 문제점과 해결방안 및 예외사항

(5) 작성 방법 및 절차

① 매뉴얼은 해당 의료기관에 맞는 실제적이고 직접적인 내용을 담고 있어야 하므로 그 업무를 수행하고 있는 각 담당자에 의해 만들어져야 한다.

② 모든 진행과정의 내용은 되도록 현재 해당 의료기관에서 하고 있는 방식 그대로

작성하도록 하는 것이 개발 후 실제 적용도를 높이는 데 도움이 된다.

③ 매뉴얼 개발절차

업무체계의 장비 및 분담 조정 → 대상 항목 선정 → 계획 수립 → 개발 → 시범적용 → 업무적용 → 평가 및 수정/보완

〈그림 14-5〉 매뉴얼 개발절차

〈표 14-2〉 매뉴얼 작성사례

단계	주요업무	세부내용	필요서식	협력부서
초기 접촉	1. 치료요청접수 개인/ 에이전시 전화 /이메일	1. 환자정보수집 • 기본인적사항 및 병력 등 • 환자의 비자유형, 보험유형 및 범위 등 2. 상담일지 작성 • 상담 안내 매뉴얼 구비 (영어, 일어, 중국어 등) • 병력, 특이사항, 복용중인 약물 등 • 통역, 숙박, 비자, 투어 등 필요한 정보제공 등	진료요청서 상담안내 매뉴얼	대외협력처 국제진료소
	2. 주치의섭외 및 기본치료계획 수립	1. 주치의 섭외 및 치료 가부 결정 2. 접수된 정보를 토대로 기본 치료계획 설계 • 재원일수, 수술 전·후 외래진료/ 검사 일정 • 필요시 상세정보 보충수집 • 예상금액산출	치료계획서 (치료비/ 견적서 내)	임상과 보험심사 입원원무팀
	3. 치료계획서 회신	1. 치료계획서 송부(주치의 프로필 포함) 2. 환자에게 입원 약정서 및 수술 도의서 내용확인(분쟁 시 해결방안) 3. 예상치 못한 진료기간 연장 가능성 전달 4. 환자로부터의 입국여부 최종결정	입원약정서 수술동의서 등	임상과 입원원무팀 법무팀 QI실

▶초기접촉단계는 고객이 의료서비스를 받기위한 의료기관을 선택하고자 여러 가지 정보(국가정보, 의료진, 시설 및 의료장비, 진료비 등)를 수집하고, 의료기관에서는 진료에 필요한 고객의 정보(인적사항, 주 호소, 건강상태, 희망진료내역)를 파악하는 단계로 신속정과 정확성이 중시되는 단계이다.

▶케어 매뉴얼 개발 목적

- 정보사용의 극대화를 통한 업무의 질 향상 도모
- 일관성 있는 서비스제공으로 고객에게 신뢰감 형성
- 지속적으로 매뉴얼을 수정 · 보완함으로써 업무개선을 위한 도구로 활용
- 의료분쟁 예방
- 직원 교육자료로 활용가능하며 직원양성에 기여

▶대상자의 퇴원을 계획하는 것은 실제로 대상자에 대한 자료를 수집하고 계획하는 입원시점부터 수립하여 퇴원과정이 원활히 진행될 수 있도록 하는 것이다.

▶퇴원교육은 포괄적으로 진행되어야 하며, 반드시 포함되어야 할 교육요소는 투약, 시술과 치료, 식이요법, 의뢰, 건강증진이다.

▶사전 서비스 : 병원에 대한 사전광고, 안내 등 고객이 병원이나 서비스 담당자에게 나타나기 전에 경험하게 되는 서비스

▶제공시점 서비스 : 고객이 병원에서 경험하게 되는 서비스로 외래진료, 검사, 시술 및 입원치료 등에서 경험하게 되는 서비스

▶사후 서비스 : 병원에서 서비스를 제공 받은 후 서비스에 대한 만족도를 확인하고 서비스에 대한 불만사항을 해결해 주거나 이후 서비스에 대해 안내하는 행위로 해피콜과 같은 접수된 불만사항에 대한 조치결과를 설명하는 전화와 같은 서비스

▶매뉴얼의 구성조건

- 업무의 목적
- 업무의 흐름
- 간결하고 정확한 설명
- 문제점과 해결방안 및 예외사항

▶의료적 서비스 : 진찰, 수술, 처치 등 의료행위

- 의료외적 서비스 : 진료절차, 의료인이나 직원들의 친절성, 시설, 진료환경 등이다.

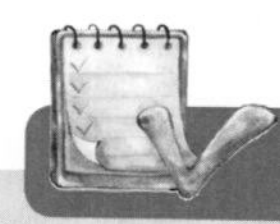

알아두면 좋아요!

중국에서 해외의료관광 수요가 증가하는 이유는 무엇일까?

현재 우리나라에는 미국과 중국, 러시아, 몽골, 베트남 등지에서 의료관광을 많이 오고 있다. 그 중에서 13억 중국시장은 상위 0.01%의 부유층과 포상관광으로 한국을 찾는 사람들만 의료관광시장으로 유입시킬 수 있어도 우리나라 의료관광산업의 눈부신 발전을 기대할 수 있을 정도로 그 잠재력이 큰 시장이다. 때마침 중국에서 해외의료관광 수요가 증가하고 있다는 뉴스 보도가 있어 중국인들이 해외의료관광을 원하는 이유, 혹은 그 수요가 증가하는 이유를 간단히 알아두면 좋을 것 같아 소개한다.

중국에서는 최근 경제총량과 주민들의 소비능력이 안정적으로 증가하는 동시에 주민 간의 소득수준 차이도 계속 확대되고 있는데, 이러한 경제력의 차이는 의료서비스 수요의 차별화와 해외 의료관광 서비스에 대한 수요로 나타나고 있다고 한다.

중국 소비자의 해외 의료관광 서비스 수요를 촉진시키는 세 가지 요인은 상대적으로 중국 외의 선진국이 중국의 국내보다 더욱 높은 의료수준과 더욱 나은 치료환경, 더욱 체계화된 의사자격관리 등의 조건을 갖추고 있기 때문이다. 그 구체적인 내용을 살펴보면 다음과 같다.

첫째, 해외 의료산업은 전체적으로 중국보다 선진적이며 체계적이다. 의약품, 의료기기, 연구개발 등의 분야에 대한 투자가 많고, 진료수준과 의료기기 등은 중국보다 선진적이고 신제품이 많이 개발되며, 암 등 난치병에 대한 치료환경이 뛰어나다는 것이다.

둘째, 각국의 신약허가제도와 관련 법제는 서로 많은 차이를 보이고 있는데, 중국의 경우 해외의 선진적인 의약품과 의료기기, 설비를 수입하려면 관련부서의 심사허가를 오랫동안 기다려야 한다는 것이다.

셋째, 외국은 의사자격관리가 매우 엄격하고 서비스가 규범화되어 있기 때문에 소비자들은 아는 사람을 찾거나 촌지를 줄 필요 없이 친절하고 전문적인 서비스를 제공 받을 수 있다는 것이다.

넷째, 중국 국내 병원은 항상 환자들이 붐비는 것과 달리 외국의 좋은 병원은 의료 환경이 좋고 환자들의 프라이버시를 보호 할 수 있으며 휴식과 치료에도 적합하다. 물론 의료가격이 비싸고 치료(관광 포함)기간이 비교적 길기 때문에 현재 해외 의료관광 서비스를 이용하는 중국 소비자는 고소득층에 집중되어 있다.

다섯째, 일반적으로 해외 의료비용은 중국보다 더 높은 수준이다. 특히 해외에서 상대적으로 유명한 전문병원은 비용수준이 더욱 높으며, 그 외 해외 의료비용은 중국 국내에서 의료보험처리를 할 수 없기 때문에 전부 개인이 부담해야 한다는 것이다.

이와 같은 중국의 트렌드를 잘 알아야 하는 이유는 중국인들에게 맞는 의료관광상품의 개발과 마케팅전략 수립을 위해서다. 의료관광산업에서 상대적으로 후발주자라고 할 수 있는 우리나라의 입장에서는 해외환자가 의료관광을 떠나는 이유나 그와 관련해 필요로 하는 것들에 대한 진정한 이해가 있어야 경쟁국으로 가던 발걸음을 우리나라로 돌려놓을 수 있을 것이다.

자료출처 : 국제의료관광코디네이터 교육원 홈페이지. www.imtcedu.co.kr

제 15 장

의료커뮤니케이션

- 의료커뮤니케이션의 개념을 이해하고 목적을 학습한다.
- 의료커뮤니케이션의 문화에 대하여 학습한다.
- 의료커뮤니케이션의 유형을 이해하고 사례를 학습한다.
- 의료커뮤니케이션의 방해요인을 학습한다.

1. 의료커뮤니케이션의 이해

의료서비스의 특성상 한 환자를 응대하기 위한 의료서비스의 내용은 조직의 다양성과 전문성, 환자 개개인별로의 진료방법 및 치료형태가 다양성으로 인하여 의료커뮤니케이션 또한 다각적으로 일어난다. 그리고 이러한 서비스를 원활하게 하기 위해서는 상호간의 이해와 확인을 위하여 커뮤니케이션의 중요성은 매우 크다.

1.1. 의료커뮤니케이션의 정의

일반적으로 커뮤니케이션은 한자어로는 의사소통이고, 우리말로는 '말을 주고받는 것'을 의미한다.

특히 의료커뮤니케이션은 고객과 의료인 사이에 의사소통을 의미한다. 건강에 있어 핵심사항은 의료진과 고객사이의 언어적 상호작용이다. 이를 통해 환자의 건강상태가 파악되고 대부분의 진단이 내려지며, 필요 시 치료계획이 세워져 그에 따른 치료방향과 치료비용이 결정되어진다. 많은 연구결과에 따르면 환자와 의료인 사이의 원활한 의사소통은 환자는 물론 의료인의 만족도를 결정하고 환자의 순응도를 높이며 의료분쟁의 소지를 방지하는 것으로 나타났다. 더불어 의료현장에서 의료인 간의 의사소통 또한 화자의 건강 회복과 의료인의 직무만족, 삶의 질 등에 크게 영향을 미치는 것으로 보고되고 있다.

사회과학에 있어서 커뮤니케이션이란 '사회적 관계 속에서 목표달성을 위한 정보나 아이디어의 전달과정'으로 특정당사자인 송신인(sender)과 수신인(receiver)을 표함하고 있다. 송신은 개인이나 집단, 또는 조직을 말하며, 이들은 특정형태의 메시지나 정보를 전달하게 된다.

카리스마 지수 (CQ, Charisma Quotient)

카리스마란 타인에 대한 흡인력과 공동체 내의 신뢰감, 지도력 등을 포괄적으로 표현하는 말이다. 구체적으로는 모두를 고양시킬 수 있는 비전을 제시하고 신뢰감과 전문적 식견을 갖추었으며, 타인의 동참을 설득할 수 있을 것이다, CQ는 홍수처럼 쏟아지는 각종 정보에 압도되어 점점 판단이 어려워지자 카리스마적 인물을 찾게 된 것에서 등장하게 되었다.

1) 의료커뮤니케이션 이론

환자와 의료인 사이의 커뮤니케이션은 치료적 관계를 전제로 의료인-환자라는 관계에서 이루어지므로 일반적 의사소통과는 양이나 질적인 면에서 크게 다르다. 의료인-환자 관계에 있어서는 한편은 도움을 주는 입장이고 한편은 도움을 받는 입장이므로 그 사이에서 일어나는 의사소통은 결과적으로 도움을 줄 수도, 못 줄 수도 혹은 도리어 해를 끼칠 수도 있다. 과거에는 의료와 관련된 의사소통이 주로 의료인이 환자나 가족에게 통보하는 형식으로 이루어졌으며 전달되는 내용이나 수준도 듣는 사람에 대한 배려보다는 의료인에 의해 일방적으로 결정되었다. 이런 형태의 의사소통은 내용의 전달에만 치중할 뿐 대상자(환자)의 반응, 이해 정도, 의사소통의 효과에 대해서는 별다른 관심을 갖지 않았다. 최근 시대적, 사회적 환경의 급격한 변화와 함께 의료의 중심이 병원 중심에서 고객 중심으로 전환되면서 고객의 욕구를 정확히 파악하고 그에 맞는 서비스를 제공하는 방향으로 관심이 집중되면서 의료 커뮤니케이션의 중요성이 크게 부각되고 있다.

가) 의료커뮤니케이션의 목적

조직에서 커뮤니케이션의 목적은 학자에 따라 다양하게 나타나고 있다. 기본적으로는 상사의 부하에 대한 명령 또는 지시, 보고, 정보의 교환 및 감정의 표현 등 네 가지로 크게 구분할 수 있다.

(1) 명령 : 조직에서 관리자의 중요한 역할 중 하나는 조직의 목표를 달성하도록 부하 직원들에게 영향력을 행사하는 것이다. 이것은 보통 명령, 또는 지시라고 하는데, 조직에서 명령은 수시로 일어나며, 지시는 조직의 방침을 구성원들에게 전파하는 중요한 수단이다. 현장에서의 지시는 반드시 일과 관련성이 있어야 한다.

(2) 보고 : 보고는 어느 조직에서나 빈번히 일어나는 지시에 대한 피드백을 말한다. 보고는 목표수행에 대한 설명으로 주로 부하가 상사에게 하는 것이 많지만 공개적인 자리에서 수평적으로 이루어질 때도 많다. 보고는 정확성이 없거나 시간을 놓치면, 보고로서의 기능을 상실한다. 때문에 의료현장에서 보고가 제시간에 정확하게 이루어지도록 훈련하는 것이 중요하며, 이것은 병원을 경영하는 사람에게 매우 중요한 업무 중 하나인 것이다.

(3) 정보의 교환 : 관리자는 조직구성원들이 직무를 수행하는데 필요한 정보를 제공하고 직원들도 관리자가 필요로 하는 정보를 제공한다. 정보는 의사결정의 기초자료이며, 직원들은 정보를 믿고 일을 수행하며, 조직에 몰입하거나 직무에 대한 만족감을 높이기 위하여 더 많은 정보를 요구할 때가 많다. 그러나 정보의 양이 너무 많아도 의사결정에 부정적 영향을 미칠 수 있으며, 정보는 통제될 필요가 있다. 각 조직의 비서실에서는 최고 경영자에게 불필요한 정보를 통제하고 조직의 모든 정보가 전달되지 않도록 하기 위해 각 층마다 열람할 수 있는 정보의 범위를 한정시키고 있다. 최근에는 정보를 전문적으로 관리하기 위한 CIO(Chief Information Officer) 제도가 대규모 조직에서 도입되어 있다.

(4) 감정의 표현 : 의사소통 시 사람들은 인간관계에 대한 감정을 표현하며, 그에 대한 정보를 제공하려고 한다. 그 방법은 직설적일 수도 있고 은유적일 수도 있다. 커뮤니케이션은 인간관계에서 기본이다. 또한 조직에서 관리자들이 업무에 대한 지시를 할 때, 감정표현을 정확하게 하지 아니하면, 부하들로부터 오해를 사는 경우가 종종 있다. 병원에서는 의사가 환자를 진료함으로서 매번 감정을 교환하는 커뮤니케이션

을 하게 된다. 그리고 환자들은 의사들의 감정표현에 따라 병세가 좋아지기도 하고 나빠지기도 한다. 의사–환자간의 감정교환은 인간관계적인 목적 외에도 환자들의 병원에 대한 공헌도와 의사에 대한 신뢰도를 높이는 중요한 원인이 된다. 그 밖에 커뮤니케이션은 조직운영상 통제와 조정을 목표로 기능하기도 하고, 문제해결을 위한 중요한 수단으로 활용되기도 한다. 이러한 커뮤니케이션은 조직 내 집단 간 구성원 간 필요한 정보를 교환하기도 하며, 각 개인들의 업적을 평가하여 피드백 하는데 중요한 기능을 하기도 한다.

조직 내 커뮤니케이션의 목적은 다음과 같이 정리될 수 있다.

〈표 15–1〉 조직 내 커뮤니케이션의 목적과 내용

목적	내용
명령	조직의 목표달성을 위하여 명확한 지시와 지침을 전달
보고	업무의 진행상황과 결과를 정확히 보고하여 원활한 경영에 기여
정보의 전달	정확한 정보를 전달하여 업무수행과 업무몰입에 기여하며, 직무에 대한 만족감 고취
감정의 표현	감정에 대한 의사소통으로 내부문제해결 및 해결조치강구

〈표 15–2〉 병원 커뮤니케이션 활동요소

	병원 내 커뮤니케이션
활동요소	의료종사자의 직무상 대화
	환자에게 진료절차 설명
	질환정보전달
	퇴원수속 및 주의사항
	병원업무설명
	의료보조원에 대한 지시
	부서간 정보의 교환
	진료 및 수술의 협진

병원에서의 커뮤니케이션은 연속적으로 일어난다. 의료종사자들이 직무상 대화, 환자에게 진료절차설명, 질환정보전달, 입·퇴원수속 및 주의사항, 병원원무설명, 의료보조원에 대한 지시, 부서 간 정보의 교환, 진료 및 수술의 협진 등 어느 하나 커뮤니케이션으로 이루어지지 않는 것이 없다. 커뮤니케이션은 병원의 기능과 밀접하게 관련된 모든 요소들의 기본으로서 원활한 직무수행을 위하여 매우 중요하다. 이러한 의료커뮤니케이션의 목적은 다음과 같다.

① 대상자의 욕구 확인
② 대상자의 행위 유도
③ 정보, 의견, 태도와 신념 등에 대한 정보 교환
④ 상호 간 이해증진을 통한 협력관계 구축과 유지

1.2. 의료커뮤니케이션의 4가지 유형(Ashcraft, 1980)

1) 진단을 위한 커뮤니케이션

환자의 상태를 정확히 사정하고 올바르게 진단을 하기 위해서는 의료진의 효과적인 의사소통 기술이 무엇보다 중요하다. 의사가 환자의 병에 대한 기본방향을 잡는 것은 일차적으로 환자 · 보호자와의 상담을 통해서이며, 특히 환자의 질병이 여러 가지 복잡한 요인에 의해 야기된 경우 상호 간 원활한 커뮤니케이션은 정확한 진단을 위한 중요한 요소로 작용한다.

2) 상담을 위한 커뮤니케이션

많은 경우 환자들은 질병이 주는 육체적 고통뿐만 아니라 질병에 대해 스스로 가지고 있는 상징적인 의미 때문에 더욱 고통 받는다. 그러므로 이와 같은 환자들을 돕기 위한 의료진과 환자 간의 의료상담은 치료에 있어 중요한 비중을 차지하며, 상담을 통해 치료적 효과를 얻기 위한 커뮤니케이션의 역할 또한 중요하다.

3) 상호협력관계 구축을 위한 커뮤니케이션

의료진과 환자 간의 효과적인 커뮤니케이션을 통해 상호신뢰감을 구축하고 이를 바탕으로 환자의 협조를 유도함으로써 치료의 효율을 높인다.

4) 교육을 위한 커뮤니케이션

환자가 자신의 질병에 대해 알고 있는 것이 치료에 도움이 된다고 생각하여 행해지는 적절한 환자교육은 치료에 많은 도움이 되고 환자에게 유용한 정보를 제공해 줄 수 있으며 치료에 대한 환자의 순응도를 높일 수 있다.

가) 의료커뮤니케이션 절차

도입단계 → 정보수집단계 → 정보제공단계 → 종료단계

〈그림 15-1〉 의료 커뮤니케이션 절차

(1) 도입단계

고객과의 첫 만남에서는 가능한 한 밝고 따뜻한 화제로 대화를 시작한다. 먼저 자신을 소개하고 눈 맞춤이나 악수 등을 통하여 유대감을 형성한 다음 가벼운 주제로 담소를 나누면서 환자의 경계심과 불안을 완화해 준다. 환자에게 일반적인 사항을 질문하면서 환자가 자신의 문제를 이야기할 수 있도록 충분한 시간과 여유를 준다. 의료진이 통역사를 통하여 대화할 경우에도 시선은 환자를 보면서 얘기하고 수시로 눈을 맞추거나 고개를 끄덕이는 등 비언어적인 의사소통방법으로 환자에게 관심을 가지고 있음을 알려 주고 더 나아가서 환자와의 친밀감을 형성함으로써 상호 간 신뢰관계 구축의 초석을 마련한다.

(2) 정 보수집단계

환자/보호자와 공감대가 형성되면 환자에게 질문 및 설명을 하면서 필요한 정보를 얻는다.

① 질문 유형

㉠ 열린 질문 : "어떻게 오셨습니까? " 또는 "무엇을 도와드릴까요?"와 같은 질문

- 장점 : 답이 정해져 있지 않아 상대방의 다양한 생각이나 느낌을 유도할 수 있다. 환자의 상태에 대해서 여러 정보를 수집할 수 있고, 환자와의 좋은 유대관계를 형성하는 데 도움이 된다.

㉡ 닫힌 질문 : "배가 아픕니까?"와 같이 "예", "아니요"로 답을 하도록 묻는 질문

- 장점 : 의사가 제한된 시간 내에서 효과적으로 환자와의 상담을 통제할 수 있다. 제한된 시간에 다양한 주제에 대해서 빠르고 명확하게 대화를 이끌어 갈 수 있다.

㉢ 가능하면 개방적인 질문을 사용하여 간결하고 정확하게 질문하는 것이 바람직하다. 환자의 말을 중간에 가로막지 않도록 하고 통역사를 이용할 경우 가능한 간결하게 끊어서 얘기하고, 상대방이 정확히 이해하는지를 점검하도록 한다.

(3) 정보제공단계

환자의 건강문제를 설명하고 처방 및 처치방법에 대한 알려 주며, 복약 및 생활방식에 대해 교육하고 향후 치료계획 등에 대해 안내한다.

① 진단이나 치료와 관련된 설명은 환자의 수준에 맞게 이해하기 쉽도록 구체적으로 설명하고, 설명 중간에 환자에게 질문을 하여 환자의 이해 정도를 확인하고 설명에 관한 환자의 생각이나 감정들을 파악한다.

② 환자의 문화적 신념이나 기타 요인 등 장애요소가 있는 경우(시간적 제약, 경제적 요인, 가치관의 차이 등) 최대한 상대방의 문화를 존중하여 환자가 치료계획에 협조할 수 있도록 배려하는 것이 바람직하다.

(4) 종료단계

상담종료는 상담을 마치는 것이면서 또한 의료진과 환자의 관계 설정 및 유지, 향후 치료과정의 출발점이 된다. 상담을 마무리할 때는 지금까지 설명한 내용 중 중요한 내용이 없는지를 확인하고 다음 예약이 필요한 경우 예약에 대해 안내한다.

나) 효과적인 의료커뮤니케이션을 위한 원칙

아무리 유익하고 좋은 정보라 할지라도 상대방이 이해하지 못하면 아무런 소용이 없다. 그러므로 상대방에게 정보를 제공하거나 교육할 때 가장 유의해야 하는 점은 환자가 들은 내용을 정확히 이해하고 기억하며 그것을 적용할 수 있도록 하는 것이다.

(1) 환자가 이해할 수 있는 언어를 사용한다.

의료진과의 의사소통에서 대부분의 환자는 병원이라는 낯선 환경으로 인해 흥분되고 동요되어 일종의 혼란 상태를 경험하게 된다. 따라서 이러한 정서 상태에서 의료진이 어렵게 설명하거나 전문용어나 약자를 남발한다면 환자의 불안감은 더욱 커지고 의료진의 말을 거의 이해하지 못하게 된다.

외래어나 전문용어를 사용하지 않는 것을 원칙으로 하되 전문용어 사용이 불가피한 경우에는 상대방이 이해할 수 있도록 쉽게 풀어서 설명하는 것이 좋다.

(2) 명확하고 간결하게 설명한다.

설명하는 내용이 환자에게 명확하게 전달되도록 하기 위해서는 환자가 이해하기 쉬운 일상적인 말로 짧고 단순하게 표현한다. 복잡하고 추상적인 개념으로 된 의학적 지식을 환자에게 친숙한 대상과의 비교나 비유를 통해서 설명하는 것은 환자의 이해를 도울 수 있는 매우 효과적인 방법이다.

(3) 정보를 일정한 순서에 맞춰 설명한다.

상대방이 정보들을 가능하면 쉽게 이해하고 기억할 수 있도록 일정한 순서로 적절하게 배열하여 사용한다.

예를들어, 먼저 일어난 일에 대해서 먼저 말하고 다음에 일어난 일들에 대해서 차례로 말하는 등 일어난 시간의 순서에 따라 정보를 배열하며(시간적 배열), 공간적 속성을 고려하고, 새로운 정보를 환자에게 제공하고자 할 때 이미 알고 있는 정보와 관련지어서 제공하여 환자의 이해를 돕는다.

(4) 중요한 정보는 맨 처음 또는 맨 마지막에 설명한다.

① 초두 효과(Primacy Effect) : 앞서 제시된 정보가 나중에 들어온 정보보다 전반적인 인상현상에 보다 강력한 영향을 미치는 영향

② 최신 효과(Recency Effect) : 나중에 제시된 정보가 인상 형성에 더 큰 영향을 미치는 현상. 상담 중간에 적절하게 환자의 질문이나 이야기에 반응하면서 환자의 문제에 대하여 관심을 보이고 공감을 표현한다.

언어적 표현뿐 아니라 환자의 표정이나 몸짓, 어투 등 비언어적 표현도 주의 깊게 관찰하여 환자상태를 정확히 파악하고 환자로 하여금 의료진이 관심을 갖고 대하고 있음을 느낄 수 있도록 한다. 대화 중 공감, 칭찬, 격려 등을 사용하여 효율적인 의사소통을 통해 상호 간 유대감을 형성한다.

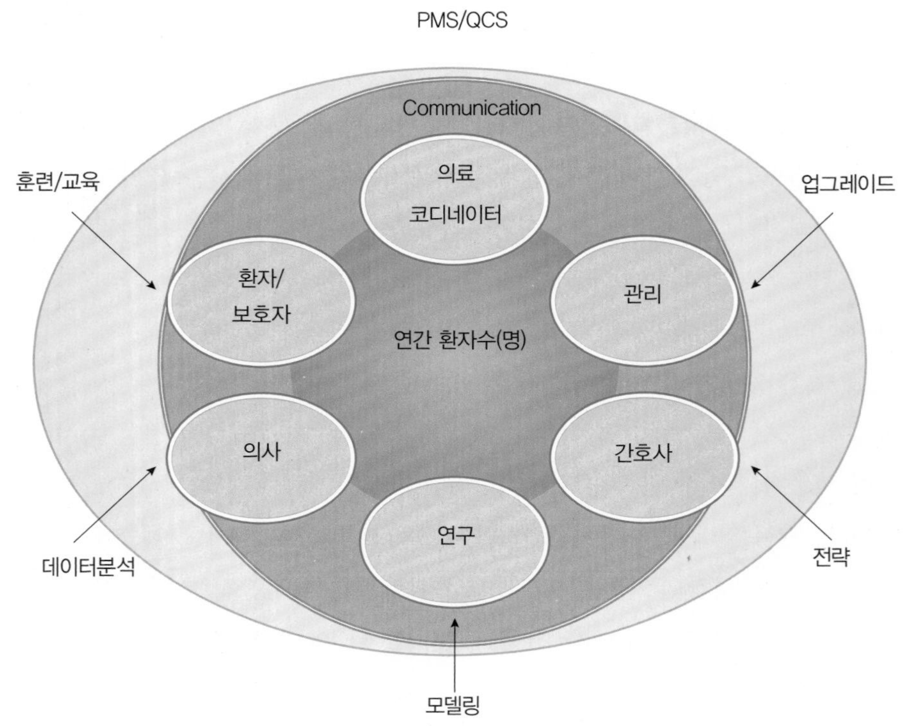

〈그림 15-2〉 국내 CC-PRM 시스템 도입과 운영

2. 의료커뮤니케이션 문화

외국인과 커뮤니케이션을 원활하게 위해서는 상대방에 대한 가치관에 대한 이해와 관심이 무엇보다도 우선이다. 외국의 문화에 대한 이해가 없다면, 상호간에는 오해가 만들어지기 쉽고 정확한 의사소통을 하는 데 장애요인이 될 수도 있다.

간의 가치체계나 문화적인 배경이 서로 다를 때, 의사들은 환자나 그 가족들과 상호작용하기가 쉽지 않으며, 언어적 장애가 있다면, 커뮤니케이션은 더욱 어려워지고 곤란하게 된다. 이와 같은 방해요인에 노출될 때 진료의 위험도는 높아지고 커뮤니케이션에 장애가 생기게 된다.

2.1. 가치관에 대한 이해

의료는 사회의 가치관을 방영하고 있는 중요한 문화적 요소이다. 일반적으로 다른 문화권의 사람들과 커뮤니케이션을 해야 할 때, 고려해야 할 점들은 다음과 같다.

1) 대인관계

대부분의 문명국에서 커뮤니케이션은 객관적이고 이성적인 판단 하에 행해질 것이 요구된다. 문화에 따라서 사람 사이의 신뢰를 더욱 중요하게 여기는 경향이 있기 때문에 다소 주관적이고 감정적인 판단이 포함될 때가 많다. 이럴 경우에 커뮤니케이션은 개인적인 정보교환과 일에 대한 커뮤니케이션을 하는데 있어서 주관적 감정을 교환하기가 어렵다. 그리고 공식화가 낮은 사회에서 수행하는 일은 개인적 감정을 개입시키는 것이 수월할 수도 있다.

2) 시간약속

어떤 커뮤니케이션에 있어서든지 정확히 시간 약속을 지키는 것은 매우 중요하다. 그러나 문화에 따라 그것을 상대적으로 중요하게 생각하지 않는 경우도 있다.

일반적으로 시간약속은 신뢰성과 관련성이 높기 때문에 매우 중요하다.

3) 공식화

어떤 문화에서는 공식화 된 것을 중요하게 생각하고 일반적으로 공개된 장소에서는 에티켓을 지키도록 규범화되어 있다.

그러나 간혹 공식적인 것을 중요시 하지 않는 문화도 얼마든지 있다.

4) 감정개입

공식적인 것을 선호하는 문화권에서는 커뮤니케이션에서 개인적이고 주관적인 감정이 배재되는 경우가 대부분의 경우이다.

이에 반해 비공식적인 것을 선호하는 문화권에서는 개인적이고 직접적인 의사소통을 선호한다. 그리고 의사소통에 서로간의 교감 또한 중요한 영향을 끼친다는 인식 또한 높아지고 있다.

2.2. 타 문화 환자와의 효과적인 의사소통 촉진 전략

(1) 이름을 정확하게 발음한다. 불확실한 때에는 올바른 발음을 물어본다.

(2) 존칭을 나타내기에 적절한 칭호를 사용한다. "Dr, ○○○", "Professor, ○○○" 등 직함을 사용하여 호칭할 경우 상대방에게 그렇게 불러도 되는지 먼저 확인하고 사용한다.

(3) 고객이 여성인 경우에 혼인 여부나 고객이 선호하는 호칭이 불확실하다면 어떻게 불리는 것을 더 좋아하는지 물어본다.

(4) 인종에 따라 호칭을 달리함으로써 편견이나 불평등의 뜻을 전달할 수 있는 미묘한 언어적 메시지 사용에 주의한다.

(5) 본인의 허락 없이 개인의 이름을 영어식으로 만들거나 줄이는 것을 삼간다.
예를들어, 러시아계 미국인 미카엘(Michael)을 마이크(Mike)로, 이탈리아계 미국인에게 마리 로사리아(Mari Rosaria)를 마리아(Maria)로 부르는 것에 주의한다.

(6) 사람들을 정확한 이름으로 부른다. "girl", "boy", "honey", "dear", "guy", "fella", "babe", "chief", "mama"와 같은 속어의 사용을 삼간다.

(7) 민족, 인종, 종교집단의 사람을 부르는 경우 속어나 경멸하는 용어의 사용을 삼간다.

(8) 전화통화 시 비언어적인 단서가 없고 억양을 해석하기 어려운 경우가 있기 때문에 의사소통의 문제가 증가한다는 것을 기억한다.

가) 통역사를 통한 의사소통

(1) 통역사가 있을 때

① 고객에게 통역이 필요한지 확인하고 필요한 경우 통역사를 투입하기 전 대상자가 가장 편안하게 말할 수 있는 언어가 무엇인지 확인한다.

② 통역사를 선택할 경우 서로 대립 상태에 있는 종족이나 지역 혹은 국가로부터 온 통역사는 피한다(즉 히브리어를 말할 수 있는 팔레스타인을 유대인 대상자의 통역으로 선정하는 것은 좋은 선택이 아님).

③ 통역사와 대상자의 성별을 확인한다. 일반적으로 같은 성이 선호된다.

④ 가능한 대상자가 말한 그대로 통역할 것을 통역사에게 요청한다.

(2) 통역사가 없을 때

① 정중하고 공식적인 자세를 취한다.

② 성이나 이름 전체(Full Name)를 호칭하면서 인사한다. 본인을 손으로 가리키면서 자신의 이름을 말한다.

③ 서두르지 말고 환자와 가족이 의사를 표현하고자 하는 노력에 주의를 기울인다.

④ 낮고 온화한 목소리로 이야기한다. 대상자가 자신의 말을 잘 이해하지 못하는 것으로 보일 때 자신의 목소리가 커지고 톤이 올라갈 수 있는데 듣는 사람은 상대방이 화가 나서 소리치는 것이라고 생각할 수 있다.

⑤ 고객이 사용하는 언어로 알려진 단어를 대화 중간중간 사용한다. 이것은 상대방이 고객의 문화를 알고 존중함을 암시한다.

⑥ 불편함(Discomfort) 대신에 통증(Pain)과 같은 간단한 단어를 사용한다. 의학적인 전문어, 관용구, 속어를 피한다. 대명사 대신에 반복적으로 명사를 사용한다. 예를들어, "그는 약을 먹었지, 그렇지?" 라고 묻지 말고, "제이슨(Jason) 약을 먹었니?"라고 말한다.

⑦ 말하는 동안 말과 함께 간단한 손짓, 몸짓으로 표현한다.

⑧ 적절한 순서로 지침을 준다. 예를들어, "당신이 병을 헹구기 전에 소독하라"라고 말하지 말고, "먼저, 병을 소독하고, 그 다음 병을 헹구어라"라고 말한다.

⑨ 두 가지 이상의 주제를 동시에 말하지 않는다. 예를들어, "당신은 춥고 아픕니까?"라고 질문하지 말고, "(손짓을 하면서)당신은 춥습니까?", "당신은 아픕니까?"라고 말한다.

⑩ 대상자에게 반복적으로 지침을 주고, 과정을 보여주고, 의미를 표현하게 함으로써 내용을 이해하는지 여부를 확인한다.

⑪ 대상자의 가족이나 친구 중에 통역을 해줄 수 있는 사람이 있는지 물어본다.

⑫ 도서관 혹은 서점에서 통역 책들을 구하거나, 플래시 카드(외국어를 배우기 위한 카드)를 만들거나 구매한다. 병원 내 통역자의 목록, 공식적이거나 비공식적인 네트워크를 모두 활용하여 통역사를 구하도록 노력한다.

2.3. 비언어적 요소에 대한 이해

문화에 따라서 말로 표현되지 않는 비언어적 커뮤니케이션에 있어 문화마다의 차이가 있음을 알고, 다음과 같은 사항을 이해하고 있어야 한다.

1) 눈맞춤

눈은 사람의 마음의 얼굴이다. 입으로 아무리 좋은 말을 하더라도 눈으로 그것을 나타내는 것이 무엇보다 중요하다는 것을 강조한다.

2) 얼굴표정

얼굴표정을 이해하는 것도 커뮤니케이션을 원활하게 하는데 중요하다. 얼굴표정 중 입 모양은 감정을 표현하는데 특히 중요한 역할을 한다.

3) 신체적 접촉

신체적 접촉도 비언어적인 차원에서 중요한 커뮤니케이션의 일부이며, 신체적 접촉은 문화간의 차이가 매우 크다. 따라서 신체적 접촉과 관계되는 많은 금기가 있다는 것도 사전에 알아두어야 한다.

4) 동작

동작은 문화에 따라 매우 다른 의미로 받아들일 수 있으므로 주의를 해야 한다.
우리가 흔히 '좋음'을 뜻하는 손가락 표현은 브라질에서는 좋지 못한 행동으로 간주한다. 따라서 해당국가의 사전 정보를 정확하게 확보하는 주의가 필요로 하다.

5) 거리

거리를 두는 것, 자신의 영역을 확보하는 것으로 알려진 거리유지는 신체적 접촉과 밀접한 관계가 있다. 그러나 개인의 특성, 문화특유의 기대규범 안에서 서로를 배려하고 차이를 인정한 자연스러운 적정거리가 가장 현명하다.

3. 커뮤니케이션의 방해요소[1)]

1) 역할 불확실

많은 환자들은 익숙하지 않은 의료환경에서 새롭게 주어지는 환자라는 역할과 환자로서 상대하는 의사, 간호사, 의료기사, 행정직 등 다양한 대상과의 관계에서 혼란을 경험하게 되는데 이러한 모호한 상황은 환자들이 의료진과 효과적인 대화를 하는 것을 어렵게 할 수 있다.

2) 책임소재 관련 갈등

의료서비스의 특성으로 인해 의료인이 환자를 치료하는 과정에서 환자와 의료진의 역할에 대한 명확한 기준을 정하는 것이 불가능하며 치료결과에 대한 책임의 소재도 질병 상황에 따라서 달라질 수 있다. 이와 같이 상황에 따라서 책임소재의 경계선이 변하기에 의료진과 환자 간의 대화나 조정이 반드시 예측 가능하지 않아 갈등의 소지가 될 수 있다.

3) 의사와 환자 간의 권력(Power)의 차이

의사와 환자의 관계는 의사의 의학지식과 축적된 경험 등에 따른 권력의 차이가 존재하는 불균등한 관계로 이러한 불균등한 관계에서는 자유로운 의사소통에 한계가 있다.

4) 의료진과 환자 간의 용어나 시각의 차이

의사와 환자의 관계는 의학지식을 습득하고 임상 수련을 받은 전문직의 의사가 전문지식이 없이 당장의 고통에 대한 불편함과 예후에 대한 불안감을 가지는 환자와의 만남이다. 이같이 서로의 다른 위치에서 다른 각도로 질환을 바라보는 의사와 환자 간에는 괴리가 존재할 수밖에 없는 데 이러한 불균등한 관계에서 자유스러운 의사소통에 한계가 있을 수 있다. 또한, 의료진이 쓰는 전문적인 의학용어는 환자들이 이해하기 어려울 수

1) Northouse & Northouse(1998)

있고, 경우에 따라서는 잘못 해석될 수도 있다. 이러한 의료용어나 시각 등에 차이가 있을 경우, 의사소통이 원활하게 되지 않는다.

4. 환자와의 커뮤니케이션

환자의 병을 정확하게 진단하고 치료하기 위한 의료진과 병원직원들의 환자에 대한 이해가 선행되어야 한다.

대부분의 질병은 여러가지 스트레스를 유발하고 질병으로 인한 스트레스와 이에 대한 반응에는 각 환자들이 처한 상황이나 과거의 경험 등 다양한 요인들이 작용한다.

4.1. 의료 인터뷰

그리스 시대 이후 의사와 환자간의 관계와 대화를 통한 표현은 서양 의학 역사뿐만이 아니라 현대 의학이나, 사회과학 분야에서 지속적으로 다루어져왔다. 의료적인 대화란, 바이오메디컬 모델과 질병의 치료라는 내용 안에서 필요한 기본적인 도구이다. 의료진, 특히 의사와 환자의 커뮤니케이션을 통하여 이루어지는 의사 환자 관계는 주로 치료적인 의사 환자 관계로 발전하지만 원활하지 않은 의사소통으로 의사나 환자의 불만족스러운 관계로 종료되거나 다른 의사를 찾아서 떠나는 상황으로 전개되기도 한다.

의료적 인터뷰란 진단을 내리기 위하여 의료 정보를 주고받는 그 이상의 과정이다. 정보 교환뿐 아니라 환자와 의사간의 관계를 이루어 가는 과정이 모두 포함된 과정이 의료 인터뷰이다. 인터뷰과정에서는 환자가 자신에 대한 정보를 공유하는 많은 기회를 충분히 활용하도록 하며, 이 과정 속에서 의사는 환자에 대하여 좀 더 자세하게 알 수 있는 기회들을 활용도록 노력하여야 한다. 이러한 기회들을 통하여 의사는 환자가 단지 의료적인 문제가 아닌 한 사람임을 알고, 환자가 기대하는 것이 무엇인지를 파악하여 알맞은 의료적 결정을 도출해 나아가면서 의사와 환자간의 건강하고 만족스러운 관계를 형성해 가는 과정이 의료 인터뷰과정이며 의료커뮤니케이션의 핵심적인 관계라고 할 수 있다.

의료 인터뷰과정에서는 언어적이거나 비언어적인 의사소통 과정을 통하여 환자로부터 정보를 얻기도 하고 공유하게 되는데 이러한 과정이 치료 관계를 형성하는 기초 과정이며 이러한 과정을 의사와 환자와의 커뮤니케이션이라고 한다.

모든 의사 · 환자간의 관계는 양자 간의 기대에 의해 영향을 받는다. 의사가 공정하지 않은 기대를 환자로부터 바란다거나, 편파적이거나 공평하지 않은 결정에 영향을 받는 상호관계를 이끌어 간다면 의사-환자간의 효과적인 관계는 결코 이루어질 수가 없다. 의사가 환자의 기대하는 바를 충족시키지 못할 경우, 환자는 의사가 조언하거나 치료에 대해 설명할 때 신뢰하거나 존중하지 못하는 상황이 전개될 수도 있다.

일반적으로 환자가 의사에게 기대하는 것은 환자의 주요 관심사에 전문적 지식을 모두 활용하고 전문적으로 처리하는 것이다. 환자의 의사에 대한 기대는 일상적인 능력 그 이상에 대한 것이다. 환자들은 의사가 전문적이고, 겸손하고, 진지하고, 관심을 보이기를 기대한다. 환자는 의사가 전문의처럼 옷을 입고, 언어적 혹은 비언어적인 의사소통을 할 것을 기대한다.

예를 들면, 환자가 기대하는 의사는 용모가 깔끔하고 호칭할 때 환자의 이름을 불러주고, 편견이 전제된 말투나 행동을 하지 않으며, 각종 비언어적인 표현을 통하여 환자의 문제에 관심을 보이는, 인간으로 대하며 경청하는 모습을 보이는 사람이다. 환자들은 이러한 기대 수준이 의사로부터 확인 되었을 때, 더 적극적으로 치료와 관련된 정보들을 공유하며, 존경을 표시한다. 이를 통해, 의사와 환자 간에 신뢰를 쌓는 단계로 옮겨질 수 있다.

4.2. 환자커뮤니케이션의 이해

1) 질병으로 인한 스트레스

질병은 여러 형태의 스트레스를 경험하고 환자가 질병에 적응하면서 다양한 부정적 감정반응을 보이게 된다(Strian & Grossman).

(1) 효율성 상실에 대한 두려움

(2) 분리불안

(3) 애정상실에 대한 두려움

(4) 신체기능상실에 대한 두려움

(5) 신체부위상실에 대한 두려움

(6) 합리성 상실의 두려움

(7) 통증에 대한 두려움
(8) 죽음에 대한 두려움

2) 질병에 대한 두려움

질병에 대한 심리반응은 개인의 인격, 과거경험, 문화 질병의 심각도 및 질병사태(급성 또는 만성) 등 많은 요인에 의해 영향을 받는다.

(1) 부정 : 매우 흔히 사용하는 방어기제이며, 신체질환에 대한 초기 심리반응
(2) 불안 : 과도한 불안은 객관성결여, 의사전달의 어려움
(3) 분노 : 특정대상에서 국한되는 경우 불특정인 경우가 있다.
(4) 우울 : 정확한 진단과 치료가 어렵다.
(5) 의존 : 질병초기에는 의존성을 충족시켜주되 만성질환의 경우는 환자 스스로 책임을 강조하고 요구해야 한다.

〈표 15-3〉 질병에 대한 심리반응

구분	내용
부정(Denial)	신체질환에 대한 최초의 심리반응
불안(Anxiety)	과도한 불안은 객관성을 결여시키고, 자신의 병력전달이 어려움
분노(Angry)	특정대상 또는 불특정대상, 진료과정 및 복용 약 부작용으로 발생
우울(Depression)	정확한 진단과 치료의 어려움
의존(Dependency)	의존적이고 수동적인 행동으로 변하는 퇴행단계

4.3. 커뮤니케이션의 중요성

의료진과 환자의 커뮤니케이션은 임상적 질과 서비스 질의 측면에서 절대적으로 중요한 부분이다. 만일, 환자가 자신의 증상을 정확하고 명료하게 의사에게 설명을 못하거나, 의사가 환자의 설명을 제대로 이해하지 못하면 진료의 첫 단계인 진단 단계에서부터 문제가 생길 수 있다. 정확히 진단이 내려졌어도 의사가 환자의 건강상태나 지시사항을 알아들을 수 있게 설명하지 못하거나 환자가 이해를 못하면, 환자는 치료계획대로 따

라오지 못할 것이다. 이와 같이 의사와 환자의 커뮤니케이션은 임상적 결과와 직결될 수 있는 중요한 요소이다.

의사나 간호사가 환자의 문제에 관심을 가지고, 적극적으로 이야기를 유도하고 들어준다면, 환자는 의료진에 대해서 신뢰를 갖게 될 것이다. 또한 의료진이 환자에게 적극적으로 설명을 해주고 상호 대화를 이끈다면 불필요한 오해를 줄일 수 있고, 환자의 만족도는 올라갈 것이다. 이런 맥락에서 의료진과 환자의 커뮤니케이션은 서비스의 결과와도 연관되는 요소이다.

엠마뉴엘과 엠마뉴엘(1992)은 의료진료 시 파워관계에 대하여 여러 가지 주요 관점에서 연구하였는데 누가 진료 방문 시 문제의 제기와 목표를 주도적으로 설정하였는가(의사, 환자, 혹은 의사와 환자가 협의하여서 하는지의 여부), 환자의 가치에 대한 역할(의사의 주관적인 입장과 일치하는지의 여부, 환자와 의사간의 공동 탐색, 혹은 아예 가치나 기대에 대하여 탐색하지 않음), 의사가 취하는 기본적 역할(보호자, 조언자, 혹은 컨설턴트)로 나누어서 의사와 환자간의 관계를 보았다.

아래 표는 의사-환자간의 관계를 설명하는 표이다.

〈표 15-4〉 의사 환자간의 관계 유형

의사·환자간의 관계		의사의 조절	
		낮음	높음
환자의 조절	낮음	기본	가부장적
	높음	소비자중심	상호 협력적

※자료 : 엠마뉴엘&엠마뉴엘(1992)을 재인용함

상호 협력적인 의사 환자의 관계는 의사와 환자가 고르게 관계형성과 진행시 관여할 때 형성된다. 이러한 관계에서는 진료 목표 결정을 할 때, 협의를 통하여 도출하는 것이 가능하다. 반면, 가부장적인 관계에서는 가장 흔한 관계를 나타내는 것으로 흔히 의사가 정보를 전달하거나 서비스를 제공할 때 목표를 설정하고 주도하는 유형이다. 바이오 메디컬 모델에서 환자의 몸 상태를 판다하고 환자의 이야기는 거의 무시되는 유형이라 하겠다. 이러한 관계에서는 환자의 가치나 선호도보다 의사의 관점이 우선적으로 고려되기 때문에, 본인의 것과 같을 것이라는 가정 하에 의사가 생각하는 최선의 서비스를 환자의 입장에서 제공한다.

환자의 선호도는 무시한 채, 환자에게 가장 적합한 결정을 의사가 내리는 환자의 보호자 같은 역할을 수행한다. 이러한 경우, 환자나 의사가 묵시적으로 인정하는 상황이라고 할지라도 환자는 진료 중간에 관계를 수정할 수 있는 방법이 없고 대안이 있다는 것은 무시한 채, 의사의 결정에 수동적으로 따라가는 유형이 되고 만다. 소비자중심의 관계는 가부장적인 관계의 정반대의 유형으로 환자가 목표를 정하고 결정에 독자적인 책임을 지는 유형이다. 환자가 필요한 정보와 서비스를 의사의 협조 하에 요구하는 형태이다. 의사의 역할은 기술적 자문 역할로 환자의 선호에 따라 정보와 서비스를 제공할 의무가 있다. 이 유형은 의사의 역할이 매우 협소한 것으로 의사의 적극적인 참여가 많은 혜택을 가져올 수 있음에도 환자가 그러한 혜택을 무시하고 의사결정을 주도하는 유형이다. 환자와 의사의 상호 기대치가 다르고 상호 관계에서의 변화가 협의되지 않는다면 의사 환자 관계는 기본 유형이라 한다. 이러한 유형에서는 목표나 일정의 설정이 불분명하고, 환자의 기대나 선호가 무시되거나 불분명하여 파악이 되지 않으며, 의사의 역할도 불분명한 애매한 유형이다. 의료적 관리가 가장 미흡한 유형으로 의사와 환자 모두 어느 방향으로 진전시켜야 하는지 겉도는 유형이라 하겠다. 이러한 관계에서는 환자가 예상하지 못한 때에 화를 내거나 절망하여 진료를 위한 방문을 중단하거나 무리한 서비스 요구를 한다든지 하는 상황이 벌어질 수 있다. 이런 경우, 의사는 환자가 어려운 성격이라고 하거나 미운 환자로 보고 진료 시 가장 다루기 힘든 환자라고 분류하기도 한다. 이때 직접적인 치료 계획이 이행되지 않는다면 의사와 환자의 관계는 긍정적으로 형성되지 않고 서로의 불만만 쌓이게 될 수 있다.

4.4. 실제적인 커뮤니케이션 기술

1) 진료상담

(1) 먼저 환자의 진료기록을 검토하고, 환자의 긴장감이나 경계심을 풀어준다.

(2) 통역을 통해서 듣고 전달하더라도 반드시 외국인 환자를 직접 보면서 이야기 한다.

(3) 환자의 상태에 대해서 질문할 때, 가급적 열린 질문을 사용한다.

(4) 의료인과 의료인이 아닌 환자의 대화가 많으므로 항상 환자의 수준에 맞춘 대화가 진행되어야 한다.

(5) 진실되고 직접적인 대화표현을 사용하여 오해가 없도록 한다.

(6) 나쁜 결과를 전달해야 할 때는 일방적으로 예기하면 안 된다. 환자의 마음을 고려하여 전달하도록 한다.

(7) 환자의 표현이나 이야기에 관심과 공감을 표현해야 한다. 환자의 기대하는 표현을 할 수 있도록 한다.

〈표 15-5〉 커뮤니케이션 기술

구분	내용
비언어적 기술	•언어대화보다 자세, 움직임, 얼굴표정, 목소리 크기, 속도, 접촉 등의 비언어적인 커뮤니케이션 중심 •언어적 대화와 비언어적 표현을 일치
공감	•다른 사람의 감정 상태를 받아들이고, 그 사람을 인정하고 이해하는 것 •반영, 정당화 기법 등을 사용
개인적 지지	•환자의 입장에서 이해하고 도움을 줌
동반자 관계	•환자는 자신과 의사가 함께 가는 동반자 관계의 느낌전달
존중	•경청하고 비언어적 존중태도, 시선이나 관심을 통한 존중 •존중표현(특정행동에 대한 칭찬을 통한 행동존중과 정당화를 통한 행동 강화)

2) 관계형성 기법

관계가 잘 형성되지 못하면 만족도와 치료결과가 나빠질 수도 있으므로 관계형성이 매우 중요하다.

4.5. 환자대상 커뮤니케이션 방법

모든 의료서비스 공급자들은 그들을 곤경에 빠트리거나 예측하기 어려운 환자의 태도에 대하여 자신을 통제 할 필요가 있다.

병원에서는 환자와의 성공적인 커뮤니케이션을 하기 위하여 다음과 같은 방법을 사용한다.

1) 환자에 대한 관심

병원에 근무하는 사람들은 의외로 공식적이며, 환자에게 관심 있는 표현을 사용하는 데 서툰 편이다. 따라서 의료서비스 공급자들은 환자의 질문에 대하여 환자 편에서 대응해야한다. 그리고 그들의 질문에 대하여 회피하거나 사무적으로 대답을 한다면, 의료진들에 대해 실망하거나 분개한다.

2) 환자에 대한 존중감

환자가 병원으로부터 존중받고 있다는 사실에 대해 인식을 갖도록 해야 한다.

일부 의료진들은 개인적 특성 때문에 환자들과 직면해도 전혀 존중하지 않는 태도를 보인다. 이것은 환자를 모욕하는 것이나 마찬가지이다.

3) 환자에 대한 예우

환자를 늘 소중한 사람으로 인식하고 인정한다.

이것은 형식적인 것이 아니라 의료진이 환자의 생각이나 신념 또는 행동방식을 이해하고 존중해 주는 것을 의미하고 사소한 일에도 의료진이 먼저 반응한다.

4) 환자에 대한 각성강화

병원을 찾는 환자는 항상 동일한 상태가 아니고 그 상태는 변한다.

의료진이 고객중심으로 생각하고자 늘 노력한다면 환자의 어떤 부분이 점점 나아지고 있는지 환자에게 정확하고 친절하게 말해 줄 것이다. 이것은 의료마케팅으로 병원의 이미지와 가치를 높이는 데 기여한다.

5) 객관성의 유지 및 실천

병원에 종사하는 사람들은 모호한 느낌이나 부정확한 말을 해서는 안 된다. 정확히 판단하고 정확히 의사를 전달해야 한다.

5. 보호자와의 커뮤니케이션

5.1. 개념

보호자는 의료진과 환자 사이에서 정보를 양측으로 전달하는 역할을 수행한다. Northouse와 Northouse(1998)는 의료진과 가족의 커뮤니케이션의 두 가지 유형이 있다고 보았다.

첫째는 특권적 대화(Privileged Communication)인데, 의료진이 환자에게 환자의 상태에 대해서 직접 이야기하기보다는 환자 가족과 상담을 하거나, 가족에게 더 상세한 정보를 제공하는 것이다. 유아기 환자의 경우 자신의 상태를 설명할 수 없기 때문에 보호자가 자신이 본 증상을 대신 설명한다. 또한 환자의 나이가 많아서 대화 능력이 떨어지거나, 중증의 상태로 의식이 없을 경우도 보호자가 의료진과 대화를 해야 한다. 이런 경우 보호자는 환자를 대신하여 그의 대변자(Advocacy)역할을 수행하는 것이다. 한편 위의 상황이 아니어도 의료진이 보호자와 먼저 환자의 상태에 대해서 의논을 하기도 한다. Okun의 연구에서 의사의 90%가 암환자에게 직접 진단명을 언급하지 않고, 오히려 가족에게 그 사실을 알렸다고 보고하였다. 이런 경우, 보호자는 의료진의 설명을 환자에게 전달하는 역할을 수행한다.

둘째는 여과된 대화(Filtered Communication)이다. 앞의 경우와 반대인 상황인데, 가족은 의료진으로부터 직접 설명을 듣기보다, 환자로부터 이차적인 정보를 얻기도 한다. 그런데 환자가 나이가 많든지, 언어나 인지능력에 문제가 있을 때 정확하지 못한 정보가 전달 될 수 있다.

의료진과 보호자의 커뮤니케이션은 단순한 정보 전달 이외에, 의사와 환자간의 상호 관계의 질을 높여주는 역할을 하기도 한다. 일련의 연구들은 환자의 보호자가 같이 있을 경우, 의사와 환자 간의 대화의 질이 달라진다고 하였다. Labreque 등(1991)은 환자 가족이 있을 때, 의사가 환자에게 더 설명을 하고, 시간을 보낸다고 하였다. Beisecker와 Moore(1994)는 동행자가 있을 경우, 환자가 더 적극적으로 의사에게 질문을 한다고 하였다.

5.2. 보호자의 위상 변화

보호자는 환자를 돌보는 과정에서 신체적, 사회적 그리고 경제적 부담을 경험하게 된다. 보호자들은 간호의 과정 중에 불규칙한 식사시간과 함께 영양부족을 경험하기 쉽고, 충분한 휴식을 취하기 어려우며 숙면을 취하기 힘들다. 이러한 신체적 어려움 이외에도 환자의 병세에 대한 걱정과 의료비와 일상적인 사회생활의 지장에 따른 정신적 스트레스를 경험하게 된다.

특히 중환자, 소아과 환자, 노령 환자 등은 대부분의 경우에 있어서 일상생활의 전반적 영역에 걸친, 그러면서 장시간에 걸친 도움을 필요로 한다. 따라서 환자 간호사의 의무를 진 보호자는 무리한 간호 생활로 신체적 저항력이 떨어져, 질병에 걸릴 위험성도 증가하게 된다. 그러나 이러한 노력과 희생에도 불구하고, 보호자는 치료과정에서 중요한 대화의 상대로 간주되지 못했다(Stetz et. al., 1996).

그러나 최근에는 의료현장에서 보호자의 역할이 점점 중요시 되고 있다. Thieriot는 1978년에 환자 중심의 전인적인 서비스(Holistic Service)를 강조하고, 이를 실행에 옮길 수 있는 대안을 제시하는 비영리단체를 만들어 서비스 개선운동을 펼쳤다. 환자 중심의 서비스 아이디어에 준한 Planetree 모델이 1985년부터 미국의 여러 병원에 적용되기 시작하였다(Charmel & Planetree, 2008). 서비스 개선내용 중의 하나가 입원환자의 사회적 지원망인 보호자의 병원 체류시간에 제한을 가하지 말자는 것이었다. 미국 병원의 경우, 환자의 보호자가 병원에서 숙식을 같이 하는 것을 제한하고 있다. 결국, 보호자가 의료현장 내에서 활동하고, 교류할 수 있는 기회가 늘어나게 되었고, 이에 따라 그 역할도 늘어나게 되었다. 우리나라의 경우는 미국과 같이 많은 간호인력이 활용되고 있지 않기 때문에 보호자가 병원에 머물면서 환자 돌보는 역할을 수행하고 있다. 보호자가 수행하는 역할은 단순히 환자의 병수발을 드는 것 이외의 의료진과 대화를 통해서 정보를 제공하고, 치료의 의사결정 과정에 동참하는 것이다.

6. 동선 별 커뮤니케이션

6.1. 개념

Fagin(1992)은 의료진 간의 협동이 양질의 의료서비스 제공을 위해서 필요한 요소라고 보았다. 의료기술의 발달에 따라 점점 팀 단위의 의료서비스가 중요시 되고 있다. 이런 상황에서 팀원 간의 커뮤니케이션이 원활하게 되어야지만 의료서비스의 질 확보가 가능하다. 예를 들어, 의사의 지시사항을 간호사가 잘못 이해한다면 잘못된 치료로 이어질 수 있고, 결국은 의료사고를 야기할 수도 있다. 따라서 임상적 질 확보 측면에서 의료진 간의 커뮤니케이션은 중요하다.

6.2. 커뮤니케이션의 방해요소

Northouse와 Northouse(1998)는 의료진간의 커뮤니케이션의 방해요소로 의료전문직간의 상호이해 부족, 역할 스트레스, 자율성(Autonomy) 확보를 위한 갈등을 언급하였다.

의료행위의 인적요소 중 두 축을 이루는 의사와 간호사, 그리고 의료기술직을 포함한 다양한 의료전문직은 대부분 별개의 교육체계를 통한 훈련을 받는다. 따라서 의료 종사자들 상호간에 서로를 이해할 수 있는 체계적인 교류의 기회 없이 바로 의료현장에서 마주치게 된다. 의료기술의 발달은 새로운 장비의 도입을 유도하게 되고, 이에 따라서 추가적으로 의료기술직의 분야도 확대되고 있다. 그런데 의료 현장에서 새로운 직종이 늘어나면서 영약 간의 갈등도 부각되고 심화되기 시작하였다. 자신에게 권한이나 자원을 부여해 줄 업무 영역은 갖고 싶어 하면서, 업무량만 많고 실익이 별로 없는 영역은 다른 직종에게 전가하려는 행태를 보이게 된다. 따라서 의료전문직간의 영역갈등 과정 속에 소통의 어려움이 발생하게 된다.

의료현장에서의 의료진을 비롯한 종사자들의 역할은 삶과 죽음을 오가는 환자들을 상대하는 일이다. 의료진의 실수는 환자에게 치명적 손상이나 죽음을 초래할 수도 있기 때문에, 의료진은 항상 긴장된 상태에서 일상적인 일을 하게 된다. 예를 들어, 인턴과 레지던트는 고된 스케줄 속에 업무과로에 노출된다. 이와 같은 업무 과부하(Role Overload) 이외에도, 자신에게 주어진 역할간의 부조화인 역할갈등(Role Conflict)을 경험하게 된다. 응급실의 경우, 긴박하게 일을 수행해야 할 때가 많다. 이러한 업무 성격상, 의료진 간에 차분하게 소통이 이루어지지 않을 수가 있다. 자율성을 전문직을 특징짓는 중요한 요소라고 할 때 의료현장에서 의사는 자율성을 가진 전문직으로 간호직에 비해서 상대적으로 우월한 위치를 점하고 있다. 이러한 권한의 차이로 인해 의료 현장에서는 원활한 소통의 흐름에 장애요소가 될 수 있다.

의료관광 코디네이터의 업무란 위에서 발한 바와 같이 사전 질병 상담에서부터 견적 산출, 입국비자를 위한 서류 발급업무 그리고 입국에서부터 출국까지 환자를 위한 비용, 의료관련 상담, 개별 고충상담 외에 의료전문 상식을 기반으로 전문 통역과 다양한 문화에 대한 이해가 수반되어야 한다. 그리고 의료사고 발생 시 환자와 최 접점에서 모든 일을 해야 하는 위험성까지 관리가 가능한 다재다능한 인재가 양성되어야 하는 것이다. 업무범위가 넓고 의사소통의 작은 오류에도 리스크가 큰 업무이기 때문에 좀 더 명확하고 세분화된 전문가가 필요하다.

7.의료관광코디네이터와 환자의 커뮤니케이션

국제의료관광 코디네이터는 환자의 최초 접수에서부터 퇴원에 이르기까지 거의 모든 과정에 개입하게 되고, 그 역할에 따라 환자의 치료 만족도 및 홍보에 중요한 역할을 하게 된다.

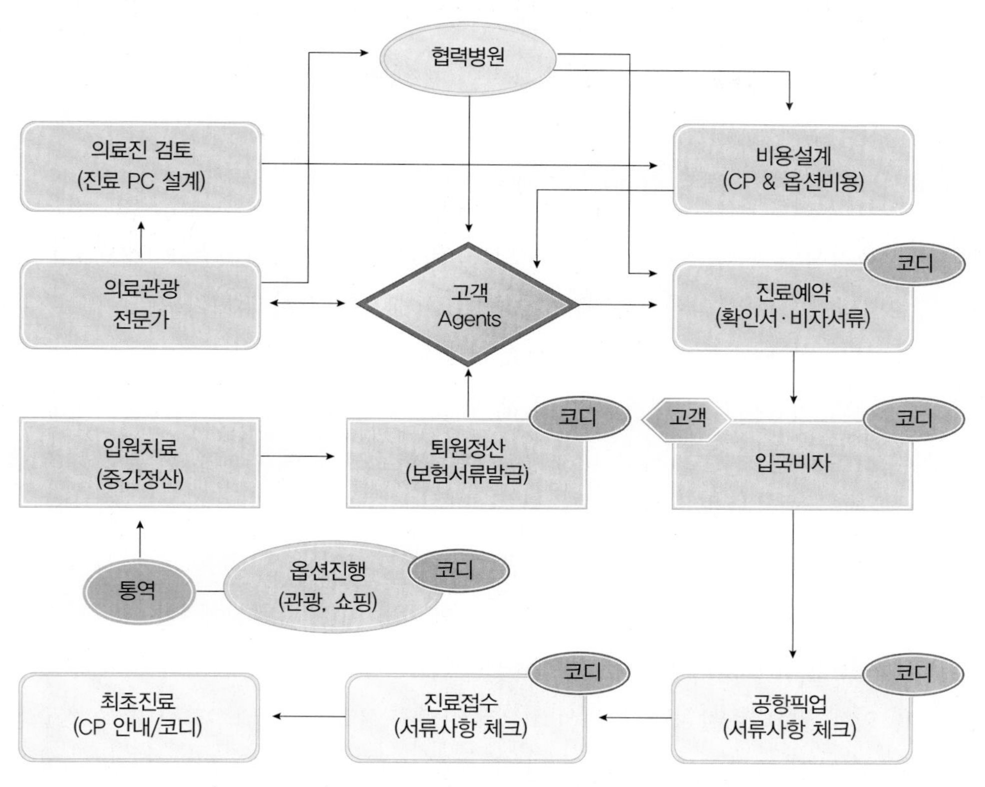

〈그림 15-3〉 국제의료관광 코디네이터 역할 프로세스]

거시적으로 보면 인프라 못지않게 결정적인 역할을 하는 소프트웨어에 해당하는 것이다. 따라서 이 모든 과정을 소화할 수 있는 역량 있는 코디네이터의 양성 및 운용이 매우 중요하게 된다.

1) 마케팅 지원활동 '의료관광 코디네이터의 가장 큰 업무'

코디네이터의 업무 중 마케팅 지원활동이 매우 중요하게 뒷받침 되어야 한다. 이는 해외환자를 직접 유치하는 마케팅 활동이 아닌 이미 유치된 환자의 니즈와 성향을 정확히 파악하여 적정한 치료에 대한 코디와 기타 수익발생을 이끌어내는 모든 활동이라 할 수 있다. 다시 말해 적절한 코디를 통해 병원의 매출을 최대한 보장하고 환자에게는 양질의 의료서비스를 제공해 줄 수 있는 역량이 바로 마케팅 능력이라 할 수 있겠다. 그러나 현실은 코디네이터의 업무를 극히 한정적이거나 또는 너무 많은 역할을 부여하여 집중력과 전문성을 제대로 발휘할 수 없게 될 수밖에 없다. 따라서 사용자(병원, 유치업체)측의 적정한 업무분장의 필요성과 전문적이고 적극적인 개인의 노력이 뒷받침되어야 한다.

2) 의료사고 사전예방을 위한 리스크 매니지먼트의 역할

해외환자 유치사업에서 가장 먼저 걱정하고 준비되어야 할 사항은 바로 의료사고와 관련된 부분이다. 앞으로 해외환자는 계속 증가할 것이다. 따라서 의료사고라는 부분은 국내외를 막론하고 발생할 수밖에 없는 위험요소이다.

국내와 외국의 의료분쟁에 대한 기존의 해결절차와 방법에 대하여 비교분석하고 외국인환자의 진료프로세스 하나 하나 내재되어 있는 리스크를 예상하여 그 관리를 어떻게 해야 하는지 대안을 준비해야 한다.

예를 들어 환자의 모든 동선을 다시 한 번 체크하고 일어날 수 있는 모든 사안에 대해 매뉴얼화하여 고객과 보호자에게(반드시 보호자에게도 여러 위험성에 대해) 고지하고 서약을 받아야 한다. 필요하다면 상세한 기록과 녹취, 녹화 등을 사전 양해를 구하여 준비해야 한다. 이에 필요한 서식은 표준서식(외국인환자 의료사고 리스크관리)을 참조하여 각 의료기관에 맞게 개선하여 사용하면 된다. 따라서 코디네이터는 리스크 매니지먼트로서의 전문영역이 확보되어야 한다.

3) 의료전문 통역자로서의 역할

각 의료기관의 현실로 보아 아직까지 많지 않은 외국인환자를 위한 별도의 전문 의료통역사를 고용하기란 쉽지 않다. 그렇다고 외국어만 되는 비전문가를 쓰기에는 검증되지 않은 위험을 생각하지 않을 수 없다. 우선 각 기관마다 장기적인 관점에서 외국어가 가능한 전문 의료인을 양성 또는 고용하는 것이 가장 바람직하다고 생각한다. 현실적으로 재정 부담을 느낄 수밖에 없지만 역시 장기적인 관점에서 살펴보면 기관이 직접 고용해 적절한 교육과 훈련을 통해 최적의 전문가로 양성해야 한다는 의견이 지배적이다.

그러나 현실적인 여건으로 보면 이 또한 쉽지 않기 때문에 다른 방법을 제안해 본다. 가장 좋은 방법은 역시 의료인이 전문 통역사의 역할을 해야 한다는 것이다. 하지만 고액의 연봉자인 의사를 통역사로 활용할 수 없으므로 간호사 등과 같은 의료인들이 통역사의 역할로서 담당해야 한다는 것이다. 그러나 의료인이 외국어까지 능통하기는 어렵다는 문제점에 또 직면하게 된다. 그렇다면 의료인이면서 해당국가 언어와 한국어가 가능한 전문가로서 마땅한 대안을 찾을 수 있게 되는데 바로 국내에 거주하고 있는 다문화 가정 중 의료인 출신이 해결 방안이 될 수 있다고 본다. 이미 7년 전부터 한국에 거주하는 다문화 가정 의료인 출신을 발굴, 교육 훈련하여 지금의 최정예 인력으로 양성한 청심국제병원이 매우 좋은 사례라고 할 수 있겠다.

그러나 반드시 적절한 교육과 훈련이 뒷받침되어야 한다. 한국의 의료 환경과 자신들이 근무하던 자국과는 문화, 환경 등에서 상당한 차이가 있기 때문이다.

4)의료전문 상담사(설계사)의 역할

해외 환자유치 경로와 유입경로는 대략 다음과 같다.

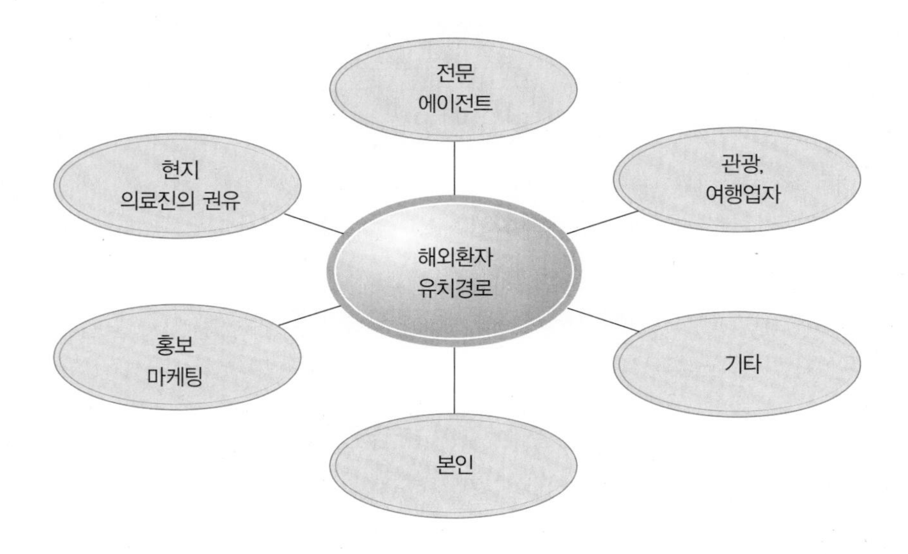

〈그림 15-4〉 해외환자유치경로

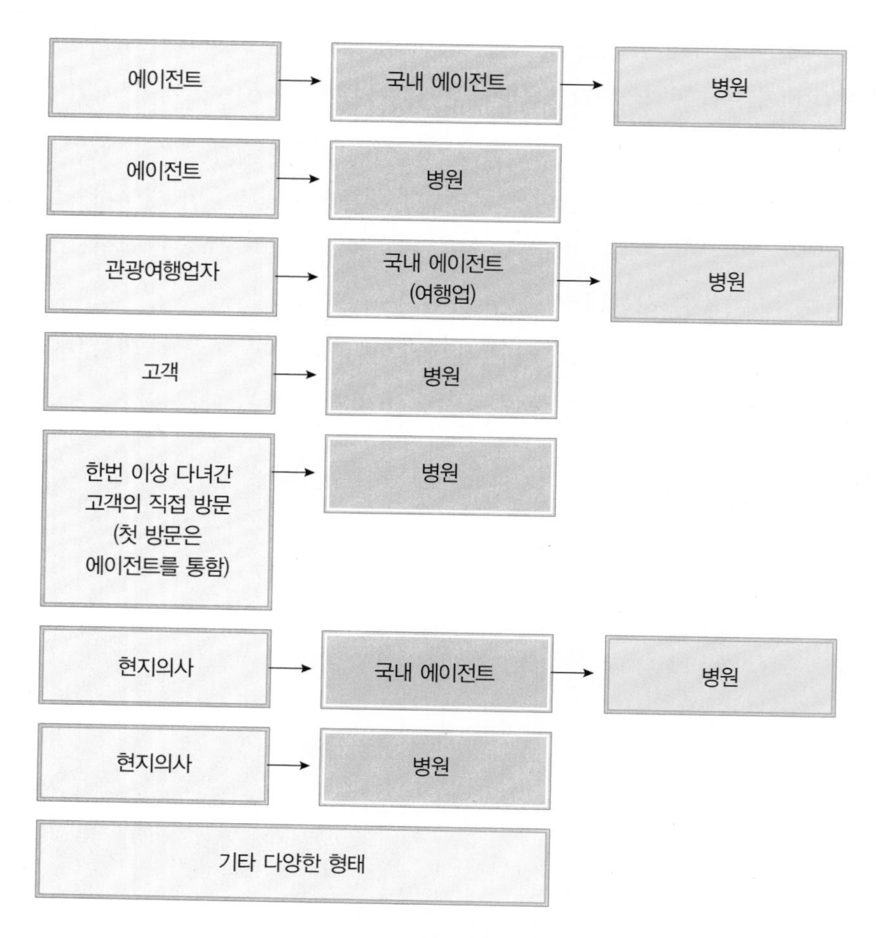

〈그림 15-5〉 의료관광 경로별 프로세스

의료관광을 위한 외국인환자들은 위와 같이 다양한 형태로 한국에 오게 된다. 유치 형태는 다양하지만 상담자의 역할은 위와 같은 복잡한 구조에 비해 의외로 프로세스가 간단하다. 외국인환자가 상담을 의뢰할 때는 전화와 이메일을 통해 하게 된다. 물론 최초의 상담내용으로는 부족한 정보와 한정된 내용을 기초로 좀 더 구체화하는 작업을 진행하게 된다. 먼저 가족의 병력확인, 현지 의사진료 및 검사 내역 등을 통해 기초 자료를 완성한다. 이렇게 작성된 자료는 한국어로 번역하여 담당 주치의와 상의 후 검사내용과 수술, 치료방법에 대한 설계를 하게 된다.

다음은 비용 산정이다. 이렇게 설계된 내용을 담당 원무과와 보험 심사과의 결과 그리고 기타 옵션을 포함한 비용을 모두 합친 후에 최종 견적이 산출되게 되며 이 모든 자료를 다시 고객이 쉽게 이해할 수 있는 정형화된 문서로 번역하여 제공하게 된다.

환자유치 성공확률을 높일 수 있는 방법이 의료관광산업의 발전과 직결됨에 따라, 해외환자유치 현장의 최전방에서 업무를 수행하는 의료관광 전문코디네이터 능력과 역량이 높이 평가될 수밖에 없는 것이다.

5) 고객의 신뢰를 받을 수 있는 역할과 일반 안내업무

현재 한국 병원들이 가장 먼저 개선해야 될 내용은 바로 의료진과 직원들의 서비스마인드 제고를 위한 체질의 변화이다. 앞에서도 언급한 바와 같이 그 동안 한국 의료기관은 상대적으로 보수적인 울타리 안에서 안주하며 지내왔다. 그러나 이제는 모든 산업의 동향이 고객 중심의 서비스를 최우선으로 하고 있다. 따라서 한국 고객뿐 아니라 외국인 고객을 진료하는데 있어 가장 중요한 부분이 서비스정신을 바탕으로 형성된 신뢰라고 할 수 있다.

예를 들어 처음 상담했을 당시의 비용과 정산 시 금액의 차이가 발생하는 경우, 외국인 환자의 경우 말과 문화가 다른 낯선 타국에서의 의료서비스를 경험한다는 것이 얼마나 두려운 지는 미루어 짐작하고도 남는다. 이런 두려움을 없애기 위해서는 세심한 배려와 친절한 말투, 행동 그리고 시스템화 되어 있는 각종 서비스 및 진료 환경을 제공해야 한다. 고객중심의 사고와 진료서비스를 개발하고 정기적인 교육을 통해 지속적인 서비스 개선활동을 전개해야 한다.

이와 같이 제반 서비스에 만족한 고객에게 코디네이터로서 한층 손쉽게 모든 목표를 달성하게 되는 것이다. 좀 더 쉽게 말하자면 서비스에 만족한 고객은 의료사고에 대해 원활한 해결을 원하게 되고, 서비스에 만족한 고객은 다소 불편한 통역서비스에도 양해를 해준다. 따라서 가장 기본이 되는 친절과 시스템화 된 서비스는 위와 같은 모든 문제를 한 번에 해결할 수 있는 가장 효과적이고 쉬운 방법인 것이다.

6) 문화전도사 역할

세계는 끊임없이 변화하고 있고, 그만큼이나 세계의 문화적 교류는 활발하게 이루어지고 있다. 또한 빠른 속도로 발전하고 있는 의료관광 시장도 마찬가지이다. 해당 문화의 차이에 대한 깊은 이해와 수용이 없다면 이로 인해 일어날 수 있는 부정적인 영향에서 벗어날 수 없을 것이다. 따라서 변화하는 글로벌 사회를 반영한 공통적인 에티켓과 문화 정도는 충분히 인지하고 준비해야 한다. 이는 한국의 글로벌화를 통해 한국 브랜드 가치를 높이고 나아가 해외환자 유치에 중요한 역할자로서 담당할 것이다.

얼마 전 국내 한 병원에서 코디네이터가 미국인 환자를 안내하여 검사실로 향하던 중 엉뚱한 방향으로 가는 환자를 순간적으로 팔을 낚아채듯이 반대방향으로 끌어당겨 환자로 하여 큰 불쾌감을 주었다며 화를 내고 소송까지 진행될 뻔한 사례가 있었다.

외국인과 대화를 할 때는 눈을 쳐다보고 대화해야 한다. 눈을 떨어뜨리면 오해를 받을 수 있으며 반대로 상대편을 너무 뚫어지게 쳐다보지 말아야 한다는 극히 상식적이고 간단한 에티켓을 지키지 못한 결과가 얼마나 큰 결과를 낳을 수 있는지를 보여주는 좋은 사례이다.

한국 사람들은 대화하는 사람 사이를 가로질러 가는 것을 꺼려한다. 대신 한 사람을 살짝 밀쳐내며 그 사람의 뒤로 지나간다. 이런 행동은 대화하는 사람 사이를 빨리 지나 가는 것이 밀치고 가는 것 보다 낫다고 생각하는 서양인들에게 이상하게 비춰진다. 서양인들은 대화하는 사람들을 밀쳐서 방해하는 대신 그 사이를 그냥 빨리 지나갈 것이다. 단, '실례합니다.'라는 인사를 잊으면 안 된다.

또 하나는 병원 현관에서 자주 보는 장면이다. 한국인은 뒤따라오는 사람이 있는 것을 알아도 본인만 빨리 현관문을 열고 통과한다. 이런 경우 외국인들은 당연히 손으로 잡아 줄 거라고 기대하고 문을 통과하다가 봉변을 당하고 만다. 그 장면을 봐도 어깨만 으쓱하고 가는 게 한국 사람이다. 따라서 코디네이터는 이런 다양한 문화까지도 이해할 수 있고 공부해야 하는 중요하면서도 어려운 직업인 것이다.

단·원·핵·심·요·약

▶의료커뮤니케이션은 고객과 의료인 사이에 의사소통을 의미한다. 건강에 있어 핵심사항은 의료진과 고객 사이의 언어적 상호작용이다. 이를 통해 환자의 건강상태가 파악되고 대부분의 진단이 내려지며, 필요 시 치료계획이 세워져 그에 따른 치료방향과 치료비용이 정해진다.

▶조직 내 커뮤니케이션의 목적은 명령, 보고, 정보의 전달, 감정의 표현 등이다.

▶의료커뮤니케이션 절차는 도입단계 → 정보수집단계 → 정보제공단계 → 종료단계로 이루어져 있다.

▶의료커뮤니케이션의 유형은 환자와의 커뮤니케이션, 보호자와의 커뮤니케이션, 동선별 커뮤니케이션, 의료관광코디네이터의 커뮤니케이션으로 나누어진다.

▶환자와의 의료커뮤니케이션의 중요성은

- 진단단계에서의 오류
- 서로내용에 대한 상이한 입장발생
- 환자와 의료진과의 신뢰구축
- 진료과정에서의 불필요한 오해감소
- 환자의 치료과정과 치료결과에 영향

▶커뮤니케이션의 기술방법에는 비언어적 기술, 공감, 개인적지지, 동반자 관계, 존중이 있다.

▶환자대상 커뮤니케이션 방법은 환자에 대한 관심과 환자에 대한 존중감, 환자에 대한 예우, 환자에 대한 각성강화, 객관성의 유지 및 실천

▶보호자와의 커뮤니케이션 방법은 보호자에 대한 관심표현, 보호자 존중, 보호자 성향, 보호자에 대한인식전환이 있다.

▶외국인 환자의 동선 별 커뮤니케이션에는 접수 및 안내, 진료상담, 대기 시(지료, 검사, 시술), 검사 치료실, 외래환자(치료, 시술 후), 입원환자(병실), 수납이 포함된다.

▶진료인력 : 의사, 간호사, 조산사, 약사, 의료기사, 영양사, 의무기록사

▶행정사무인력 : 관리자, 사무원

▶기능인력 : 간호조무사, 청소, 세척, 운전, 조리, 목공, 등

▶기타 전문 인력 : 변호사 , 심리학자등 특정분야 전문 인력

▶설명 동의의 세 가지 필수요소
1. 충분한 정보의 제공
2. 환자의 이해
3. 환자의 자발적인 동의

▶동의서 작성과정 중 의료인이설명해야 할 내용은 질병의 특성, 수술 또는 시술목적, 수술 또는 시술 적응증, 어떤 수술 또는 시술을 할 것인가?
• 마취가 포함된다면 마취의 종류와 위험요인 설명
• 시술 또는 수술의 위험(일반적 위험, 특정 환자에 대한 위험)

▶병원전문부서의 다양성은내부 커뮤니케이션의 중요한 이유이다.

▶의료서비스 : 판매를 목적으로 제공되는 제반활동, 편익 및 만족
의료서비스상품 : 특정한 가격으로 판매되는 무형의 서비스상품

▶커뮤니케이션의 방해요인은
1. 역할 불확실성,
2. 책임소재 관련갈등
3. 의사와 환자간의 권력의 차이
4. 의료진과 환자 간의 용어나 시각의 차이가 있다.

▶의료진 간의 방해요인은
1. 상호 이해의 부족
2. 역할 스트레스
3. 자율성 확보를 위한 갈등이 있다.

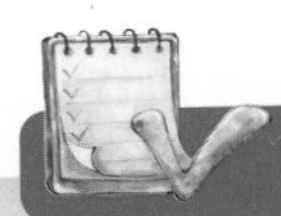

알아두면 좋아요!

국제의료관광코디네이터의 대화법

해외환자가 되었든 국내환자가 되었든 의료상황에서 환자나 고객과의 원활한 커뮤니케이션은 매우 중요하다. 특히 국제의료관광코디네이터는 직업 특성상 외부고객뿐만 아니라 조직 내에서 같이 근무하는 상사나 동료, 부하 등 내부고객까지 많은 종류의 고객과 의사소통을 하여야한다. 그러한 의사소통의 기본은 잘 듣고, 잘 말하는 것에 있다. 이를 위해 커뮤니케이션관련 교재에서 수도 없이 소개되고 있는, 다시 말해 코디네이터가 꼭 기억해야 할 커뮤니케이션 기법 몇 가지를 알아두자.

〈말할 때〉

- 밝게, 상냥하게, 아름답게, 말하도록 노력한다.
- 정확한 발음, 밝은 목소리, 적당한 속도, 적정한 음의 고저를 유지한다.
- 심한 사투리, 속어, 비어, 유행어는 삼가야 한다.
- '미안해요', '잠깐만요.', ' 알았어요.' 등의 반 토막 말을 해서는 안 된다.
- 단정적인 말보다는 완곡한 표현법을 사용하도록 한다.
  - 예 : 할 수 없습니다. (×) → 죄송합니다만 하기 어렵습니다. (○)
- 빈정대는 말을 해서는 안 되고, 상대방이 기분이 상하지 않게 돌려 말한다.
- 유머와 칭찬을 적절히 구사한다.
- 마이너스 화법이 아닌, 플러스 화법을 사용한다. 말을 할 때 긍정적인 표현으로 끝을 맺는 것이 핵심이다.
  - 예 : 값은 비싸지만, 품질은 최고입니다.

〈경청할 때〉

- 몸을 약간 앞으로 굽히고 주의 깊게 듣는다.
- 상대방의 표정과 동작을 주시한다.
- 상대방의 말을 도중에 차단시켜서는 안 된다.
- 반응을 보이고 적당한 맞장구를 친다.
- 흥미를 보이고, 고객의 입장에서 듣는다.

- 상대방이 웃으면 같이 웃고, 울면 같이 우는 마음으로 듣는다.
- 선입관을 버리고 적극적인 자세로 듣는다.

〈1, 2, 3 화법〉

- 1분 동안 말하고,
- 2분 동안 듣고 ,
- 3분 동안 맞장구를 친다.

참고문헌

국내단행본

- 2012 보건산업백서, 한국보건산업진흥원, 2013.
- 2013년도 외국인환자 유치사업의 전망, 한국보건산업진흥원, 2013. 2.
- '2009 국제의료서비스 아카데미 운영 · 지원 사업 –국제진료 코디네이터 교육 교재(프로그램)–' 보고서, 한국보건산업진흥원, 2009.
- '외국인환자 의료사고 예방대책 연구' 최종보고서, 연세대학교 의료법윤리학연구원, 2009.
- '제1회 보건산업정책포럼' 자료집, 한국보건산업진흥원, 2012. 3. 29.
- 강기원, "질병관리 프로그램의 성과 평가", 2008.
- 강흥림 외, 의료관광 코디네이터 실무론, 소화사, 2010.
- 경제기획청 국민생활국, 국민생활선호도조사, 1994.
- 국제의료관광코디네이터협회. 국제의료관광코디네이터 보건의료 관광행정, 시대고시기획, 2013.
- 글로벌의료산업전문가협회. 글로벌 헬스케어 코디네이터 역할 및 핵심역량, 2010.
- 글로벌헬스케어(의료관광) 융복합 비즈니스 모델 개발효과 분석– 외국인환자군 분석을 중심으로–, 보건산업브리프 Vol.95, 한국보건산업진흥원, 2013. 10. 14.
- 김구영, IT를 통한 해외 의료관광 유치의 활성화 방안, 한국항공대학교 경영대학원, 2009.
- 김기홍, 신성장동력 서비스산업으로써 우리나라 국제의료관광산업의 고도화 방안에 관한 연구, e–비지니스 연구 11(2), 189–208, 2010.
- 김기홍 · 서병로. 의료관광산업, 대왕사, 2011.
- 김선이, 국내의료관광산업 활성화를 위한 사례연구 : 범룽랏 병원 홈페이지의 기호학적 분석 소비문화연구, 제14권 제4호, 2011.

- 김선이, 의료관광 코디네이터에 대한 인식도와 역할 제고에 관한 연구, 호텔관광연구, 제13김선이 외, 의료소비자의 건강 라이프스타일 유형에 따른 온라인 정보탐색에 관한연구 : 20~30대 성인 남녀를 중심으로 소비문화 연구, 제 15권 2호, 2012.
- 김수배 · 이도연. 원무관리론, 현문사, 2013.
- 김은주, 박종선 외, 보건의료커뮤니케이션, 보문각, 2007.
- 김인숙 외, 최신간호관리학, 현문사, 2000.
- 남은우, 병원관리학, 신광출판사, 2000.
- 대한의료정보학회. 보건의료정보학 (개정판), 현문사, 2013.
- 대한의료커뮤니케이션학회, 의료커뮤니케이션, 학지사, 2012.
- 대한의료커뮤니케이션학회, 의료커뮤니케이션, 학지사, 2012.
- 류근수, 병원경영학, 계축문화사, 1998.
- 류인평 · 국중을, 의료관광마케팅연구, 관광경영학연구, 12(3), 1~20, 2008.
- 맹광호, 병원종사자에 대한 교육과 훈련, 대한병원협회지, 1987 3월호.
- 문상식 외, 병원경영학, 보문각, 2011.
- 문승권 외, 병원경영학, 대학서림, 2007.
- 문화체육관광부 보고서, 의료관광산업 성과 및 활성화대책, 2011.
- 박명호 · 조형지, 고객만족 개념의 재정립, 한국마케팅저널, 1(4), 126~151, 1999.
- 박문각 국제의료관광코디네이터연구소. EBS 국제의료관광코디네이터 2013, 박문각, 2013.
- 박종선 외, 병원코디네이터, 현문사, 2008.
- 박종선, 병원관리학, 애듀팩토리, 2012.
- 박종익, 의료관광서비스 코디네이터 실전 워크북, 한국서비스진흥협회, 2012.
- 박화규, 의료기관-환자 커뮤니케이션 제고를 위한 의료고객관계관리 시스템 개발 방법론 연구, 2012.
- 배상정, 서울특별시 의료관광 활성화 방안에 관한 연구한국항공경영학회, 추계학술발표대회 논문집, 233~249, 2010.
- 백광, 외국의 의료관광 추진현황 및 시사점, 한국관광공사, 2005.
- 백승국, 문화기호학과 문화콘텐츠, 다할미디어, 2004.

- 보건복지부 질병관리본부, 2010 국민건강통계, 2011.
- 보건복지부, 2011년도 외국인환자 유치실적, 2012.
- 보건복지부. 보도자료 '외국인환자 유치 12만명, 진료비 수입 1,800억원 돌파', 2011. 5. 17.
- 보건사회부, 보건사회, 1989.
- 보건산업진흥원, 외국인환자의 의료분쟁 예방 및 해결방안, 2008.
- 보건의료정보학, 대한의료정보학, 현문사, 2000.
- 삼성경제연구소, 의료서비스사업의 고도화와 과제, 2007.
- 신유선, 지역사회 간호학, 수문사, 2003.
- 신재기 · 유명희, 의료관광마케팅, 한올출판사, 2009.
- 외국인환자 유치 관련 법규, 한국보건산업진흥원, 2013.
- 외국인환자 유치사업 활성화 및 안전성 확보 방안, 외국인환자 유치 활성화 사업 설명회 자료집, 한국보건산업진흥원, 2012.
- 우리나라 출입국관리제도 및 외국인환자 사증발급 · 체류절차, 법무부, 2013.
- 우봉식 · 강한승, 의료관광 산업개론, 대왕사, 2010.
- 원융희, 최신병원경영학, 대학서림, 2002.
- 원종하 · 김미숙, 의료관광론, 한올출판사, 2014.
- 유명희, 의료관광 마케팅, 한올출판사, 2010.
- 유승흠, 병원경영, 계축문화사, 2009.
- 유지윤, 의료관광특구 도입에 관한 연구, 한국문화관광연구원, 2008.
- 윤방부 외, 정기 건강검진에 대한 환자의 요구 · 의사의 추천 및 건강검진 센터의 실행 간의 비교, 가정의학회지, 1991.
- 윤병준 · 이원재 · 이주열, 건강증진론, 한국방송통신대학교 출판부, 2008.
- 윤희숙 · 고영선, 의료서비스산업 선진화를 위한 제도개선과제, 2009.
- 의료관광 활성화를 위한 고품질 의료서비스 모델개발, 대한의사협회 의료정책 연구소, 2012.
- 의료분쟁 가상사례 및 해결 "의사소통 오류", MEDICAL KOREA 외국인환자유치 · 병원해외진출 사업 소식지 6호, 한국보건산업진흥원 국제협력사업단, 2013.
- 의료행정연구회. 국가공인 병원행정사 2013, 에듀팩토리, 2013.

- 이두희, 통합적 마케팅, 박영사, 2006.
- 이성태, 의료관광산업활성화방안연구, 한국문화관광연구원 2008.
- 이웅규 · 정병웅, 의료관광 활성화를 위한 사례연구, 한국관광저널, 21(2), 389~406, 2007.
- 이훈영, 의료서비스 마케팅, 청람, 2008.
- 임금자 등, 의료전달체계 재정립 방안, 제28차 의료정책포럼 발표자료, 2010.
- 전국대학보건관리학교육협의회, 생활과 건강증진, 계축문화사, 2001.
- 정진수, 관광과 융합된 '선택형 의료관광' 마케팅 전략, '돈 되는 의료관광 이렇게 준비한다' 세미나 발표집, 2009.
- 조우현 · 이해종 · 이선희 · 전기홍, 의료서비스 마케팅, 뇌설당, 1999.
- 한국관광공사, 의료관광코디네이터론, 2010.
- 한국보건산업진흥원, 국제진료코디네이터 교육교재, 2009.
- 한국보건산업진흥원, 2011년도 외국인환자 유치실적 보고, 보건복지부 보건산업정책과 보고자료, 2012. 5.
- 해외환자유치사업 업무참고 매뉴얼, 한국보건산업진흥원, 2012.

국내학술지 및 학위논문

- 강성욱 · 심재선 · 권영대, 다이아몬드 모델을 이용한 의료산업 경쟁력 고찰 – OECD 7개국 비교연구, 보건경제와 정책연구, 12(1):1–32, 2006.
- 김공현 · 김광기 · 박민수 · 변금순 · 심재원 · 한연우(번역), "건강증진–개념과 전략", 인제대학교대학원, 2005.
- 김기홍, 신성장동력 서비스산업으로서 우리나라 국제의료관광산업의 고도화 방안에 관한 연구, e–비지니스연구, 11(2),189–208, 2010.
- 김선이, 국내의료관광산업 활성화를 위한 사례연구 : 범룽랏 병원 홈페이지의 기호학적 분석, 소비문화연구, 14(4), 2011.
- 김선이, 의료관광 코디네이터에 대한 인식도와 역할제고에 관한 연구, 호텔관광연구, 13(4), 2011.

- 김준호 · 홍진환, 의료관광의 미래 전략 시나리오에 관한 연구, 상품학 연구, 30(1):136-138, 2012.
- 류인평 · 국중을, 의료관광마케팅연구, 관광경영학 연구, 12(3):1-20, 2008.
- 목진원, 국내의료관광의 경쟁우위 요인에 관한 연구: M. Porter의 국가 다이아몬드 모델을 중심으로, 연세대학교 보건대학원 석사학위논문, 2012.
- 박경호, 한국형 의료관광산업 마케팅에 관한 연구, 관광연구, 26(2):81-103, 2011.
- 부창산, Health Tourism 유형별 개념정립과 개발모형 적용에 관한 연구, 제주대학교 대학원, 2009. 8.
- 서정교, 외국인환자 유치활성화 투자정책의 경제적 파급효과 분석, 산업경제연구, 4(1), 237~253, 2011.
- 유승균, 디지털 시대 의료관광산업의 인터넷마케팅 전략에 관한 연구, e-비지니스 연구, 11(2), 83~104, 2010.
- 유현재 외, 네이버(www.naver.com) 지식iN 건강/의료상담 서비스에 있어서 질문자와 답변 의사가 행하는 커뮤니케이션 유형에 대한 연구, 2010년 가을철 정기학술대회, 2010.10, 3-7.
- 이구호, 건강증진센터 이용자의 이용형태와 만족도 연구, 경북대학교대학원 석사 학위논문, 2000.
- 이은미 · 김원인 · 이계희, 대구시 의료관광 선택속성과 활성화 방안, 관광연구, 24(2):109-125, 2009.
- 주경근, 의료관광의 활성화 방안에 관한 연구, 한양대학교 산업경영디자인대학 석사학위논문, 2010.
- 허원무, 여성소비자들의 식생활 및 주방 라이프 스타일 분석을 통한 미국 주방가전 시장 마케팅 전략 : 라이프 스타일 분석을 통한 주방가전 시장세분화를 중심으로, 한국마케팅학회, 21(2):53-84, 2006.
- 허향진 · 김민철 · 부창산, A"WOT를 이용한 의료관광 유형별 발전방향에 관한 연구, 한국관광학회 제67차 학술심포지엄 및 연구논문 발표대회 자료집, 2010.2.
- 홍진환 · 김준호, 의료 관광의 미래 전략 시나리오에 관한 연구, 상품학연구, 30(1):129-143, 2012. pp.485-495.

• 황여임, 한국 의료관광시장 확대를 위한 마케팅 전략에 관한 연구–외국인 관광객 유치중심–, 경희대학교 경영대학원 석사학위논문, 2005.

외국단행본

• Galanti Geri–Ann, "Caring for patients from different cultures", 2008.
• Pan American Health ORganization, "Health Promotion : Achievements and Lessons Learned from Ottawa to Bangkok", CD47/16, 2006.
• World Health Organization, "Health promotion and healthy lifestyles", WHA57.16, 2004.
• World Health Organization, "Health promotion in globalized world", WHA59.21, 2006.
• Hall, Michael C. "Adventure, Sport, and Health Tourism," in Special_Interest Tourism. London: Bellhaven Press., 1992.
• Laws, E.(1996), "Health tourism: A business opportunity approach," in Health and the international tourist, Clift, S. & Page, S. J. eds, 1996.
• Leiper, N. Tourism Management, RMIT Press, Melbourne, 1995.
• Medlik, S. Dictionary of Travel, Tourism and hospitality, 3rd ed., Butterworth–Heinemann, 2003.
• Michael E. Porter. The Competitive Advantage of Nations, New York, Free press, 1990.
• Robinson, M & Novelli, M. Niche Tourism: An Introduction, in Niche Tourism, ed. Marina Novelli, Oxford: Elsevier Butterworth–Heinemann, 2004.
• Smith and Puczko, Heath and Wellness Tourism, Butterworth–Heinemann, 2009.

외국학술지

- Connell, J. Medical tourism: Sea, sun, sand and ... surgery, Tourism Management, 27(6):1093–1100, 2006.
- Goodrich, Jonathan N. & Grace E. Goodrich. Health–care tourism –An exploratory study, Tourism Management, 8(3):217–222, 1987.
- Muller, H. & Kaufmann, E. L. Wellness tourism: Market analysis of a special health tourism segment and implications for the hotel industry, Journal of Vacation Marketing, 7(1):5–17, 2001.
- Yap, Jason. Medical Tourism/ Medical Travel, SMA News, 38(5), May 2006.
- Anderson, W.T &Golden, L.L.(1984), Lifestyle and Psychographics : A Alpert, L.&Gatty, Product Positioning by Behavioral Life–styles, Journal of Marketing.
- Auther, W. B.(1996), Increasing returns and the new world of business, Harvard Business Review, July–August, 100~109.
- Baker, C&Gronne, P.(1996), Advertising on the world wide web, Unpublished master's thesis, Copenhagen Business School.
- Bakor&Yannis J.(1997), Reducing buyer search costs : Implications for electronic market places, Management Science, 43(12), 1676~1692.
- Bakos, J.Y.(1997), Reducing Buyers Search Costs, Managements Science, 43.
- Bar–llan, J.(2001), The web as an information source on infomerics : A content analysis, Journal of the American Society for Information Science, 51(5), 432~442.
- Berkman, Harols W. and Gilson, Christopher C(1978), Consumer Behavior : Concepts and Strategies, Dickkenson Oubliching Co. Inc.
- Bllod, R.(2003), The Weblog handbook; practival advice on creating and maintaining your blog, Perseus Books Group.
- Boldgett, Jeff, and Donna Hill.(1991), An exploratory Study Comparing Amount of Search to Consumer's Reliance on Each Source of Information, Advances in Consumer Research 18 : 773~779.

- Boscarino J, and Steiber SR.(1982), Hospital shopping and consumer choice, Journal od Health Care Marketing, 2(2), 15~23.
- Cornell, J.(2006), Medical tourism: S.ea, sand and surgery, Tourism Management, 27(6), 1098~1100.
- Dellaert, B.G.C.(1999), The consumer as value creatros on the Internet, Working paper, Thlburg University.
- Eighmey, J & L. McCord(1998), Adding value in the information age–users and gratifications of sites on the world wide web, Journal of Business Research, 41, 187~194.
- Engel, J.F. Kollat, D.T. and Blackwell, R.D.(1978), Consumer Behavior : The role of the consumer in marketing, New York : H.R.S Inc.
- Global Medical Tourism, TriMark Publication, 2008.
- Kulviwat, Guo & Engchanil.(2004), Determniants of online information search, Internet Research, 14(3) 248.
- Lazer, W.(1963), Life Style Concepts and Marketing, in Toward Scientific Marketing, ed., Stephen A. Greyers, Chicago, IL : American Marketing Association, 130~139.
- Plummer .J.T.(1974), The Concept and Application of Lifestyle segmentation, Journal of Marketing 38, 33~37.
- Porter, M. E.(2001), Strategy and the Internet, Harvard Business Review, March, 63~78.
- Schlosser, A.E, Shavitt, S & Kanfer, A.(1999), Survey of Internet users' attitude towoard Internet advertising, Journal of Retailing, 77, 397~416.
- Skadberg Y.X. & Kimmel, J.R.(2004), Visitors' flow experience while browising a web site : its measurement, contributing factors, and consequences, Computer in Human Behavior, 20, 403~422.
- Strader, T.J. & Shaw, M.J.(1999), Consumer cost differences for traditional and Internet Markets, Internet Research, 9(2), 82~92.

기타

- http://www.aha.org/about/index.shtml
- http://www.buyeo.go.kr/health/protec/protec2_1php • menu=D
- I세브란스병원(http://www.iseverance.com)
- 건강보험심사평가원 홈페이지 (www.hira.or.kr), 2014.1.4. 접속.
- 국민건강보험공단 홈페이지 (www.nhis.or.kr), 2014.1.5. 접속.
- 국제의료기관평가위원회(Joint Commission International) 한국어 홈페이지(http://ko.jointcommissioninternational.org/), 2013.12.20. 접속.
- 네이버건강(http://www.naver.com)
- 동군산병원(http://donggunsanhosp.co.kr)
- 분당차병원(http://bundang.chamc.co.kr)
- 워싱턴포스트, 2007년 9월 9일자 기사
- 의료기관평가인증원 홈페이지(www.koiha.or.kr), 2013.12.20. 접속.

국제의료관광코디네이터 자격시험안내

1. 개요

의료관광(Medical Tourism)을 종합적으로 정의하면 해외여행과 의료서비스 선택의 자유화로 인해 건강 요양, 치료 등의 의료혜택을 체험하기 위한 목적으로 세계 일부 지역을 방문하면서 환자 치료에 필요한 휴식과 기분전환이 될 수 있는 그 지역 주변의 관광, 레저, 문화 등을 동시에 체험하는 관광활동이다.

2. 수행직무

국제의료관광코디네이터는 국제화되는 의료시장에서 외국인환자를 유치하고 관리하기 위한 구체적인 진료서비스지원, 관광지원, 국내외 의료기관의 국가 간 진출을 지원할 수 있는 의료관광 마케팅, 의료관광 상담, 리스크관리 및 행정업무 등을 담당함으로써 우리나라의 글로벌헬스케어산업의 발전 및 대외 경쟁력을 향상시키는 직무를 말한다.

3. 자격시험 실시기관 및 시행근거

• 실시기관명: 한국산업인력공단
 – 실시기관 홈페이지: http://www.q-net.or.kr/
• 국가기술자격시험 시행근거
 – 국가기술자격법 시행규칙 제3조(국가기술자격의 직무분야 및 종목)
 – 2011년 11월 23일 법령 개정으로 신설되어 매년 1회 시행하며 2013년 9월에 제1차 시험을 시행하였다.

4. 국제의료관광코디네이터의 활동영역과 취업전망

의료법 개정으로 국내병원도 외국인 환자를 유치할 수 있게 되었다. 이에 따라 의료관광 사업도 활성화되고 있으므로 국제의료관광코디네이터에 대한 수요는 계속 증가할 것으로 예상된다. 국제의료관광코디네이터는 의료기관, 의료관광에이전시, 여행사 등 의료관광산업과 관련된 분야에서 폭넓게 활동할 수 있는 유망 직업이다.

정부	병 · 의원	의료관광에이전시
종합병원	여행사	프리랜서

5. 응시자격

공인어학성적 기준요건을 충족하고, 다음 각 호의 어느 하나에 해당하는 사람

1) 보건의료 또는 관광분야의 학과로서 고용노동부장관이 정하는 학과의 대학 졸업자 또는 졸업예정자
2) 2년제 전문대학 관련학과 졸업자 등으로서 졸업 후 보건의료 또는 관광분야에 2년 이상 실무에 종사한 사람
3) 3년제 전문대학 관련학과 졸업자 등으로서 졸업 후 보건의료 또는 관광분야에서 1년 이상 실무에 종사한 사람
4) 비관련학과의 대학졸업자로서 졸업 후 보건의료 또는 관광분야에서 2년 이상 실무에 종사한 사람
5) 비관련학과의 전문대학교졸업자로서 졸업 후 보건의료 또는 관광분야에서 4년 이상 실무에 종사한 사람
6) 관련자격증(의사, 간호사, 보건교육사, 관광통역 안내사, 컨벤션기획사 1, 2급)을 취득한 사람

5.1. 공인 어학성적 기준 요건

가. 영어

시험명	TOEIC	TEPS	TOEIC		G-TELP (Level 2)	FLEX	PELT (main)	IELTS
			CBT	IBT				
기준 점수	700점 이상	625점 이상	197점 이상	71점 이상	65점 이상	625점 이상	345점 이상	7.0점 이상

나. 일본어

시험명	JPT	일검 (NIKKEN)	FLEX	JLPT
기준점수	650점 이상	700점 이상	720점 이상	2급 이상

다. 중국어

시험명	HSK	FLEX	BCT	CPT	TOP
기준점수	5급 이상과 회화중급이상 모두 합격	700점 이상	듣기/읽기유형과 말하기/쓰기 유형 모두 5급 이상	700점 이상	고급 6급 이상

라. 기타 외국어

시험명	러 시 아 어		태국어, 베트남어, 말레이, 인도네시아어, 아랍어
	FLEX	TORFL	FLEX
기준점수	700점 이상	2단계 이상	600점 이상

※ 비고 : 취득한 성적의 유효기간 내에 응시자격기준일(필기시험일)이 포함되어 있어야 함

5.2. 직무분야별 관련학과

직무 분야	중직무 분야	관련학과
06 보건/의료	061 보건/의료	간호(학)(과, 전공, 부, 과군), 간호과학과, 건강관리학과, 건강증진학(과, 전공), 공중보건학과, 노인요양관리학(과, 전공), 동물건강관리학과, 물리치료(과,학과, 전공)방사선학과, 물리치료(과, 전공), 방사선학(과, 전공), 병원경영(과,학과), 병원관리학과, 병원복지경영전공, 병원서비스경영과, 병원의료업무과, 병원의료정보과, 병원의료행정과, 병원전산관리(과, 전공), 병원코디네이터과, 병원행정(과,전공,학과), 보건건강관리학(과, 전공), 보건과학(과, 전공, 부), 보건관리학(과,전공), 보건교육사(과, 전공), 보건교육정보(과, 전공), 보건복지경영(과, 전공), 보건복지(계열, 학부, 과), 보건복지행정과, 보건사회복지과, 보 건사회복지의료생명공학과, 보건의료경영과, 보건의료공학과, 보건의료관리학과, 보건의료전산(과, 전공), 보건의료정보과, 보건의료행정과, 보건의료행정의료복지과, 보건의료행정의약행정학과, 보건정보관리(과, 전공), 보건정보학(과, 전공), 보건학(과, 전공), 보건환경(과,학과,전공,학부,계열), 보건행정(과,전공,학과, 학부), 보건행정경영학과, 뷰티피부미용(과, 전공), 산업보건학, 산업보건학전공, 생명공학(과,전공,부,공학전공), 수의학한방스포츠의학과, 스킨케어(과, 전공), 스포츠건강관리학과, 스포츠의학과, 스포츠의학전공의예과, 안경광학과, 애완동물관리과, 운동생리정보학과, 약재자원관리(과, 전공), 언어재활(과, 전공), 언어청각치료학(과, 전공), 운동처방학(과, 전공, 부), 응급구조(학)(과, 전공), 의공의료정보학과, 의료경영서비스학(과, 전공), 의료경영학(과, 전공), 의료경영학산업보건학과, 의료공학(과,부,전공), 의료과학(과, 전공), 의료광학과, 의료기기과, 의료보건정보전공, 의료보장구(과, 학과), 의료복지경영과, 의료사회복지학과, 의료서비스매니저(과, 전공), 의료시스템전공, 의료장비전공의료공학과, 의료전자학부, 의료정보공학과, 의료정보시스템과, 의료정보시스템전공, 의료정보학과, 의료정보행정학(과, 전공), 의무기록정보학과, 의무행정과, 의생명과학과, 의약관리학(과, 전공), 의약사무한방의용공학과, 의약정보관리(과, 전공), 의예생물·법의생물과, 의예의학공학부, 의예학과, 의학(과, 부), 임상병리(과,학과,전공), 임상케어복지전공, 작업치료학과, 재활(과, 전공), 중독재활복지학(과, 전공), 첨단의료기학(과, 전공), 치기공학과, 치위생학과, 치의예과, 치의학과한의예과, 케어복지과, 피부건강관리(과, 전공), 피부미용(과, 전공), 피부미용디자인과, 한방건강관리학(과, 전공), 한방의료공학(과, 전공), 한의학과, 헬스산업학(과, 전공)

직무 분야	중직무 분야	관련학과
12 이용, 숙박, 여행, 오락, 스포츠	122 숙박, 여행, 오락, 스포츠	관광개발(전공,학과), 관광경영전공, 관광(과, 전공), 관광레저학(과, 전공), 관광영어학(과, 전공), 관광일본어(과, 전공), 관광일어학(과, 전공), 관광정보학(과, 전공), 관광중국어학(과, 전공), 관광통역(과, 전공), 관광호텔항공(과, 전공), 국제관광경영학(과, 전공), 국제관광학(과, 전공), 국제의료관광(과, 전공), 문화관광학(과, 전공), 스튜어디스(과, 전공), 여가디자인학(과, 전공), 의료관광학(과, 전공), 의료관광중국어(과, 전공), 의료관광코디네이션(과, 전공), 컨벤션관광경영학(과, 전공), 항공관광영어(과, 전공), 항공관광학(과, 전공), 항공서비스(과, 전공), 항공스튜어디스(과, 전공), 항공여행서비스(과, 전공), 항공호텔관광학(과, 부, 전공), 호텔, 관광경영(과, 전공), 호텔, 바리스타(과, 전공), 호텔경영전공, 호텔관광경영학(과, 전공), 호텔관광(과, 부, 전공), 호텔리어(과, 전공), 호텔컨벤션학(과, 전공), 호텔항공관광(과, 전공)

※ 별표1 및 별표2에 따른 관련학과에 포함되지 않은 학과라 하더라도 [국가기술자격법] 제23조 및 같은 법 시행령 제29조에 따른 수탁기관의 장이 당해 학과의 교과과정 등을 분석하여 해당 종목에 대한 관련학과에 포함할 수 있다고 판단하는 경우에는 이를 관련학과로 인정할 수 있다.

6. 시험정보

구 분	필기시험	실기시험
시험과목	1. 보건의료관광행정(20문항) 2. 보건의료서비스지원관리(20문항) 3. 보건의료관광마케팅(20문항) 4. 관광서비스지원관리(20문항) 5. 의학용어 및 질환의 이해(20문항)	보건의료관광 실무 – 의료관광마케팅, 관광상담 등 의료관광 기획력 의료관광 기획력 – 진료서비스 관리, 관광관리 등 의료관광 실행 능력 – 고객만족 서비스 실시 및 관리능력
시험방법	1. 객관식 4지 택일 2. 문항수 100문제	작업형 또는 필답형(주관식)
합격결정 기 준	1. 과목당 100점 2. 매 과목 40점 이상, 전과목 평균 60점 이상	60점 이상